河南省“十四五”普通高等教育规划教材

高等院校经济管理类专业“互联网+”创新规划教材

成本会计学

（第2版）

杨尚军 ◎ 主编

北京大学出版社
PEKING UNIVERSITY PRESS

内 容 简 介

本书共9章，具体内容包括：总论、成本核算的要求和一般程序、要素费用的分配、综合性费用的核算、生产费用在完工产品与在产品之间的分配、产品成本计算方法概述、产品成本计算的基本方法、产品成本计算的辅助方法、成本报表的编制和分析。本书力求反映成本会计理论的最新发展，以基本理论、基本方法和基本技能为基础，并注意吸收同类教材的一些优点，具有结构合理、体系完整、知识面宽、方式创新等特点。

本书可作为高等院校财经类专业学生的教材，也可供相关会计实务工作者和其他财经管理人员参考阅读。

图书在版编目(CIP)数据

成本会计学/杨尚军主编.—2版.—北京：北京大学出版社，2022.8
高等院校经济管理类专业"互联网+"创新规划教材
ISBN 978-7-301-33121-7

Ⅰ.①成… Ⅱ.①杨… Ⅲ.①成本会计—高等学校—教材 Ⅳ.①F234.2

中国版本图书馆CIP数据核字(2022)第105714号

书　　名　成本会计学(第2版)
　　　　　CHENGBEN KUAIJIXUE (DI-ER BAN)
著作责任者　杨尚军　主编
策 划 编 辑　李娉婷
责 任 编 辑　李娉婷
数 字 编 辑　金常伟
标 准 书 号　ISBN 978-7-301-33121-7
出 版 发 行　北京大学出版社
地　　址　北京市海淀区成府路205号　100871
网　　址　http://www.pup.cn　新浪微博：@北京大学出版社
电 子 信 箱　pup_6@163.com
电　　话　邮购部010-62752015　发行部010-62750672　编辑部010-62750667
印 刷 者　河北文福旺印刷有限公司
经 销 者　新华书店
　　　　　787毫米×1092毫米　16开本　19.5印张　453千字
　　　　　2011年8月第1版
　　　　　2022年8月第2版　2022年8月第1次印刷
定　　价　56.00元

前　言

PREFACE

在本书付梓之时，和大家分享五个方面的内容。

第一是学习成本会计的意义和本书再版原因。

最好的宏观经济政策是搞好微观经济，企业创造财富，企业是一国经济发展的引擎和关键!

当前，我国产业结构正处于从劳动密集型、资源密集型为主向资本密集型、技术密集型和知识密集型为主转变的过程，也就是处于一个从低成本优势转为较高成本基础的发展过程。所以，成本问题也成为企业管理中越发重要的一个问题，成本会计作为一项管理活动也越来越重要。著名经济学家史库森认为，经济学可以简化为一个词："成本"。一切皆有成本。

本书第1版自出版以来，深受读者欢迎。但时间已过去几年了，为使教材的内容及时适应新制度，反映成本核算制度的最新要求，适应成本核算的实际情况，也为使教材精益求精，及时借鉴最新的科研成果和教学经验，我们对本书第1版进行了修订。

本书第2版保留了第1版的架构，主要对以下内容做了修订。

(1) 按照《企业产品成本核算制度（试行）》，对产品成本核算对象和内容进行了修订。

(2) 按照新修订的《企业会计准则第9号——职工薪酬》，对职工薪酬的内容及应付职工薪酬的核算进行了修订，对"四小税"发生变化的内容进行了调整。

(3) 利用"互联网+"技术，增加拓展知识内容，二维码答题，增加了教材的趣味性和启发性。

(4) 增加了随堂练习，学生在学习过程中可以边学边练。教材中一些计算是用Excel进行的，学生课上随堂练习和课下作业都用Excel计算分析，营造实际会计工作环境。

(5) 整合、删减了一些章节，使教材结构更加合理、紧凑，内容更加精练。

第二是教材的特色。

本书具有如下特色。

(1) 深入浅出，学以致用。"成本会计学"是一门实用性很强的学科和技术。学习"成本会计学"课程的目的就是要在制造业蓬勃发展的形势下，面对经济全球化，适应企业管理对我们提出的要求。本书突出实用性、可操作性，着力培养学生的动手能力。

(2) 突出趣味，扩展知识。为防止阅读的枯燥，第2版在编写时增加了相关知识图表、名人名言、课后阅读材料等；对相关知识的内容也进行了扩展，以增加学生的知识储备。

(3) 结构合理，体系完整。将"成本会计学"结构体系同后续的"管理会计""财务管理学"等课程的内容结合考虑，减少了重复的内容，有利于教学的安排。

第三是教学内容和课时安排。

本书建议教学学时安排为48～64学时，具体如下。

第1章	总论	4～6学时
第2章	成本核算的要求和一般程序	6学时
第3章	要素费用的分配	6学时
第4章	综合性费用的核算	8学时
第5章	生产费用在完工产品与在产品之间的分配	6～8学时
第6章	产品成本计算方法概述	2学时
第7章	产品成本计算的基本方法	8～12学时
第8章	产品成本计算的辅助方法	4～10学时
第9章	成本报表的编制和分析	4～6学时
合　计		48～64学时

我们提倡“算为管用，算管结合”，通过文字、数字、图表、公式等方式掌握成本会计的计算方法，但是“纸上得来终觉浅，心中悟出始知深”。会计是一门验证的学科，光看书是学不会成本会计的。因此，我们鼓励学生上课做好随堂练习，课后做好每章的习题。应记着著名经济学家克拉克说的话：“如果一班学生能在经济学课程中真正理解成本及成本的所有的各个方面，那么，这门课便算取得了真正的成功。”成本会计学就像花茎甘蓝一样，无论你是否喜欢它，它一定有益于你。

第四是编者分工。

本书由杨尚军教授（洛阳理工学院）担任主编，晋晓琴教授（华北水利水电大学）、杨瑞涛副教授（洛阳理工学院）担任副主编，于耀华（洛阳理工学院）、刘艳丽（华北水利水电大学）、崔隽（洛阳理工学院）参编。全书共分9章，杨尚军负责提出全书的编写大纲，并编写第1章，刘艳丽编写第2、9章，晋晓琴编写第3、4章，于耀华编写第5、6章和第8章第1、2节，杨瑞涛编写第7章，崔隽编写第8章第3、4节，最后由杨尚军进行了总纂。河南科技大学19级研究生王忆非、张新亚、韩淑娜、吕珊珊、卢一凡和张宇杰同学对本书的文字、例题、习题及答案进行了校对和验算。

本书为河南省“十四五”普通高等教育规划教材（教高〔2020〕469号）。

第五是致谢。

北京大学出版社出版过很多精品图书，陪伴着我们学习和教学工作。本书第2版能够顺利出版，北京大学出版社的编辑做了大量的工作，特别致谢！还要感谢东北财经大学崔刚副教授、河南财政金融学院李朝芳副教授、洛阳理工学院郭亚辉副教授，我们经常一起探讨“成本会计学”的理论和教学问题，他们在教材内容把握、教学安排等方面提出了很多建议。

我们研学百家之长，还参考了许多其他教材，在教材的参考文献里面都一一列出，用到的文字、例子、图表，有的直接注明了，有的因为时间长了无法找到原出处，有的直接注明不方便，在这里一并致谢！

本书在编写过程中得到有关单位、所在院校领导和教师的大力支持和帮助，在此表示感谢！由于编者水平有限，书中不当之处在所难免，敬请广大读者批评指正，以便在再版的时候及时改正。

编　者

2022年6月

目 录

CONTENTS

成本计算基础
成本概念和作用
成本核算要求
成本核算程序
费用的分配
横向分配
要素费用分配
综合费用分配
纵向分配
完工产品与在产品之间费用分配
成本计算方法
基本方法
品种法
分批法
分步法
辅助方法
分类法
定额法
标准成本法
作业成本法
成本报表
成本报表编制
成本报表的分析

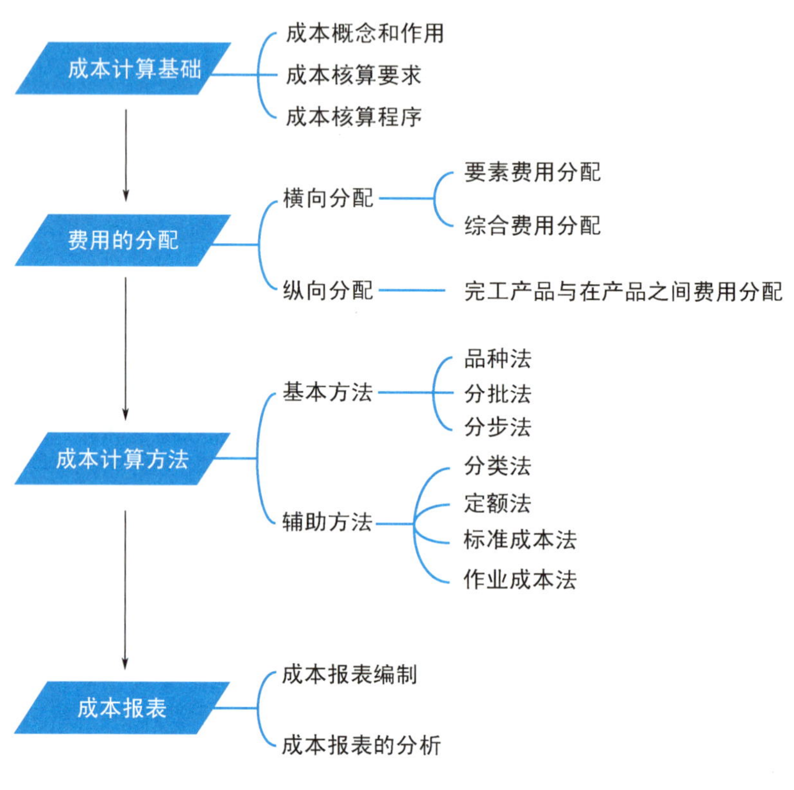

全书思维导图

第 1 章

总　　论

教学目标

通过本章的学习，使学生能够：

1. 理解成本及成本会计的概念；
2. 掌握成本的作用；
3. 了解成本会计的产生和发展过程；
4. 了解成本会计的对象、任务及职能；
5. 了解成本会计的核算形式；
6. 了解成本会计机构和人员配备等成本会计工作的组织的内容。

教学要求

知识要点	能力要求	相关知识
成本的概念	（1）马克思的成本概念 （2）理论成本概念 （3）现实成本概念	（1）马克思成本理论分析 （2）经济学上不同的成本概念 （3）会计学上不同的成本概念 （4）管理学上不同的成本概念 （5）社会学上不同的成本概念
成本的作用	（1）商品价值的概念 （2）商品价格的概念	（1）成本是补偿生产耗费的价值尺度 （2）成本是反映经济管理质量的综合性指标 （3）成本是制订产品价格的基本依据 （4）成本是企业决策的重要信息
成本会计机构	（1）成本会计机构设置 （2）成本核算形式	（1）成本会计机构及人员配备 （2）集中核算形式 （3）分散核算形式 （4）成本会计人员的职责

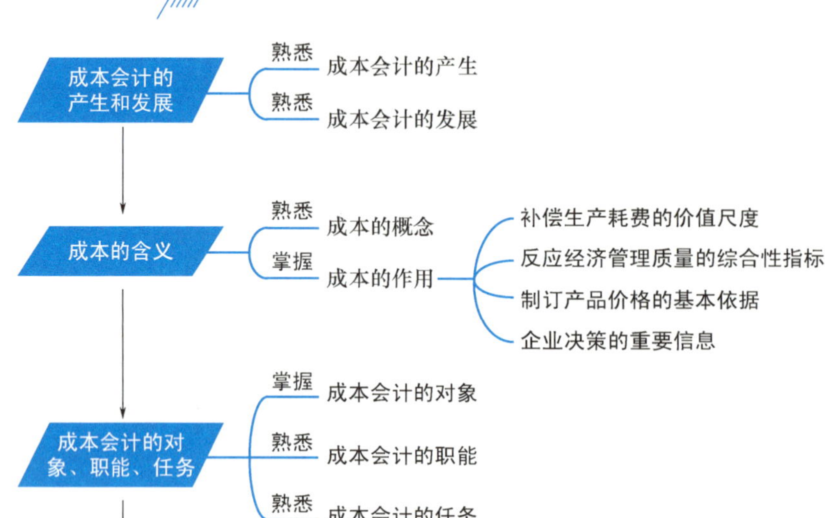

第 1 章知识点思维导图

> 按照资本主义方式生产的每一个商品 W 的价值，用公式来表示是 $W=c+v+m$。
>
> ——马克思

导入案例

兴师十万　日费千金

我国史书中早就有成本事项的记载，在《史记·平津侯主父列传》中就有这样一个故事。

及至高皇帝定天下，略地于边，闻匈奴聚于代谷之外而欲击之。御史成进谏曰：“不可。夫匈奴之性，兽聚而鸟散，从之如搏影。今以陛下盛德攻匈奴，臣窃危之。”高帝不听，遂北至于代谷，果有平城之围。高皇帝盖悔之甚，乃使刘敬往结和亲之约，然后天下忘干戈之事。

故兵法曰：“兴师十万，日费千金。”夫秦常积众暴兵数十万人，虽有覆军杀将系虏单于之功，亦适足以结怨深雠，不足以偿天下之费。

“兴师十万，日费千金”在《孙子兵法·作战篇》中的原话如下。

孙子曰：“凡用兵之法，驰车千驷，革车千乘，带甲十万，千里馈粮。则内外之费，宾客之用，胶漆之材，车甲之奉，日费千金，然后十万之师举矣。”

在《孙子兵法·用间篇》中，孙子曰：“凡兴师十万，出征千里，百姓

美国历史上十大最烧钱战争

之费，公家之奉，日费千金。”

孙子经过计算得出：出十万兵，行一千里路去打仗，每天需要千金费用，这就是打一次仗的成本。

点评： 成本决定行动。

人的行为是受多方面因素影响的，成本效益原则是人们参与政治、经济，甚至军事活动的一个重要原则，简单地说就是谁也不会去做赔本的买卖。

1.1 成本会计的产生和发展

成本会计是以成本为研究对象的会计，有狭义与广义之分。狭义的成本会计是指成本核算，即按照一定的程序、标准和方法，对企业发生的各种费用进行归集和分配，计算出成本计算对象的总成本和单位成本的一系列程序和方法。广义的成本会计不但包括成本核算，而且包括成本预测、成本决策、成本计划、成本控制、成本分析和成本工作业绩考核与评价等方面的内容。由于成本预测、成本决策、成本控制和成本工作业绩考核与评价等方面的内容通常在《管理会计》和《财务管理》等书中均有较为系统的介绍，因此本书将主要阐述狭义的成本会计的内容与方法。

1.1.1 成本会计的产生

成本会计是社会经济发展的产物，是由于企业管理的需要而产生并随着商品货币经济的发展逐步从传统会计中分离出来的一个会计分支。

成本会计萌芽于以简单协作为特征的资本主义工场手工业生产时期，从16世纪初到19世纪中期，经历了300多年的历史。这一时期，产业资本还处于发展初期，与纯粹的个体劳动相比，工场手工业对生产过程的管理提出了新的要求。资本家为了获取更多的剩余价值，更加注意对生产过程中的消耗和支出的核算，因此，生产成本的核算就被提上了议事日程。16世纪初，意大利美第奇家族在其创办的毛纺织厂所采用的工业簿记中，开设了纺织品账户，用于计算纺织品的成本，并将设备的原始成本分期摊销为费用。16世纪中期，普拉廷印刷厂为所印刷的每一本书设立一个账户，记录为印刷该书所耗费的纸张、支付的工资和其他费用，待书本印刷结束后，账户中所归集的全部费用就是该书的印刷成本。在当时的工业簿记中进行的简单成本计算就是成本会计的原始形态，该时期就是成本会计的萌芽时期。

成本会计的出现是工业化发展的需求。随着商品经济和机器大工业生产的不断发展，企业生产经营规模不断扩大，商品交易活动日趋复杂，成本计算越来越受到重视，并逐步得到完善。但在很长的一段历史时期中，仍然未形成成熟的成本核算体系。直到近代，随着股份公司①的纷纷成立，客观上要求采用完整的会计方法进行成本核算，成本会计才逐

① 1554年，英国成立了第一个以入股形式进行海外贸易的特许公司——莫斯科公司。它的成立标志着真正的股份制制度的产生。

步从传统会计中分离出来，并发展成为了会计学科体系中一个与财务会计和管理会计相对独立的分支。18世纪60年代至19世纪中期，始于英国的工业革命浪潮使企业数量日益增多，规模逐渐扩大，企业之间竞争加剧，以股份制为特点的股份经济进一步发展，股份公司大量涌现。显然，对这种由不同的股东投资兴办，且可能存在所有权与经营权相分离的股份公司而言，采用完整的会计方法对企业的财务与成本进行核算，并及时向股东提交会计报告就显得特别重要了，这促使了会计人员逐步把成本记录和计算与复式记账科目设置紧密地结合起来，实现了成本记录与会计账簿的一体化，成本会计也因此产生。成本会计产生之后，在欧洲的其他国家和美国迅速发展起来。

工业革命

1.1.2 成本会计的发展

成本会计从产生至今，可以分为以下几个发展阶段。

1. 原始的成本会计阶段（1880—1920年）

起源于英国的原始成本会计，实质上是一种汇集生产成本的制度，主要用来计算和确定产品的生产成本和销售成本。在这一期间，英国会计学家设计出了订单成本计算和分步成本计算的方法（当时应用的范围只限于工业企业），这两种方法后来传到美国及其他国家。

2. 近代的成本会计阶段（1921—1950年）

近代成本会计的产生以美国会计学家提出的标准成本会计制度为标志。在原有的成本计算的基础上，成本会计增加了“管理上的成本控制与分析”这一新职能。在这一阶段，成本会计不再仅仅计算和确定产品的生产成本和销售成本，而是要事先制订成本标准，并据此标准进行日常的成本控制与定期的成本分析。因为成本会计扩大了管理的职能，应用范围也就从原来的工业企业扩大到了商业企业、公用事业及其他服务性行业。

特别值得指出的是，在这一阶段，管理科学之父泰勒的科学管理思想对成本会计的发展起到了重要的促进作用。

科学管理之父泰勒

3. 现代的成本会计阶段（1951年至今）

第二次世界大战以后，世界经济飞速发展，企业竞争更加激烈，跨国公司不断涌现，经营环境更加复杂，企业只进行事中、事后的成本控制已远远不够，不得不在生产过程之前就开始降低成本。同时，这一时期运筹学、系统工程、电子计算机等学科和技术的运用，也使会计理论和技术方法得到了进一步的完善和发展；目标成本、责任成本、质量成本等成本控制技术不断出现，成本的定义已不再局限于产品成本的范畴；成本会计的外延已远远超出了成本核算的范围。

成本会计的产生和发展时间轴如图 1.1 所示。

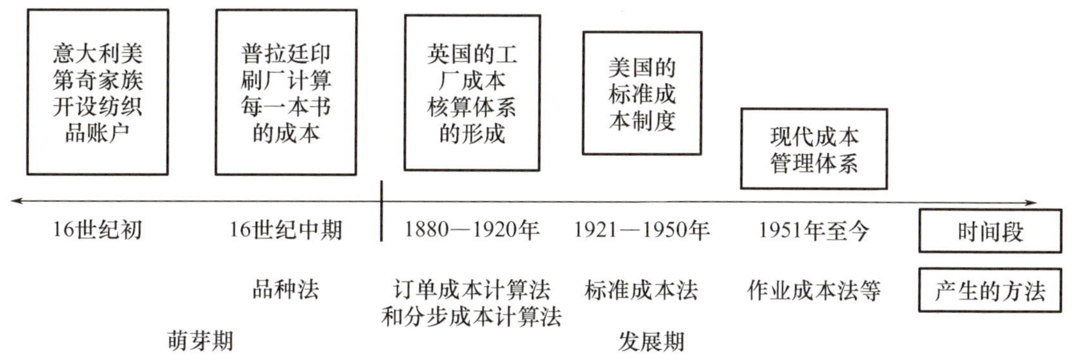

图 1.1 成本会计的产生和发展时间轴

知识链接

成本会计这一职业是由于早期工业工程师对该问题感兴趣而发展起来的。在进入 20 世纪以前，工厂记录与财务记录的结合是相当缓慢的，直至 1920 年，才有人创立了完整具体的结合方法。会计在刚产生时，其只是生产职能的附带，也可以说成本计算是会计职能的附带。随着成本核算的发展，成本计算方法成为会计核算的 7 个方法之一，与其他会计核算方法有机地结合之后，才形成了会计的核算方法体系。会计的核算方法体系如图 1.2所示。

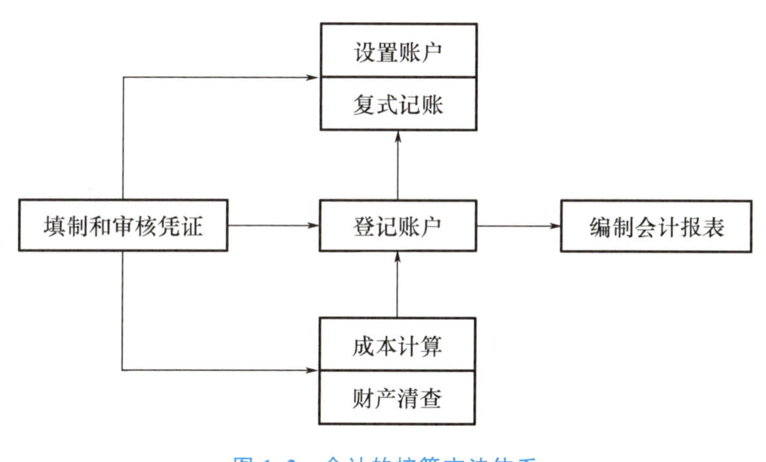

图 1.2 会计的核算方法体系

成本计量模式的发展历程

19 世纪，由于工业革命促成了成本计算和复式簿记的结合，因此形成了按照复式记账原理和程序进行成本计算的成本会计。对于成本计算方法的产生和运用，利特尔顿认为："实际上，可以不过分地说，成本核算程序的形成，有着伟大的功绩，它可以与创造按复式记录原则进行的簿记相媲美。"

1.2 成本的含义

1.2.1 成本的概念

成本是人们在现代社会经济生活中经常碰到并广泛使用的一个概念。对于成本的含义，应在明确其一般含义和经济实质的基础上，重点把握其在会计学上的现实含义。

1. 成本的经济实质

人们在日常生活中说到“成本”，其中的“成”是指成果、成就等，其中的“本”则是指本钱或本金。成本是“完成事之本钱”，指人们为完成某一特定的事项或获得某一特定的成果而付出的代价或本钱。但成本的经济实质是什么呢？

马克思在《资本论》一书中，首次系统地阐述了成本的经济学含义：“按照资本主义方式生产的每一个商品 W 的价值，用公式来表示是 $W=c+v+m$。如果从这个产品价值中减去剩余价值 m，那么，在商品中剩下的，只是一个在生产要素上耗费的资本价值 $c+v$ 的等价物或补偿价值。”“只是补偿商品使资本家自身耗费的东西，所以对资本家来说，这就是商品的成本价格。”这里的“商品的成本价格”，指的是商品成本。

社会主义市场经济虽然与资本主义市场经济有着本质的区别，但作为商品货币经济，商品、价值、成本、利润等经济范畴是两者共有的客观存在。社会主义市场经济体系下的企业作为自主经营、自负盈亏的商品生产者和经营者，其基本的经营目标也是向社会提供商品、满足社会需要，并以所取得的销售收入抵偿自己在生产经营中所支出的各种劳动耗费，取得盈利。因此，在社会主义市场经济中，产品的价值仍然由 3 个部分组成：①已耗费的生产资料转移的价值 c；②劳动者为自己劳动所创造的价值 v；③劳动者为社会劳动所创造的价值 m。从理论上讲，前两部分即 $c+v$，是商品价值中的补偿部分，构成了商品的理论成本，是整个社会得以发展的基本条件。

综上所述，**成本的经济实质为企业所消耗的物化劳动和活劳动中必要劳动的货币表现。**

2. 成本的现实含义

马克思主义政治经济学成本理论中的 $c+v$，就是理论成本。但是企业所负担的财务费用等属于剩余价值 m 中的那部分，也是需要补偿的，它对于企业而言也是一种耗费，是企业的现实成本。

企业产品的现实成本，也称应用成本或制度成本，是理论成本的具体化，是基于某种成本理论，以正常生产经营条件为前提，按照现行制度规定的成本开支范围，根据生产过程中实际消耗的物化劳动的转移价值和活劳动所创造的应纳入成本范围的那部分价值的货币表现计算确定的成本。会计学意义上的各种成本概念，如单位成本和总成本、制造成本和期间成本等，一般属于现实意义上的成本。

在实际工作中，成本的开支范围是由国家通过有关法规制度加以界定的。对于劳动者为社会劳动所创造的某些价值（如财产保险费等），以及一些不形成产品价值的损失性支出（如工业企业的废品损失、季节性和修理期间的停工损失等），为了促使企业加强经济核算、减少生产损失，这些都计入成本。上述废品损失、停工损失等损失性支出，从实质上看，并不是产品的生产性耗费，也不形成产品价值，按其性质并不属于成本的范围。只是考虑到经济核算的要求，才将其计入成本，使之得到必要的补偿。可见，实际工作中的成本开支范围与理论成本包括的内容是有一定差别的。

当然，对于成本实际开支范围与成本经济实质的背离，必须严格限制，否则，成本的计算就失去了理论依据。

知识图说

经济学家克拉克有句名言说："不同目的，不同成本。"

从上面的分析来看，对于不同的学科，成本的含义是不同的，如图 1.3 所示。

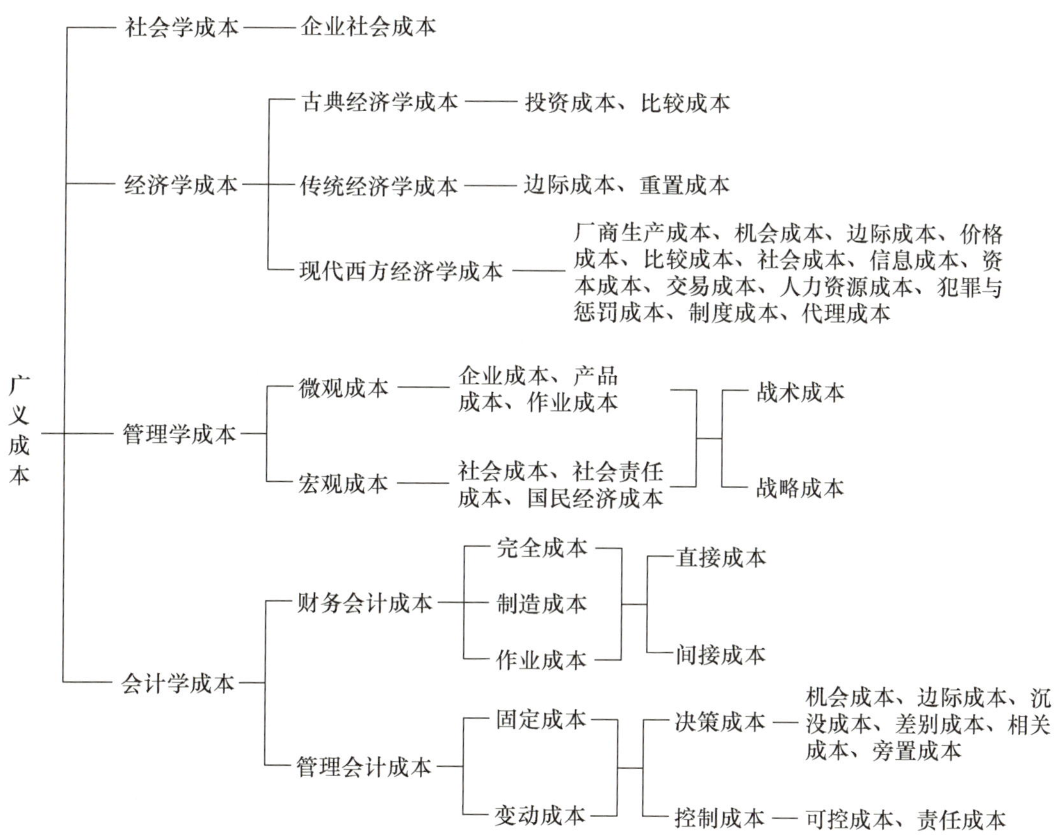

图 1.3 成本概念的学科分布

（资料来源：林万祥，2008. 成本会计研究［M］. 北京：机械工业出版社.）

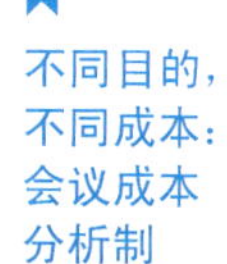

1.2.2 成本的作用

成本不是经济活动，而是经济活动的一个结果，从成本中可以投射出经济活动的各项目的构成水平和效率。因此，在经济管理工作中，成本有着重要的作用，主要表现在以下 4 个方面。

1. 成本是补偿生产耗费的价值尺度

从企业的角度而言，企业的首要目标是生存，成本是企业能够在原有规模之上顺利进行的维持生产经营活动资金补偿的最低尺度。企业生产产品发生的耗费，需通过销售产品取得收入来补偿，才能实现生存的目标，进而实现发展壮大的目标。如果企业不能按照成本来补偿生产耗费，企业的经营就会出现亏损或资金短缺。

企业是自负盈亏的商品生产者和经营者，追求盈利是其天性。企业一定时期的经营成果主要是销售收入，它是补偿企业的生产耗费，实现盈利的基本来源。企业盈利（利润）实际上也就是其收入与其成本之间的差额，公式表示为：

利润＝收入－成本

因此，成本是企业区分生产经营中的耗费与所获得的盈利的分水岭，企业销售收入超过其经营成本（此处为全部成本）的差额，就是企业盈利的部分，超过越多，盈利越大；反之，则是企业亏损。从这一意义而言，成本是企业实现盈利的天然界线，成本的高低决定着企业的存亡。

2. 成本是反映经济管理质量的综合性指标

成本归集了企业生产过程中产品对象发生的各项费用，是一项综合反映各方面工作情况的经济指标，企业经营管理中各方面工作的业绩都可以直接或间接地通过成本指标得到反映。例如，产品设计的好坏，生产工艺的合理程度，固定资产的利用水平，原材料消耗的节约与浪费，劳动生产率的高低，产品质量的高低，产品产量的增减，以及供、产、销各个环节的工作是否衔接协调等，都可通过相关的成本指标直接或间接地反映出来。

3. 成本是制订产品价格的基本依据

根据马克思主义的劳动价值学说，产品价格是产品价值的货币表现，产品价格应大体上符合其价值，产品在制订价格时应遵循价值规律的基本要求。一般是根据计算的成本，并通过成本间接、相对地掌握产品的价值。因此，成本是制订产品价格的基本依据。定价决策中最常用的方法是成本加成定价法，公式为：

产品价格＝成本＋成本×加成率＝成本×(1＋加成率)

其中：

加成率＝(目标售价－成本)÷成本×100％

给产品定价是一项复杂的工作，影响的因素很多，如国家的价格政策及其他经济政策、各种产品的比价关系、产品在国内外市场上的供求关系及市场竞争的态势、企业的经营战略等。所以，产品成本只是制订产品价格时必须考虑的一项基本因素。

特别提示

在价格问题上，经济学家明确指出，成本并不决定价格。经济学家认为价格是由商品的供求关系决定的。经济学家穆勒说：“如果生产成本对供给没有影响，那么，它就不会影响竞争的价格。”

4. 成本是企业决策的重要信息

努力提高在市场上的竞争能力和经济效益是社会主义市场经济条件下对企业的客观要

求。要做到这一点，企业必须进行正确的生产经营决策。进行生产经营决策需要考虑的因素很多，其中成本是应考虑的主要因素之一，因为在一定的前提下，成本的高低直接影响着企业的盈亏。同时，较低的成本还可以使企业在市场竞争中处于有利的地位。

知识链接

人们在做决策时，成本与收益的平衡点一般是方案可行与否的“旋转门”。所谓成本收益原则，是指某项目的所费与所得，即投入与产出之比或之差，是否合乎决策评价标准的原则。成本收益原则是经济学中一个最基本的理性概念，理性经济人的行为均受此限制，其一向被认为是经济决策的“黄金定律”，且无时不在，无处不有。

同时，成本是综合反映企业工作质量的指标，因而企业可以通过对成本的计划、控制、监督、考核和分析等来促使企业及其内部单位加强经济核算，努力改进管理，降低成本，提高经济效益。例如，通过正确确定和认真执行企业及其内部单位的成本计划指标，可以事先控制成本水平和监督各项费用的日常开支，促使企业及其内部单位努力降低各种耗费；又比如，通过成本的对比和分析，可以及时发现在物化劳动和活劳动消耗上的节约或浪费情况，总结经验，找出工作中的薄弱环节，采取措施，挖掘潜力，合理地使用人力、物力和财力，从而降低成本，提高经济效益。

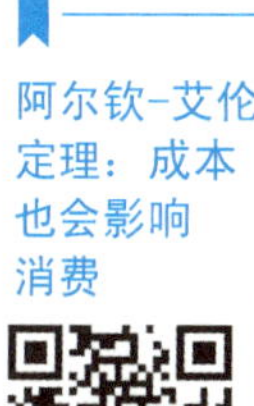

1.3 成本会计的对象、职能和任务

1.3.1 成本会计的对象

成本会计的对象即成本会计反映和监督的内容，一般来说，它主要是各行业企业的生产经营成本和期间费用。

1. 工业企业各不同生产经营环节中的成本会计对象

工业企业是对加工、制造企业的统称，其基本生产经营活动是进行产品的生产和销售；其生产经营过程一般包括生产经营准备、生产和销售 3 个环节。工业企业资金运动过程如图 1.4 所示。

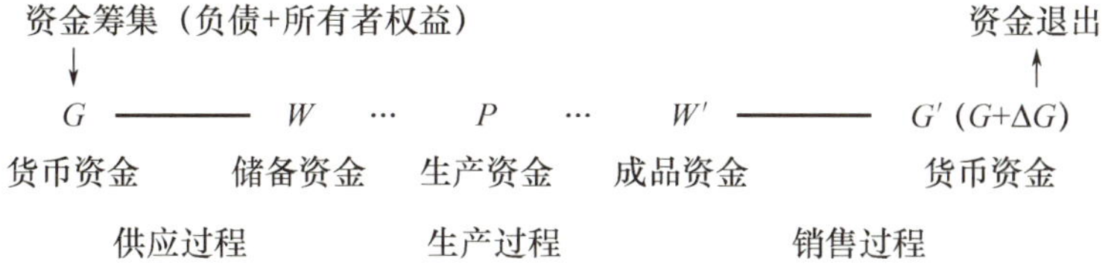

图 1.4 工业企业资金运动过程

在资金筹集阶段、供应过程、生产过程及销售过程都会发生为某一对象的费用，相应地形成资金的筹资成本、材料的采购成本、产品的生产成本和商品的销售成本。成本管理

活动贯穿于企业的整个生产经营过程的各个环节。因此，从企业生产经营环节的角度看，工业企业成本会计的内容主要可分为以下 3 个方面。

（1）生产准备环节的成本费用

在生产的准备环节，企业要筹集必要的资金，购置固定资产和无形资产，购买各种材料用品等，以满足生产的需要。因此，企业在生产准备环节，一般会发生材料采购成本、固定资产购置成本和其他购置与采购成本，还会发生筹资成本费用，同时也会发生管理费用。

对于企业，材料的供应过程是一个主要过程，材料成本的正确核算也影响着产品成本的正确性。购买各种材料用品等发生的采购成本，通过材料采购等科目进行核算；购置固定资产等资产的成本，通过固定资产、在建工程等不同会计科目分别进行核算；筹资成本费用作为财务费用单独进行核算；管理费用则并入企业在整个生产经营过程中所发生的全部管理费用之中，统一进行核算。材料的采购成本已在“初级会计学”课程中介绍过，而资金的筹资成本要在“财务管理”中学习。

（2）生产环节中所发生的各种价值耗费和产品生产成本

在生产环节，一方面是投入原材料并生产出产成品，另一方面要发生各种各样的物化劳动和活劳动的价值耗费。物化劳动消耗由劳动手段和劳动对象的消耗构成。其中，房屋、机器设备等作为固定资产的劳动资料，在生产过程中长期发挥作用，直至报废而不改变其实物形态，但其价值则随着固定资产的磨损，通过计提折旧的方式，逐渐地、部分地转移到所制造的产品中去，构成产品生产成本的一部分；原材料等劳动对象，在生产过程中或者被消耗掉，或者改变其实物形态，其价值也随之一次全部转移到新产品中去，也构成产品生产成本的一部分。

生产过程是劳动者借助于劳动工具对劳动对象进行加工，制造出产品，创造出新的价值的过程。在上述过程中，劳动者所付出的劳动也就是活劳动的价值消耗，与物化劳动的价值消耗一起，共同构成产品的全部（理论）价值。企业作为生产主体，必须向劳动者支付报酬，从而发生职工薪酬等费用。但职工薪酬等活劳动的费用只是活劳动价值中的一部分，是劳动者为自己劳动所创造的价值。职工薪酬也构成产品生产成本的一部分。活劳动所创造的全部价值超过企业支付给劳动者报酬的部分，即所谓的“剩余价值”，是企业利润的基本来源。

因此，企业在产品的制造过程中发生的各种生产耗费（主要包括原料及主要材料、辅助材料、燃料等的支出），生产单位（如分厂、车间）固定资产的折旧，直接生产人员及生产单位管理人员的职工薪酬以及其他一些货币支出等，这些构成了企业在产品制造过程中的全部生产费用。而为生产一定种类、一定数量的产品而发生的各种生产费用支出的总和是产品的生产成本。

上述产品制造过程中各种生产费用的支出和产品生产成本的形成过程，是成本会计反映和监督的主要内容。此外，企业在生产环节中同样会发生管理费用，同样也并入整个生产经营过程中所发生的全部管理费用进行统一核算。

（3）销售环节所发生的销售费用

在产品的销售过程中，企业为销售产品会发生各种各样的费用支出，如应由企业负担的运输费、装卸费、包装费、保险费、展览费、差旅费、广告费，以及专设销售机构的人员工资和其他经费等。所有这些费用构成了企业产品的销售费用。销售费用也是成本会计反映和监督的重要内容。当然，企业在销售环节中同样会发生管理费用，并同样并入整个生产经营过程中所发生的全部管理费用进行统一核算。

工业企业的成本会计对象在按照其所处的生产经营环节进行分类的基础上，还可以结合我国现行的企业会计准则等财务会计法规制度的规定，进行进一步的划分，主要可概括为以下 3 个方面。

(1) 生产准备环节的物资采购成本、固定资产购置成本、在建工程成本。按照我国现行财务会计制度规定，它们均是单独进行成本核算的。但是，材料成本最终要通过产品成本体现，而固定资产、无形资产的形成不是工业企业的日常业务，其最终也要通过产品成本补偿。

(2) 生产环节中的产品生产成本或制造成本。这是工业企业成本会计反映和监督的主要对象。

(3) 企业在一定会计期间所发生的期间费用，包括财务费用、销售费用和管理费用。财务费用主要发生在生产经营准备环节，但也可能发生在其他环节；销售费用主要发生在销售环节，但也可能发生在售后环节；管理费用是企业行政管理部门为组织和管理生产经营活动而发生的各种费用，主要包括企业行政管理部门人员的工资、固定资产折旧、工会经费、业务招待费、坏账损失等，企业在整个生产经营过程各环节中所发生的全部管理费用统一进行核算。期间费用直接计入当期损益。

综上所述，工业企业的成本会计对象为工业企业生产过程中发生的产品成本和期间费用。

2. 其他行业企业的成本会计对象

其他行业企业的成本会计对象的内容，可参照工业企业成本会计对象的内容类推，一般也包括采购与购置成本、经营成本和期间费用 3 个组成部分。

综上所述，其他行业企业的成本会计对象为生产经营的业务成本和期间费用。

1.3.2 成本会计的职能和任务

1. 成本会计的职能

成本会计的职能是指成本会计在经济管理中所具有的内在功能。成本会计具有财务会计和管理会计两重属性，它既是财务会计的重要组成部分，也是管理会计的重要组成部分。因此，成本会计的职能与会计的职能一脉相承，既具有反映和监督两个基本职能，又具有预测、决策、计划、控制、分析及考评等一系列派生职能。这在初级会计学中有详细介绍，这里不再赘述。

知识链接

关于职能、作用和任务，李宝震教授是这样认为的：“‘职能’是一个事物的功能，也就是客观存在的能力或者潜力。例如，一台机器每小时可以生产 100 件产品，这是它的功能，但根据生产计划或能源条件，实际上每小时它并不一定生产 100 件产品。‘任务’就

是根据生产计划要求机器生产多少件产品。‘作用’是指机器实际完成了多少件产品。如果没有完成计划，就是没有发挥机器应有的作用；如果超额完成了生产计划，则可以说机器很好地发挥了作用。对于会计，也可以这样说：‘职能’是它可以做到的事情，‘任务’是它应当做到的事情，‘作用’是它实际做到的事情。”①

2. 成本会计的任务

成本会计的任务是会计职能具体化，主要包括以下几方面的内容。

（1）进行成本核算，提供成本信息。按照国家有关法规、制度的要求和企业经营管理的需要，正确地进行成本核算，及时为企业管理提供真实、有用的成本信息，是成本会计的基本任务。成本核算所提供的信息，不仅是企业正确地进行存货计价、确定利润和制订产品价格的依据，也是企业进行成本管理的基本依据。在成本管理中，对各项费用的监督与控制主要是在成本核算过程中利用有关核算资料来进行的；成本预测、决策、计划、考核、分析等也是以成本核算所提供的成本信息为基本依据来进行的。

（2）监督、控制费用的发生，节约开支，降低成本。企业作为自主经营、自负盈亏的商品生产者和经营者，应贯彻增产节约的原则，加强经济核算，不断提高经济效益，这是社会主义市场经济对企业的客观要求。

（3）开展成本分析，寻求降低成本的途径。成本是一个综合性的指标，成本状况是诸多因素共同作用的结果。成本会计通过对成本资料的分析，探求成本构成及其规律，揭示影响成本增减的各种因素及其影响程度，以便正确制订企业的成本计划和预算，正确评价企业及其内部各单位成本管理工作的业绩，揭示企业成本管理工作存在的问题，从而促进成本管理工作的改善，提高企业的经济效益。

（4）进行成本预测，编制成本计划，参与经营决策。企业应在分析以往工作的基础上，科学地预测未来，周密地对自身的各项经济活动进行计划和管理。成本会计工作应在企业各有关方面的配合下，根据历史成本资料、市场调查情况以及其他有关方面（如生产、技术、财务等）的资料，采用科学的方法预测成本水平及其发展趋势，拟订各种降低成本的方案，进行成本决策，选出最优方案，确定目标成本；然后，根据目标成本编制成本计划，制订成本费用的控制标准及降低成本应采取的主要措施，并作为对成本实行计划管理、建立成本管理责任制、开展经济核算和控制费用支出的基础。

（5）考核成本计划完成情况，评价经济责任业绩。在企业的经营管理中，成本是一个极为重要的经济指标，它可以综合反映企业及其内部有关单位的工作业绩。因此，企业必须按照成本计划等的要求进行成本考核，以反映企业成本计划的执行和完成情况，通过成本考核，肯定成绩，找出差距，鼓励先进，鞭策后进。

知识链接

钢铁大王卡内基说：“盯住成本，利润就会随之而来。”

在市场上，企业竞争是不可避免的。说一千道一万，企业竞争的优势只有两种：一种是低成本优势，另一种是差异化优势。从利润＝收入－费用这个公式可以看出，增加利润

---

① 李宝震．正确认识会计的职能更好地发挥会计在提高经济效益中的作用［J］．财务与会计，1982（7），1－3.

的大方向只有两个：一个是增加收入，另一个是减少费用。采取扩大市场占有率，把收入放在第一位的，就是差异化战略；采取减少费用、增加利润、体现效率的，就是成本领先战略。成本领先战略是传统企业广泛采用的方法，人们常说的利润三大源泉都是从成本来说的。成本领先战略和差异化战略对成本管理的影响见表1-1。

表1-1 成本领先战略和差异化战略对成本管理的影响

比较项目		成本领先战略	差异化战略
战略规划	重要性	成本领先战略弱	差异化战略强
	资本支出评价标准	更多强调财务数据，如成本等	更多强调非财务数据，如市场占有率等
预算体系	预算的作用	控制工具	短期的计划工具
	预算的修改	比较难	比较容易
	成本考核中标准成本的作用	比较重要	不重要
	弹性预算对控制成本的重要性	比较大	比较小
	完成预算的重要性	比较大	比较小
	控制内容	控制结果	控制过程
	向上级非正式报告的内容及频率	对政策性事项的报告较少，对营运性事项的报告较多	对政策性事项的报告较多，对营运性事项的报告较少
激励制订	奖金在酬金中的比例	比较低	比较高
	奖金发放标准	强调财务指标	强调非财务指标
	奖金确定方式	比较客观	比较主观

（资料来源：雷夫，1998. 成本管理研究[M]. 大连：东北财经大学出版社.）

特别提示

第一利润源泉是指在资源领域中把降低人工和材料的成本作为扩大利润的来源；第二利润源泉是指在人力领域中通过挖掘企业现有人力资源，提高工作效率，获取更多的利润的途径；第三利润源泉是指在物流领域中降低物流费用，提高利润的办法。

1.4 成本会计工作的组织

要想充分发挥成本会计的职能作用，完成成本会计的工作任务，必须做好成本会计的组织工作。成本会计的组织工作，包括抓好成本会计机构的设置和人员配备，建立健全内部成本会计制度，合理选择成本会计工作的组织形式等几个方面。

企业产品成本核算制度（试行）

1.4.1 成本会计机构的设置和人员配备

1. 成本会计机构的设置

成本会计机构作为企业会计机构的一个组成部分，是组织、领导并从事企业成本会计工作的专职会计机构，一般应遵循以下原则进行设置。

（1）成本会计机构的设置要与企业的规模和管理体制相适应。在实际工作中，成本会计机构一般是根据企业规模、成本管理要求与成本核算方式，在企业会计机构内部设置的专职成本会计机构；不适合设置专职成本会计机构的，也可设置专门的成本会计岗位。例如，在设置有会计处的大中型企业，可内设成本会计科，专门组织和从事成本会计工作；还可进一步根据成本管理的要求，在企业内部的车间、部门分设成本会计机构，或配备专职或兼职的成本会计人员，负责本车间、本部门的成本会计工作。如果企业规模较小，则可在会计机构内部设置成本会计组，或配备专职的成本会计人员，负责成本会计工作。

（2）成本会计机构内部的分工要明确、具体。成本会计机构内部的分工主要是指机构内部的组织或人员之间的业务与职责分工，有两种不同的分工方式：一是按成本会计的职能分工，如分设成本核算、成本分析、成本管理等不同的工作小组或专职人员；二是按成本会计的对象要素分工，如分设材料组、工资组、期间费用组等不同的会计小组或专职人员。

（3）成本会计机构要精简、高效，符合内部控制的要求。成本会计机构设置要在满足需要的情况下，符合精简、高效的原则，避免机构重复设置、核算低效。同时，成本会计机构内部的分工要符合内部控制的要求，对账物、账证等要合理分工，既要防止出现营私舞弊现象，又要防止账证差错。

2. 成本会计的人员配备

成本会计人员是指成本会计机构中所配备的成本会计工作人员，或不设置成本会计机构而配备在会计机构中的成本会计人员，具体负责企业日常或专项的成本会计工作，如编制成本计划，进行成本费用预测、决策，进行实际的成本核算与计算，进行成本分析和考核等。

成本核算是企业会计核算工作的核心，成本指标是企业进行经营决策的重要依据，成本会计工作与产品的生产经营的流程存在直接联系。这决定了成本会计人员除了要具有专业基础扎实、知识面广、职业道德良好、任劳任怨、爱岗敬业等基本素质外，还应符合另外两个方面的特殊要求：一是在成本核算理论和实践上具有良好的基础；二是掌握一定的与企业生产经营活动相关的知识，熟悉企业生产经营的流程及工艺过程。从这两方面而言，成本会计工作人员要求具有更高的素质。

1.4.2 成本核算方式

企业的成本核算方式主要有集中核算和分散核算两种，企业应根据自身规模的大小和管理上的要求选用。

1. 集中核算

集中核算是把企业成本会计的主要工作都集中在厂部成本会计机构进行的一种成本核算方式。在这种核算方式下，各车间、各部门一般不单设成本会计机构，只配备专职或兼职的成本核算员。成本核算员只填制原始凭证和原始记录，在对其进行初步审核和整理后报送厂部成本会计机构，为进行成本核算提供原始资料。成本核算的主要工作，包括成本会计凭证的审核和整理、各种费用的归集和分配、生产费用核算和产品成本计算等，都集中由厂部成本会计机构来完成。

知识图说

集中核算的工作方式如图1.5所示。

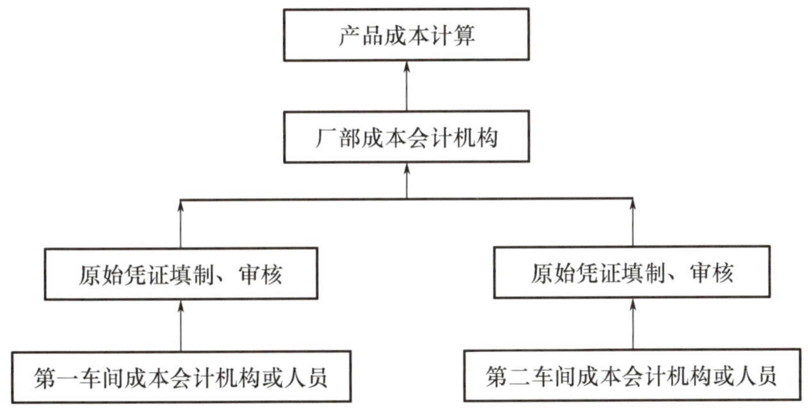

图1.5 集中核算的工作方式

集中核算的特点是各车间、各部门的有关成本、费用的原始资料都集中在厂部成本会计机构。集中核算的优点是便于了解全厂各车间、各部门的成本、费用信息，掌握全厂生产经营活动的情况，有利于监督和控制全厂的成本费用；同时，还可减少成本会计人员和工作层次，节约管理费用。集中核算的缺点是不便于开展责任成本核算，不利于调动广大职工参与成本管理的积极性。

2. 分散核算

分散核算是把成本会计的主要工作分别下放给各车间、各部门的成本会计机构或成本会计人员的一种核算方式，也称分级核算或非集中核算。在这种核算方式下，主要原始凭证和原始记录的审核和整理、生产费用的归集和分配、产品成本的核算等，都由各车间、各部门的成本会计机构或成本会计人员来完成。厂部会计机构只根据各车间、各部门上报的成本核算资料进行全厂成本的汇总核算，以及生产费用的总分类核算和少数费用的明细核算。

知识图说

分散核算的工作方式如图1.6所示。

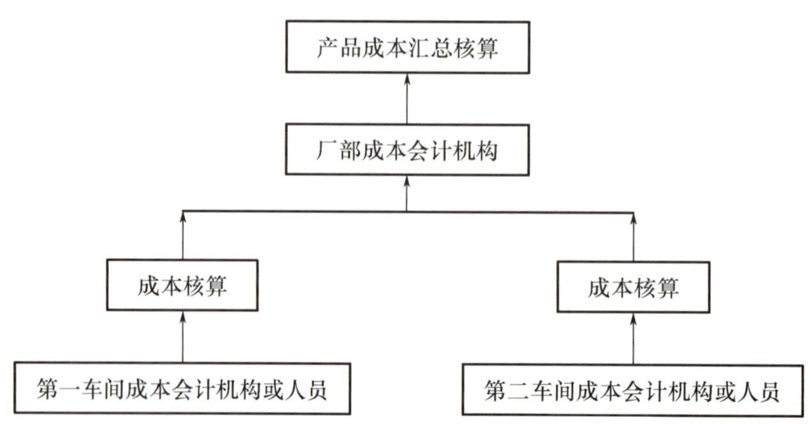

图 1.6　分散核算的工作方式

分散核算的特点和优缺点与集中核算正好相反。其特点是大量的成本、费用的原始资料和核算工作都分散在各车间和部门；其优点是有利于开展和加强责任成本核算，调动各车间、各部门及职工参与管理成本和降低产品成本的积极性；其缺点是不便于企业管理层了解各车间、各部门的成本费用信息，难以掌握全厂生产经营情况的第一手资料，很难及时、有效地进行监督和控制。同时，分散核算还会增加成本会计人员和工作层次，增加管理费用。

成本核算也会影响产品成本计算的方法。但无论采用哪种核算方式，企业成本会计机构应在总会计师的直接领导下负责整个企业成本的预测、决策、计划、分析，以及对责任成本的考核工作。

1.4.3　企业成本会计制度

为了保证成本会计工作的顺利开展，企业应根据企业会计准则、行业会计制度等相关法律法规，结合本企业实际和管理上的要求，制订企业内部的成本会计制度。

成本会计制度是关于组织和处理成本会计工作的规范，它是企业会计制度的一个组成部分。成本会计制度既包括成本核算方面的制度，也包括成本预测、决策、计划、分析和考核方面的规范。具体而言，成本会计制度主要包括以下内容。

（1）成本会计工作的组织分工及职责权限制度。其中，成本会计岗位责任制度是重要组成部分。

（2）成本核算制度，主要包括成本核算对象、成本核算方法的确定；成本账户、成本项目的设置；成本核算的流程；生产费用在完工产品和在产品之间分配的方法等。

（3）成本管理、控制制度，主要包括费用开支标准、核算对象、成本核算方法的确定；成本账户、成本项目的设置；成本核算的流程；成本费用控制方法等。

（4）成本预测和决策制度。

（5）成本定额、成本计划的编制方法与制度。

（6）成本报表制度。

（7）成本分析制度。

（8）责任会计制度。

(9) 企业内部价格的制订和结算方法等方面的制度。

(10) 其他有关方面的成本会计制度。

1.4.4 组织成本会计工作的原则

做好成本会计的组织工作，设置成本会计机构和配备成本会计人员，制订成本会计制度，开展成本会计工作需要注意以下原则。

1. 成本会计工作要与技术工艺相结合

成本会计工作应根据本单位生产经营活动的特点、生产规模的大小和成本管理的要求等具体情况来进行组织。成本是一项综合性的经济指标，它受多种因素的影响。其中产品的设计、工艺技术是否先进、经济上是否合理等对产品成本的高低有着决定性的影响。从某种意义而言，产品的成本在产品的设计阶段就已经基本确定了。因此，在成本会计工作中，不仅要注重产品加工过程中的耗费，更要对产品的设计、加工工艺、质量、性能等与产品成本之间的关系进行研究。要注意纠正过去那种成本会计人员不懂工艺技术、工艺技术人员对技术问题考虑过多而对成本考虑较少的错误倾向。

2. 成本会计工作要与经济责任制相结合

实行经济责任制是降低成本的一条重要途径。成本会计作为一项综合的价值管理工作，应摆脱传统上的只注重事后核算的片面性，要充分发挥其所具有的全面、系统的价值管理优势，要将其与经济责任制有机地结合起来，使成本管理工作产生更好的效果。要结合企业内部分部门管理的经济责任制或责任会计制度的实施，将企业总成本层层分解落实到企业生产经营过程的各个环节、各环节的各个责任人，使成本会计与经济责任制相互促进，产生联动效应。

3. 成本会计工作要与全员相结合

成本会计的根本目标是不断挖掘潜力、降低成本，但各种耗费是在生产经营的各个环节中发生的，成本的高低也主要取决于各科室、车间、班组和职工的工作。同时，企业的广大员工也最熟悉生产经营情况，最了解哪里有浪费现象，哪里有节约的潜力。因此，企业要加强成本管理，实现降低成本的目标，就不能仅靠几个专业的成本会计人员，而必须充分调动全体员工在成本管理上的积极性和创造性，将成本指标分解落实到每个人，对指标完成情况进行认真考核。因此，成本会计人员还必须做好成本管理方面的宣传工作。要经常深入实际，了解生产经营过程中的具体问题，与员工建立起经常性的联系，鼓励员工参加成本管理工作，增强员工的成本意识和参与意识，互通信息，掌握第一手资料，把成本会计工作建立在广泛的群众基础之上。

名人名言

如果一班学生能在经济学课程中真正理解成本及成本的所有方面，那么，这门课便算取得了真正的成功。

——克拉克

成本会计所代表的是工业革命对复式簿记的影响；它是簿记（一种记录）向会计（一

项精密的管理工具）扩展的一个重要标志。

——利特尔顿

成本会计就是应用普通会计的原理、原则，系统地记录某一工厂生产和销售产品时所发生的一切费用，并确定各种产品或服务的单位成本和总成本，以供工厂管理当局做出经济的、有效的和有利的产销政策时参考。

——劳伦斯

练　习　题

一、简答题

1. 成本的经济实质是什么？会计学意义上的成本的概念是什么？
2. 如何理解成本在经济管理中的作用？
3. 如何理解“成本是生产耗费的补偿尺度”？
4. 工业企业的成本会计对象主要包括哪些内容？
5. 成本会计的基本职能是什么？有哪些派生职能？
6. 成本会计的任务主要有哪些？
7. 什么是集中核算？什么是分散核算？两者各有何优缺点？
8. 成本会计的基础工作主要包括哪些内容？
9. 成本会计制度主要包括哪些内容？
10. 从成本会计的产生与发展过程中，你受到哪些启示？

二、单项选择题

1. 成本的经济实质是（　　）。
   A. 劳动者为自己劳动所创造价值的货币表现
   B. 劳动者为社会劳动所创造价值的货币表现
   C. 企业在生产经营过程中所耗费的资金的总和
   D. 生产经营过程中所消耗的生产资料转移价值的货币体现
2. （　　）构成商品的理论成本。
   A. 已耗费的生产资料转移的价值　　B. 劳动者为自己劳动所创造的价值
   C. 劳动者为社会劳动所创造的价值
   D. 已耗费的生产资料转移的价值和劳动者为自己劳动所创造的价值
3. 一般来说，实际工作中的成本开支范围与理论成本包括的内容（　　）。
   A. 是具有一定差别的　　B. 是相互一致的
   C. 是不相关的　　D. 是可以互相替代的
4. 从现行行业企业会计制度的有关规定出发，成本会计的对象是（　　）。
   A. 各项期间费用的支出及归集过程　　B. 产品生产成本的形成过程
   C. 企业全部费用的支出
   D. 企业生产经营过程中发生的生产经营业务成本和期间费用
5. 成本会计的首要职能是（　　）。
   A. 反映的职能　　B. 反映和监督的职能

C. 监督的职能 D. 计划和考核的职能

6. 成本会计的监督（ ）。

A. 包括事前监督、事中监督和事后监督 B. 包括事前监督和事后的监督

C. 是事后的监督 D. 是事前的监督

7. 成本会计最基本的任务和中心环节是（ ）。

A. 进行成本预测、编制成本计划 B. 审核和控制各项费用的支出

C. 参与企业的生产经营决策

D. 进行成本核算，提供实际成本的核算资料

三、多项选择题

1. 成本的经济实质内容包括（ ）。

A. c B. v C. m D. 以上都对

2. 成本的作用包括（ ）。

A. 生产耗费的补偿尺度 B. 产品定价的基本依据

C. 反映企业工作的综合性指标 D. 为经营决策提供重要信息

3. 成本会计的基本职能包括（ ）。

A. 反映 B. 监督 C. 预测 D. 决策

4. 成本会计的监督包括（ ）。

A. 事前监督 B. 事后监督 C. 事中监督 D. 以上都对

5. 成本核算方式主要有（ ）。

A. 集中核算方式 B. 分散核算方式

C. 科目汇总表核算方式 D. 记账凭证核算方式

6. 企业在一定会计期间所发生的期间费用包括（ ）。

A. 财务费用 B. 销售费用 C. 管理费用 D. 制造费用

7. 成本会计的组织工作主要包括（ ）等几个方面的工作。

A. 设置成本会计机构 B. 建立健全内部成本会计制度

C. 确定成本会计工作的组织形式 D. 配备成本会计人员

第1章 练习题
参考答案

第 2 章

成本核算的要求和一般程序

教学目标

通过本章的学习，使学生能够：

1. 叙述成本核算的要求，特别是正确划分费用的界限；
2. 叙述费用按各种标准的分类及这些分类之间的区别与联系；
3. 掌握企业成本核算的一般程序；
4. 写出成本核算需要设置的主要会计科目，以及科目的用途、结构。

教学要求

知识要点	能力要求	相关知识
产品成本核算的要求	（1）明确成本核算的要求 （2）明确各项费用的界限	（1）划分各种费用的界限 （2）财产物资的计价和价值结转的方法 （3）成本核算的基础工作
费用的分类	（1）掌握各种费用所包含的内容 （2）掌握费用的各种分类方法	（1）费用的经济内容 （2）费用的经济用途 （3）各项费用分类之间的关系
产品成本核算的一般程序及成本核算的主要会计科目	（1）明晰产品核算的流程 （2）正确运用产品成本核算的账户	（1）成本核算的一般程序 （2）费用的横向分配步骤 （3）费用的纵向分配步骤 （4）成本核算的账户设置

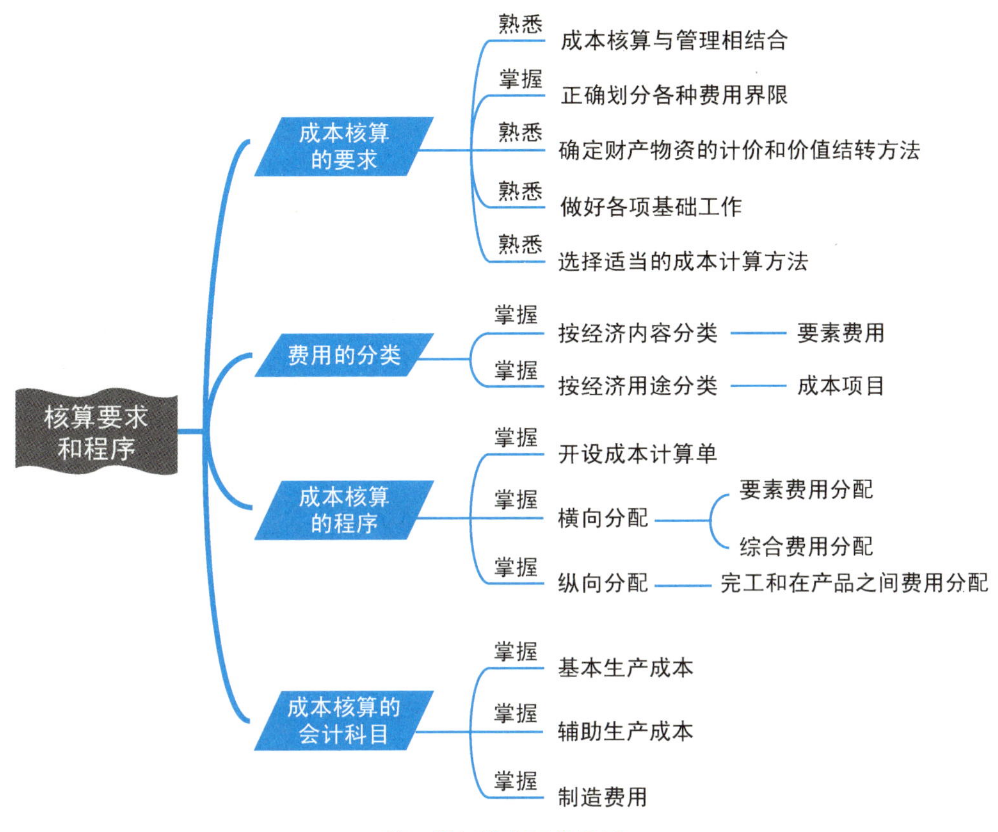

第 2 章知识点思维导图

> 实际上，可以不过分地说，成本核算程序的形成，有着伟大的功绩，它可以与创造按复式记录原则进行的簿记相媲美。
>
> ——利特尔顿

导入案例

3 个儿子的故事

从前有个老商人，他有 3 个儿子。在他年老的时候，决定将他的生意和财产交给其中一个儿子管理。交给谁呢？他决定考验一下他们，谁最聪明就交给谁。一天，他把 3 个儿子叫到身边，对他们说："这儿有 3 枚金币，你们每人用一枚金币去买一样可以填满这个房间的东西，谁能买到且花钱最少，我就把所有的生意和财产给谁！"于是，老大买回来了很多稻草，把房间塞得满满的；老二买回了很多沙子，但是把所有的沙子铺开也只能填塞半间房子；老三却买回了一根蜡烛，他点上蜡烛，顿时，整个房间从一面墙到另一面墙，从房顶到地面，上上下下都充满了温暖的烛光！这其实是一个关于如何进行成本控制的故事。如何花小钱办大事、办好事，像故事中的老三一样，是一个非常有趣而又有一定

难度的问题。

点评：成本控制是一门艺术

“在企业内部，只有成本。”加强成本控制与管理，树立全方位的成本意识，提高企业竞争力是企业最紧迫、最核心的问题之一。同时，成本控制又是一门艺术，它需要智慧的头脑和坚持不懈的努力。

2.1 成本核算的要求

2.1.1 成本核算应与管理相结合

成本核算为谁而算呢？简单地讲就是算为管用，算管结合。企业成本核算应当与加强管理相结合，所提供的成本信息应当满足经营管理和决策的需要。企业管理的主要目的就是降低成本费用，提高经济效益。因此，成本核算与管理相结合，就是要根据企业管理的要求组织成本核算，核算要服务于管理，服从于管理。具体应做到以下两点。

（1）成本核算不仅要对各项费用支出进行事后核算，提供事后的成本信息，而且必须以国家有关的法规、制度和企业成本计划和相应的消耗定额为依据，加强对各项费用支出的事前审核和事中控制，并及时进行信息反馈。

（2）成本核算必须正确、及时。只有成本资料正确，才能据以考核和分析成本计划的完成情况，才能保证国家的财政收入和企业再生产资金得到合理的补偿。同时，成本核算正确与否，衡量的标准首先要看提供的核算资料能否满足管理的需要。在成本核算中，既要防止片面地简单化、不能满足成本管理要求的做法，也要防止脱离成本管理要求、为算而算、搞烦琐哲学的倾向。必须从管理要求出发，在满足管理要求的前提下，按照重要性原则分清主次、区别对待、主要从细、次要从简、细而有用、简而有理，为企业的经营管理和经营决策提供必要的成本信息。因此，企业应选用既简便又合理的成本核算方法，正确核算产品成本。

2.1.2 正确划分各种费用界限

企业发生的各项支出，有的可以计入产品成本，有的不能计入产品成本；有的可以计入当期的产品成本，有的不能计入当期的产品成本；桥归桥路归路，必须清清楚楚。因此，为了正确地核算生产费用和管理费用，正确地计算产品实际成本和企业损益，必须正确划分以下 5 个方面的费用界限。

1. 正确划分生产经营管理费用与非生产经营管理费用的界限

生产经营管理费用指的是企业在日常的经营管理过程中所发生的与各项生产经营活动直接相关的各项支出，包括应计入产品成本的各项支出及应计入期间费用的支出。企业的经济活动是多方面的，除了生产经营活动以外，还有其他方面的经济活动，因而费用的用途也是多方面的，并非都应计入生产经营管理费用。例如，企业购置和建造固定资产，购买无形资产及进行对外投资，这些经济活动都不是企业日常的生产经营活动，其支出都属于资本性支出，不应计入生产经营管理费用。又如企业的固定资产盘亏损失、固定资产报废清理损失、由于遭受自然灾害等而发生的非常损失，以及出于非正常原因发生的停工损失等，都不是由于日常的生产经营活动而发生的，也不应计入生产经营管理费用，而应该计入营业外支出。乱挤和少计生产经营管理费用，都会使成本费用不实，不利于企业成本管理。乱挤生产经营管理费用会减少企业利润和国家财政收入；少计生产经营管理费用则会虚增利润，超额分配，使企业生产经营管理费用得不到应有的补偿，影响企业再生产的顺利进行。因此，每一个企业都应正确划分生产经营管理费用和非生产经营管理费用的界限，遵守国家成本费用开支范围的规定，防止乱挤和少计生产经营管理费用。

随堂练习

根据表 2－1 中的摘要内容，判断性质和记入的会计科目。

表 2－1　判断费用界限

项目	摘要	是否属于生产经营费用	会计科目
1	支付的自营安装设备的职工工资分配		
2	支付的职工食堂人员工资分配		
3	固定资产盘亏处理		
4	超额列支的广告费用		

2. 正确划分生产成本与期间费用等的界限

判断费用界限答案

在线课堂：讲课录像

企业的生产经营管理费用不仅包括应计入产品生产成本的各项支出，如生产产品所发生的直接材料、直接人工和制造费用等；还包括和产品没有直接对应关系的期间费用，如企业管理部门的办公费用、企业的业务招待费用、各种广告费用等。在分清楚企业生产经营管理费用与非生产经营管理费用界限的基础上，企业还必须进一步将计入生产经营性的各项支出划分为生产成本与期间费用。因为产品成本要在产品生产完成并销售以后才计入企业的损益，而当月投入生产的产品不一定当月产成、销售，当月产成、销售的产品不一定是当月投入生产的，因此本月发生的生产费用往往不一定是计入当月损益，从当月利润中扣除的产品销售成本。工业企业发生的管理费用、销售费用和财务费用作为期间费用处理，不计入产品成本，直接计入当月损益。因此，为了正确计算产品成本和期间费用，正确计算企业各月份的损益，必须正确划分产品生产费用和各项期间费用的界限。混淆产品生产费用与期间费用的界限，借以调节各月产品成本和各月损益的错误做法应当予以杜绝。

知识链接

支出、费用、成本是经常用到的名词，它们之间有什么关系呢？

支出是企业资源的流出。支出可分为偿付性支出和非偿付性支出。偿付性支出指偿还债务本金、利润分配（分红）等现金流出，不构成费用；非偿付性支出分为资本性支出和收益性支出两类，最终会转化为费用。资本性支出是指效益涉及几个会计年度（或几个营业周期）的支出，即支出要先资本化，形成企业的长期资产，如固定资产、无形资产等，然后按照权责发生制通过折旧、摊销等形成费用；收益性支出是指效益涉及一个会计年度（或长于一年的一个营业周期）的支出，包括在当期形成费用和按照权责发生制进行递延摊销或应计的支出。支出、费用、成本之间的关系如图 2.1 所示。

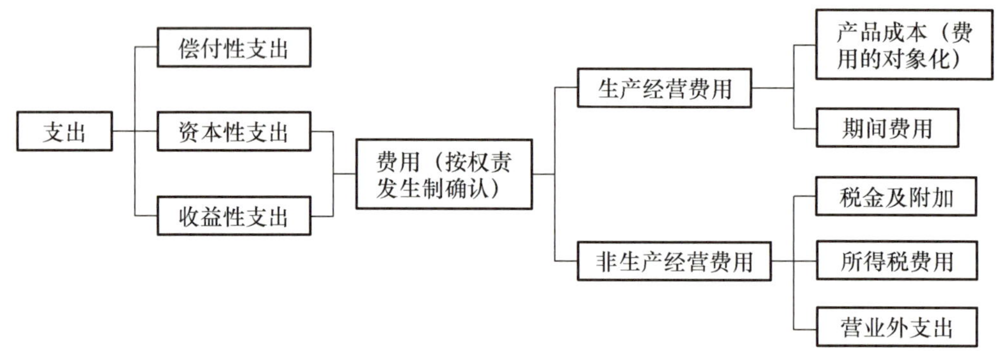

图 2.1 支出、费用、成本之间的关系

3. 正确划分各个月份的费用界限

为了按月分析和考核产品成本和经营管理费用，正确计算各月损益，还应将应计入产品成本的生产费用和作为期间费用处理的经营管理费用，在各个月份之间进行划分。本月发生的费用都应在本月全部入账，不能将其一部分延至下月入账；也不应在月末以前提前结账，将本月成本、费用的一部分作为下月成本、费用来处理。应当贯彻权责发生制原则，正确地核算分摊费用和计提费用。本月支付，但属于以前及以后各月份受益的费用，应在各月之间合理分摊计入成本。本月虽未支付，但本月已经受益，应由本月负担的费用，应计入本月的成本。正确划分各期的费用界限，实质是从时间上确定各个成本核算期的费用和产品成本，是保证成本核算正确性的重要环节。应该坚决防止利用费用分摊和计提的办法人为调节各个月份的产品成本和经营管理费用、调节各月损益的错误做法。成本核算是保证产品成本正确性的重要环节。

4. 正确划分各种产品的费用界限

为了正确核算生产经营损益及加强成本管理，分析和考核各种产品或劳务的成本计划或成本定额的执行情况，无论企业的生产类型、生产规模、管理要求如何，都必须正确计算出各种产品的实际成本。因此，对本期的生产费用还应在各种产品之间进行分配。属于某种产品单独发生，能够直接计入该种产品成本的费用，应直接计入该种产品的成本。属于几种产品共同发生，不能直接计入某种产品成本的，则应采用适当的分配方法，分别计入这几种产品的成本。既要防止随意分配费用，又要特别注意防止在盈利产品与亏损产品、可比产品与不可比产品之间任意增减生产成本，采取以盈补亏、掩盖超支、虚报产品成本降低业绩的错误做法。

5. 正确划分完工产品与在产品的费用界限

以上 4 种费用界限的划分，已将应计入产品成本的生产费用全部计入了各种产品的生产成本。月末在计算产品成本时，如果某种产品都已完工，这种产品的各项费用之和，就是该种产品的完工产品成本。如果某种产品都未完工，这种产品的各项费用之和，就是该种产品的月末在产品成本。但是如果某种产品一部分已经完工，另一部分尚未完工，这种产品的各项生产费用，还应采用适当的分配方法在完工产品与月末在产品之间进行分配，分别计算完工产品成本和月末在产品成本，以准确计算完工产品成本。

以上 5 个方面费用界限的划分过程，也就是产品成本的计算和各项期间费用的归集过程。在这一过程中，应贯彻受益分配原则，以保证某种产品成本核算的正确无误。**受益分配原则是指成本核算在分配费用时，按照“谁受益，谁负担，不受益，不负担；受益大，负担多，受益小，负担少”的原则分配费用，使费用分配合理、准确。**

特别提示

成本核算的受益分配原则在一般情况下是合理的，但在特殊情况下也不尽合理。例如应为企业多个部门提供服务的辅助部门发生的费用，但本月却没有部门接受服务，那费用分配给谁呢？或者只有一个部门接受了服务，把费用都分配给这一个部门吗？这就非常的不合理了！这时要采用二次分配等方法进行分配。

2.1.3　正确确定财产物资的计价和价值结转的方法

工业企业的财产物资是生产资料，它包括了固定资产和生产经营过程中所要耗费的各种存货，其价值要随着生产经营过程的耗费，转移到产品成本和费用中去。这些财产物资可以被认为是尚未转移为成本、费用的价值储存。因此，财产物资的计价和价值结转的方法也是影响成本费用正确性的重要因素。例如固定资产的正确计价和价值结转，应包括其原值的计算方法、折旧方法、折旧率的高低及固定资产与低值易耗品的划分标准。低值易耗品和包装物在按其取得时实际成本计价的同时，还要合理制订其摊销方法。各种原材料应按实际采购成本计价，其价值的结转，在材料按实际成本进行日常核算时，企业可以根据情况，对发出材料选用个别计价法、先进先出法、加权平均法、移动加权平均法等确定其实际成本；在材料按计划成本进行日常核算时，企业应当按期结转其成本差异，将计划成本调整为实际成本。这些物资的计价及价值结转的方法在产品成本计算的过程中都十分重要。为了正确计算成本和费用，对于各种财产物资的计价和价值结转，以及各种费用的分配，都应制订比较合理、简便的方法。同时，为了使各企业和各期的产品成本可比，有的要在全国范围内规定统一的方法，有的应在同行业同类型企业范围内规定统一的方法。而且方法一经确定，必须保持相对稳定，不应任意改变，要防止任意改变财产物资计价和价值结转的方法。任意改变固定资产折旧率及不按规定方法和期限核算、调整材料成本差异等，势必导致人为调节成本和费用的错误做法。

2.1.4 做好各项基础工作

要保证成本会计所提供的成本信息的质量，必须加强产品成本核算的各项基础工作。基础工作做得不好，就会影响成本核算的准确性。要做好成本核算的各项基础工作，需要会计部门和其他各部门密切配合。为了保证企业生产费用数据的真实、可靠和正确核算产品成本及经营管理费用，必须做好以下各项基础工作。

1. 制订和修订各项定额

定额是企业在正常生产条件（指设备条件和技术条件等）及相对稳定的经济环境下，对生产的数量、质量，以及人力、物力和财力等方面所规定的应达到的数量标准。定额是编制成本计划、分析和考核成本水平的依据，也是审核和控制成本的标准。企业应该根据当前设备条件和技术水平，充分考虑职工群众的积极因素，制订和修订先进而又可行的原材料、燃料、动力和工时等消耗定额，并据以审核各项耗费是否合理，是否节约，借以控制耗费，降低成本、费用。制订和修订产量定额、质量定额，是搞好生产管理、成本管理和成本核算的前提。企业的定额主要有产量定额、材料消耗定额、动力消耗定额、设施利用定额、劳动（工时）定额、各项费用定额等。

【例 2－1】 奔成企业甲产品成本定额：材料定额消耗量 6 千克，计划单价 5 元/千克，工时定额 6 工时，时计划工资率 25 元/工时，时制造费用分配率 20 元/工时。成本定额卡见表 2－2。

表 2－2 成本定额卡

产品：甲产品

项目	消耗量/工时定额	计划单价/分配率	金额/元
直接材料	6 千克	5 元/千克	30
直接人工	6 工时	25 元/工时	150
制造费用	6 工时	20 元/工时	120
合计	—	—	300

制订的这些定额都应该合理、切实可行，并随着生产的发展、技术的进步、劳动生产率的提高而不断修订，以充分发挥其应有的作用。

特别提示

定额成本和成本定额是有区别的，一般讲成本定额是指单位的含义，而定额成本是指一定单位量的含义。

随堂练习

根据表 2－3 的资料，计算有关指标。

表 2-3　材料定额指标计算表

项目	产量/件	材料种类	材料消耗量定额/千克	计划成本/（元/千克）	材料成本定额/元	材料定额成本/元
甲产品	100	A 材料	10	10		
乙产品	300	B 材料	30	5		
丙产品	200	A 材料	50	10		
		B 材料	20	5		
		合计				

2. 建立健全材料物资的计量、收发、领退和盘点制度

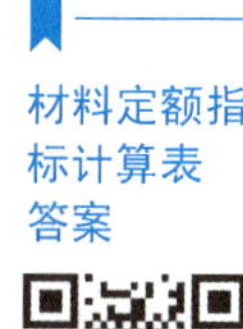

为了进行成本管理和成本核算，必须对材料物资的收发、领退和结存进行计量，建立健全材料物资的计量、收发、领退和盘点制度。在进行材料物资的收发、领退，在产品、半成品的内部转移和产成品的入库时，均应填制相应的凭证，经过一定的审批手续，还要经过计量、验收与交接等程序，防止任意领发和转移。库存的材料、半成品和产成品，以及车间的在产品和半成品，均应按照规定进行盘点、清查，防止丢失、积压、损坏、变质和被贪污、盗窃。只有这样，才能保证账物相符，保证计算的正确性。

3. 建立健全原始记录

原始记录是反映生产经营活动的原始资料，是进行成本预测、编制成本计划、进行成本核算、分析消耗定额和成本计划执行情况的依据。只有计量而没有记录，核算就没有书面的凭证依据。因此，为了进行成本的核算和管理，对于生产经营过程中工时和动力的耗费，在产品和半成品的内部转移，以及产品质量的检验结果等，均应做出真实的记录。原始记录对于劳动工资、设备动力、生产技术等方面的管理，以及有关的计划统计工作，都有重要的意义。企业应该制订既符合各方面管理需要，又符合成本核算要求，既科学易行，又讲求实效的原始记录制度，并组织有关职工认真做好各种原始记录的登记、传递、审核和保管工作，以便正确、及时地为成本核算和其他有关方面工作提供所需的原始资料。

4. 做好厂内计划价格的制订和修订工作

在计划管理基础较好的企业，为了分清企业内部各单位的经济责任，便于分析和考核内部各单位成本计划的完成情况，还应对材料、半成品和厂内各车间相互提供的劳务（如修理、运输等）制订厂内计划价格，作为内部结算和考核的依据。厂内计划价格应该尽可能接近实际并相对稳定，年度内一般不做变动。制订了厂内计划价格的企业，对于材料领用、半成品转移，以及各车间、部门之间相互提供的劳务，都应按计划价格结算，月末再采用一定的方法计算和调整价格差异，据以计算实际的成本、费用。按计划价格进行企业内部的往来结算，还可以简化、加速成本和费用的核算工作。

【例 2-2】 企业自有供水车间，制订的自供水计划单价为 1.5 元/立方米。例如，6 月份供水为 1 500 立方米，其中甲产品用 600 立方米，乙产品用 300 立方米，基本生产车间用 200 立方米，供电车间用 100 立方米，专设销售机构用 100 立方米，管理部门用 200 立方米。

成本核算在有计划单价的情况下，无需先计算出水的实际成本就可以计算各耗用水的产品或部门的用水费用，大大简化了核算工作。计算为：

本月共计分配的水费＝1 500×1.5＝2 250(元)

其中：甲产品分配水费 900 元（600×1.5），乙产品分配水费 450 元（300×1.5），制造费用分配水费 300 元（200×1.5），供电车间分配水费 150 元（100×1.5），销售费用分配水费 150 元（100×1.5），管理费用分配水费 300 元（200×1.5）。

如供水车间 6 月份实际费用为 2 400 元，实际成本同计划成本对比超支了 150 元(2 400－2 250)，进一步分析超支原因，进行考核奖惩。

2.1.5 采取适当的方法计算产品成本

产品成本是在生产过程中形成的，产品生产组织和生产工艺特点及管理要求的不同是影响产品成本计算方法选择的重要因素。企业生产按其组织方式，可分为大量生产、成批生产和单件生产；按工艺过程的特点，可分为连续式生产和装配式生产。企业采用何种成本计算方法，在很大程度上取决于产品生产的特点。计算产品成本是为了管理成本，对管理要求不同的产品，也应该采用不同的成本计算方法。同一企业可以采用一种成本计算方法，也可以采用多种成本计算方法，即多种成本计算方法同时使用或多种成本计算方法结合使用。成本计算方法一经选定，不应经常变动。

2.2 费用的分类

工业企业生产经营过程中的耗费是多种多样的，为了科学地进行成本管理，正确计算产品成本和期间费用，需要对种类繁多的费用进行合理分类。费用可以按不同的标准分类，工业企业在生产经营过程中发生的费用，最基本的分类方法是按生产费用的经济内容和经济用途进行分类。

成本管理故事

美国航空公司（简称美航）总是想尽一切办法降低成本，节约一切可能节约的费用，这已经成为了他们的一种习惯。在美航的飞机上，除了代表美航标志的红、白、蓝条纹外，一概不涂其他油漆。这不仅降低了油漆的消耗，而且因为不涂油漆，每架飞机大约减轻了 400 磅，每架飞机每年因此可以节省大约 1.2 万美元的燃油费用。有一次，美航老板柯南道尔在美航班机上用餐。他发现送餐的量很大，于是把没吃完的生菜倒入一个塑料袋，交给负责机上餐饮的主管，并下令“缩减晚餐沙拉的分量”！他还觉得不过瘾，又下令拿掉沙拉中的一粒黑橄榄。如此一来，既减少了浪费，又使美航每年减少了7万美元的开支。

2.2.1　费用按经济内容的分类

一个企业在进行正常的生产经营活动时，会发生很多费用。第一类，企业为了生产产品要发生费用。例如，需要领用材料用于加工产品而发生材料费用，要有一定数量的生产工人来加工产品而发生人工费用，为生产产品还必须有一定的设备用于加工产品而发生折旧费用，还有生产车间为了组织生产而发生的各种料费、工费和其他费用。第二类，除了生产产品之外，企业在正常的经营过程中，还将发生公司经费、企业房屋建筑物的折旧费、修理费、保险费、管理人员的工资费用、借款利息、研究开发费等。第三类，企业在正常的生产经营活动中会发生购建固定资产、无形资产的支出，以及对外投资支出。这些在一定时期发生的费用均是用货币来表现的。费用按照经济内容具体可以划分为：劳动对象消耗的费用、劳动手段消耗的费用和活劳动中必要劳动消耗的费用。前两方面为物化劳动耗费，即物质消耗；后一方面为活劳动耗费，即非物质消耗。

1. 费用要素的分类

费用按照经济内容的分类称为费用要素，为了具体反映制造业企业各种费用的构成和水平，费用要素可以进行以下细分。

(1) 外购材料，指企业为进行生产经营管理而耗用的从外部购入的原料及主要材料、半成品、辅助材料、修理用备件、包装物和低值易耗品等。

(2) 外购燃料，指企业为进行生产经营管理而耗用的从外部购入的各种燃料，包括固体燃料、液体燃料、气体燃料。

(3) 外购动力，指企业为生产耗用而从外部购进的各种动力，如外购的电力、蒸汽动力等。

(4) 职工薪酬，指企业为获得职工提供的服务或终止劳动合同关系而给予的各种形式的报酬，包括短期薪酬、离职后福利、辞退福利和其他长期职工福利。

(5) 折旧费，指企业按照规定方法，对生产经营用固定资产计提的折旧费用。

(6) 利息支出，指企业按规定计入生产费用的借款利息支出减去利息收入后的金额。

(7) 其他费用，指不属于以上各要素的费用但应计入产品成本或期间费用的费用支出，如差旅费、办公费、租赁费、外部加工费、保险费和诉讼费等。

2. 划分费用要素的作用

费用要素是一种反映费用原始形态的分类。将费用划分为若干要素进行反映，对于企业的生产经营管理有以下作用。

(1) 这种分类有助于企业了解在一定时期内发生了哪些费用，各要素的比重是多少；分析各个时期各种要素费用的结构和水平。

(2) 这种分类反映了企业外购材料、燃料费用及职工薪酬的实际数额，可以为编

制材料采购资金计划、劳动工资计划、核定储备资金定额、考核储备资金周转速度提供资料。

（3）这种分类能将物化劳动的耗费明显地从劳动耗费中划分出来进行单独反映，有利于企业计算工业净产值，并为计算国民收入提供资料。

这种分类的不足之处是不能反映各种费用的经济用途，因而不便于分析各种费用的支出是否节约、合理。因此，企业的这些费用必须按经济用途进行分类。

特别提示

费用要素和要素费用的联系和区别：费用要素和要素费用都是指费用按经济内容的分类，但费用要素在内容上有不能再分的含义，在数量上是指单位的概念；而要素费用是指总和的概念。类似的还有后面要学到的成本定额和定额成本、成本标准和标准成本、成本计划和计划成本等。

2.2.2 费用按经济用途的分类

企业的各种生产费用按照不同的经济用途可以做如下分类：①企业的全部费用可以划分为用于日常生产经营的生产经营管理费用（即收益性支出）和用于其他有关方面的非生产经营管理费用（即资本性支出）；②生产经营管理费用按照是否用于产品生产可以分为用于产品生产、可以计入产品成本的生产费用，用于组织、管理产品生产及销售的日常经营管理活动的经营管理费用，以及日常生产经营管理活动的税金及附加；③计入产品成本的生产费用在生产过程中的用途也各不相同。

为了具体反映用于生产产品的生产费用的各种用途，首先可以将生产经营费用分为计入产品成本的生产费用、直接计入当期损益的期间费用两大类。

1. 计入产品成本的生产费用按经济用途的分类

计入产品成本的生产费用按经济用途可以进一步划分为若干产品成本项目，具体有如下内容。

（1）**直接材料，指直接用于产品生产、构成产品实体的原材料、主要材料及有助于产品形成的辅助材料。**

（2）**直接人工，指直接参加产品生产的工人的薪酬。**

（3）制造费用，指间接用于产品生产的各项费用，以及虽直接用于产品生产，但不便于直接计入产品成本，因而没有专设成本项目的费用（如机器设备的折旧费用）。制造费用包括为组织和管理生产活动所发生的生产单位管理人员的职工薪酬，生产单位的房屋、建筑物、机器设备等的折旧费，以及设备租赁费、机物料消耗、低值易耗品摊销、取暖费、水电费、办公费、差旅费、运输费、保险费、设计制图费、试验检验费、劳动保险费，还有季节性和修理期间的停工损失及其他制造费用等。

特别提示

据统计，1970年以前的间接费用仅为直接人工成本的50%～60%，而今天大多数企业的间接费用为直接人工成本的4～5倍；以往直接人工成本占产品成本的40%～50%，而今天直接人工成本占产品成本还不到10%，甚至仅占产品成本的3%～5%，如图2.2所示。

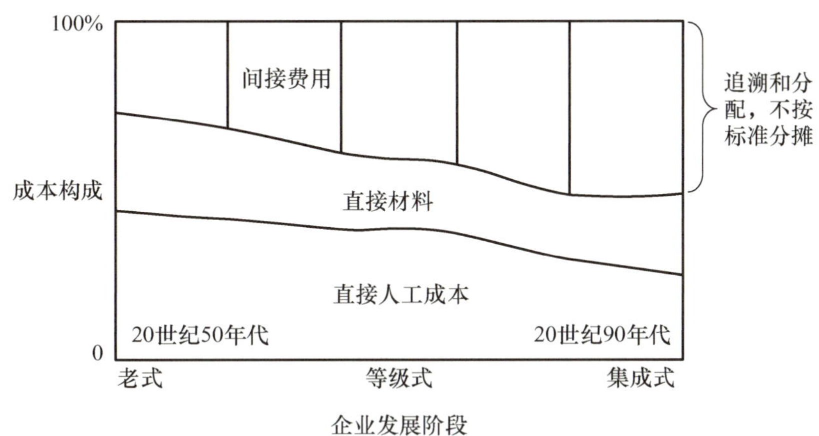

图2.2　间接费用正在取代直接费用

对于直接材料和直接人工的合计，常称主要成本；直接人工和制造费用的合计则称为加工成本。企业也可根据生产的特点和管理要求对上述成本项目做适当调整。对于在管理上需要单独反映、控制和考核的费用，以及成本中占的比重较大的费用，应专设成本项目；否则，为了简化核算，不必专设成本项目。例如，如果工艺上耗用的燃料和动力较多，应设置“燃料及动力”项目；如果工艺上耗用的燃料和动力不多，为了简化核算，可将其中的工艺用燃料费用并入“直接材料”成本项目，将其中的工艺用动力费用并入“制造费用”成本项目。又如，如果废品损失在产品成本中所占比重较大，在管理上需要对其进行重点控制和考核，则应单设“废品损失”成本项目。

随堂练习

根据表2-4所示的资料，判断费用类别。

表2-4　资料分析表

项　　目	摘　　要	费用类别
1	企业购入原材料甲100 000元	
2	二车间领用一车间半成品50 000元	
3	一车间领用甲材料100 000元	
4	一车间本月工资800 000元	
5	分配一车间本月工人工资700 000元	

2. 直接计入当期损益的期间费用按经济用途的分类

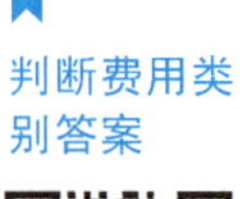

判断费用类别答案

期间费用按经济用途可分为管理费用、销售费用和财务费用，各自所核算的内容如下。

（1）管理费用，指企业为组织和管理生产经营活动所发生的各种管理费用，包括企业在筹建期间发生的开办费、公司经费、工会经费、劳动保险费等。

（2）财务费用，指企业为筹集生产经营所需资金而发生的筹资费用，包括利息支出（减利息收入）、汇兑损益、调剂外汇手续费、金融机构等手续费，以及企业发生的现金折扣或收到的现金折扣等。

（3）销售费用，指企业在销售产品和材料、提供劳务过程中发生的各项费用，以及为销售本企业产品而专设的销售机构的各项经费，包括运输费、装卸费、包装费、保险费和为销售本企业产品而专设的销售机构（含销售网点、售货服务网点等）的销售部门的职工薪酬、办公费、差旅费及其他经费等。

特别提示

费用按照经济内容分类和按照经济用途分类之间的联系和区别：费用按经济内容分类是费用按经济用途分类的基础；费用按经济内容分类说的是投入内容，而费用按经济用途分类说的是产出成果的内容。

3. 其他分类方法

除了上述两种基本的分类外，企业的费用或成本还可以按照不同的标准进行分类，常用的几种分类如下。

（1）费用按照生产费用与产品生产工艺的关系分为直接生产费用和间接生产费用。所谓工艺就是产品加工的方法和技术等。所以，直接生产费用是指与生产工艺有关的直接用于产品生产的生产费用，如生产工艺过程中耗用的原料及主要材料、燃料及动力、产品生产工人薪酬、生产用机器设备折旧费等。这些费用有时会用于两种以上产品的生产，因而还需按一定比例分配后计入各种产品成本。这类费用一般是直接计入按产品种类等成本计算对象分别设置的“基本生产成本”账户中。间接生产费用是指与生产工艺没有关系，间接用于产品生产的费用，如生产管理部门人员的工资、办公费、差旅费、机物料消耗、车间厂房的折旧费等。这类费用一般计入车间或其他生产部门的“制造费用”账户中。

这种分类方法便于了解企业产品成本的构成情况，分析企业不同时期的管理水平。管理水平越高，产品成本中间接费用所占的比重越低。因此，这种分类方法有利于促使企业提高管理水平，降低一般费用的开支，提高经济效益。

（2）费用按照生产费用计入产品成本的方法分为直接计入费用和间接计入费用。直接计入费用简称直接费用，是指可以分清由哪种产品耗用、能直接计入该种产品成本的生产费用。例如，直接用于某种产品生产的专用原材料费用，就可以根据有关的领料单直接计入该种产品成本。间接计入费用简称间接费用，是指不能分清由哪种产品耗用、不能直接计入某种产品成本，而必须按照一定标准分配后才能计入有关产品成本的生产费用。例如生产部门管理人员的薪酬，加工的几种产品共同使用的生产设备的折旧费等。

这种分类方法有利于企业正确计算产品成本，对于直接计入的费用，必须根据有关费用的原始凭证直接计入该产品成本，对于间接计入的费用，要选择合理的分配标准分别计入有关产品的成本。

知识图说

管理就是分类和整合，分类是为了发现问题，整合是为了解决问题。费用的不同分类是发现问题的过程；费用的整合，即对象化的过程，采用不同的分配和计算方法（品种法、分批法、分步法等）计算出产品的成本。费用分类和整合的过程如图 2.3 所示。

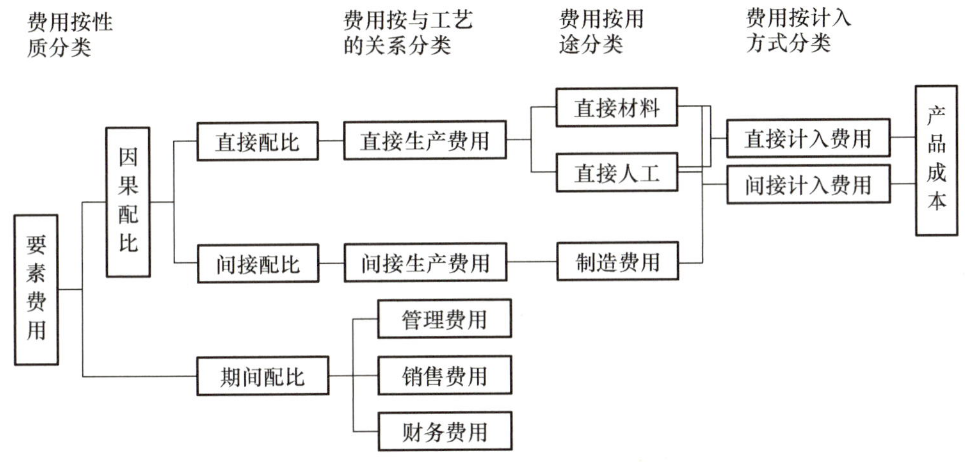

图 2.3　费用分类和整合的过程

费用分类和整合的过程，也是设置会计科目的依据。比如为什么要设“制造费用”科目？因为无法把这类费用直接记到生产成本中。如果可以计入，则没有必要设置。

除了以上几种分类方法外，还有其他成本费用分类的方法。例如按照生产费用与产品产量的关系分为变动费用、固定费用和混合费用；按照成本可控与否分为可控成本和不可控成本；按照成本与决策方案的相关性分为相关成本和不相关成本等。

2.3　成本核算的一般程序及主要会计科目

2.3.1　成本核算的一般程序

成本核算是对生产费用的发生和产品成本的形成进行的核算。因此，成本核算的过程就是按一定的程序，对发生的生产费用进行汇总、分配，将应计入产品成本的生产费用归集于各种产品，计算出各种产品的实际总成本和单位成本的过程。所谓产品成本核算程序，就是指从生产费用的发生、归集开始，直到计算出完工产品成本为止的整个核算顺序和步骤。前面对费用的五个界限的划分过程就是成本核算的基本程序，其中第一到第四界

限的划分称为横向分配过程，即费用在不同的对象或项目下分配；第五个界限的划分称为纵向分配，即费用在同一对象下的分配。其程序可概括为三大步：第一，确定成本计算对象，开设成本计算单；第二，横向分配；第三，纵向分配。在成本会计实务工作中为开设和填制产品成本计算单，见表2-5。

表2-5 产品成本计算单

单位：元

项目		横向分配				
		直接材料	直接人工	制造费用	废品损失	合计
纵向分配	完工产品成本					
	在产品成本					

具体步骤如下。

1. 确定成本计算对象并设置生产成本明细账

成本计算对象即归集和分配生产费用的对象，是生产费用的承担者。确定成本计算对象，就是要确定生产费用由谁来承担。确定成本计算对象是设置产品成本明细账，正确计算产品成本的前提，也是区别各种成本计算方法的主要标志。不同性质的企业，成本计算对象是不相同的，可以是某种产品、某一生产步骤、产品的某一批别，也可以是同类产品。至于选用什么作为成本计算对象，取决于企业的生产特点和管理要求。不论成本计算对象如何确立，最后都要达到计算各种产品生产成本的基本要求，即能够分成本项目确定某种产品的总成本和单位成本。由于企业的生产特点、管理要求、规模大小、管理水平各不相同，企业成本计算对象也各不相同。企业应根据自身的生产特点和管理要求，选择合适的产品成本计算对象设置生产成本明细账。

2. 归集和分配本期发生的生产费用

将生产经营过程中发生的各项要素费用按照成本项目进行分配，企业应该将应计入本月产品成本的原材料、燃料、动力、职工薪酬、折旧费等费用要素在各种产品之间，按照成本对象进行归集和分配。对于为生产某种产品直接发生的生产费用，能分清成本核算对象的，直接计入该产品成本；对于由几种产品共同负担的，或为产品生产服务发生的间接费用，可先按发生地点和用途进行归集汇总，然后分配计入各受益产品。在进行费用的归集与分配时，应按照国家的相关规定，对企业发生的生产费用进行审核和控制，确定各项费用是否应该开支，已开支的费用是否应该计入产品成本。凡是不符合费用开支规定的，不予入账，并追究相应的违规责任。凡应计入资本性支出、营业外支出或期间费用的，均应计入相应的账户，不得计入产品生产成本。

此外，根据权责发生制基础和配比原则的要求，要分清各项费用的归属期，特别是跨期摊提费用的归属期。本月支付应由本月负担的生产费用，计入本月产品成本；以前月份支付应由本月负担的生产费用，分配摊入本月产品成本；应由本月负担而在以后月份支付的生产费用，预先计入本月产品成本；本月开支应由以后月份负担的生产费用，做跨期分摊处理；已由以前月份负担而在本月支付的生产费用，做跨期预提处理。

3. 归集与分配辅助生产费用

辅助生产费用的归集与分配根据生产的类型进行。在单品种辅助生产车间，其生产费用都是直接费用，直接归集计入所生产的产品或劳务成本；在多品种辅助生产车间，其生产费用需直接或按一定方法分配后分别归集到不同种产品或劳务的成本中。所归集的辅助生产费用，要采用科学合理的方法在各受益对象（主要是基本生产车间和管理部门）之间进行分配。如果企业的辅助生产车间不止一个，且辅助生产车间相互之间也提供劳务，在分配辅助生产费用时，还应该考虑相互之间费用的分配问题，以保证费用分配的准确性。辅助生产费用的分配方法有直接分配法、交互分配法、顺序分配法、代数分配法和计划分配法等。

4. 归集与分配制造费用

在一个生产车间或部门生产多种产品或提供多种劳务的情况下，归集的制造费用应采用适当的方法分配转入该车间或部门的不同种产品或劳务的成本中。对于制造费用的分配，应特别注意其分配标准的恰当选择。制造费用的分配标准既可以是实际的，如产品的体积、质量、容积，产品生产所耗用的生产工时、生产工人的工资等；也可以是计划标准或定额标准，如定额工时等。

5. 将废品损失计入产品成本

对单独核算废品损失的企业，计算可修复废品的修复费用和不可修复废品损失，期末将归集的本期废品净损失转入该产品“基本生产成本”，根据计算结果做会计分录并登账。

在发生停工损失单独核算的企业，也要设专户归集费用，期末将停工损失转入“基本生产成本”科目。

6. 计算完工产品成本和月末在产品成本

将生产费用计入各成本核算对象后，对于既有完工产品又有月末在产品的企业，应采用适当的方法，把生产费用在其完工产品和月末在产品之间进行分配，求出按成本项目反映的完工产品和月末在产品的成本。

成本会计核算是一个系统化的过程，成本计算程序是这个过程的一个重要组成部分，上述成本计算程序可概括为图 2.4 所示内容。

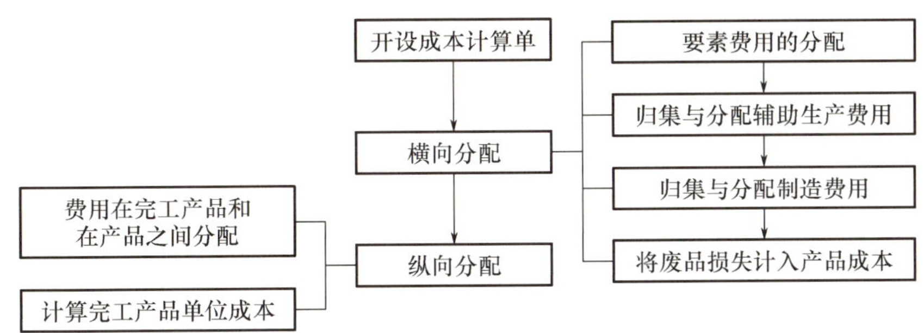

图 2.4 成本计算程序

特别提示

辅助生产成本也是产品生产成本，辅助生产成本的计算程序可谓“麻雀虽小，五脏俱全”，如同基本生产成本一样。其步骤为：第一步是开设辅助生产成本计算单；第二步是横向分配，具体包括七个要素费用的分配，四个综合费用（制造费用、辅助生产成本、废品损失和停工损失）的分配；第三步是纵向分配，是辅助生产费用在完工产品和在产品之间的分配，计算完工产品成本。辅助生产成本计算程序也是图 2.4 所示的程序，只不过由于辅助生产工艺的特点和简化需要，辅助生产成本一般没有在产品；“制造费用”科目可以和“辅助生产成本”科目合设，使计算程序有所简化。

2.3.2 成本核算的主要会计科目

为了进行成本核算，企业一般应设置“基本生产成本”“辅助生产成本”“制造费用”“管理费用”“财务费用”“销售费用”等科目，如果需要单独核算废品损失和停工损失，还应设置“废品损失”和“停工损失”科目。

(1)“基本生产成本”科目，属于成本类科目，该科目用于核算企业进行工业生产(包括生产各种产品、自制工具、自制设备等）发生的各项生产费用。该科目的借方登记生产过程中发生的直接材料、直接人工等直接费用及分配转入的制造费用。该科目的贷方登记完工入库的产成品、自制半成品的实际成本。该科目的期末余额在借方，为尚未完工的各项在产品成本。“基本生产成本”科目按成本计算对象设置明细，进行明细核算。在发生各项生产费用时，应按成本核算对象和成本项目分别归集。属于直接材料、直接人工等直接费用的，直接记入“基本生产成本”明细账中，属于制造费用等间接费用的，分配之后分别记入“基本生产成本”明细账。

(2)“辅助生产成本”科目，属于成本类科目，该科目用于核算为基本生产部门提供辅助产品和服务发生的费用，其账户结构与“基本生产成本”科目相同。该科目的借方登记辅助生产过程中发生的直接材料、直接人工等直接费用及分配转入的制造费用。该科目的贷方登记分配转出的辅助生产产品和劳务成本。该科目的期末余额在借方，为在产品成本。

(3)“制造费用”科目，属于成本类科目，该科目用来核算各生产单位（分厂、车间）为组织和管理生产所发生的各项费用，以及所发生的固定资产使用和维修费，包括职工薪酬、折旧费、修理费、办公费、水电费、机物料消耗、劳动保护费、季节性和修理期间的停工损失等。企业在发生制造费用时，应记入该科目的借方；制造费用应按企业成本核算办法的规定，分配记入有关的成本核算对象，记入该科目的贷方。制造费用应按不同的车间、部门设置明细账进行明细核算。除季节性生产或采用累计分配率法分配制造费用的企业外，本科目月末应无余额。

对于属于辅助生产车间的制造费用，可以专设“制造费用—辅助生产车间”科目核算，期末再转入“辅助生产成本”科目的借方。也可不设“制造费用”科目，发生的间接费用直接记入“辅助生产成本”科目的借方。

必须指出的是，在大中型企业中，根据管理需要，“基本生产成本”和“辅助生产成本”可以设为总账科目，也可设为“生产成本”科目下的明细科目。而在中小型企业中，如果业务比较简单，也可以将“生产成本”和“制造费用”两个科目合并为“生产费用”科目。

特别提示

工业企业的大中小微型企业在统计上有具体的划分标准，以法人企业作为划分对象，其标准见表2－6。

表2－6　大中小微型企业划分标准

行业名称	指标名称	大　型	中　型	小　型	微　型
工业企业	从业人员数/人	1 000及以上	300～1 000以下	20～300以下	20以下
	营业收入/万元	200 000及以上	20 000～200 000以下	2 000～20 000以下	2 000以下

（4）“管理费用”科目，属于费用类科目，该科目核算企业为组织和管理生产经营活动所发生的各种费用，包括企业的董事会和行政管理部门在企业的经营管理过程中发生的，或者应当由企业统一负担的各项费用。具体包括公司经费、工会经费、董事会费、聘请中介机构费、咨询费、诉讼费、业务招待费、技术转让费、矿产资源补偿费、研究费用、排污费及企业生产车间（部门）和行政管理部门等发生的固定资产日常修理费用等。企业发生管理费用时，借记“管理费用”账户，贷记“银行存款”“累计折旧”“原材料”“应交税费”等有关账户。期末将该账户余额结转入“本年利润”账户，结转后无余额。

（5）“财务费用”科目，属于费用类科目，核算企业为筹集生产经营所需资金等而发生的费用，包括利息支出（减利息收入）、汇兑损益及相关的手续费、企业发生的现金折扣或收到的现金折扣等。企业发生财务费用时，借记“财务费用”账户，贷记“银行存款”“长期借款”“应付利息”等有关账户。期末将该账户余额结转入“本年利润”账户，结转后无余额。

（6）“销售费用”科目，属于费用类科目，核算企业在销售商品和材料、提供劳务过程中发生的各项费用，包括保险费、包装费、展览费、广告费、商品维修费、预计产品质量保证损失、运输费、装卸费等费用，以及为销售本企业商品而专设的销售机构（含销售网点、售后服务网点等）的职工薪酬、业务费、折旧费、固定资产修理费等费用。企业发生销售费用时，借记“销售费用”账户，贷记“银行存款”“累计折旧”“应付职工薪酬”等有关账户。期末将该账户余额结转入“本年利润”账户，结转后无余额。

（7）“废品损失”科目，应按车间设置明细账，账内按产品品种和成本项目登记废品损失的详细资料。该科目的借方归集不可修复废品的生产成本和可修复废品的修复费用。不可修复废品的生产成本应根据不可修复废品损失表，借记“废品损失”科目，贷记“基本生产成本”科目。可修复废品的修复费用应根据各种费用分配表所列废品损失数额，借记“废品损失”科目，贷记“原材料”“应付职工薪酬”“辅助生产成本”和“制造费用”等科目。该科目的贷方登记废品残料回收的价值、应收赔款和应由本月生产的同种合格产品负担的废品损失，从“废品损失”科目的贷方转出时，分别借记“原材料”“其他应收款”“基本生产成本”等科目。经过上述归集和分配，“废品损失”科目月末无余额。

（8）“停工损失”科目，由单独组织停工损失核算的企业设置，用以核算企业基本生产车间因管理组织不当造成停工而发生的各种损失，包括各种意外停工期间应支付的职工薪酬、材料损失、应负担的制造费用等。该科目按成本核算对象或费用发生地点设置明细账，按成本项目分设专栏组织核算。账户的借方归集停工期间的各种损失；贷方结转过失者赔偿款、按规定转由其他账户负担的部分和计入基本生产成本计算对象的净损失。除跨月停工外，“停工损失”科目月末应无余额。

名人名言

权责发生制是财务会计的核心组成内容，是会计走向成熟、科学的标志之一。

——利特尔顿

由于成本会计应用于多种目的，它一般很难与管理会计区别开来。

——亨格瑞

多挣钱的方法只有两个：不是多卖，就是降低管理费。

——艾柯卡

练　习　题

一、简答题

1. 成本核算必须满足哪些要求？如何满足？
2. 简述各种费用界限的划分。
3. 成本核算的基础工作有哪些？
4. 成本核算的一般程序有哪些步骤？
5. 费用按经济内容分为哪几类？
6. 费用按经济用途分为哪几类？这种分类有何作用？
7. 成本核算需要设置哪些账户？这些账户有什么特征、如何登记？

二、单项选择题

1. 下列属于产品成本项目的是（　　）。
A. 工资费用　　B. 外购动力费用　　C. 税费　　D. 制造费用

2. 下列不属于产品成本项目的是（　　）。
A. 燃料及动力　　B. 外购材料
C. 废品损失　　D. 直接人工

3. 下列费用中，属于制造费用的是（　　）。
A. 日常修理费　　B. 设备折旧费　　C. 广告费用　　D. 工会经费

4. 生产费用按其计入产品成本的方法分类，可分为（　　）两类。
A. 费用要素与成本项目　　B. 基本生产费用与一般生产费用
C. 产品成本与期间费用　　D. 直接计入费用与间接计入费用

5. 为了进行成本审核、控制，正确计算产品成本，应该做好的基础工作是（　　）。
A. 确定成本计算对象　　B. 正确划分各种费用界限
C. 正确确定各种费用的分配方法　　D. 材料物资的计量、收发、领退和盘点

三、多项选择题

1. 企业基本生产所发生的各项费用，在记入该科目的借方时，对应的贷方科目可能有（　　）。

A. 原材料　　B. 应付职工薪酬　　C. 银行存款
D. 制造费用　　E. 财务费用

2. 下列属于工业企业费用要素的是（　　）。

A. 原材料　　B. 外购材料　　C. 生产工人工资
D. 折旧费用　　E. 利息费用

3. 下列属于产品生产成本项目的是（　　）。

A. 折旧费　　B. 直接材料　　C. 外购动力
D. 制造费用　　E. 直接人工

4. 下列不应计入生产经营管理费用的是（　　）。

A. 购买债券支出　　B. 购置固定资产的费用
C. 车间机器折旧费用　　D. 购买无形资产支出
E. 固定资产报废清理损失

5. 下列费用中，应计入产品成本的有（　　）。

A. 生产工人工资费用　　B. 用于产品生产的原材料费用
C. 购建固定资产费用　　D. 制造费用
E. 财务人员的工资

6. 请在正确的对应项目下打√。

项目	直接材料	外购材料	职工薪酬	直接人工	制造费用	折旧费用	利息费用
要素费用							
成本项目							

四、分析计算题

9月份，奔成企业生产甲、乙两种产品，甲产品期初为30件，在产品成本为45 000元，本月投入750件，本月完工入库780件；乙产品本月新投产250件，本月完工230件，月末在产品20件，在产品成本32 000元。本月支付的费用3 640 000元，其中：

（1）用于生产甲、乙产品的材料费用为1 000 000元。

（2）生产甲、乙产品职工的人工费用为500 000元。

（3）购置生产设备的支出为1 000 000元。

（4）用于安装设备发生的安装费为200 000元。

（5）本月的管理费用为300 000元。

（6）本月的销售费用为400 000元。

（7）本月的财务费用为100 000元。

（8）支付车间第四季度专项设备的租赁费90 000元。

（9）本月车间折旧费为30 000元。

（10）分摊本月车间周转材料摊销费20 000元。

(11) 支付本月车间发生的有关费用 50 000 元。

要求：根据资料计算图 2.5 中各指标，并填列图 2.5。(甲、乙产品的材料费用、人工费用和制造费用按照投产量分配)

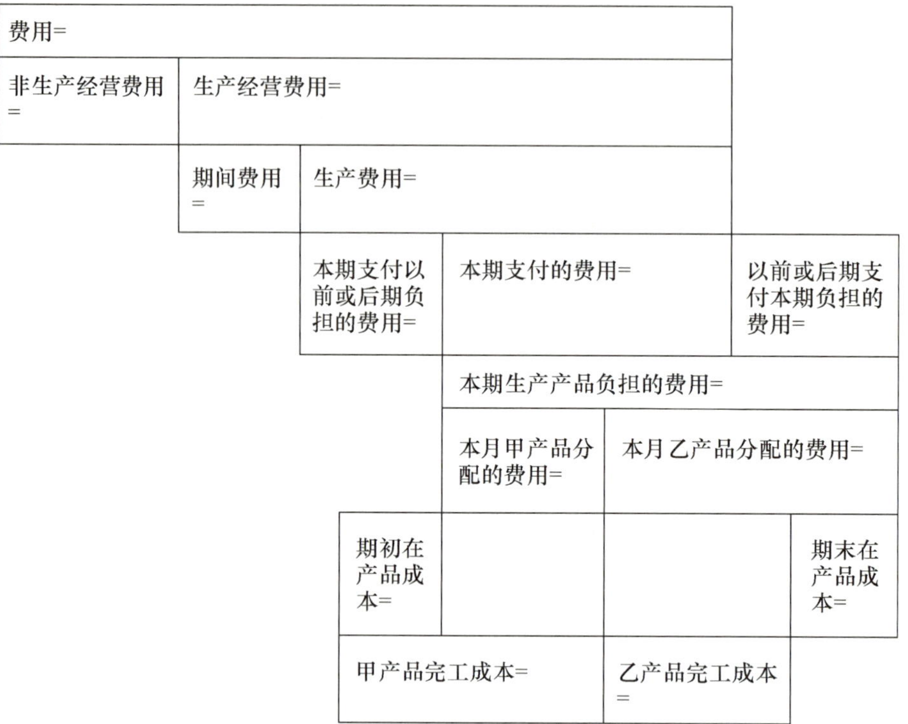

图 2.5 5 次费用划分界限计算图

五、案例应用分析

费用界限的划分就是“对象化”成本的形成

为了正确地核算生产费用和期间费用，正确地计算产品的实际成本，必须严格划分清楚以下 5 个方面的费用界限。

(1) 正确划分生产经营管理费用与非生产经营管理费用的界限。企业发生的经营活动是多方面的，其支出的用途不尽相同。而不同用途的支出，其列支的项目也不同。一般情况下，企业的支出可分为偿付性支出、资本性支出和收益性支出 3 大类。

① 偿付性支出：偿付债务、增值税、利润分配性支出的股息（利润）等支出，不形成费用。

② 资本性支出：如企业购置和建造固定资产、购买无形资产及对外投资等，就不应该计入生产经营管理费用，而要计入资产。

③ 收益性支出：用于产品的生产和销售、组织和管理生产经营活动、筹集生产经营资金所发生的各种费用，以及在生产经营过程中所发生的税金及附加则应计入生产经营管理费用。

广义上的收益性支出，包括营业外支出，如企业的固定资产盘亏损失、固定资产的报废损失、由于自然灾害造成的非常损失等，都不是由于日常的生产经营活动而发生的，不应计入生产经营管理费用。利润分配性支出的所得税费用，也不应计入生产经营管理费用，图2.6所示为费用构成及与利润表的关系。

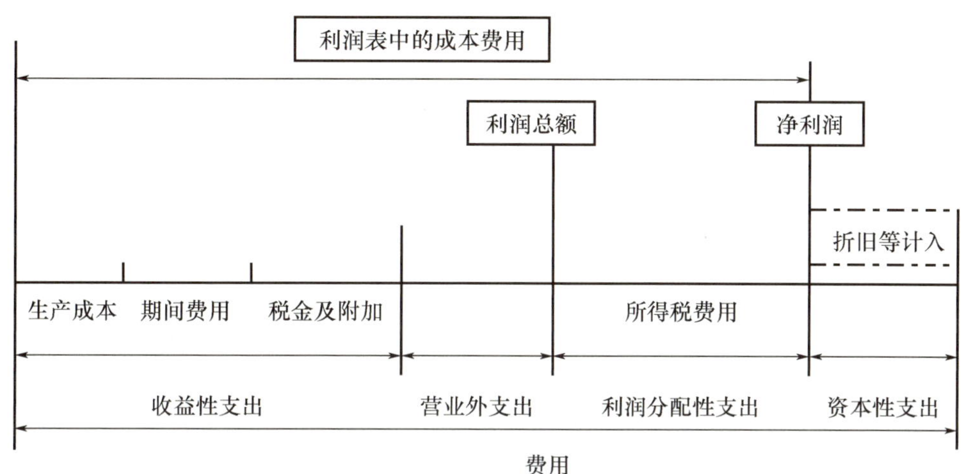

图2.6　费用构成及与利润表的关系

企业应该按照国家有关成本开支范围的规定，正确计算各期的产品成本和期间费用。因此，应正确区分不同的支出，弄清楚哪些支出属于生产经营管理费用，哪些支出属于非生产经营管理费用。①如果把资本性支出列作收益性支出，则会少计资产的价值，多计当期的费用，导致利润虚减，并使国家的税收收入减少；②如果把收益性支出列作资本性支出，则会多计资产的价值，少计当期的费用，导致利润虚增，使企业成本得不到应有的补偿。

2001年美国的"世通事件"就是一个令人警醒的例子。2001年开始，世通公司用于扩建电信系统工程的38.52亿美元费用没有被作为正常成本入账在当年冲抵收益，而是作为资本支出处理，列为"固定资产"或"长期待摊费用"等，以折旧或摊销的方式逐步冲抵收益。这一会计"技巧"为世通公司带来了38亿美元的巨额"利润"，却成为"世通事件"的导火索，世通公司会计舞弊丑闻从此昭然于天下。

(2) 正确划分生产费用与期间费用的界限。对生产经营管理费用，还要区分出是生产费用，还是销售费用、管理费用、财务费用等期间费用，等等。

(3) 正确划分各个会计期间的费用的界限。对于各项费用，要按照权责发生制的基础，确定归属的会计期间。

(4) 正确划分各种产品的费用的界限。对于生产费用，要按照因果配比，确定归属于某种产品的费用；按照成本计算对象，确定各对象的费用。

(5) 正确划分同一产品的完工产品与在产品之间的费用界限。根据各产品的费用，确定完工产品和在产品的费用。

划分费用界限，归根到底是费用的补偿方式不一样，图2.6也可以用利润的形成公式表示：

营业利润＝营业收入－营业成本－税金及附加－销售费用－管理费用－研发费用－
财务费用－资产减值损失－信用减值损失＋其他收益＋投资收益＋

净敞口套期收益＋公允价值变动收益＋资产处置收益

利润总额＝营业利润＋营业外收入－营业外支出

净利润＝利润总额－所得税费用

综上所述，费用和成本具有如下区别。

（1）范围不同

费用是企业的全部费用，包括生产经营管理费用与非生产经营管理费用。例如“职工薪酬”既有用于产品生产职工的，又有基本建设职工的；既有进行产品生产工人的和车间管理人员的，又有企业管理和销售人员的。

成本只指生产费用中用于产品生产的那一部分。例如“直接人工”科目中只归集分配产品生产工人的职工薪酬。

（2）基础不同

费用对应“时间”的概念，是一定时间内发生的费用。成本对应“对象”的概念，是某种产品发生的费用。费用经过5个界限的划分，就可以计算出成本了，如图2.5所示。

费用是按时间发生的，是以“时间”为基础的。成本是“对象化”的费用。因此，对象不同，成本也不同，产生的名词也不同，如犯罪成本、行政成本、税收成本等；还有一些相对于某一对象而产生的成本，如沉没成本、边际成本、机会成本，以及产品成本与作业成本、变动成本与固定成本、可控成本与不可控成本、直接成本与间接成本、制造成本与完全成本等。

这5个方面的界限划分清楚了，产品成本也就算出来了，这就是成本核算程序。当然，如果要详细地说，还要正确划分基本生产费用和辅助生产费用的界限；正确划分直接费用和间接费用的界限；在企业产品规格很多时，还要正确划分不同规格产品或关联产品间成本的界限；在企业计划成本核算时，正确划分各种材料物资和产品成本差异的界限等。对此，著名会计学家利特尔顿评价道：“实际上，可以不过分地说，成本核算程序的形成，有着伟大的功绩，它可以与创造按复式记录原则进行的簿记相媲美。”因为直到19世纪，由于工业革命才促使了成本核算和复式簿记的结合，形成了按照复式记账原理和程序进行成本核算的成本会计。

（资料来源：杨尚军，2008. 会计物语［M］. 成都：西南交通大学出版社.）

第2章 练习题参考答案

阅读上述材料，回答下列问题：

（1）成本和费用的异同点是什么？

（2）本例中，世通公司正常的会计处理应如何做会计分录？

（3）如何理解“成本就是对象化的费用”？

第 3 章

要素费用的分配

教学目标

通过本章的学习，使学生能够：

1. 了解各项要素费用的性质和内容；

2. 掌握要素费用的分配方法和核算方法，重点掌握原材料的分配方法、工资的计算和职工薪酬的分配。

教学要求

知识要点	能力要求	相关知识
要素费用分配概述	（1）理解要素费用的核算程序 （2）熟练运用要素费用的分配步骤	（1）要素费用的核算程序 （2）要素费用的分配步骤
材料费用的分配	（1）掌握原材料的分配 （2）掌握周转材料的摊销	（1）原材料费用的分配方法 （2）燃料费用的分配方法 （3）周转材料的摊销方法
外购动力费用的分配	理解外购动力分配的两个步骤	（1）外购动力费用归集的核算 （2）外购动力费用分配的核算
职工薪酬的分配	（1）了解职工薪酬的组成内容 （2）掌握月薪制下计时工资的计算 （3）了解其他职工薪酬的分配	（1）职工薪酬的组成 （2）工资费用的原始记录 （3）计时工资和计件工资的计算 （4）理解 6 种方法计算工资产生差异的原因 （5）工资费用的分配及其他职工薪酬的分配
折旧费用和固定资产修理费的核算	（1）掌握折旧费用的分配去向 （2）固定资产修理费的核算	（1）折旧的概念及计算方法 （2）折旧费用分配的核算 （3）日常修理费、大修理费
利息费用和其他费用	利息费用和其他费用的核算及会计分录	（1）利息费用的核算 （2）计入管理费用账户的税种核算 （3）其他费用的核算

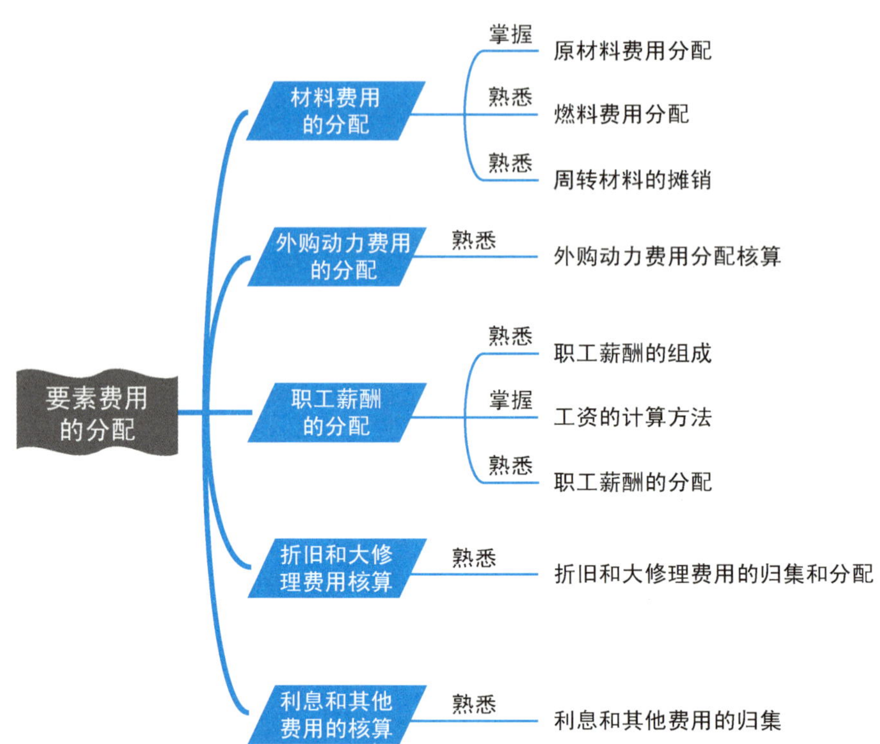

第 3 章知识点思维导图

> 在这个账目的时代，懂得一些会计学的重要概念是有必要的。
>
> ——萨缪尔森

导入案例

地铁与成本

无地铁，不城市。在现代城市竞争中，一座城市如果没有地铁，大概会“抬不起头”。

随着我国一批批城市开通地铁，修建地铁已经不再是一、二线大城市的专利，甚至一些三线城市也已经开通或者计划开通地铁线路。

“地铁一响，黄金万两”，形容的是地铁对城市经济发展的带动作用。不过，修建地铁也是一项“烧钱”的工程，统计资料显示，地铁的修建成本是平均每千米7亿元左右。

洛阳是河南省第二个建设地铁的城市，第一期规划由4条线路组成，线路总长度102.6千米，车站63座，其中换乘站8座。2016年12月31日，洛阳地铁1号线、2号线试验段正式开工。1号线规划全长22.35千米，共设18座车站，全部为地下站，有3座换乘站。2号线全长33.8千米（伊河以北路段长约23.55千米；伊滨区路段10.25千米，为远景预留），沿途设车站19座，其中高架车站4座，地下车站15座，换乘站4个，一期项目1号、2号线2021年年底前已开通运营。

修建地铁首先要把好材料关，合格优质的材料加上成熟的工艺和熟练的技术，才能确保地铁的工程质量。地铁建设常使用的材料有钢材、水泥、粉煤灰、砂、碎石、混凝土外加剂、石油沥青、回填土等，材料费用一般占工程造价的70%～80%，降低材料费用是提高工程经济效益的一个重要方面。

这个例子中列出的材料费用，其实就是本章将要学习的要素费用。

点评：要素费用的归集和分配是计算产品成本的第一步骤。

要素费用是产品生产成本的重要组成部分，也是生产费用按经济内容进行的分类，本章主要介绍各项要素费用的归集和分配的核算。

3.1 生产费用要素概述

前已述及，工业企业在生产经营过程中发生的各项费用按经济内容可分为外购材料、外购燃料、外购动力、职工薪酬、折旧费、利息支出和其他费用7个费用要素。

3.1.1 要素费用的核算程序

上述7个要素费用按用途又可细分为5种费用：非生产性费用、直接生产费用、制造费用、辅助生产费用、期间费用，其核算程序用丁字账户表现如下。

(1) 非生产性费用，主要包括用于购建固定资产、无形资产的支出和营业外支出等。

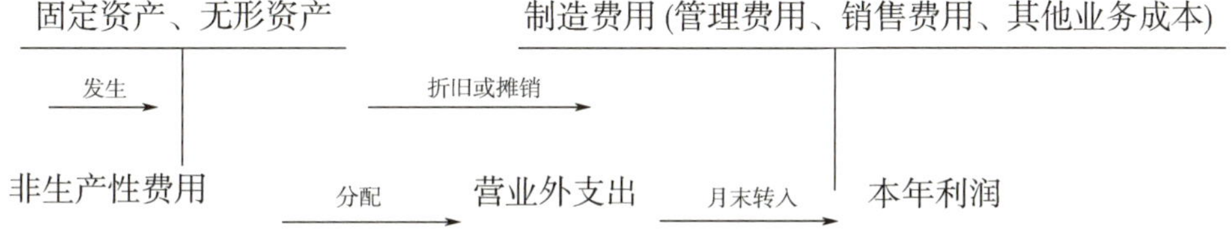

(2) 直接生产费用，主要包括直接材料、直接人工、燃料及动力。

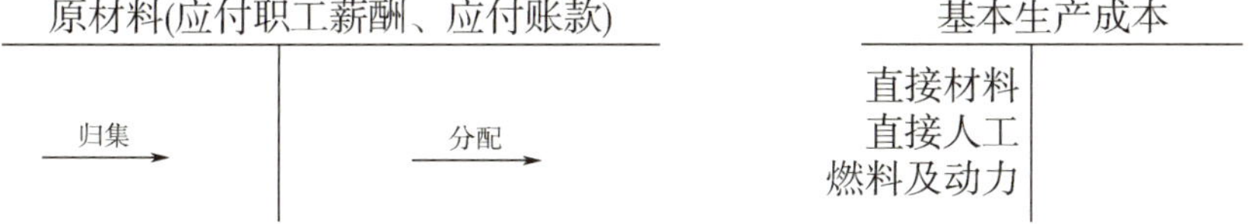

(3) 制造费用，即用于产品生产但未专设成本项目的生产费用。

要素费用$\xrightarrow{\text{分配}}$制造费用$\xrightarrow{\text{分配}}$基本生产成本——制造费用

(4) 辅助生产费用。

要素费用$\xrightarrow{\text{分配}}$辅助生产成本$\xrightarrow{\text{分配}}$基本生产成本

(5) 期间费用，包括管理费用、财务费用和销售费用。

要素费用$\xrightarrow{\text{分配}}$管理费用（财务费用、销售费用）$\xrightarrow{\text{分配}}$本年利润

3.1.2 要素费用的分配步骤

费用的核算可以概括为一句话：能直接计入者直接计入，不能直接计入者分配计入。对不能直接计入的要素费用的分配要选用适当的分配方法。适当的分配方法是指分配标准与分配对象有比较密切的联系，分配结果比较合理，分配标准的资料还应比较容易取得，计算比较简便。**费用分配一般包括以下 5 个步骤**。

(1) 确定分配对象。**分配对象是要素费用承担的客体，将要素费用分配给谁，谁就是分配对象。**工业企业要素费用的分配对象一般有某种产品、基本生产车间、辅助生产车间、行政管理部门、专设销售机构和工程部门等。

(2) 选择分配标准。**分配标准是分配对象应分配多少要素费用的依据。**分配标准的选择是决定分配结果是否合理准确的关键步骤，最终会影响成本计算对象的成本，所以企业在确定分配标准时要慎重，一般要遵循合理和简便的原则。**所谓合理是指分配标准与分配对象之间有因果关系，受益多的多分配，受益少的少分配；**所谓简便是指分配标准的资料易取得，计算简单。费用分配的方式如图 3.1 所示。

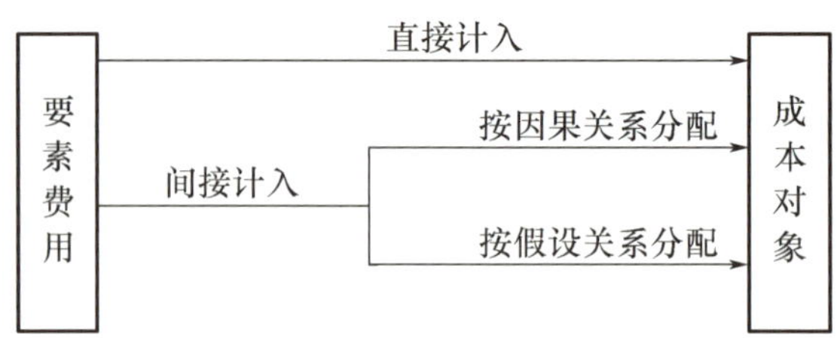

图 3.1 费用分配的方式

实际操作中分配标准主要有以下 3 类：①成果类，即产出的成果，如产品的重量、体积、产量、产值等；②消耗类，即投入的内容，如生产工时、生产工资、机器工时、原材料消耗量或原材料费用等；③定额类，如定额消耗量、定额费用等。

(3) 计算分配率。计算公式如下。

$$\text{费用分配率}=\frac{\text{待分配费用}}{\text{各种分配对象的分配标准之和}}$$

(4) 计算分配额。计算公式如下。

某分配对象的分配额＝分配率×某分配对象的分配标准

(5) 进行账务处理，即根据以上步骤或编制的费用分配表，编制会计分录，然后记入各种成本、费用相应的总账与明细账。

借：成本、费用有关账户

　　贷：原材料等要素费用账户

特别提示

费用分配率切记不能用百分数表示。用百分数表示时，含义不清、容易混淆。例如有

3 个车间，本月共用电 30 000 度，费用共 16 500 元，费用分配率为 0.55 元/度。如果用百分数表示为 55%，就不知道是什么意思了。

3.2　材料费用的分配

材料是生产过程中的劳动对象。材料费用包括企业在生产经营过程中实际消耗的各种原料及主要材料、辅助材料、外购半成品、修理用备件配件、燃料、包装物和低值易耗品等的费用。企业在生产经营过程中领用的各种材料，无论是外购的或是自制的，都应根据审核后的领、退料凭证，按照材料的具体用途归集，然后采用适当的分配方法进行分配。所以材料费用的核算包括材料费用的归集和分配两个方面。

3.2.1　原材料费用分配

1. 原材料的分配方法

当两种或两种以上的成本计算对象共同耗用同一种原材料时，需要采用适当的分配方法在各成本计算对象之间进行分配。原材料的分配标准有很多，可以按照产品的质量、体积、定额消耗量、定额费用等进行分配。本书主要介绍定额消耗量比例法和定额费用比例法。

为什么要采用定额分配的方法

1）定额消耗量比例法

定额消耗量比例法，是以原材料定额消耗量为分配标准进行分配的方法，适用于各项材料消耗定额制订得比较准确的企业。

定额就是企业对生产的产品事先制订的消耗量（或工时）标准和价格（或分配率）标准。成本定额就是单位产品的消耗量（或工时）标准和价格（或分配率）标准之积。例如，单件甲、乙产品的材料消耗量定额分别为 6 千克、5 千克，材料的计划价格为 5 元/千克，单件甲、乙产品的成本定额计算如表 3－1 所示。

表 3－1　单件甲、乙产品的成本定额计算

项　　目	材料消耗量定额/千克	计划单价/（元/千克）	成本定额/元
	①	②	③＝①×②
甲产品	6	5	30
乙产品	5	5	25

特别提示

成本定额是指单位产品成本的定额；定额成本是指一定数量产品的成本定额。类似还有成本标准与标准成本，成本计划与计划成本，消耗定额与定额消耗，等等。

定额消耗量比例法根据计算顺序和考核要求，又分原材料定额消耗量分配法和原材料定额消耗量比例分配法。

（1）原材料定额消耗量分配法。原材料定额消耗量分配法，是以原材料定额消耗量为标准先对原材料实际消耗量进行分配，以考核原材料的消耗量的完成情况。

【例 3－1】 奔成企业20××年12月生产甲、乙两种产品，产量分别为甲产品500件、乙产品400件，共同耗用原材料8 000千克，计43 200元，单件产品原材料消耗定额见表3-1，成本差异率为8%。原材料费用分配表见表3－2。

表 3－2　原材料费用分配表

项　目	定额消耗量/千克	分配率	实际消耗量/千克	实际单价/（元/千克）	分配费用/元
	①	②＝③÷①	③＝①×②	④	⑤＝③×④
甲产品	3 000		4 800	5.4	25 920
乙产品	2 000		3 200	5.4	17 280
合计	5 000	1.6	8 000	5.4	43 200

原材料的分配计算过程如下。

① 确定分配对象：甲、乙产品。

② 选择并计算分配标准：甲、乙产品原材料定额消耗量。

甲产品原材料定额消耗量＝500×6＝3 000（千克）

乙产品原材料定额消耗量＝400×5＝2 000（千克）

③ 计算原材料消耗量分配率。

$$\text{原材料消耗量分配率}=\frac{\text{原材料实际消耗量}}{\sum \text{各种产品原材料定额消耗量}}$$

＝8 000÷（3 000＋2 000）

＝1.6

④ 计算分配额。

首先，计算各产品应分配的原材料实际消耗量。

某产品应分配的原材料实际消耗量＝该产品原材料定额消耗量×原材料消耗量分配率

甲产品原材料实际消耗量＝3 000×1.6＝4 800（千克）

乙产品原材料实际消耗量＝2 000×1.6＝3 200（千克）

其次，计算各产品应负担的原材料费用，即实际消耗量乘以实际单价。

材料实际价格＝材料计划价格×（1＋材料成本差异率）

＝5×（1＋8%）＝5.4（元）

或＝材料实际费用÷材料实际量

＝43 200÷8 000＝5.4（元）

最后，计算甲、乙产品应负担的费用。

甲产品应负担的原材料费用＝4 800×5.4＝25 920（元）

乙产品应负担的原材料费用＝3 200×5.4＝17 280（元）

⑤ 编制会计分录。

借：基本生产成本——甲产品　　25 920

　　　　　　　——乙产品　　17 280

　贷：原材料　　43 200

该方法的优点是可以从分配率上直接看出原材料消耗量的完成情况：分配率＝1，说明实际耗用量和定额耗用量相等，刚好完成定额任务；分配率＞1，说明材料消耗量有超支差异；反之，分配率＜1，说明材料消耗量有节约差异。该方法的缺点是计算量大。

特别提示

企业发出材料的计划成本是指实际材料量×计划单价，企业计划中的材料计划成本是指计划材料量×计划单价，两者是有所不同的，其原因是我国会计核算还处在一个较低的水平，只是在账户上反映了材料的价格差异，没有直接在账户中反映材料的用量差异，还没有广泛地运用标准成本核算并进行账务处理，即在标准成本核算下，一说标准成本就是指标准用量×标准价格。由此可知，企业发出材料的计划成本是修正过的计划成本。

(2) 原材料定额消耗量比例分配法。原材料定额消耗量比例分配法，是以原材料定额消耗量为标准对原材料实际费用进行分配的。该方法的计算过程比原材料定额消耗量分配法简单，但是这种方法不能考核定额消耗量的完成情况。原材料费用分配表见表 3－3。

表 3－3　原材料费用分配表

项　　目	定额消耗量/千克	分配率/（元/千克）	分配费用/元
	①	②＝③÷①	③＝①×②
甲产品	3 000		25 920
乙产品	2 000		17 280
合计	5 000	8.64	43 200

计算过程如下。

① 计算分配标准，即计算原材料定额消耗量。

甲产品原材料定额消耗量＝500×6＝3 000（千克）

乙产品原材料定额消耗量＝400×5＝2 000（千克）

② 计算原材料费用分配率。

$$原材料费用分配率=\frac{待分配的原材料费用}{\sum 各种产品原材料定额消耗量}$$

$$=43\,200\div(3\,000+2\,000)$$

$$=8.64（元/千克）$$

③ 计算各产品应分配的原材料费用。

某产品应分配的原材料费用＝该产品原材料定额消耗量×原材料费用分配率

甲产品应分配的原材料费用＝3 000×8.64＝25 920（元）

乙产品应分配的原材料费用＝2 000×8.64＝17 280（元）

特别提示

消耗定额是针对单位产品而言的，定额消耗量一般是针对产品的实际产量而言的，定额消耗量＝产品实际产量×消耗定额。

2）定额费用比例法

定额费用比例法，又称定额成本比例法，是以原材料的定额费用（或定额成本）为分配标准进行原材料费用分配的方法。

【例 3－2】 以例 3－1 为例，采用定额费用比例法分配原材料费用，见表 3－4。

表 3－4 原材料费用分配表

项目	定额成本/元	分配率	分配费用/元
	①	②＝③÷①	③＝①×②
甲产品	15 000		25 920
乙产品	10 000		17 280
合计	25 000	1.728	43 200

计算过程如下。

(1) 计算各种产品原材料定额费用。

某产品原材料定额费用＝该产品实际产量×该原材料费用定额

某产品原材料费用定额＝该产品原材料消耗定额×原材料计划单价

甲产品原材料费用定额＝6×5＝30（元/件）

甲产品原材料定额费用＝500×30＝15 000（元）

乙产品原材料费用定额＝5×5＝25（元/件）

乙产品原材料定额费用＝400×25＝10 000（元）

(2) 计算原材料费用分配率。

$$原材料费用分配率=\frac{待分配的原材料费用}{\sum 各种产品原材料定额费用}=\frac{43\ 200}{15\ 000+10\ 000}=1.728$$

(3) 计算各种产品应分配的原材料费用。

某产品应分配的原材料费用＝该产品原材料定额费用×原材料费用分配率

甲产品应分配的原材料费用＝15 000×1.728＝25 920（元）

乙产品应分配的原材料费用＝10 000×1.728＝17 280（元）

三种原材料费用分配方法的对比，如表 3－5 所示。

表 3－5　原材料费用分配方法对比表

项　　目	定额消耗量/千克	计划成本/(元/千克)	定额成本/元	实际消耗量/千克	实际费用/元	分配率
定额消耗量分配法	5 000			8 000	43 200	8 000÷5 000＝1.6
定额消耗量比例分配法	5 000	5	25 000		43 200	43 200÷5 000＝8.64
定额费用比例法	5 000	5	25 000		43 200	43 200÷25 000＝1.728

随堂练习

原材料分配计算方法对比练习（表 3－6）。

表 3－6　原材料分配计算方法对比

项目	产量/件	单位定额成本		定额消耗量分配法				定额消耗量比例分配法		定额成本比例法	
		材料消耗定额/千克	计划单价/(元/千克)	分配率	材料消耗量/千克	实际单价/(元/千克)	分配费用/元	分配率	分配费用/元	分配率	分配费用/元
A	100	10	10								
B	200	5	10								
合计	—		10		2 150		25 000		25 000		25 000

分析分配的结果，对比分配率，看看分配率能反映什么？

2. 原材料的分配去向

原材料的分配去向是按照“谁受益，谁负担”的原则来分配的。具体分配去向如下。

- 车间一般耗用原材料 —计入→ 制造费用
- 辅助车间领用原材料 —计入→ 辅助生产成本
- 专设销售机构领用原材料 —计入→ 销售费用
- 管理部门领用原材料 —计入→ 管理费用
- 建造固定资产领用原材料 —计入→ 在建工程
- 生产产品领用原材料
  - 生产一种产品 —直接计入→ 基本生产成本的“直接材料”项目
  - 生产多种产品 —分配计入→ 基本生产成本的“直接材料”项目

在实际工作中，材料费用的分配是通过编制原材料费用分配表进行的。现列示奔成企业 20××年 12 月的原材料费用分配表，见表 3－7。

表 3-7 原材料费用分配表

奔成企业　　20××年12月　　单位：元

应借账户		成本项目	直接计入	分配计入	合　计
基本生产成本	甲产品	直接材料	4 080	25 920	30 000
	乙产品	直接材料	4 720	17 280	22 000
	小计		8 800	43 200	52 000
辅助生产成本	供电车间	机物料消耗	450		450
	供水车间	机物料消耗	650		650
	小计		1 100		1 100
制造费用	基本生产车间	机物料消耗	200		200
销售费用		材料费	300		300
管理费用		材料费	100		100
合　计			10 500	43 200	53 700

根据原材料费用分配表，编制会计分录如下。

借：基本生产成本——甲产品　　30 000
　　　　　　　　——乙产品　　22 000
　　辅助生产成本——供电车间　　450
　　　　　　　　——供水车间　　650
　　制造费用　　200
　　销售费用　　300
　　管理费用　　100
　　贷：原材料　　53 700

上列原材料费用是按实际成本进行核算分配的。如果原材料费用是按计划成本进行核算分配的，计入产品成本和期间费用等的原材料费用是计划成本，还应该分配材料成本差异额。

3. 辅助材料的分配方法

1）辅助材料的概念和内容

辅助材料指直接用于生产，有助于产品形成或便于生产进行，但不构成产品主要实体的各种材料。有的辅助材料是加入产品实体同原材料及主要材料相结合，或使主要材料发生变化或使产品具有某种性能，如催化剂、染料、油漆等；有的辅助材料是用于创造正常劳动条件而消耗掉，如工作地点清洁用的各种用具及管理、维护用的各种材料等；有的辅助材料是被劳动工具所消耗掉，如维护机器用的润滑油和防锈剂等。

2）辅助材料的分配方法

直接用于产品生产、有助于产品形成的辅助材料，一般属于间接计入费用，应采用适当的分配方法进行分配，然后记入各种产品成本明细账的“直接材料”成本项目，具体如下：①耗用在原材料及主要材料上的辅助材料（如油漆、染料等），按原材料耗用量的比例分配；②消耗定额比较准确的辅助材料，采用产品定额消耗量比例法或定额费用比例法分配；③对于与产品产量有直接联系的辅助材料（如包装材料），按产品产量比例分配。

3.2.2　燃料费用的归集和分配

燃料是指在生产过程中用来燃烧、发热，或为创造正常劳动条件耗用的各种燃料，包括固体燃料（如煤炭）、气体燃料（煤气、天然气）和液体燃料（各种油料）。

燃料实际上也是材料，因此其分配方法和账务处理与原材料费用相同。在工业企业里，如果燃料费用在产品成本中占的比重较大，可以与动力费用一起专设“燃料和动力”成本项目，还应增设“燃料”账户，以便单独核算和分配。

1. 燃料费用的分配

直接用于产品生产的燃料，在只生产一种产品或者是按照产品品种（或成本计算对象）分别领用的，属于直接计入费用，可以直接记入各种产品成本明细账的“燃料和动力”成本项目；几种产品共同耗用的燃料，属于间接计入费用，则应采用适当的分配方法，在各种产品之间进行分配，记入各种产品成本明细账的“燃料和动力”成本项目。分配标准可以是产品的质量、体积、所耗燃料的数量或费用，也可以是燃料的定额消耗量或定额费用比例等。

2. 燃料费用的分配去向

直接用于产品生产、专设成本项目的燃料费用，应记入“基本生产成本”账户借方的“燃料和动力”成本项目；直接用于辅助生产、专设成本项目的燃料费用，应记入“辅助生产成本”账户；用于基本生产和辅助生产但没有专设成本项目的燃料费用，应记入“制造费用”“辅助生产成本”（设“制造费用”账户的要先在“制造费用”账户归集后再转入）账户的借方及其所属明细账有关项目；用于专设销售机构的燃料费用记入“销售费用”；用于行政管理部门的燃料费用记入“管理费用”账户的借方。已领燃料总额，应记入“燃料”账户的贷方。不设“燃料”账户的，则记入“原材料”账户的贷方。

3.2.3　周转材料的摊销

周转材料是指企业能够多次使用、逐渐转移其价值但仍能保持原有形态、不确认为固定资产的材料，包括包装物、低值易耗品，以及企业（建造承包商）的钢模板、木模板、脚手架等。周转材料种类繁多，具体用途不同，会计处理也不同。企业的包装物、低值易耗品，也可以单独设置“包装物”“低值易耗品”科目。

1. 周转材料的摊销去向

周转材料的摊销去向具体包括如下情况：①生产部门领用的周转材料，构成产品实体一部分的，其账面价值直接计入“基本生产成本”；②属于车间一般消耗的，其账面价值计入“制造费用”；③行政管理部门领用的周转材料，其账面价值计入“管理费用”；④销售部门领用的周转材料（随同商品出售而不单独计价）和出借的周转材料，其账面价值计入“销售费用”；⑤销售部门领用的周转材料（随同商品出售而单独计价）和出租的周转材料，取得的收入计入“其他业务收入”，其账面价值计入“其他业务成本”，并计算缴纳增值税；⑥建筑承包商使用的钢模板、木模板等，其账面价值计入“工程施工”。

2. 周转材料的摊销方法

周转材料的日常核算一般按照实际成本进行，在按计划成本进行时，还应在“材料成本差异”总账科目下设置“周转材料”二级账户。

周转材料的摊销方法通常有一次摊销法、五五摊销法和分次摊销法。

（1）一次摊销法。

一次摊销法又称一次转销法或一次计入法，是指在领用周转材料时，将其账面价值一次计入当月（领用月份）成本费用中的一种方法。

如果周转材料领用按计划成本进行日常核算，则领用时应按计划成本编制会计分录；月末，还要调整领用周转材料的成本差异。

【例 3－3】 奔成企业 20××年 12 月基本生产车间领用的低值易耗品采用一次摊销法。该车间领用一批生产工具，计划成本为 800 元；以前月份领用的另一批生产工具在本月报废，计划成本为 600 元，残料验收入库计价 20 元。低值易耗品的成本差异率为节约 5%。编制会计分录如下。

领用生产工具时：

借：制造费用　　800

　　贷：周转材料——低值易耗品　　800

报废生产工具残料入库时：

借：原材料　　20

　　贷：制造费用　　20

月末，调整分配本月所领生产工具的成本差异为 800×（－5%）＝－40（元）。

借：制造费用　　[40]

　　贷：材料成本差异——周转材料　　[40]

一次摊销法核算简便，但由于低值易耗品的使用期一般不止一个月，采用这种方法会使各月成本、费用负担不太合理，还会产生账外资产，不便实行价值监督。这种方法一般适用于单位价值较低、使用期限较短、一次领用量不多及容易破损的低值易耗品。

（2）五五摊销法。

五五摊销法也称五成法，是指在领用周转材料时先摊销其价值的一半，报废时再摊销其价值的另一半的一种方法。在五五摊销法下，需要增设 3 个明细账户：“周转材料——在库”“周转材料——在用”及“周转材料——摊销”。

【例 3－4】 奔成企业 20××年 3 月行政管理部门领用一批新的包装物，账面价值 28 000元；11 月报废时材料估价 2 000 元作为原材料入库，采用五五摊销法进行摊销。

20××年 3 月领用包装物并摊销账面价值的 50%。

借：周转材料——包装物——在用　　28 000

　　贷：周转材料——包装物——在库　　28 000

借：管理费用　　14 000

　　贷：周转材料——包装物——摊销　　14 000

20××年 11 月包装物报废，摊销其余的 50%并转销摊销额。

借：管理费用　　14 000

贷：周转材料——包装物——摊销　　14 000

借：周转材料——包装物——摊销　　28 000

贷：周转材料——包装物——在用　　28 000

借：原材料　　2 000

贷：管理费用　　2 000

五五摊销法能够对周转材料实行价值监督；各月成本、费用负担的摊销额比较合理，但核算工作量比较大。因此，该种方法适用于各月领用和报废的数量比较均衡、各月摊销额相差不多的周转材料。

(3) 分次摊销法。

分次摊销法是指根据周转材料预计可以使用的次数，将其成本分期计入有关成本费用的一种摊销方法。各月周转材料摊销额的计算公式如下。

$$某月周转材料摊销额=\frac{周转材料账面价值}{预计可使用次数}\times 该月实际使用次数$$

分次摊销法的原理与五五摊销法相同，也需增设3个明细账户："周转材料——在库""周转材料——在用"及"周转材料——摊销"，只是周转材料的价值是分期计算摊销的。

【例3-5】 某建筑承包商本月领用一批钢模板，账面价值10 000元，预计可使用10次，采用分次摊销法摊销。领用当月实际使用4次；领用第2个月实际使用5次；领用第3个月，钢模板报废，将残料出售获得现金500元。

领用钢模板。

借：周转材料——在用　　10 000

贷：周转材料——在库　　10 000

领用当月摊销。

$$本月摊销额=\frac{10\ 000}{10}\times 4=4\ 000（元）$$

借：工程施工　　4 000

贷：周转材料——摊销　　4 000

领用第2个月摊销。

$$本月摊销额=\frac{10\ 000}{10}\times 5=5\ 000（元）$$

借：工程施工　　5 000

贷：周转材料——摊销　　5 000

领用第3个月，钢模板报废，将账面摊余价值一次摊销并转销全部摊销额。

账面摊余价值=10 000-4 000-5 000=1 000（元）

借：工程施工　　1 000

贷：周转材料——摊销　　1 000

借：周转材料——摊销　　10 000

贷：周转材料——在用　　10 000

报废的钢模板残料出售。

借：现金　　500

贷：工程施工　　500

3.3 外购动力费用的归集和分配

动力主要包括电力、热力、风力、蒸汽等，企业的动力包括自制动力和外购动力。自制动力是由企业辅助生产车间提供的，外购动力是由企业向外单位购买的。外购动力费用是指企业向外单位购买各种动力所支付的费用。外购动力费用的核算包括动力费用归集的核算和动力费用分配的核算。

3.3.1 外购动力费用归集的核算

外购动力应按仪器仪表上记录的耗用数量、规定的价格向供应单位支付款项。在实际工作中，外购动力费用支出的核算一般分为两种情况。

(1) 不通过“应付账款”账户核算。当企业每月支付动力费用的日期基本固定，而且每月付款日到月末的应付动力费用相差不多，可采用此方法。此方法下，每月支付的动力费用等于应付动力费用，在付款时直接借记各成本、费用账户，贷记“银行存款”账户。

(2) 一般情况下要通过“应付账款”账户核算。这种方法主要适用于下列情况：外购动力费用不是在月末支付，而是在每月下旬的某日支付。在此方法下，每月支付的动力费用和应付动力费用往往不相等，因此“应付账款”账户会经常出现余额。如果是借方余额，为本月支付款大于应付款的多付动力费用，可以抵冲下月应付费用；如果是贷方余额，为本月应付款大于支付款的应付未付动力费用，可以在下月支付。

3.3.2 外购动力费用分配的核算

外购动力费用分配可分为两个步骤进行。

(1) 外购动力费用在各车间、各部门之间进行分配。各车间、各部门的动力一般都分别装有仪表，外购动力费用在各车间、各部门可按照实际耗用量进行分配，计算公式如下。

$$\text{分配率}=\frac{\text{待分配的动力费用}}{\sum \text{各车间、各部门实际耗用量}}$$

某车间应分配动力费用＝该车间实际耗用量×分配率

(2) 基本生产车间分配的动力费用在各产品之间分配。车间中的动力一般不按产品分别安装仪表，因而车间动力费用在各种产品之间一般按产品的生产工时比例、机器工时比例来分配，计算公式如下。

$$\text{该车间内部动力分配率}=\frac{\text{基本生产车间分配的动力费用}}{\sum \text{该车间内各种产品工时}}$$

某产品应分配动力费用＝某产品工时×该车间内部动力分配率

外购动力费用的分配去向：直接用于产品生产，设有“燃料及动力”成本项目的动力费用，应记入“基本生产成本”账户的借方；用于基本生产但未专设成本项目的动力费用和用于车间管理发生的动力费用，记入“制造费用”账户的借方；直接用于辅助生产的动力费用，记入“辅助生产成本”账户的借方；行政管理部门耗用的动力费用，则应记入

“管理费用”账户借方。外购动力费用总额应根据有关转账凭证或付款凭证记入“应付账款”或“银行存款”账户的贷方。

【例 3-6】 奔成企业 20××年 12 月共支付外购电费 40 000 元，各车间的电表所记录的耗电度数合计为 80 000 度。各车间、各部门耗电度数具体为：基本生产车间直接用于产品生产耗电 65 120 度，没有分产品安装电表，按生产工时分配电费，甲产品生产工时为 5 600 小时，乙产品生产工时为 3 200 小时；车间照明用电 4 000 度；辅助生产车间耗电 6 000 度（其中供电车间 4 000 度，供水车间 2 000 度）；企业行政管理部门耗电 3 000 度；专设销售机构耗电 1 880 度。该企业设有“燃料及动力”成本项目，甲、乙产品动力费用分配计算如下。

① 各部门之间的分配。

分配率＝40 000÷80 000＝0.5（元/度）

各部门的费用，按照耗用量和分配率计算填入分配表中。

② 基本生产车间内部分配。

$$电费分配率=\frac{32\ 560}{(5\ 600+3\ 200)}=3.7（元/小时）$$

甲产品应分配电费＝3.7×5 600＝20 720（元）

乙产品应分配电费＝3.7×3 200＝11 840（元）

根据计算资料编制“外购动力费用分配表”，见表 3-8。

表 3-8 外购动力费用分配表

奔成企业　　　　20××年 12 月　　　　单位：元

应借账户		成本项目	基本生产车间内部分配		各车间之间分配	
			生产工时/小时	分配额	度数	分配额
基本生产成本	甲产品	燃料和动力	5 600	20 720		20 720
	乙产品	燃料和动力	3 200	11 840		11 840
	小计		8 800	32 560	65 120	32 560
辅助生产成本	供水车间	水电费			2 000	1 000
	供电车间	水电费			4 000	2 000
	小计				6 000	3 000
制造费用	基本生产车间	水电费			4 000	2 000
销售费用		水电费			1 880	940
管理费用		水电费			3 000	1 500
合　　计					80 000	40 000

根据“外购动力费用分配表”，编制会计分录如下。

借：基本生产成本——甲产品　　20 720
　　　　　　　　——乙产品　　11 840
　　辅助生产成本——供水车间　　1 000
　　　　　　　　——供电车间　　2 000
　　制造费用　　2 000
　　销售费用　　940

管理费用　　1 500
贷：应付账款（或银行存款）　　40 000

3.4　职工薪酬的分配

3.4.1　职工薪酬的组成

关于工资总额组成的规定

职工薪酬，是指企业为获得职工提供的服务或终止劳动合同关系而给予的各种形式的报酬。职工薪酬包括短期薪酬、离职后福利、辞退福利和其他长期职工福利。

（1）短期薪酬，是指企业在职工提供相关服务的年度报告期间结束后十二个月内需要全部予以支付的职工薪酬，因解除与职工的劳动关系给予的补偿除外。短期薪酬具体包括：职工工资、奖金、津贴和补贴，职工福利费，医疗保险费、工伤保险费和生育保险费等社会保险费，住房公积金，工会经费和职工教育经费，短期带薪缺勤，短期利润分享计划，非货币性福利等。

带薪缺勤，是指企业支付工资或提供补偿的职工缺勤，包括年休假、病假、短期伤残、婚假、产假、丧假、探亲假等。利润分享计划，是指企业与职工达成的基于利润或其他经营成果提供薪酬的协议。

（2）离职后福利，是指企业为获得职工提供的服务而在职工退休或与企业解除劳动关系后，提供的各种形式的报酬和福利，短期薪酬和辞退福利除外。

（3）辞退福利，是指企业在职工劳动合同到期之前解除与职工的劳动合同关系，或者为鼓励职工自愿接受裁减而给予职工的补偿。

（4）其他长期职工福利，是指除短期职工薪酬、离职后福利、辞退福利之外所有的职工薪酬，包括长期带薪缺勤、长期残疾福利、长期利润分享计划等。

企业以商业保险的形式提供给职工的各种保险待遇、以现金结算的股份支付也属于职工薪酬（以权益工具结算的股份支付也属于职工薪酬，但本章不涉及此部分内容）。

职工是指与企业订立劳动合同的所有人员，含全职、兼职和临时职工；也包括未与企业订立劳动合同但由企业正式任命的人员，如董事会成员、监事会成员等。未与企业订立劳动合同，或未由其正式任命，但为企业提供与职工所提供服务类似的人员，也属于职工的范畴，包括通过企业与劳务中介公司签订用工合同而向企业提供服务的人员。

3.4.2　工资费用的原始记录

核算工资费用必须以真实的原始记录为依据。企业的原始记录主要包括考勤记录、产量和工时记录。

1. 考勤记录

考勤记录是反映每个职工出勤和缺勤的记录，是计算职工工资的原始记录。考勤记录一般分车间、班组、科室分别进行，应逐日登记，月终汇总交工资核算部门（人事部门或财会部门等）审核后，作为计算计时工资的依据。根据出勤或缺勤天数，计算应发的计时工资；根据夜班次数和加班加点时数，计算夜班津贴和加班加点工资；根据病假天数计算病假工资等。

2. 产量和工时记录

产量记录是登记工人或生产小组在出勤时间内完成产品的数量、质量和生产产品所用工时多少的原始记录。它是统计产量和工时的依据，也是计算计件工资的依据，还可以作为在各种产品之间分配费用的分配标准。产量记录的格式因不同行业及企业内部不同生产车间的工艺过程、生产组织特点、产品性质的不同而各不相同：一般有以人为对象下发的“工作通知单”，也称“工票”“派工单”等；也有以产品为对象下发的“工序进程单”，也称“跟单”。单件小批生产企业一般采用“工作通知单”，成批生产类型的企业一般采用“工序进程单”和“工作班产量记录”等。“工作通知单”的格式见表3－9。

考勤记录

3.4.3 工资的计算方法

工资的计算方法包括计时工资、计件工资、奖金、津贴和补贴、加班工资和特殊情况下支付的工资等。

1. 计时工资的计算

计时工资是根据考勤记录登记的每一职工出勤和缺勤的日数，按照企业规定的工资标准计算的。计时工资有月薪制、周薪制和日薪制等多种形式。以月薪制最为普遍。周薪制是指每周标准工资相同，只要出勤满一周，就可以得到周标准工资。日薪制下，职工工资是根据出勤天数和日工资率计算出来的。下面主要介绍月薪制下计时工资的计算。

派工单

月薪制是指不论各月日历天数多少，也不论各月双休日节假日多少，只要全勤，职工可得相同的月标准工资。由于职工每月出勤和缺勤的情况不同，每月应得计时工资也会不同。在缺勤的情况下，计算应得计时工资的方法有以下两种。

（1）扣缺勤法。其具体公式如下。

应得工资＝月标准工资－事假、旷工天数×日工资率－病假天数×日工资率×病假扣款率＋奖金、津贴、补贴及加班加点工资

（2）出勤法。其具体公式如下。

应得工资＝实际出勤天数×日工资率＋病假天数×日工资率×（1－病假扣款率）＋奖金、津贴、补贴及加班加点工资

从上述公式可以发现，无论是扣缺勤法，还是出勤法，都用到了日工资率。**日工资率也称日工资标准，是根据职工的月标准工资除以各月天数得到的。**职工的月标准工资在一定时期内保持不变，而各月天数的计算方法不同，导致日工资率在实际生活中有2种计算方法。

病假工资的规定

① 按全年平均每月日历数计算。

$$全年平均每月日历数=\frac{全年天数}{全年月份}=\frac{365}{12}\approx 30（天）$$

表 3－9 工作通知单

20××年 12 月

工作号令				车间			工段				小组			姓名				工号		等级			
9708				一车间			一工段				一小组			张成				97008		3 级			
产品或订单号	零件编号	工序	机床号	工作等级	计量单位	数量	工时定额/小时		开工时间	完工时间	实用工时/小时	交验数量	合格数量	返修数量	工废数量	料废数量	缺额	检查员号	废品通知单	工资/元			
							单位工时	总工时												计件单价	合格品工资	废品工资	合计
16	C2	1	34	3	件	15	5	75	1	12	80	15	14	1				12		80	1 120	0	1 120

$$日工资率=\frac{月标准工资}{全年平均每月日历数}$$

在这种方法下，只要月标准工资不变，各月日工资率也是相同的；但日工资率中包括双休日和节假日的工资，即双休日和节假日算工资，出勤期间的节假日按出勤计算工资；当缺勤期间有双休日和节假日时，照扣工资。

这种方法的优点是计算简单，不需要每月计算一次日工资率；缺点是由于缺勤期间有双休日和节假日时照扣工资，因此在实际中用得较少。

② 按全年平均工作日数计算。

$$日工资率=\frac{月标准工资}{全年平均每月工作日数}$$

$$全年平均每月工作日数=\frac{全年工作日数}{全年月数}=\frac{(365-104-11)}{12}=20.83\ (天)$$

在这种方法下，只要月标准工资不变，各月日工资率都相同，不需要每月计算一次日工资率，所以计算简单；双休日和节假日不算工资，体现了按劳分配的原则；而且缺勤期间的双休日和节假日不扣工资，易理解。

法定节假日

由于《中华人民共和国劳动法》规定节假日应当依法支付工资，即11天节假日不扣除，因此实际工作要按照有关规定，采用21.75天计算日工资率。计算方法同上面的讲述基本一样，不再赘述。

特别提示

《关于职工全年月平均工作时间和工资折算问题的通知》（劳社部发〔2008〕3号）规定：

根据《全国年节及纪念日放假办法》（国务院令第513号）的规定，全体公民的节日假期由原来的10天增设为11天。据此，职工全年月平均制度工作天数和工资折算办法分别调整如下：

一、制度工作时间的计算。

年工作日：365天－104天（休息日）－11天（法定节假日）＝250天

季工作日：250天÷4季＝62.5天/季

月工作日：250天÷12月＝20.83天/月

工作小时数的计算：以月、季、年的工作日乘以每日的8小时。

二、日工资、小时工资的折算。

《劳动法》第五十一条规定，法定节假日用人单位应依法支付工资，即折算日工资、小时工资时不剔除国家规定的11天法定节假日。据此，日工资、小时工资的折算公式为：

日工资：月工资收入÷月计薪天数

小时工资：月工资收入÷（月计薪天数×8小时）

月计薪天数＝（365天－104天）÷12月＝21.75天。

除上述计算日工资率的方法外，还有按当月实际日历天数和当月满勤天数计算的方法。当月满勤天数＝当月日历天数－当月双休日天数－当月节假日天数。这两种方法最大的优点是可以准确计算每位职工的应付工资金额。但由于每月双休日和节假日不同，导致每月满勤天数不同，每月的日工资率也不同，需要每月计算一次日工资率，工作量大，实际用得较少。

综上所述，应付工资有 4 种计算方法：①按 30 天计算日工资率，采用扣缺勤法；②按 30天计算日工资率，采用出勤法；③按 20.83 天计算日工资率，采用扣缺勤法；④按 20.83 天计算日工资率，采用出勤法。现举例说明具体计算方法。

【例 3－7】 职工周云的月标准工资为 2 100 元，3 月份 31 天，其病假 3 天、事假 2 天、8 个双休日、出勤 18 天。根据其工龄，其病假工资按工资标准的 90％计算，病假和事假期间没有节假日，现按上述 4 种方法分别计算该职工 3 月份应发工资如下。

① 按 30 天计算日工资率，采用扣缺勤法。

日工资率＝2 100÷30＝70（元）

应扣病假工资＝70×3×（1－90％）＝21（元）

应扣事假工资＝70×2＝140（元）

应发工资＝2 100－21－140＝1 939（元）

② 按 30 天计算日工资率，采用出勤法。

出勤工资＝（18＋8）×70＝1 820（元）

病假工资＝70×3×90％＝189（元）

应发工资＝1 820＋189＝2 009（元）

答案解析

2 009 元－1 939 元＝70 元，按 30 天计算日工资率时，采用出勤法比扣缺勤法多 70 元工资。原因在于当月日历天数是 31 天，比日工资率计算的天数（30 天）多一天，因此按出勤天数计算会多出一天的工资。

③ 按 20.83 天计算日工资率，采用扣缺勤法。

日工资率＝2 100÷20.83＝100.80（元）

应扣病假工资＝100.8×3×（1－90％）＝30.24（元）

应扣事假工资＝100.8×2＝201.6（元）

应发工资＝2 100－30.24－201.6＝1 868.16（元）

④ 按 20.83 天计算日工资率，采用出勤法。

出勤工资＝18×100.8＝1 814.4（元）

病假工资＝100.8×3×90％＝272.16（元）

应发工资＝1 814.4＋272.16＝2 086.56（元）

答案解析

2 086.56 元－1 868.16 元＝218.4 元，按 20.83 天计算日工资率，采用出勤法比扣缺勤法多 218.4 元工资。原因在于应出勤天数为 23 天，比日工资率计算天数多 23－20.83＝2.17 天，因此按出勤法计算就会多 2.17 天的工资 2.17×100.80≈218.4 元。

随堂练习

工资的计算。例如月标准工资为 3 800 元，计算并填列表 3－10。

表 3－10　工资计算方法对比表

项目	日历天数/天	缺勤天数/天	实际出勤天数/天	日工资率		应付工资/元			
						出勤法		缺勤法	
				按 30 天	按 20.83 天	按 30 天	按 20.83 天	按 30 天	按 20.83 天
1	31	2	21						
2	30	3	19						
3	31	4	19						
4	30	5	17						

2. 计件工资的计算

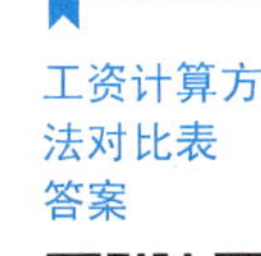

特别提示

2005 年，中华人民共和国商务部财务司与美国管理会计师协会联合开展了中国企业成本计算课题研究，2008 年发布了课题研究报告《中国的成本计算方法和成本管理实践研究》。报告指出：受访的大部分企业采用了计件工资制。

计件工资包括个人计件工资和集体计件工资，分别介绍如下。

(1) 个人计件工资的计算。当职工所从事的工作能分清每个人的经济责任时，可采取个人计件工资的方式。个人计件工资的计算公式如下。

应付计件工资＝$\sum$（月份内某产品产量×该产品计件单价）

其中：计件单价＝某级工人小时工资率×该产品工时定额

某产品产量＝合格品数量＋料废品数量

特别提示

料废品照付工资，工废品不付工资。料废品是指由于原材料方面的原因（如材料质量、性能不符合工艺要求）而形成的废品。工废品是指由于生产工人操作不当或工艺设计等内部原因造成的废品。

【例 3－8】 奔成企业生产车间某工人本月完工甲产品 80 件，其中合格品 75 件、料废品 2 件、工废品 3 件，其计件单价为 10 元；完工乙产品 66 件，其中合格品 60 件、工废品 6 件，其计件单价为 12 元，则该工人的计件工资计算如下。

应付计件工资＝（75＋2）×10＋60×12＝1 490（元）

(2) 集体计件工资的计算。当职工集体从事某项工作且不易分清每个职工的经济责任时，可采取集体计件工资的方式。首先，按集体完成的产品数量乘以计件单价，计算出集体计件工资总额，然后采用一定的方法，将集体计件工资总额在集体成员内部进行分配。分配的标准主要有两种。

① 以计时工资作为分配标准。这种分配标准主要适用于集体从事的工作对技术条件要求高，且集体内职工工资等级差别较大的情况。其计算公式如下。

$$计件工资分配率 = \frac{集体计件工资总额}{\sum 集体应付计时工资}$$

某职工应付计件工资=该职工应付计时工资×计件工资分配率

【例 3-9】 由 4 名等级不同的工人组成的小组，本月完成合格品数量 200 件，计件单价为 18 元，其余资料见表 3-11。

集体应付计件工资=200×18=3 600（元）

4 名工人应付计件工资的计算见表 3-11。

表 3-11　计件工资分配表

20××年 12 月

姓　名	日工资率	本月出勤天数/天	计时工资/元	分配率	应付计件工资/元
张成	25	24	600	2	1 200
李本	20	20	400	2	800
王会	20	22	440	2	880
赵计	15	24	360	2	720
合　计	—	—	1 800	2	3 600

② 以实际工作日数为分配标准。这种分配标准主要适用于集体从事的工作对技术条件要求不高，且集体内职工工资等级差别不大的情况。具体计算公式如下。

$$计件工资分配率 = \frac{集体计件工资总额}{\sum 实际工作天数}$$

职工计件工资=实际工作天数×分配率

3. 其他工资的计算

奖金、津贴和补贴根据国家规定及企业相关规定进行计算。

加班加点工资应按照日工资率（或小时工资率）乘以加班加点天数（或小时）及国家规定的支付标准计算。其计算公式如下。

应付加班加点工资=加班加点天数×日工资率×国家规定的支付标准

知识链接

《中华人民共和国劳动法》第四十四条规定：

有下列情形之一的，用人单位应当按照下列标准支付高于劳动者正常工作时间工资的工资报酬：

（一）安排劳动者延长工作时间的，支付不低于工资的百分之一百五十的工资报酬；

（二）休息日安排劳动者工作又不能安排补休的，支付不低于工资的百分之二百的工资报酬；

（三）法定休假日安排劳动者工作的，支付不低于工资的百分之三百的工资报酬。

4. 工资的结算

上述各项目计算出来后，计算结果就是应付每位职工的工资，再加上代发款项，然后扣除企业为职工代扣代缴的各种款项，其余额为实发工资。计算公式如下。

应付职工工资＝应付计时工资＋应付计件工资＋奖金＋津贴和补贴＋加班加点工资＋特殊情况下支付的工资

实发工资＝应付职工工资＋代发款项－代扣款项

代发款项是指向职工发放的但不应计入工资总额的款项，如上下班交通补贴。

代扣款项是指企业从职工工资中扣除代为缴纳的各种款项，如房租费、个人所得税、个人应承担的住房公积金等。

在实际工作中，应付职工工资、代发款项、代扣款项和实发工资等，是通过编制职工结算凭证进行的。职工结算凭证的形式有以下两种。

(1) 职工工资单。职工工资单也称工资结算单，一般按车间、部门分别填列，每月一张，单内按职工分行填列。职工工资单是企业和职工进行工资结算和支付的凭证，也是编制工资结算汇总表的依据。职工工资单的格式和内容见表 3－12。

表 3－12 职工工资单

车间：第一车间　　　　20××年×月　　　　单位：元

姓名	级别	月标准工资	日工资率	计件工资	奖金	津贴、补贴		扣缺勤工资		应付工资总额	代发款项	代扣款项			实发工资	领款人签字
						津贴	补贴	病假	事假			住房公积金	房租	合计		
合计																

(2) 工资结算汇总表。工资结算汇总表是根据"职工工资单"汇总编制的，反映了整个企业工资结算的总括情况，也是进行工资费用分配的依据。工资结算汇总表的格式和内容见表 3－13。

表 3－13　工资结算汇总表

20××年×月　　　　单位：元

部门		月标准工资	计件工资	奖金	津贴和补贴		扣缺勤工资		应付工资总额	代发款项	代扣款项			实发工资
					津贴	补贴	事假	病假			住房公积金	房租	合计	
一车间	生产工人													
	管理人员													
二车间	生产工人													
	管理人员													
辅助生产车间														

续表

部门	月标准工资	计件工资	奖金	津贴和补贴		扣缺勤工资		应付工资总额	代发款项	代扣款项			实发工资
				津贴	补贴	事假	病假			住房公积金	房租	合计	
行政管理部门													
专设销售机构													
合　计													

3.4.4 职工薪酬的分配

1. 工资费用的分配

职工薪酬费用日常核算均通过“应付职工薪酬”账户核算企业根据有关规定应付给职工的各种薪酬。该账户可按“短期薪酬”“离职后福利”“辞退福利”和“其他长期职工福利”进行二级核算，再按“工资”“职工福利”“社会保险费”“住房公积金”“工会经费”“职工教育经费”“非货币性福利”“股份支付”等进行明细核算。

工资费用的分配要区分哪些工资能计入产品成本，哪些工资不能计入产品成本，总结如下。

(1) 不计入产品成本的工资包括以下项目。

① 行政管理人员工资（计入“管理费用”）。

② 专设销售机构人员的工资（计入“销售费用”）。

③ 固定资产改扩建工程人员的工资（计入“在建工程”）。

④ 从事其他销售、技术转让、固定资产出租、运输人员的工资（计入“其他业务成本”）。

⑤ 应资本化的研发无形资产人员的工资（计入“研发支出——资本化支出”）。

(2) 应计入产品成本的工资包括以下项目。

① 基本生产车间生产人员的工资（计入“基本生产成本”）。

② 辅助车间工人的工资（计入“辅助生产成本”）。

③ 生产车间管理人员的工资（计入“制造费用”）。

(3) 基本生产车间生产人员工资的分配如下。

① 计件工资。由于生产工人的计件工资属于直接计入费用，因此生产人员的计件工资发生时，根据工资结算凭证（产量记录）直接记入产品成本的“直接人工”成本项目。

② 计时工资。在计时工资制度下，所发生的计时工资同计件工资一样，都直接计入产品成本。如果企业生产多种产品，计时工资一般采用产品的生产工时比例等分配标准进行分配，从而记入产品成本的“直接人工”成本项目。按生产工时（实际或定额）比例法分配的计算公式如下。

某产品应分配计时工资＝该种产品生产工时×工资费用分配率

【例 3-10】 奔成企业 20××年 12 月基本生产车间生产甲、乙两种产品，生产工人计件工资分别为：甲产品 1 800 元，乙产品 1 600 元；甲、乙产品计时工资共计 17 600 元。甲、乙产品生产工时分别为 5 600 小时和 3 200 小时。按生产工时比例分配计算如下。

工资费用分配率＝17 600÷（5 600＋3 200）＝2（元/小时）

甲产品分配工资费用＝5 600×2＝11 200（元）

乙产品分配工资费用＝3 200×2＝6 400（元）

工资费用分配是通过编制工资费用分配表进行的，工资费用分配表是编制记账凭证和登记有关总账与明细账的依据。奔成企业 20××年 12 月工资费用分配表的编制见表 3-14。

表 3-14　工资费用分配表

奔成企业　　20××年 12 月　　单位：元

应借账户		成本项目	计件工资	津贴和补贴	计时工资分配计入			合　计
					生产工时/小时	分配率	分配额	
基本生产成本	甲产品	直接人工	1 800	2 000	5 600	2	11 200	15 000
	乙产品	直接人工	1 600	1 000	3 200	2	6 400	9 000
辅助生产成本	供水车间	工资	200	100				300
	供电车间	工资	400	200				600
制造费用	基本生产车间	工资	800	400				1 200
销售费用		工资	500	150				650
管理费用		工资	1 200	600				1 800
合　计			6 500	4 450			17 600	28 550

根据表 3-14，编制会计分录如下。

借：基本生产成本——甲产品　　15 000
　　　　　　　　——乙产品　　9 000
　　辅助生产成本——供水车间　　300
　　　　　　　　——供电车间　　600
　　制造费用　　1 200
　　销售费用　　650
　　管理费用　　1 800
　　贷：应付职工薪酬——短期薪酬——工资　　28 550

发放工资时，编制会计分录如下。

借：应付职工薪酬——短期薪酬——工资　　28 550
　　贷：银行存款（或库存现金）　　28 550

2. 其他短期薪酬的分配

1）职工福利费

职工福利费是企业准备用于企业职工福利方面的资金。这是企业使用了职工的劳动技

能、知识等以后除了有义务承担必要的劳动报酬外，还必须负担的对职工福利方面的义务。我国企业中按规定用于职工福利方面的资金来源，包括从费用中提取和从税后利润中提取两个方面。企业每期应当按照工资总额的一定比例计算职工福利费，并按职工提供服务的收益对象，计入相关资产的成本或确认当期费用。

2）“五险一金”费

“五险”是指5种保险费用，包括基本养老保险费、医疗保险费、失业保险费、工伤保险费、生育保险费；“一金”是指住房公积金。“五险一金”除工伤保险费、生育保险费只由企业承担外，其他均由单位和个人共同缴纳。“五险一金”费是按国家规定提取、筹集和使用的专项基金，专款专用，任何单位和个人都无权自行决定该基金的其他用途。企业为职工缴纳的医疗保险费、养老保险费、失业保险费、工伤保险费、生育保险费等社会保险费，应当在职工为其提供服务的会计期间，根据工资总额的一定比例计算，计入相应的成本费用中。其中医疗保险费、工伤保险费、生育保险费属于短期薪酬；基本养老保险费、失业保险费属于离职后福利。

住房公积金是指在职工工作年限内，由职工及其所在单位，按月缴存一定数额的资金。住房公积金全部归职工个人所有，是长期储蓄，专项用于住房支出。住房公积金规定缴存比例为8%，有条件的企业住房公积金缴存比例可以为12%。企业为职工缴纳的住房公积金应当在职工为其提供服务的会计期间，根据工资总额的一定比例计算，计入相应的成本费用中。当前，“五险一金”缴纳比例如表3-15所示。

表3-15 “五险一金”缴纳比例

缴纳项目	公司缴纳比例/%	个人缴纳比例/%
养老保险	19	8
医疗保险	7	2
失业保险	0.7	0.3
工伤保险	0.9	—
女工生育险	0.5	—
住房公积金	12	12

3）工会经费、职工教育经费

建立工会组织的企事业单位、社会组织和机关，应于每月15日以前按照上月份全部职工工资总额的2%，向工会拨缴当月份的工会经费。为适应经济建设的需要，加强职工培训，提高企业职工队伍素质，企业可按列入成本的职工工资总额的8%列支职工教育经费。

【例3-11】 奔成企业福利费、住房公积金、工会经费、职工教育经费以工资总额为基数，计提比例分别为14%、8%、2%和8%，社会保险费中养老保险费、医疗保险费、失业保险费、工伤保险费、生育保险费计提比例分别为20%、8%、2%、1%和1%。奔成企业20××年12月的工资总额为28 550元。相关计算见表3-16和表3-17。

表 3-16 社会保险费分配表

奔成企业 20××年 12 月 单位：元

应借账户		成本项目	工资总额	医疗保险费 8%	养老保险费 20%	失业保险费 2%	工伤保险费 1%	生育保险费 1%	社保合计
基本生产成本	甲产品	直接人工	15 000	1 200	3 000	300	150	150	4 800
	乙产品	直接人工	9 000	720	1 800	180	90	90	2 880
辅助生产成本	供水车间	工资	300	24	60	6	3	3	96
	供电车间	工资	600	48	120	12	6	6	192
制造费用	基本车间	工资	1 200	96	240	24	12	12	384
销售费用		工资	650	52	130	13	6.5	6.5	208
管理费用		工资	1 800	144	360	36	18	18	576
合 计			28 550	2 284	5 710	571	285.5	285.5	9 136

表 3-17 其他职工薪酬分配表

奔成企业 20××年 12 月 单位：元

应借账户		成本项目	工资总额	福利费 14%	住房公积金 8%	工会经费 2%	社会保险费	职工教育经费 1.5%	其他薪酬合计
基本生产成本	甲产品	直接人工	15 000	2 100	1 200	300	4 740	225	8 565
	乙产品	直接人工	9 000	1 260	720	180	2 844	135	5 139
辅助生产成本	供水车间	工资	300	42	24	6	94.8	4.5	171.3
	供电车间	工资	600	84	48	12	189.6	9	342.6
制造费用	基本生产	工资	1 200	168	96	24	379.2	18	685.2
销售费用		工资	650	91	52	13	205.4	9.75	371.15
管理费用		工资	1 800	252	144	36	568.8	27	1 027.8
合 计			28 550	3 997	2 284	571	9 021.8	428.25	16 302.05

根据“社会保险费分配表”和“其他职工薪酬分配表”，编制会计分录如下。

借：基本生产成本——甲产品 8 565
　　　　　　　　——乙产品 5 139
　　辅助生产成本——供水车间 171.3
　　　　　　　　——供电车间 342.6
　　制造费用 685.2
　　销售费用 371.15
　　管理费用 1 027.8
　　贷：应付职工薪酬——短期薪酬——职工福利费 3 997

——住房公积金　　2 284
——工会经费　　571
——职工教育经费　　428.25
——社会保险费　　2 740.8
——离职后福利——养老保险费　　5 710
——失业保险费　　571

按国家有关规定缴纳社会保险费和住房公积金，会计分录如下。

借：应付职工薪酬——短期薪酬——住房公积金　　2 284
——社会保险费　　2 740.8
——离职后福利　　6 281
贷：银行存款　　11 305.8

支付工会经费和职工教育经费用于工会活动和职工培训，会计分录如下。

借：应付职工薪酬——短期薪酬——工会经费　　571
——职工教育经费　　428.25
贷：银行存款　　999.25

4）其他

企业以其自产产品发放给职工作为职工薪酬的，分配时，借记“管理费用”“基本生产成本”“制造费用”等账户，贷记“应付职工薪酬”账户；发放时，借记“应付职工薪酬”账户，贷记“主营业务收入”账户；同时，还应结转产成品的成本。涉及增值税销项税额的，还应进行相应的处理。

无偿向职工提供住房等固定资产使用的，按应计提的折旧额，借记“管理费用”“基本生产成本”“制造费用”等账户，贷记“应付职工薪酬”账户，同时，借记“应付职工薪酬”账户，贷记“累计折旧”账户。

租赁住房等资产供职工无偿使用的，按每期应支付的租金，借记“管理费用”“基本生产成本”“制造费用”等账户，贷记“应付职工薪酬”账户。支付租赁住房等资产供职工无偿使用所发生的租金，借记“应付职工薪酬”账户，贷记“银行存款”等账户。

因解除与职工的劳动关系给予的补偿，借记“管理费用”账户，贷记“应付职工薪酬”账户。在支付企业因解除与职工的劳动关系而给予职工的补偿时，借记“应付职工薪酬”账户，贷记“银行存款”“库存现金”等账户。

3.5 折旧费用和固定资产修理费的核算

3.5.1 折旧的计算

固定资产在长期使用过程中保持实物形态不变，但其价值随着固定资产的损耗而逐渐减少，这部分由于损耗而减少的价值就是固定资产折旧。

企业根据确定的折旧计算方法和计算折旧的范围提取折旧。固定资产准则规定，企业应对所有的固定资产计提折旧，但是已提足折旧仍继续使用的固定资产和单独计价入账的土地除外。**所谓已提足折旧，是指固定资产的最大折旧额，等于原价减预计残值加预计清理费用。**预计残值减预计清理费用为预计净残值。

折旧的基本公式：折旧额＝计提基数×年折旧率。

企业固定资产是多种多样的，不同的固定资产可以采用不同的方法，如年限平均法、工作量法、双倍余额递减法、年数总和法。但不管采用什么方法，无非是计提基数或年折旧率的变或不变，计提基数和年折旧率都不变的就是平均法，计提基数或年折旧率有变化的就是加速法。

1. 年限平均法

年限平均法，也称直线法，是实务中运用最为广泛的一种折旧方法。它是将固定资产原值减去净残值（残值扣除清理费用的净额）后的余额，按照预计使用年限均衡地分摊到各期的方法。其计算公式如下。

$$固定资产年折旧率=\frac{1-预计净残值率}{预计使用年限}$$

$$固定资产月折旧率=\frac{年折旧率}{12}$$

固定资产月折旧额＝固定资产原价×月折旧率

年折旧额＝（原价－预计净残值）÷预计使用年限

＝原价×（1－预计净残值率）÷预计使用年限

＝原价×年折旧率

《企业会计准则第4号——固定资产》把折旧定义为："折旧，是指在固定资产的使用寿命内，按照确定的方法对应计折旧额进行的系统分摊。"图3.2所示为固定资产平均分摊图。

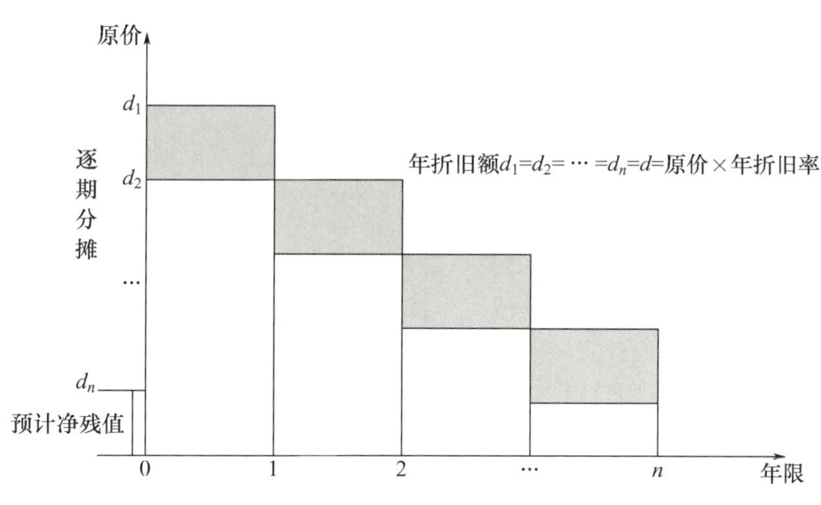

图3.2　固定资产平均分摊图

【例3-12】　某公司一栋办公楼原值为1 400 000元，预计使用年限为40年，预计残值64 000元，预计清理费用8 000元，则：

$$预计净残值率=\frac{64\ 000-8\ 000}{1\ 400\ 000}\times100\%=4\%$$

$$固定资产年折旧率=\frac{1-4\%}{40}\times100\%=2.4\%$$

年折旧额=1 400 000×2.4%=33 600（元）

特别提示

使用年限法是假设人们在使用固定资产时，在整个使用期内使用频率都是一样的，固定资产的效率也是前后无时间差别的。但是事实是不是如此呢？回答是否定的。人们在使用固定资产的时候是“喜新厌旧”的，比如你去骑共享单车，你一定会挑相对新一些的骑。新固定资产人们使用的频率就高，固定资产的效率也高，折旧就应该多摊；旧固定资产人们使用得少，固定资产的效率也低，折旧就应该少摊。所以从一定意义上看，加速折旧是人们“喜新厌旧”的结果。

2. 工作量法

工作量法，是指将固定资产原值减去净残值后的余额均衡地分摊至固定资产预计使用年限内完成的工作总量上，并根据当期固定资产在生产过程中实际完成的工作总量（总产量、总里程、总工时数、总工作台班等）计算折旧额的一种方法。其计算公式如下。

$$单位工作量折旧额=\frac{原价-预计净残值}{预计工作量总额}$$

年折旧额=单位工作量折旧额×年完成工作量

【例 3-13】 某企业的一辆运货卡车的原价为 60 000 元，预计总行驶里程为 50 万千米，其报废时的残值率为 5%，本月行驶 4 000 千米，该辆汽车的月折旧额计算过程如下。

单位工作量折旧额=60 000×（1-5%）÷500 000=0.114（元/千米）

本月折旧额=4 000×0.114=456（元）

3. 双倍余额递减法

双倍余额递减法，是指在不考虑固定资产残值的情况下，根据双倍的直线法折旧率和逐年递减的固定资产账面折余价值计算各年折旧额的一种方法。其计算公式如下。

$$年折旧率=\frac{2}{固定资产预计使用年限}\times100\%$$

年折旧额=期初固定资产账面净值×年折旧率

根据双倍余额递减法的公式，可作固定资产加速分摊图如图 3.3 所示。

在双倍余额递减法下，在计算折旧率时不考虑固定资产预计残值，每年折旧率保持不变，计提基数期初固定资产账面净值也没有考虑预计净残值。因此在预计使用年限的最后一年就要用应计提折旧额倒挤该年的折旧额。又由于受预计残值和预计清理费用的影响，最后一年的折旧额可能会高于上一年的折旧额，这样就不符合加速折旧法的理念了，因此该方法在最后两年就不按照加速折旧法计算了，而是用应计提折旧额（原价减预计净残值）减已计提折旧额，在最后两年平均，即在固定资产使用年限到期前两年内，将固定资产折余价值（净值）扣除预计净残值后的净额平均计提折旧。

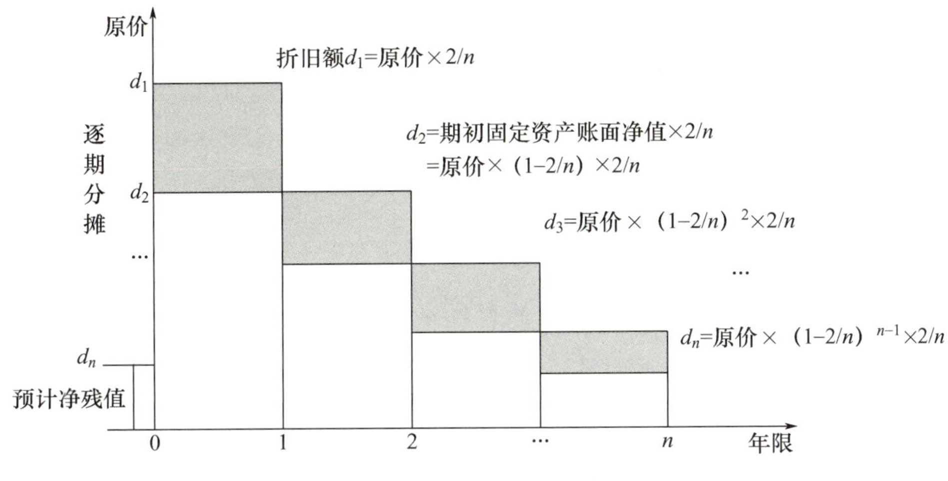

图 3.3 固定资产加速分摊图

【例 3－14】 某公司一项固定资产原值为 50 000 元，预计净残值为 200 元，估计使用年限为 5 年。

$$年折旧率=\frac{2}{5}\times 100\%=40\%$$

双倍余额递减法各年计提的折旧额具体见表 3－18。

表 3－18 双倍余额递减法各年计提的折旧额计算表

单位：元

年 次	固定资产原值	固定资产净值	折旧计算基数	年折旧率	年折旧额
1	50 000	50 000	50 000	40%	20 000
2	50 000	30 000	30 000	40%	12 000
3	50 000	18 000	18 000	40%	7 200
4	50 000	10 800	10 600	—	5 300
5	50 000	5 500	5 300	—	5 300
合 计	50 000	200	—	—	49 800

在双倍余额递减法下，固定资产净值由大变小，每年的年折旧率相等，年折旧额呈加速递减趋势。检验计算的正确性，年折旧额合计 49 800 元，等于固定资产的最大折旧额，即：

固定资产的最大折旧额＝原价－预计净残值＝50 000－200＝49 800（元）

4. 年数总和法

年数总和法，又称合计年限法，是将固定资产的原值减去净残值后的净额乘以一个逐年递减的分数计算每年的折旧额，这个分数的分子代表固定资产尚可使用的年数，分母代表使用年数的逐年数字总和。其计算公式如下。

$$年折旧率=\frac{尚可使用年数}{预计使用年限的年数总和}=\frac{预计使用年限-已使用年限}{预计使用年限\times（预计使用年限+1）\div 2}\times 100\%$$

$$年折旧额=（原价-预计净残值）\times年折旧率$$

根据年数总和法计算公式，可作折旧图如图 3.4 所示。

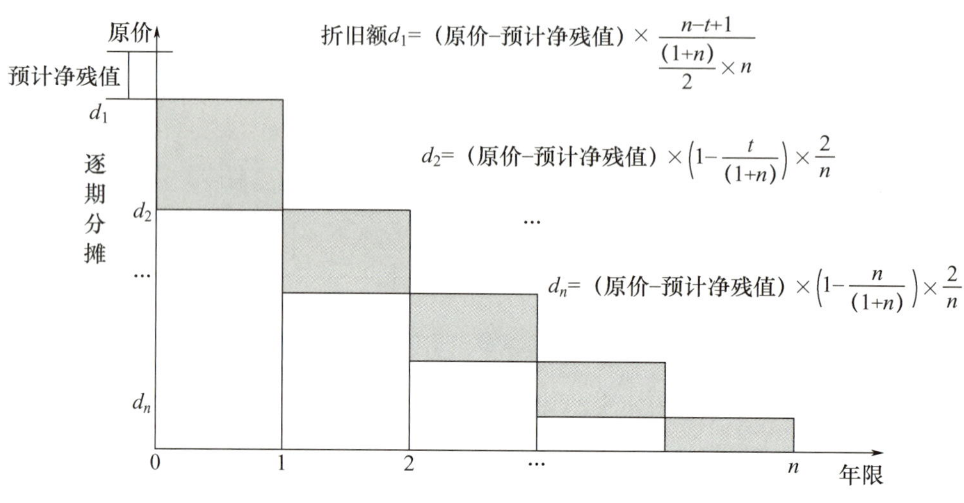

图 3.4　固定资产加速分摊图

由于该方法是折旧率变动，计提基数固定，因此该方法的折旧足额计算前就已经确定，不需要在最后年限倒挤平均折旧额。

【例 3-15】仍以例 3-14 为例，各年折旧率依次为 5/15、4/15、3/15、2/15、1/15，各年折旧额计算见表 3-19。

表 3-19　年数总和法各年折旧额计算表

单位：元

年　次	固定资产原值	净残值	应计折旧总额	年折旧率	年折旧额
1	50 000	200	49 800	5/15	16 600
2	50 000	200	49 800	4/15	13 280
3	50 000	200	49 800	3/15	9 960
4	50 000	200	49 800	2/15	6 640
5	50 000	200	49 800	1/15	3 320
合　计	50 000	200	49 800	15/15	49 800

在年数总和法下，每年应计折旧的基数相等，每年的折旧率由大变小，年折旧额呈加速递减趋势。检验计算的正确性，年折旧额合计 49 800 元，等于固定资产的最大折旧额，即：

固定资产的最大折旧额＝原价－预计净残值＝50 000 元－200 元＝49 800 元。

年限平均法、双倍余额递减法和年数总和法对比，见表 3-20。

表 3-20 年限平均法、双倍余额递减法和年数总和法对比表

项　目	计提基数	折旧率	预计净残值
年限平均法	固定值为原价	固定不变	预先在折旧率中扣除
双倍余额递减法	变动递减值为余额	固定不变	需在预计使用年限结束时扣除
年数总和法	固定值为原价－预计净残值	变动递减	预先在计提基数中扣除

在会计实务中，企业一般是按月计提固定资产折旧的。为了简化核算，当月增加的固定资产，当月不计提折旧，从下月起计提折旧；当月减少的固定资产，当月仍计提折旧，从下月起不计提折旧。因此，企业各月计提折旧时，可在上月折旧额的基础上，对上月固定资产的增减情况进行调整后计算当月应提折旧额。用公式表示如下。

$$\begin{matrix}\text{本月固定资产}\\\text{应计提的折旧额}\end{matrix}=\begin{matrix}\text{上月计提}\\\text{的折旧额}\end{matrix}+\begin{matrix}\text{上月增加固定资产}\\\text{应计提的折旧额}\end{matrix}-\begin{matrix}\text{上月减少固定资产}\\\text{应计提的折旧额}\end{matrix}$$

3.5.2 折旧费用分配的核算

固定资产折旧应该以折旧费用计入产品成本和期间费用等。折旧费用也是产品成本的组成部分，按照固定资产的使用车间、部门进行汇总，然后与生产单位（车间或分厂）、部门的其他费用一起分配计入产品成本和期间费用。对于按规定计提的折旧费用，应根据固定资产使用的地点和用途进行分配，分别计入不同的账户。生产车间计提的折旧费用应记入“制造费用”账户的借方；企业行政管理部门和未使用的固定资产计提的折旧费用应记入“管理费用”账户的借方；专设销售机构计提的折旧费用应记入“销售费用”账户的借方；出租的固定资产计提的折旧费用应计入“其他业务成本”账户的借方；企业研发无形资产时使用固定资产计提的折旧费用应计入“研发支出”账户的借方；固定资产折旧总额计入“累计折旧”账户的贷方。

折旧费用的分配是通过编制“折旧费用分配表”进行的，并据此编制会计分录，登记有关总账及所属明细账。

【例 3-16】 奔成企业 20××年 12 月的“折旧费用分配表”见表 3-21。

表 3-21 折旧费用分配表

奔成企业　　　　20××年 12 月　　　　单位：元

应借账户		上月折旧额	上月增加固定资产应提折旧额	上月减少固定资产应提折旧额	本月折旧额
制造费用	基本生产车间	9 000	1 200	200	10 000
辅助生产成本	供电车间	2 400	500	100	2 800
	供水车间	400	90	70	420
销售费用		6 300		300	6 000

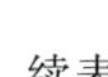

续表

应借账户	上月折旧额	上月增加固定资产应提折旧额	上月减少固定资产应提折旧额	本月折旧额
管理费用	800	100		900
合　计	18 900	1 890	670	20 120

根据“折旧费用分配表”，编制会计分录如下。

借：辅助生产成本——供水车间　　420
　　　　　　　　——供电车间　　2 800
　　制造费用　　10 000
　　销售费用　　6 000
　　管理费用　　900
　　贷：累计折旧　　20 120

3.5.3　固定资产修理费的核算

一般情况下，固定资产投入使用后，由于固定资产磨损、各组成部分耐用程度不同，可能会导致固定资产的局部损坏。为了维持固定资产的正常运转和使用，充分发挥其使用效能，企业会对固定资产进行必要的维护。固定资产的修理按其修理范围大小、费用支出多少、修理间隔长短等，分为日常修理和大修理。日常修理的特点是修理范围小、费用支出少、修理间隔时间短；大修理的特点是修理范围大、费用支出多、修理间隔时间长、修理次数少。

1. 固定资产的日常修理

其修理费用在发生的当期按照固定资产的用途和部门的不同分别计入有关的成本费用中，不再进行待摊或预提。企业生产车间和行政管理部门发生的固定资产修理费用计入管理费用；专设销售机构固定资产修理费用计入销售费用。固定资产更新改造支出不符合固定资产确认条件的，在发生时直接计入当期损益。

【例 3－17】 奔成企业 20××年 12 月对基本生产车间的生产设备进行日常维修，领用修理配件 800 元，应付维修人员薪酬 1 000 元。其会计分录为：

借：管理费用　　1 800
　　贷：原材料　　800
　　　　应付职工薪酬　　1 000

2. 固定资产的大修理费用

有确凿证据表明其符合固定资产的确认条件，可以计入固定资产的成本，即可以将支出资本化；如果不符合固定资产的确认条件，应当费用化，直接计入当期损益。

3. 经营租入固定资产发生的改良支出

经营租入固定资产发生的改良支出应通过“长期待摊费用”科目核算，并在剩余租赁期与租赁资产尚可使用年限两者中较短的期间内，采用合理的方法进行摊销。

【例 3-18】 奔成企业行政管理部门 20××年 1 月发生租入固定资产的改良支出 48 000 元，用银行存款支付，分两年平均摊销，其会计分录如下。

发生费用支出时，会计分录为：

借：在建工程　　48 000

　　贷：银行存款　　48 000

改良工程达到预定可使用状态时，会计分录为：

借：长期待摊费用　　48 000

　　贷：在建工程　　48 000

两年内每月（包括 20××年 12 月）应摊销 2 000 元，会计分录为：

借：管理费用　　2 000

　　贷：长期待摊费用　　2 000

3.6 利息费用和其他费用的核算

3.6.1 利息费用的核算

要素费用中的利息费用不是产品成本的组成部分，而是期间费用中的“财务费用”的组成部分。利息费用包括短期借款利息、长期借款利息、应付票据利息、票据贴现利息、应付债券利息、现金折扣等。择其主要内容分别简单介绍如下。

1. 短期借款利息

短期借款利息一般是按季结算支付的，按照权责发生制原则，企业应当在每月月末计提借款利息。计提利息时，应借记“财务费用”科目，贷记“应付利息”科目；实际付息时，借记“财务费用”“应付利息”等科目，贷记“银行存款”科目。如果利息数额较小，也可采用简化的办法，在季末将实际支付的利息全部计入当期的财务费用，不通过“应付利息”科目，即借记“财务费用”科目，贷记“银行存款”科目。

【例 3-19】 奔成企业 20××年 9 月 30 日从银行取得期限为 3 个月、年利率为 6%的短期借款 100 000 元，用于生产经营周转；利息支出采用按月预提的方式，有关会计分录如下。

取得借款时，作会计分录。

借：银行存款　　100 000

　　贷：短期借款　　100 000

各月末（10 月末、11 月末、12 月末）计提利息时，计算月末应提利息费用＝100 000×6%×1/12＝500（元），作会计分录。

借：财务费用　　500

　　贷：应付利息　　500

借款到期本息＝100 000＋500×3＝101 500（元），按期归还本息。

借：短期借款　　100 000

　　应付利息　　1 500

贷：银行存款　　101 500

2. 长期借款利息

长期借款利息一般是每年计算一次应付利息，到期一次还本付息。对于按照长期借款摊余成本和实际利率计算确定的实际利息，每年年末时，符合资本化条件的部分借记“在建工程”等科目，不符合资本化条件的借记“财务费用”等科目。按照借款本金和合同利率计算确定的金额，贷记“应付利息”科目，实际利息和应付利息之间的差额作为其调整额，贷记“长期借款——利息调整”科目。企业在付息日实际支付利息时，按本期应支付的利息额，借记“应付利息”科目，贷记“银行存款”科目。

3. 企业发行的分期付息、到期一次还本的债券的利息

对于企业发行的分期付息，到期一次还本的债券的利息，其账务处理如下：资产负债表日，按照债券期初账面摊余成本和实际利率计算确定的实际利息的金额，借记“财务费用”“在建工程”等科目，按照债券的面值和票面利率计算确定的金额，贷记“应付利息”科目，实际利息和应付利息之间的差额作为其调整额，借或贷记“应付债券——利息调整”科目。企业在付息日实际支付利息时，按本期应支付的利息额，借记“应付利息”科目，贷记“银行存款”科目。

3.6.2 其他费用的核算

其他费用支出是指除了前面所述各要素以外的费用支出，包括差旅费、邮电费、劳动保护费、运输费、办公费、水电费、技术转让费、业务招待费等。这些费用有的是产品成本的组成部分，有的则是期间费用的组成部分，即使能直接计入产品成本的其他各项费用，也没有专设成本项目。因此，这些费用发生时，根据有关的付款凭证，按照费用的用途，分别记入“制造费用”“辅助生产成本”“管理费用”“销售费用”等科目的借方，同时，记入“银行存款”等科目的贷方。

【例 3-20】 奔成企业 20××年 12 月以银行存款支付本月发生的办公费共计 5 550.9 元，其中，基本生产车间 3 674.8 元，辅助生产供电车间 807.4 元，辅助生产供水车间 368.7 元，行政管理部门 300 元，专设销售机构 400 元。会计分录如下。

借：制造费用　　3 674.80
　　辅助生产成本——供电车间　　807.40
　　　　　　　　——供水车间　　368.70
　　管理费用　　300.00
　　销售费用　　400.00
　　贷：银行存款　　5 550.90

名人名言

当观察到成本和账户缺乏联系时，成本账户可能与财务记录不符，它们的可靠性就没有保障。

——桑德斯

管理工作是使利用资源的收益最优。

——德鲁克

练　习　题

一、单项选择题

1. 以定额材料消耗量为标准分配原材料费用的方法是（　　）。

A. 产品重量比例法　　B. 顺序分配法

C. 定额消耗量比例法　　D. 定额费用比例法

2. 周转材料采用五五摊销法时，行政管理部门摊销所领用品的价值，应借记“管理费用”科目，贷记以下哪个科目？（　　）

A. 周转材料——在用　　B. 周转材料——在库

C. 周转材料——摊销　　D. 周转材料——已领

3. 销售过程中随同产品出售并单独计价的包装物，应借记的科目是（　　）。

A. 销售费用　　B. 其他业务成本

C. 管理费用　　D. 制造费用

4. 出租包装物时收取的租金应计入（　　）。

A. 主营业务收入　　B. 其他业务收入

C. 其他业务成本　　D. 营业外收入

5. 领用周转材料时，将其价值一次全部计入有关费用的方法是（　　）。

A. 五五摊销法　　B. 一次摊销法

C. 分次摊销法　　D. 净值法

6. 以下不属于工资总额范畴的有（　　）。

A. 计时工资　　B. 奖金

C. 退休金　　D. 计件工资

7. 在按30日计算日工资率的情况下，如果某月日历天数为30天，采用扣缺勤法和出勤法计算应付工资，两者计算结果（　　）。

A. 相同　　B. 前者大于后者

C. 后者大于前者　　D. 无法比较

8. 在按30日计算日工资率的情况下，如果某月日历天数为31天，采用扣缺勤法和出勤法计算应付工资，两者计算结果（　　）。

A. 相同　　B. 前者大于后者

C. 后者大于前者　　D. 无法比较

9. 用于生产产品构成产品实体的原材料费用，应计入（　　）科目。

A. 生产成本　　B. 制造费用

C. 废品损失　　D. 销售费用

10. 产量工时记录是统计产量和工时及计算（　　）的原始依据。

A. 计时工资　　B. 应付工资

C. 加点工资　　D. 计件工资

11. 某职工 5 月份生产合格品 25 件，料废品 5 件，加工失误产生废品 2 件，计件单价为 4 元，应付计件工资为（　　）元。

A. 100　　B. 120

C. 128　　D. 108

二、多项选择题

1. 低值易耗品的摊销方法有（　　）。

A. 比例摊销法　B. 计划成本摊销法　C. 一次摊销法

D. 分次摊销法　E. 五五摊销法

2. 下列项目中应当计入财务费用的有（　　）。

A. 利息支出　B. 汇兑损失　C. 增值税

D. 借款手续费　E. 待业保险费

3. 计入产品成本的各种材料费用按其用途分配，应计入（　　）科目的借方。

A. 销售费用　B. 财务费用　C. 制造费用

D. 生产成本　E. 管理费用

4. 我国目前采用的固定资产折旧方法有（　　）。

A. 双倍余额递减法　B. 工作量法　C. 年数总和法

D. 年限平均法　E. 顺序分配法

三、计算题

1. 练习定额消耗量比例法。某工业企业生产甲、乙两种产品，共同耗用 A 材料 1 200 千克，A 材料实际单价为每千克 4 元。甲产品的实际产量为 140 件，单件产品材料消耗定额为 4 千克；乙产品的实际产量为 80 件，单件产品材料消耗定额为 5.5 千克。

要求：

(1) 编制原材料费用分配表 3 - 22，按定额消耗量比例法分配甲、乙两种产品的原材料费用；

(2) 编制会计分录。

表 3 - 22　原材料费用分配表

单位：元

产　品	定额消耗量	分配率	实际消耗量	实际单价	材料实际费用
甲					
乙					
合　计					

2. 材料费用的分配

(1) 目的：练习原材料费用的分配。

(2) 资料：甲、乙两种产品共同耗用 7001 号和 7002 号两种原材料，消耗量无法按产品直接划分。

① 甲产品投产 100 件，原材料单件消耗定额：7001 号 10 千克，7002 号 5 千克；

② 乙产品投产 200 件，原材料单件消耗定额：7001 号 4 千克，7002 号 6 千克；

③ 甲、乙两种产品实际消耗总量：7001 号 1 782 千克，7002 号 1 717 千克；

④ 原材料计划单价：7001 号 5 元，7002 号 10 元；

⑤ 原材料价格差异（成本差异）率：2%。

（3）要求：

① 根据定额消耗的比例分配甲、乙两种产品的原材料费用，填制表 3－23；

② 编制会计分录。

表 3－23　原材料费用分配表

20××年×月

原材料编号		7001	7002	计划成本合计	成本差异	实际费用
甲 产 品（投 产____件）	消耗定额/千克			—	—	—
	定额消耗量/千克			—	—	—
乙 产 品（投 产____件）	消耗定额/千克			—	—	—
	定额消耗量/千克			—	—	—
定额消耗总量				—	—	—
实际消耗总量				—	—	—
消耗量分配率				—	—	—
实际消耗量的分配	甲产品			—	—	—
	乙产品			—	—	—
原材料计划单位成本				—	—	—
原材料费用/元	甲产品					
	乙产品					
	合　计					

3. 练习外购动力费用的分配。某企业 8 月份应支付外购电费 21 000 元，各车间合计耗电度数为 70 000 度。耗电度数具体为：基本生产车间直接用于产品生产耗电 50 000 度，没有分产品安装电表，按生产工时分配电费，甲产品生产工时为 5 000 小时，乙产品生产工时为 2 500 小时；基本生产车间照明用电 8 000 度；辅助生产车间耗电 4 000 度；企业行政管理部门耗电 3 000 度；专设销售机构耗电 5 000 度。

要求：

（1）编制分配表分配本月的外购动力费用；

（2）编制相应的会计分录。

4. 练习月薪制下计时工资的计算方法。职工张三月标准工资为 1 200 元，8 月份 31 天，其中病假 3 天、事假 2 天、出勤 18 天、8 个双休日又加班 3 天，根据张三工龄，其病假工资按工资标准的 90%计算，病假和事假期间没有节假日。

要求：

（1）按本章的 4 种方法分别计算张三 8 月份应发工资额；

（2）按照 21.75 天计算日工资率，分别采用出勤法和缺勤法计算应发工资。

四、案例应用分析

工资的计算

上个月的某一周，大成从周五开始请假，直到下一周的周三才来上班。本月发工资时，大成看到单位扣了他五天的事假工资，于是大成找工资核算员讨说法，问为什么要扣他五天的工资？工资核算员告诉他："因为我们厂计算工资时采用的日工资率是按每月 30 天计算的，30 天里包括了节假日，你的请假中含有节假日，因此，算缺勤时要算上节假日，从周五到周二共计 5 天。"大成说："不对，我请假遇节假日，你星期六、星期天不也没上班吗？为什么不扣你的？"

为什么会有这样的结果？这就是计算方法造成的误解。上面的计算方法采用的是如下的公式。

日工资率＝月标准工资÷月平均天数

月平均天数＝365÷12≈30（天）

职工工资＝出勤天数×日工资率

或　　　＝月标准工资－缺勤天数×日工资率

注意：在计算出勤天数和缺勤天数时，包括节假日。以上面的事情为例，假如大成的月标准工资为 3 000 元，则：

日工资率＝3 000÷30＝100（元/天）

按当月实际日历计算，如果本月 31 天，大成无缺勤，则本月工资为 3 100 元；如缺勤 5 天，则工资为 26×100＝2 600 元，或 3 000－5×100＝2 500 元。

大成每月出满勤时，虽有大月小月之分，他对自己的工资不会有太大的异议；请假为实际工作日的周一到周五时，他也不会有异议；但是，出现本文一开始的情况，就会使当事人百思不得其解了。事实上周六、周日，大成没上班，别人也没上班，不扣别人的钱，却扣大成的钱，他肯定想不通。

那么有没有让工人脑子不用转圈，一看就明白的方法呢？有，我们在计算日工资率时，采用有效工作日的月平均天数，并采用扣除缺勤天数工资的方法。计算公式如下。

月平均天数＝（365－52 周×2－11 天法定节假日）÷12≈20.83（天）

这样在计算出勤天数和缺勤天数时，就不包括节假日了。以上面为例，大成缺勤天数只计算有效工作日的天数，为 3 天，则：

日工资率＝3 000÷20.83＝144（元/天）

第3章 练习题
参考答案

工资＝3 000－3×144＝2 568（元）

这样计算的工资大成一看就能懂。

阅读上述材料，回答下列问题。

（1）你认为日工资率按照 30 天、20.83 天、实际工作天数计算，哪一个更好？

（2）假如你是大成，你如何看待企业计算职工薪酬的日工资率？

（3）你认为哪种方法更符合会计信息质量特征的可理解性？

第 4 章

综合性费用的核算

教学目标

通过本章的学习，使学生能够：

1. 叙述辅助生产费用分配方法的原理，掌握分配方法；
2. 掌握制造费用的分配方法；
3. 了解废品损失和停工损失的核算方法。

教学要求

知识要点	能力要求	相关知识
辅助生产费用的核算	（1）理解辅助生产费用的归集 （2）掌握辅助生产费用的分配方法	（1）辅助生产及辅助生产费用的概念 （2）辅助生产费用核算的特点 （3）辅助生产费用的分配方法及优缺点
制造费用的核算	（1）理解制造费用的概念和核算特点 （2）掌握制造费用的分配方法	（1）制造费用的概念和性质 （2）制造费用核算的特点 （3）制造费用归集的核算 （4）制造费用的分配方法及适用范围
废品损失和停工损失的核算	（1）理解废品的概念和分类 （2）掌握废品损失的核算 （3）了解停工损失的概念和核算方法	（1）废品与废品损失的概念 （2）不可修复废品损失的核算 （3）可修复废品损失的核算 （4）停工损失的概念和核算方法
期间费用的核算	了解期间费用的归集和结转去向	（1）销售费用的归集和结转 （2）管理费用的归集和结转 （3）财务费用的归集和结转

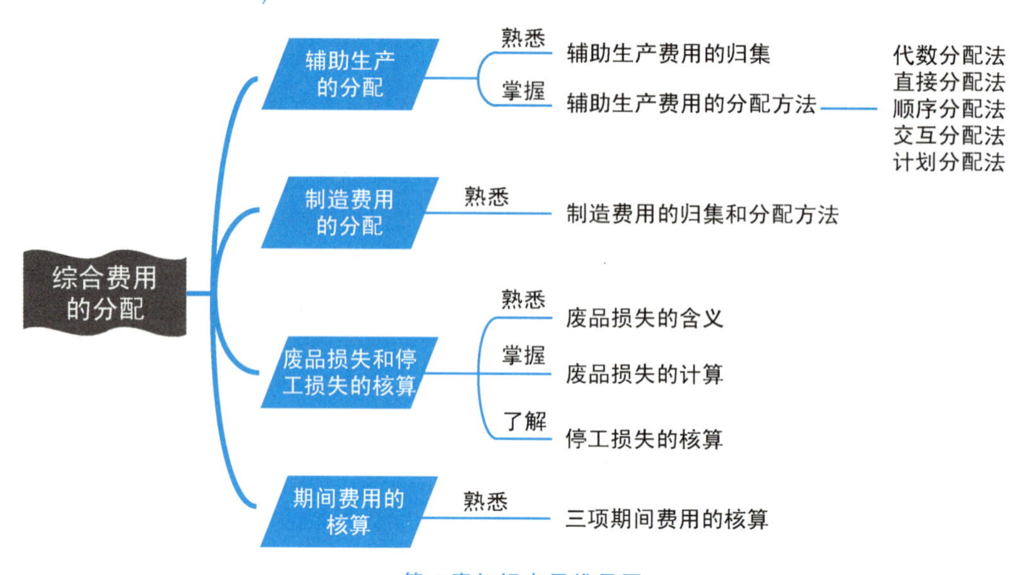

第 4 章知识点思维导图

> 成本计算是按一定的对象，连续地归集和分配费用的过程。
>
> ——娄尔行

导入案例

供排水车间的费用

抚顺石油化工公司石化三厂是中国石油天然气集团公司抚顺石油化工公司的下属生产厂，企业资产总额4.671 2亿元，各类生产装置合计生产能力为40 000吨/年。工厂的主要产品有白油、铝箔油、溶剂油系列产品、脱附剂、偏三甲苯、洗涤剂等。主要车间有加氢车间、芳烃车间等基本生产车间，也有供排水等车间。供排水车间主要负责全厂新鲜水和循环水的供应，新鲜水全部从社会水厂购买，循环水为自产产品，成本按供排水车间发生的全部实际成本进行分配。2005年3月，供排水车间总共发生费用3 271 639元，其中原材料601 324元，辅助材料929 454元，动力855 243元，工资181 543元，折旧301 734元。

这个例子中的供排水车间是辅助生产车间，其费用直接反映了辅助部门消耗的材料、燃料、动力、折旧费、维修费及为管理和组织生产所发生的其他费用等。供排水车间的产品由本企业内部的相关组织消耗，应由企业内部各单位分配，这就影响到了各车间、部门的成本。

点评：辅助生产费用是综合性费用，要分配到内部各部门去，会影响产品的成本。

综合性费用除了包括上述案例中的辅助生产费用外，还包括制造费用、废品损失、停工损失和期间费用。

4.1　辅助生产费用的核算

4.1.1　辅助生产费用的概念和核算特点

1. 辅助生产及辅助生产费用的概念

辅助生产是指主要为企业基本生产车间、企业行政管理部门等单位提供服务而进行的产品生产和劳务供应，是企业生产的重要组成部分。在实践中，工业企业生产车间通常是按生产环节设置的，因此，基本生产由基本生产车间提供，辅助生产由辅助生产车间提供。辅助生产根据提供产品或劳务品种的多少分为单品种辅助生产和多品种辅助生产，等同于辅助生产车间有单品种辅助生产车间和多品种辅助生产车间。单品种辅助生产车间是指只生产一种产品或只提供一种劳务的辅助生产车间，如供电车间、供水车间、供汽车间等；多品种辅助生产车间是指生产多种产品或提供多种劳务，如从事工具、模具、修理用备件的制造及机器设备修理等的辅助生产车间。

辅助生产费用是指辅助生产车间为生产产品或提供劳务而发生的各种费用，包括原材料费用、动力费用、职工薪酬费用及辅助生产车间发生的其他费用。

2. 辅助生产费用核算的特点

由于辅助生产车间主要是为企业内部的基本生产车间、行政管理部门等提供产品或服务，一般很少对外销售，因此辅助生产费用应由受益的各车间、部门承担。这意味着辅助生产费用最终会分配到企业产品成本或期间费用中，因此，正确地进行辅助生产费用的归集和分配有着十分重要的意义。

3. 辅助生产账户的设置

1）“辅助生产成本”总账户设置

为了归集和分配辅助生产费用，需设置“辅助生产成本”账户，它属于成本类账户，期末余额在借方，表示辅助生产车间在产品成本。

2）“辅助生产成本”明细账设置

不同类型的辅助生产车间应设置的总账及明细账不同。

（1）单品种辅助生产车间。对此类车间，只需按车间设置“辅助生产成本”明细账，账内按照成本项目设置专栏，车间所有发生的费用都登记在“辅助生产成本”明细账上。

（2）多品种辅助生产车间。对此类车间，既要按车间分别设置“辅助生产成本”明细账，还要按产品或劳务的种类开设“成本计算单”，分别计算各种产品或劳务的成本。

4.1.2　辅助生产费用归集的核算

辅助生产费用归集实质是指汇总辅助生产车间本期发生的费用，计入“辅助生产成本”账户的借方。对不同的辅助费用的归集用会计分录表示如下。

（1）对于直接用于辅助生产的原材料、职工薪酬、动力费。

借：辅助生产成本——××辅助生产车间

贷：原材料（应付账款、应付职工薪酬、银行存款等）

（2）对于从其他辅助生产车间转入的费用。

借：辅助生产成本——××辅助生产车间

贷：辅助生产成本——××辅助生产车间

（3）对于辅助生产车间发生的制造费用。对于辅助生产车间发生的制造费用的核算，有以下两种处理方式。

① 如果辅助生产车间规模较小，发生的制造费用较少，辅助生产也不对外销售，可以不单独设置“制造费用——辅助生产车间”明细账，而是直接记入“辅助生产成本”账户的借方。除特别提出外，本书采用此种处理方式。

发生辅助生产车间的制造费用时，其会计分录如下。

借：辅助生产成本——××车间

贷：累计折旧等账户

在这种处理方式下，“辅助生产成本”账户明细账是按照成本项目与费用项目相结合的方式设立专栏，进行明细核算的。

② 单独设置“制造费用——辅助生产车间”明细账。先在“制造费用——辅助生产车间”账户借方进行归集，然后分配转入“辅助生产成本”账户。

平时发生辅助生产车间的制造费用时，其会计分录如下。

借：制造费用——××辅助生产车间

贷：累计折旧等账户

月末分配“制造费用——辅助生产车间”，其会计分录如下。

借：辅助生产成本——××车间

贷：制造费用——××辅助生产车间

在这种处理方式下，“辅助生产成本”账户与“基本生产成本”账户一样，一般按车间及产品和劳务设置明细账，账内按成本项目设立专栏或专行进行明细核算。

【例 4-1】 奔成企业20××年12月辅助生产成本明细账的格式和归集情况见表4-1和表4-2。

表 4-1 辅助生产成本明细账

辅助生产车间：供电　　20××年12月　　单位：元

摘　要	原材料	燃料及动力	职工薪酬	折旧费	其他费用	合　计	转　出
原材料费用分配表3-7	450					450	
外购动力费用分配表3-8		2 000				2 000	
工资费用分配表3-14			600			600	
其他职工薪酬分配表3-17			342.6			342.6	
折旧费分配表3-21				2 800		2 800	
其他费用支出凭证					807.4	807.4	
辅助生产费用分配表4-6							7 000
合　计	450	2 000	942.6	2 800	807.4	7 000	7 000

表 4－2　辅助生产成本明细账

辅助生产车间：供水　　　　20××年 12 月　　　　单位：元

摘　要	原材料	燃料及动力	职工薪酬	折旧费	其他费用	合　计	转　出
原材料费用分配表 3－7	650					650	
外购动力费用分配表 3－8		1 000				1 000	
工资费用分配表 3－14			300			300	
其他职工薪酬分配表 3－17			171.3			171.3	
折旧费分配表 3－21				420		420	
其他费用支出凭证					368.7	368.7	
辅助生产费用分配表 4－6							2 910
合　计	650	1 000	471.3	420	368.7	2 910	2 910

4.1.3　辅助生产费用分配的核算

辅助生产费用的分配，就是按照一定的标准和方法，将“辅助生产成本”账户借方归集的辅助生产费用分配到各受益单位或产品的过程。

1. 辅助生产费用分配的核算程序

根据辅助生产车间提供产品或劳务的不同，其核算程序或会计分录大致分为以下两类。

1）辅助生产车间生产的是有形产品

如果辅助生产车间生产的是有形产品，辅助产品的提供也就是辅助产品的制造过程，其核算程序和基本生产车间产品的核算程序基本相同。

当辅助产品完工入库时，其会计分录如下。

借：原材料、低值易耗品等

　　贷：辅助生产成本——××产品

当各车间、部门领用有形产品时，其会计分录如下。

借：成本类、费用类账户（如制造费用等）

　　贷：原材料、低值易耗品等

2）辅助生产车间提供的是无形产品（水、电、气）或劳务

如果辅助生产车间提供的是无形产品（水、电、气）或劳务，则归集的辅助费用通常于月末在各受益单位之间按消耗量进行分配，一般是通过编制“辅助生产费用分配表”进行的，分配的会计分录如下。

借：成本、费用类账户（如基本生产成本、管理费用等）

　　贷：辅助生产成本——××辅助生产车间

辅助生产提供的产品和劳务主要是为基本生产车间等服务的，但在某些辅助生产车间之间，也有相互提供产品和劳务的情况。例如供电车间为供水车间提供电力，供水车间为供电车间提供水，为了计算电的成本，首先要计算水的成本；而要计算供水车间的成本，又要以先计算出电的成本为先决条件。由于它们之间相互制约，互为条件，使辅助生产费

用的分配产生了困难，因此需采用一些专门的分配方法，主要有代数分配法、直接分配法、顺序分配法、交互分配法和按计划成本分配法。

知识链接

亨格瑞、福斯特和达塔在《成本会计学》一书中提出：费用分配决策的四项标准是因果关系、受益程度、公平或平等、承担能力。

2. 辅助生产分配的方法

1）代数分配法

代数分配法是运用代数中多元一次联立方程的原理，计算出各辅助生产车间劳务的分配率（单位成本），然后根据各受益单位（包括辅助生产车间内部）消耗量计算出其应分配的辅助生产费用的一种分配方法。

在这种方法下，计算步骤和计算公式如下。

第一步，设各辅助生产车间产品或劳务的分配率（或单位成本）为未知数。

第二步，根据下列公式列联立方程的表达式。

某辅助生产车间提供劳务数量×该车间单位成本＝该辅助生产车间原始费用＋该辅助生产车间耗用其他辅助生产车间数量×其他辅助生产车间劳务单位成本

原始费用也称待分配费用，是指“辅助生产成本”账户开始分配前借方归集的费用。

第三步，解联立方程，求出各辅助生产车间产品或劳务的单位成本（或分配率）。

第四步，根据下列公式计算各受益单位分配的辅助生产费用。

某受益单位应分配的辅助生产费用＝该受益单位耗用的数量×辅助生产车间费用分配率

【例 4－2】 奔成企业有供水和供电两个辅助生产车间，主要为企业基本生产车间和行政管理服务，根据例 4－1 的“辅助生产成本明细账”，20××年 12 月供水车间发生费用 2 910元，供电车间发生费用 7 000 元。奔成企业各辅助生产车间提供劳务数量见表 4－3。

表 4－3 奔成企业各辅助生产车间提供劳务数量

20××年 12 月　　　　单位：元

受益单位		本月供水/立方米	本月供电/度
基本生产车间	甲产品	600	12 000
	乙产品	300	8 000
辅助生产车间	供水车间		1 000
	供电车间	100	
制造费用	基本生产车间	200	2 000
销售机构		100	2 000
行政管理部门		200	1 000
合　计		1 500	26 000

采用代数分配法的计算过程如下。

假设水的单位成本为 x，电的单位成本为 y，联立二元一次方程组如下。

$$\begin{cases} 2\ 910+1\ 000y=1\ 500x\text{（供水车间）} \\ 7\ 000+100x=26\ 000y\text{（供电车间）} \end{cases}$$

解方程组，得

$$\begin{cases} x \approx 2.1249 \\ y \approx 0.2774 \end{cases}$$

根据计算出来的分配率，编制“辅助生产费用分配表”，见表 4-4。

表 4-4　辅助生产费用分配表（代数分配法）

20××年 12 月　　单位：元

应借科目		供水车间			供电车间			合　计
		数量/立方米	分配率	分配额	数量/立方米	分配率	分配额	
基本生产成本	甲产品	600	2.124 9	1 274.94	12 000	0.277 4	3 328.80	4 603.74
	乙产品	300	2.124 9	637.49	8 000	0.277 4	2 219.20	2 856.69
辅助生产成本	供水车间				1 000	0.277 4	277.40	277.40
	供电车间	100	2.124 9	212.49				212.49
制造费用	基本生产车间	200	2.124 9	424.98	2 000	0.277 4	554.80	979.78
销售费用		100	2.124 9	212.49	2 000	0.277 4	554.80	767.29
管理费用		200		425.01*	1 000		277.49*	702.50
合　计		1 500		3 187.40	26 000		7 212.49	10 399.89

注：因 $x \approx 2.1249$，$y \approx 0.2774$ 为约值，表中 3 187.40＝2 910＋277.40，7 212.49＝7 000＋212.49，425.01* 和 277.49* 为倒挤。

特别提示

（1）按照记入账户借贷方向建立等式，要有会计思维，不能单纯从代数方面考虑。

（2）分配率有四舍五入，会计上必须一分不差，因此就要调尾差，可以采用会计传统的方法，最后倒挤（如表 4-4 后注），也可以在开始的时候计算出来。

$$\begin{cases} 2\,910+1\,000\times 0.2774=1\,500\times 2.1249+0.05(\text{尾差}) \\ 7\,000+100\times 2.1249=26\,000\times 0.2774+0.09(\text{尾差}) \end{cases}$$

根据“辅助生产费用分配表”，编制会计分录如下。

借：基本生产成本——甲产品　　4 603.74
　　　　　　　　——乙产品　　2 856.69
　　辅助生产成本——供水车间　　277.40
　　　　　　　　——供电车间　　212.49
　　制造费用　　979.78
　　销售费用　　767.29
　　管理费用　　702.50
　贷：辅助生产成本——供水车间　　3 187.40
　　　　　　　　　——供电车间　　7 212.49

特别提示

在代数分配法下，分配分录中“辅助生产成本”账户的贷方金额＝原始费用＋分配转入费用。

代数分配法的特点是：只要是受益单位（不管是基本生产车间，还是辅助生产车间），都会分配辅助生产费用，所以分配结果最正确、最公平合理。但代数分配法的费用分配率需通过建立联立方程获得，如果辅助生产车间较多，计算工作会比较复杂，因而这种分配方法适宜在辅助生产车间较少的企业使用。

随堂练习

代数分配法

企业有供水车间和运输车间两个辅助部门，本月提供产品和劳务分别为 200 000 立方米、1 000 000 吨千米，费用分别为 210 000 元、800 000 元；水的耗费情况为运输部门用水 20 000 立方米，辅助部门以外用水 180 000 立方米；运输的耗费情况为供水部门用水 50 000 吨千米，辅助部门以外用水 950 000 吨千米。要求：试用代数分配法分配辅助生产费用；填制辅助生产费用分配表（表 4－5）；做会计分录；登记辅助生产成本明细账。

表 4－5 辅助生产费用分配表

项　目	供水车间			运输车间			合　计
	供应量/立方米	分配率	分配额/元	劳务量/吨千米	分配率	分配额/元	
供水车间							
运输车间							
辅助生产以外部门							
合　计							

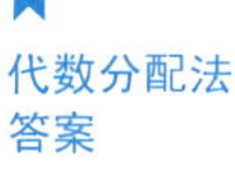

代数分配法答案

2）直接分配法

直接分配法，是指各辅助生产车间的原始费用直接分配给除辅助生产车间以外的各受益产品和单位，而不考虑各辅助生产车间之间相互提供产品或劳务的情况。其计算程序和公式如下。

$$某辅助生产车间费用分配率=\frac{该辅助生产车间的原始费用}{辅助生产车间以外的各受益单位消耗量}$$

$$\begin{matrix}某受益单位（不含辅助生产车间）\\应分配的辅助生产费用\end{matrix}=\begin{matrix}该受益单位\\耗用数量\end{matrix}\times\begin{matrix}辅助生产车间\\费用分配率\end{matrix}$$

【例 4－3】 以例 4－2 的资料为例，采用直接分配法进行辅助生产费用分配。

$$供水车间分配率=\frac{2\ 910}{1\ 500-100}=2.08（元/立方米）$$

$$供电车间分配率=\frac{7\ 000}{26\ 000-1\ 000}=0.28（元/度）$$

根据计算出来的分配率，计算各受益单位分配的辅助生产费用，并编制“辅助生产费用分配表”，见表 4-6。

表 4-6 辅助生产费用分配表（直接分配法）

20××年 12 月

应借科目		供水车间			供电车间			合计/元
		数量/立方米	分配率	分配额/元	数量/立方米	分配率	分配额/元	
基本生产车间	甲产品	600	2.08	1 248	12 000	0.28	3 360	4 608
	乙产品	300	2.08	624	8 000	0.28	2 240	2 864
制造费用	基本生产车间	200	2.08	416	2 000	0.28	560	976
销售费用		100	2.08	208	2 000	0.28	560	768
管理费用		200		414	1 000		280	694
合　计		1 400		2 910	25 000		7 000	9 910

根据“辅助生产费用分配表”，编制会计分录如下。

借：基本生产成本——甲产品　　4 608
　　　　　　　　——乙产品　　2 864
　　制造费用　　976
　　销售费用　　768
　　管理费用　　694
　　贷：辅助生产成本——供水车间　　2 910
　　　　　　　　　　——供电车间　　7 000

特别提示

在直接分配法下，分配分录中“辅助生产成本”账户的贷方金额=原始费用。

直接分配法的最大特点是辅助生产车间内部之间不交互分配费用，有一大优点和两大缺点。一大优点是：只计算一次分配率，只对外分配，计算工作简便。两大缺点是：①分配结果不公平，辅助生产车间之间相互耗用费用却没有分配，而是直接对辅助生产车间以外的部门分配；②由于辅助生产车间内部不进行分配，当辅助生产车间相互提供产品或劳务量差异较大时，计算结果会不准确，因此它只适宜在辅助生产车间内部相互提供产品或劳务较少的企业。

3）顺序分配法

顺序分配法的核算要点可概括为：一是要排序，受益少的辅助生产车间排在前面，受益多的辅助生产车间排在后面；二是按顺序分配费用，排在前面先将费用分配出去，排在后面按顺序将费用分配出去；三是分配顺序单向，不逆序，排在前面的辅助生产车间不负担后面的辅助费用，排在后面的辅助生产车间要负担前面的辅助费用。例如某企业有供电和供水两个辅助生产车间，若供电车间耗用供水车间费用少，而供水车间耗用供电车间费用多，则排序为先供电车间，后供水车间，供电车间不分配水费，但供水车间要分配电费。

采用顺序分配法时其计算公式如下。（仅限两个辅助生产车间）

$$排在最前面的辅助生产车间分配率=\frac{该辅助生产车间原始费用}{所有受益车间（含辅助生产车间）的耗用数量}$$

$$排在后面的辅助生产车间分配率=\frac{该辅助生产车间原始费用+分配转入的费用}{受益车间（不含排在前面的辅助生产车间）的耗用数量}$$

某辅助生产车间应分配辅助费用=该受益单位耗用数量×辅助生产车间费用分配率

【例 4-4】 以例 4-2 的资料为例，采用顺序分配法进行辅助生产费用分配，供水车间发生费用 2 910 元，供电车间发生费用 7 000 元，详见表 4-7。

（1）估测各辅助部门受益大小。

$$供电车间分配率=\frac{7\ 000}{26\ 000}=0.269（元/度）$$

$$供水车间分配率=\frac{2\ 910}{1\ 500}=1.94（元/立方米）$$

供水车间用电=1 000×0.269=269（元）

供电车间用水=100×1.94=194（元）

可知供电车间受益小（194 元），排在前面；供水车间受益大（269 元），排在后面。

表 4-7 辅助生产费用分配表（顺序分配法）

20××年 12 月

应借科目		供电车间（排在前）			供水车间（排在后）			合计/元
		数量/立方米	分配率	分配额/元	数量/立方米	分配率	分配额/元	
基本生产成本	甲产品	12 000	0.269	3 228	600	2.27	1 362	4 590
	乙产品	8 000	0.269	2 152	300	2.27	681	2 833
辅助生产成本	供水车间	1 000	0.269	269				269
	供电车间							
制造费用	基本生产车间	2 000	0.269	538	200	2.27	454	992
销售费用		2 000	0.269	538	100	2.27	227	765
管理费用		1 000		275*	200		455*	730
合　计		26 000		7 000	1 400		3 179	10 179

注：尾差倒挤入“管理费用”，表中 275=7 000－3 228－2 152－269－538－538，455=3179－1 362－681－454－227，是倒挤出的，供水车间待分配的费用既包括原始费用 2 910 元，又包括转入的 1 000×0.269=269（元），总计 3 179 元。

$$供电车间分配率=\frac{7\ 000}{26\ 000}=0.269（元/度）$$

$$供水车间分配率=\frac{2\ 910+1\ 000\times0.269}{1\ 500-100}=2.27（元/立方米）$$

根据“辅助生产费用分配表”，编制会计分录如下。

(2) 分配电费。

借：基本生产成本——甲产品	3 228	
——乙产品	2 152	
辅助生产成本——供水车间	269	
制造费用	538	
销售费用	538	
管理费用	275	
贷：辅助生产成本——供电车间		7 000

(3) 对外分配水费。

借：基本生产成本——甲产品	1 362	
——乙产品	681	
制造费用	454	
销售费用	227	
管理费用	455	
贷：辅助生产成本——供水车间		3 179

特别提示

在顺序分配法下，排在最前面的辅助生产车间的分配分录中"辅助生产成本"账户的贷方金额＝原始费用，排在后面的辅助生产车间的分配分录中"辅助生产成本"账户的贷方金额＝原始费用＋分配转入费用。

顺序分配法在一定程度上弥补了直接分配法的缺陷，它承认辅助生产车间之间相互提供劳务的现实，但只是单向分配，而且各辅助生产车间的排序会存在一定的困难，有一定的主观性。它适宜在各辅助生产车间之间相互受益程度有明显顺序的情况下使用。为了弥补顺序分配法的缺陷，可以采用交互分配法。

4) 交互分配法

交互分配法是要对各辅助生产车间的成本费用进行两次分配，首先是各辅助生产车间之间进行交互分配，其次是各辅助生产车间加上其他辅助生产车间分来的费用减去分给其他各辅助生产车间的费用再对外进行直接分配。

【例 4－5】 以例 4－2 的资料为例，采用交互分配法进行辅助生产费用分配，详见表 4－8。

表 4－8 辅助生产费用分配表（交互分配法）

20××年 12 月

应借科目		供水车间			供电车间			合计/元
		数量/立方米	分配率	分配额/元	数量/立方米	分配率	分配额/元	
待分配费用		1 500	1.94	2 910	26 000	0.269	7 000	9 910
交互分配	辅助生产（供水）			＋269	－1 000	0.269	－269	0
	辅助生产（供电）	－100	1.94	－194			＋194	0

续表

应借科目		供水车间			供电车间			合计/元
		数量/立方米	分配率	分配额/元	数量/立方米	分配率	分配额/元	
对外分配辅助生产费用		1 400	2.13	2 985	25 000	0.277	6 925	9 910
基本生产成本	甲产品	600	2.13	1 278	12 000	0.277	3 324	4 602
	乙产品	300	2.13	639	8 000	0.277	2 216	2 855
制造费用	基本生产车间	200	2.13	426	2 000	0.277	554	980
销售费用		100	2.13	213	2 000	0.277	554	767
管理费用		200	—	429	1 000	0.277	277	706
合　计		1 500	—	2 985	26 000	—	6 925	9 910

第一步，交互分配（即辅助生产车间内部分配）。

（1）计算交互分配率。

$$交互分配率=\frac{某辅助生产车间原始费用}{该辅助生产车间全部消耗量（含辅助生产车间）}$$

$$供电车间分配率=\frac{7\ 000}{26\ 000}=0.269（元/度）$$

$$供水车间分配率=\frac{2\ 910}{1\ 500}=1.94（元/立方米）$$

（2）计算交互分配额。

交互分配额=某辅助生产车间消耗量×交互分配率

供电车间分配水费=100×1.94=194（元）

供水车间分配电费=1 000×0.269=269（元）

（3）做交互分配的分录。

供电车间分配水费。

借：辅助生产成本——供电车间　　194

　　贷：辅助生产成本——供水车间　　194

供水车间分配电费。

借：辅助生产成本——供水车间　　269

　　贷：辅助生产成本——供电车间　　269

第二步，对外分配（对辅助生产车间以外的部门分配）。

（1）计算各辅助生产车间的实际费用。

某辅助生产车间实际费用=该辅助生产车间原始费用+分配转入费用-分配转出费用

供电车间实际费用=7 000+194-269=6 925（元）

供水车间实际费用=2 910+269-194=2 985（元）

（2）计算对外分配率。

$$某辅助生产车间对外分配率=\frac{某辅助生产车间实际费用}{全部消耗量-辅助生产车间消耗量}$$

$$供电车间分配率=\frac{6\ 925}{26\ 000-100}=0.277\ (元/立方米)$$

$$供水车间分配率=\frac{2\ 985}{1\ 500-100}=2.13\ (元/立方米)$$

(3) 计算对外分配额。

对外分配额=各受益单位消耗量×对外分配率

各部门计算结果填入分配表，注意尾差挤入管理费用。

(4) 做对外分配的分录。

借：基本生产成本——甲产品　4 602
　　　　　　　　——乙产品　2 855
　　制造费用　980
　　销售费用　767
　　管理费用　706
　　贷：辅助生产成本——供电车间　6 925
　　　　辅助生产成本——供水车间　2 985

特别提示

在交互分配法下，对外分配的分录中“辅助生产成本”账户贷方金额=实际费用=该辅助生产车间原始费用+分配转入费用-分配转出费用。

交互分配法弥补了顺序分配法的缺陷，辅助生产车间内部进行双向的交互分配，提高了分配结果的正确性，但要计算两次费用分配率，进行两次分配，计算工作量较大。

5) 按计划成本分配法

按计划成本分配法（或称内部结算价格分配法），是指先按辅助生产产品或劳务的计划单位成本和各受益单位（包括辅助生产车间）的实际消耗量进行分配，然后调整为实际成本的方法。其计算要点（或计算步骤）如下。

【例4-6】 仍以例4-2的资料为例，假定该企业的计划单位成本分别为：供电车间0.3元/度、供水车间1.5元/立方米，实际费用与计划费用的差额计入管理费用。根据资料按计划成本分配，计算过程如下，“辅助生产费用分配表”见表4-9。

表4-9　辅助生产费用分配表（按计划成本分配法）

20××年12月

应借科目		供水车间			供电车间			合计/元
		数量/立方米	计划分配率	分配额/元	数量/立方米	计划分配率	分配额/元	
基本生产成本	甲产品	600	1.5	900	12 000	0.3	3 600	4 500
	乙产品	300	1.5	450	8 000	0.3	2 400	2 850
辅助生产成本	供水车间				1 000	0.3	300	300
	供电车间	100	1.5	150				150

续表

应借科目		供水车间			供电车间			合计/元
		数量/立方米	计划分配率	分配额/元	数量/立方米	计划分配率	分配额/元	
制造费用	基本生产车间	200	1.5	300	2 000	0.3	600	900
销售费用		100	1.5	150	2 000	0.3	600	750
管理费用		200	1.5	300	1 000	0.3	300	600
计划费用合计		1 500	1.5	2 250	26 000	0.3	7 800	10 050
辅助生产实际费用				3 210			7 150	10 360
差　额				960			−650	310

（1）计算各受益单位（包括辅助生产车间）分配的计划辅助费用。

各受益单位分配的计划辅助费用＝计划单价×某受益单位实际消耗量

各部门水电计划费用计算结果填入分配表。

（2）计算辅助生产车间的实际费用。

某辅助生产车间的实际费用＝该辅助生产车间原始费用＋分配转入费用

特别提示

该实际费用并非真正的实际费用，其中“分配转入费用”是按计划单价计算出来的。

供电车间实际费用＝7 000＋150＝7 150（元）

供水车间实际费用＝2 910＋300＝3 210（元）

（3）计算实际费用和计划费用之间的差额。

差额＝实际费用－计划费用

供电车间的差额＝7 150－7 800＝－650（元）

供水车间的差额＝3 210－2 250＝960（元）

（4）差额的处理有两种方法可供选择：一是由辅助生产车间以外的各受益单位按照实际消耗量进行分配；二是将全部差额分配给行政管理部门，即记入“管理费用”账户。

（5）根据“辅助生产费用分配表”，编制会计分录如下。

分配计划费用的分录。

借：基本生产成本——甲产品　　4 500
　　　　　　　　——乙产品　　2 850
　　辅助生产成本——供水车间　　300
　　　　　　　　——供电车间　　150
　　制造费用　　900
　　销售费用　　750
　　管理费用　　600
　　贷：辅助生产成本——供水车间　　2 250（1 500×1.5）
　　　　　　　　　　——供电车间　　7 800（26 000×0.3）

分配差异的分录。

借：管理费用　　310

　　贷：辅助生产成本——供水车间　　960

　　　　　　　　　——供电车间　　650

特别提示

在按计划成本分配法下，对外分配的分录中“辅助生产成本”账户贷方金额＝实际费用＝原始费用＋分配转入费用（按计划单价计算）。

按计划成本分配法的优点主要有三点：①辅助生产费用只分配一次，计算简单；②按照计划单位成本分配，排除了辅助生产实际费用的高低对各受益单位成本的影响，便于考核和分析各受益单位的经济责任；③能够反映辅助生产车间的实际费用脱离计划费用的差额。这种分配方法适用于辅助生产产品或劳务的计划单价比较准确的企业。

特别提示

辅助生产费用分配核算正确性检验方法：在数量上，辅助生产费用待分配费用＝辅助生产车间以外各部门接受的辅助生产费用之和。不管方法如何选择，费用分配后辅助生产待分配的费用一定等于辅助生产车间以外各部门接受的辅助生产费用之和；即不管费用如何分配，都不会因分配方法的不同而使费用多一分钱或少一分钱，只是辅助生产车间以外各部门接受的辅助生产费用有可能不合理而已。在账户上，做完分配会计分录，登记“辅助生产成本”账户后，该账户无余额，计算肯定是正确的。

知识链接

辅助生产费用分配方法有五种，它们的特点可归纳如图 4.1 所示。

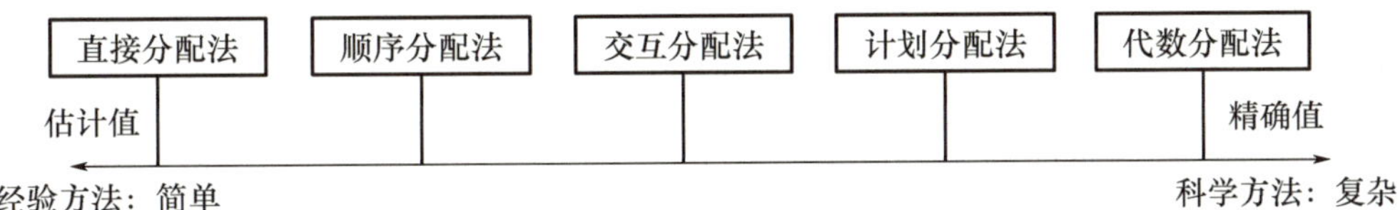

图 4.1　辅助生产费用分配方法的特点

可以看出，直接分配法和代数分配法是两个极端，其他方法是不同选择的结果。学会代数分配法，其他方法也就迎刃而解了。对照代数分配法的二元一次方程组，思考一下如何变动项位就为直接分配法了？

一些国家在辅助生产费用分配方法上的应用见表 4－10。

表 4－10　一些国家在辅助生产费用分配方法上的应用

辅助费用分配方法	澳大利亚	日　本	英　国
直接分配法	43％	58％	64％
顺序分配法	3％	27％	6％

续表

辅助费用分配方法	澳大利亚	日　本	英　国
交互分配法	5%	10%	14%
其　他	15%	1%	8%
不分配	34%	4%	8%

4.2 制造费用的核算

4.2.1 制造费用核算的特点

1. 制造费用的概念和性质

制造费用是指工业企业制造部门为组织和管理生产产品（或提供劳务）而发生的各项生产费用。

制造费用内容很多，基本可以分为三类：①直接用于产品生产的费用，如机器设备的折旧费及生产工艺用燃料和动力（不专设成本项目）；②间接用于产品生产的费用，这部分在制造费用中占很大比重，如机物料消耗、车间辅助人员的职工薪酬费，以及车间厂房的折旧费；③和基本生产车间管理有关的费用，如车间管理人员薪酬费、车间管理用房屋和设备的折旧费、车间照明费、水费、取暖费、差旅费和办公费。

制造部门

可见，制造费用具有两个特点：①制造费用从发生范围来看是非常明确的，它一定是在生产部门发生的，与产品生产有关，其最终归属一定是产品成本；②制造费用是特定会计期间发生的生产费用，一般与具体的产品及产品数量无直接关联。具体来说，就是无论生产较多数量产品还是较少数量产品，甚至是停产，在生产车间中总有一些固定要发生的费用，如车间厂房折旧、机器日常维修护理等费用。

2. 制造费用核算的特点

制造费用的内容比较复杂，应该按照管理要求分别设立若干费用项目进行计划和核算，主要项目包括机物料消耗、职工薪酬、折旧费、修理费、动力费、办公费、水电费、租赁费、保险费、周转材料摊销、劳动保护费、取暖费、实验检验费、季节性和修理期间的停工损失等。制造费用项目一经确定，不应随意变更。

4.2.2 制造费用归集的核算

制造费用的核算是通过“制造费用”账户进行归集和分配的。该账户应按车间设置明细账，账内按照费用项目设专栏或专行，分别反映各车间各项制造费用的支出情况。借方登记制造费用的归集，贷方登记月末转出数，除季节性生产的车间和以计划分配率法分配制造费用的情况以外，“制造费用”科目月末应无余额。

【例 4-7】 根据第 3 章的各种要素费用分配表、第 4 章的辅助生产费用分配表和有关付款凭证，登记奔成企业 20××年 12 月的制造费用明细账，其格式见表 4-11。

表 4-11 制造费用明细账

车间：基本生产车间 20××年 12 月 单位：元

摘　要	原材料	周转材料摊销	燃料及动力	职工薪酬	折旧费	其他费用	水电费	合　计
原材料费用分配表 3-7	200							200
低值易耗品摊销转账凭证		740						740
外购动力费用分配表 3-8			2 000					2 000
工资费用分配表 3-14				1 200				1 200
其他职工薪酬分配表 3-17				685.2				685.2
折旧费分配表 3-21					10 000			10 000
其他费用支出凭证						3 674.8		3 674.8
辅助生产费用分配表 4-6							976	976
合　计	200	740	2 000	1 885.2	10 000	3 674.8	976	19 476
分配转出	200	740	2 000	1 885.2	10 000	3 674.8	976	19 476

4.2.3 制造费用分配的核算

所谓制造费用的分配，就是在期末按照一定的标准，从“制造费用”的贷方转出，记入“基本生产成本”等账户的借方，即将制造费用分配之后分别计入各种产品的成本。

在只生产一种产品的车间，制造费用可以直接计入该种产品的生产成本；在生产多种产品的车间，制造费用则应该采用既合理又较简便的分配方法，分配计入各种产品的生产成本，即记入“基本生产成本”账户及其明细账的“制造费用”成本项目。

由于各车间制造费用水平不同，因此制造费用应该按照各车间分别进行分配，而不得将各车间的制造费用统一起来在整个企业范围内分配。制造费用的分配方法很多，根据制造费用分配率的不同，可以分为以下两大类。

1. 实际分配率法

实际分配率法是指计算制造费用分配率时，分配率的分子和分母（即待分配的制造费用和分配标准）均为实际发生数。实际分配率法又可分为当月分配法和累计分配法。

1） 当月分配法

当月分配法的要点：①制造费用分配率＝当月车间实际发生的制造费用÷$\sum$当月车间各种产品分配标准，分配率的分子和分母均为当月实际发生数，每月都需要计算一次分配率；②某种产品应分配的制造费用＝该种产品实际分配标准×制造费用分配率；③不管完工产品还是在产品，均分配制造费用；④适用范围广，一般企业均常使用；⑤产品成本的几个成本项目均可以采用当月分配法进行分配。

在当月分配法下，由于采用的分配标准不同，具体又分为生产工时比例法、机器工时比例法和生产工人工资比例法等。

（1）生产工时比例法。生产工时比例法是以生产工人工时为分配标准来分配制造费用的一种方法，其计算公式就是将当月分配法下分配率的分母换为生产工时。现举例说明其分配方法。

【例 4－8】 奔成企业第一基本生产车间同时生产甲、乙两种产品。根据例 4－7 的资料，20××年 12 月奔成企业共发生制造费用 19 476 元。生产产品耗用工时 8 800 小时，其中甲产品生产工时为 5 600 小时，乙产品生产工时为 3 200 小时，采用生产工时比例法的计算过程如下。

制造费用分配率＝19 476÷8 800＝2.2（元/小时）

根据各产品生产工时计算，填制制造费用分配表，见表 4－12。

表 4－12　制造费用分配表

应借科目	生产工时/小时	分配率/（元/小时）	分配金额/元
基本生产成本——甲产品	5 600	2.2	12 320
基本生产成本——乙产品	3 200	2.2	7 156
合　计	8 800	2.2	19 476

根据表 4－12，编制会计分录如下。

借：基本生产成本——甲产品　　12 320

　　　　　　　　——乙产品　　7 156

　　贷：制造费用　　19 476

生产工时比例法是一种常用的分配方法。一方面它能将劳动生产率的高低与产品负担费用的多少联系起来，分配结果比较合理；另一方面，作为分配标准的生产工时的资料可以直接从产量记录获得。

（2）机器工时比例法。机器工时比例法是以各种产品所用机器设备运转时间为分配标准来分配制造费用的一种方法，它适用于机械化程度较高的车间。

（3）生产工人工资比例法。生产工人工资比例法是以各种（批、类）产品所耗用的生产工人工资为分配标准来分配制造费用的一种方法。该种分配方法核算工作也很简便，分配标准（生产工人工资）资料易于取得。它适用于每种产品的生产机械化程度大致相同的情况，否则会影响费用分配的公平性。例如，机械化程度低的产品，所用工资费用多，分配制造费用也多；反之，机械化程度高的产品，所用工资费用少，分配的制造费用也少。该种分配方法与生产工时比例法原理基本相同。

特别提示

《中国的成本计算方法和成本管理实践研究》报告指出：几乎所有的企业均采用实际法分配制造费用。

2）累计分配法

累计分配法的要点可从以下几个方面掌握：①制造费用分配率＝累计制造费用÷$\sum$累计工时，分配率的分子、分母均为当月累计数，每月都需要计算一次分配率；②某批产品应分配的制造费用＝某批完工产品累计工时×分配率；③在累计分配法下，只有完工产品才分配制造费用，在产品不分配；④使用范围有限，只有在简化分批法时才使用；⑤主要在分配直接人工和制造费用成本项目时使用。具体见第 7 章第 2 节有关内容。

2. 计划分配率法

西方国家制造费用分配改革

计划分配率法也称按年度计划分配率分配法或预算分配率法，是指计算制造费用分配率时，分配率的分子和分母（即待分配的制造费用和分配标准）均为计划数。在计划分配率法下，分配过程主要分以下 3 步进行。

第一步，年初确定年度计划分配率。计算公式如下。

$$年度计划分配率=\frac{年度计划制造费用}{\sum(各产品计划产量\times 工时定额)}$$

第二步，每月（1—12 月）按计划分配率分配制造费用，并进行账务处理，借记“基本生产成本”账户，贷记“制造费用”账户。计算公式如下。

某产品某月应分配的制造费用＝该产品当月实际产量×工时定额×计划分配率

＝该产品当月定额工时×计划分配率

第三步，年末将制造费用实际费用和计划分配额之间的差异在各种产品之间进行分配。

下面举例说明其计算和分配过程。

【例 4－9】 奔成企业 20××年基本生产车间全年制造费用计划发生额为 400 000 元，全年各种产品的计划产量为：甲产品 2 500 件，乙产品 1 000 件。单件产品工时定额为：甲产品 6 小时，乙产品 5 小时。

本年 5 月实际产量为：甲产品 200 件，乙产品 80 件；本月实际发生的制造费用为 33 000元，制造费用余额为借方 1 000 元。

本年度实际发生制造费用 408 360 元，至年末累计已分配制造费用 415 000 元（其中甲产品已分配 315 000 元，乙产品已分配 100 000 元）。采用计划分配率法进行分配。

（1）计算计划分配率。

甲产品年度计划产量的定额工时＝2 500×6＝15 000（小时）

乙产品年度计划产量的定额工时＝1 000×5＝5 000（小时）

年度计划分配率＝400 000÷（15 000＋5 000）＝20

（2）按计划分配率分配制造费用。

本月甲产品定额工时＝200×6＝1 200（小时）

本月甲产品应分配的制造费用＝1 200×20＝24 000（元）

本月乙产品定额工时＝80×5＝400（小时）

本月乙产品应分配的制造费用＝400×20＝8 000（元）

（3）根据上述计算结果，进行账务处理。

借：基本生产成本——甲产品　　24 000
　　　　　　　　——乙产品　　8 000
　贷：制造费用　　32 000

5 月末“制造费用”登账后，有余额 2 000 元，即期初 1 000 元，本月发生 33 000 元，月末分配 32 000 元。

（4）年末分配差额。

① 计算差额。差额＝全年实际制造费用－全年按计划分配率分配的制造费用总额。在本例中，制造费用差额＝408 360－415 000＝－6 640（元）。

② 计算差异分配率。

$$差异分配率=\frac{差额}{全年按照计划分配率分配的制造费用总额}=\frac{-6\ 640}{415\ 000}\times 100\%=-1.6\%$$

③ 计算某产品应分配差异额。

某产品应分配差异额＝差异分配率×该产品全年按计划分配率分配的制造费用

甲产品应分配差异额＝315 000×（－1.6%）＝－5 040（元）

乙产品应分配差异额＝100 000×（－1.6%）＝－1 600（元）

④ 根据上述结果，进行相应账务处理。

	借方	贷方
借：制造费用	6 640	
贷：基本生产成本——甲产品		5 040
——乙产品		1 600

特别提示

在计划分配率法下，制造费用账户月末一般有余额，可能在借方，也可能在贷方。各月产品耗费工时变化不大，为简化差异分配率，可按第 12 月份分配标准（本例为定额工时或按计划分配率已分配的制造费用）计算分配。

与实际分配率法相比，计划分配率法的特点：①每年只需在年初计算一次制造费用分配率；②不论各月实际发生的制造费用为多少，每月都按年初确定的计划分配率分配制造费用；③对制造费用账户月末余额不需要处理；④年末的差额一般要分配到 12 月份的产品成本中去，不留到下一年度。

制造费用预定分配率法

计划分配率法的优点：①由于只计算一次分配率，因此可以简化制造费用平时的核算工作；②均衡每月的制造费用水平。

计划分配率法的缺点：①对企业计划工作水平要求较高，否则会影响产品成本计算的正确性；②年末要对全年的实际制造费用总额和按计划分配率分配的制造费用总额的差额在产品之间进行分配，加大了年末的核算工作量。

计划分配率法适用于季节性生产的车间使用。

4.3 废品损失和停工损失的核算

4.3.1 废品损失的核算

1. 废品与废品损失的概念及其对产品成本的影响

废品是指生产过程中产生的质量上不符合规定的技术标准，不能按照原定用途使用，

或者需要加工修理才能使用的在产品、半成品或产成品。不论是在生产过程中，还是在入库后发现的废品都应包括在内。

废品按其废损程度和经济上是否有修复价值可分为可修复废品和不可修复废品。可修复废品指技术上可以修理而且所花费的修复费用在经济上合算的废品。不可修复废品指技术上不可修复或所花费的修复费用在经济上不合算的废品。

可修复废品必须同时满足两个条件：一是技术上可修复，二是经济上合算。如果上述两个条件中有一个条件不满足，则为不可修复废品。不可修复表现为两种情况：一是技术上不可修复；二是技术上可修复但经济上不合算。

废品的产生实际上增加了企业完工产品的成本，降低了企业的营业利润。因此针对废品产生的原因采取相应的措施，降低企业的废品率，同时正确核算企业的废品损失，对企业意义重大。

由于生产原因而造成的废品所形成的损失称为废品损失。废品损失一般包括可修复废品的修复费用，以及不可修复废品的生产成本扣除回收残料价值和赔款后的净损失。

下列情况不应作为废品损失处理：①经过质量检验部门鉴定不需要返修、可以降价出售的不合格品，其损失应在计算销售损益中体现；②产成品入库后由于保管不善等原因而损坏或变质的损失，计入管理费用；③实行“三包”（包退、包修、包换）的企业，在产品出售后发现废品所发生的一切损失，要预计产品质量保证负债，计入销售费用。

2. 废品损失的核算方法

单独核算废品损失的企业，废品损失的归集和分配应根据废品损失计算表和分配表等有关凭证，通过“废品损失”账户进行。

1）设置账户

单独核算废品损失的企业，应设置“废品损失”账户，在成本项目中增设“废品损失”成本项目。“废品损失”账户应按车间设置明细账，账内按产品品种和成本项目登记。其账户借方登记可修复废品的修复费用和不可修复废品的生产成本，贷方登记不可修复废品残料回收价值，过失人赔款和期末转入“基本生产成本”的废品净损失。

在通常情况下，期末在产品不负担废品损失，废品损失全部由本月完工产品负担。

2）可修复废品损失的归集与分配

可修复废品损失是指废品在修复过程中所发生的各项修复费用，主要包括耗用的原材料、职工薪酬、应分配的辅助生产费用、制造费用等。而可修复废品返修以前发生的生产费用，留在“基本生产成本”账户及有关的成本明细账中不必转出。

【例 4－10】 奔成企业基本生产车间 20××年 12 月在生产乙产品时发现可修复废品 3 件，当即进行修复。耗用材料费 200 元，直接人工费 100 元，应分配制造费用 150 元，应向过失人索赔 70 元。

（1）可修复废品损失的计算如下。

修复费用＝200＋100＋150＝450（元）

废品损失＝450－70＝380（元）

（2）编制会计分录如下。

① 核算修复费用。

借：废品损失——乙产品　　450
　　贷：原材料　　200
　　　　应付职工薪酬　　100
　　　　制造费用　　150

② 核算过失人赔款。

借：其他应收款　　70
　　贷：废品损失——乙产品　　70

③ 核算废品净损失。

借：基本生产成本——乙产品　　380
　　贷：废品损失——乙产品　　380

不单独核算废品损失的企业，不设“废品损失”账户和“废品损失”成本项目，在回收废品残料时，记入“原材料”科目的借方和“基本生产成本”账户的贷方，并从所属有关产品成本明细账的“直接材料”成本项目中扣除残料价值。辅助生产一般不单独核算废品损失。

3）不可修复废品损失的归集与分配

根据不可修复废品损失的概念，其计算公式如下。

不可修复废品损失＝不可修复废品的生产成本－残料回收价值－过失人赔款

可见，计算不可修复废品损失的关键是计算不可修复废品的生产成本。而不可修复废品的生产成本与合格产品的生产成本是同时发生的，因此需要采取一定的方法将两者分离。一般有两种方法：一是按废品所耗实际成本计算；二是按废品所耗定额费用计算。

（1）按废品所耗实际成本计算。采用这种方法，就是在废品报废时根据废品和合格品发生的全部实际费用，采用一定的分配方法，在废品与合格品之间进行分配，计算出废品的实际成本，从“基本生产成本”账户贷方转入“废品损失”账户的借方。

【例 4－11】 奔成企业基本生产车间 20××年 12 月生产甲产品 500 件，验收入库时发现不可修复废品 8 件。合格品生产工时为 5 480 小时，废品生产工时为 120 小时，全部生产工时为 5 600 小时。甲产品成本明细账所记录的合格品和废品共同发生的生产费用为：直接材料 30 000 元，燃料及动力 25 328 元，直接人工 23 565 元，制造费用 12 320 元，合计 91 213 元。废品残料入库作价 150 元，过失人应赔款 200 元。原材料是在生产开始时一次投入的。直接材料费用按合格品数量和废品数量的比例分配；其他费用按生产工时比例分配。编制“产品成本计算单”“不可修复废品损失计算单”，计算废品损失，具体见表 4－13、表 4－14。

表 4－13　产品成本计算单

产品：甲产品　　20××年 12 月　　单位：元

项　目	数量/件	工时/小时	直接材料	燃料及动力	直接人工	制造费用	废品损失	合　计
费用总额	500	5 600	30 000	25 328	23 565	12 320		91 213
分配率			60	4.52	4.21	2.20		
废品成本	8	120	480	542.40	505.20	264		1 791.60

续表

项　目	数量/件	工时/小时	直接材料	燃料及动力	直接人工	制造费用	废品损失	合　计
废品损失							1 441.6	1 441.60
完工产品	492	5 480	29 520	24 785.60	23 059.80	12 056	1 441.6	90 863
单位成本	—	—	60	50	47	25	3	185

表 4-14　不可修复废品损失计算单

奔成企业　　20××年 12 月　　单位：元

项　目	直接材料	燃料及动力	直接人工	制造费用	合　计
分配率	60	4.46	4.21	2.2	
废品生产成本	480	542.40	505.20	264	1 791.60
减：残值	150				150
赔款	200				200
废品损失	130	542.40	505.20	264	1 441.60

根据“产品成本计算单”“不可修复废品损失计算单”“入库单”等编制会计分录。

① 结转不可修复废品成本（即废品减量的过程），并登记表 4-13、表 4-14。

借：废品损失——甲产品　　1 791.60

　　贷：基本生产成本——甲产品　　1 791.60

② 核算残料回收，登记表 4-14。

借：原材料　　150

　　贷：废品损失——甲产品　　150

③ 核算过失人赔款，登记表 4-14。

借：其他应收款　　200

　　贷：废品损失——甲产品　　200

④ 核算废品净损失（不减值的过程，即将废品的成本转嫁到合格品的过程），登记表 4-13、表 4-14。

借：基本生产成本——甲产品　　1 441.6

　　贷：废品损失——甲产品　　1 441.6

在完工以后发现废品，其单位废品负担的各项生产费用应与该单位合格品完全相同，可按合格品的数量和废品的数量比例分配各项生产费用，计算废品的实际成本。按废品的实际成本计算和分配废品损失，符合实际，但核算工作量较大。

不可修复废品核算的减量不减值

(2) 按废品所耗定额费用计算。这种方法也称按定额成本计算方法，它是根据各项费用定额和不可修复废品的数量计算废品定额成本，再从废品的定额成本中扣除废品残料回收价值，计算出废品损失，而不考虑废品实际发生的费用的一种方法。

【例 4-12】 奔成企业基本生产车间 20××年 12 月生产甲产品 500 件，验收入库时发现不可修复废品 8 件。原材料在生产开始时一次投入，单件原

材料费用定额为65元；完成的定额工时共计120小时，每小时的费用定额为：直接人工4元、燃料及动力4.20元、制造费用2元。废品残料入库作价150元，过失人赔款200元。

① 计算废品定额成本。

废品的直接材料费用＝8×65＝520（元）

废品的直接人工费用＝120×4＝480（元）

废品的燃料及动力＝120×4.20＝504（元）

废品的制造费用＝120×2＝240（元）

废品的定额成本＝520＋480＋504＋240＝1 744（元）

② 计算废品损失。

废品损失＝1 744－150－200＝1 394（元）

填制产品成本计算单，见表4-15。

表4-15　产品成本计算单

产品：甲产品　　　　20××年12月　　　　单位：元

项目	数量/件	工时/时	直接材料	燃料动力	直接人工	制造费用	废品损失	合　计
本期投入	500		30 000	25 328	23 565	12 320		91 213
定　额			65	4	4.20	2		
废品成本	8	120	520	504	480	240		1 744
减：残值			150					150
赔　款			200					200
废品损失			170	504	480	240		1 394
完工产品	492		29 480	24 824	23 085	12 080	1 394	90 863
单位成本	—	—	60	50	47	25	3	185

根据“产品成本计算单”做如下会计分录。

① 结转不可修复废品成本（即废品减量的过程）。

借：废品损失——甲产品　　1 744

　　贷：基本生产成本——甲产品　　1 744

② 核算残料回收。

借：原材料　　150

　　贷：废品损失——甲产品　　150

③ 核算过失人赔款。

借：其他应收款　　200

　　贷：废品损失——甲产品　　200

④ 核算废品净损失（不减值的过程，即将废品的成本转嫁到合格品上的过程）。

借：基本生产成本——甲产品　　1 394

　　贷：废品损失——甲产品　　1 394

按废品所耗定额费用计算废品成本和废品损失核算简便、计算及时，有利于考核和分析废品损失和产品成本，在实际中应用广泛，但必须具备比较准确的定额成本资料，否则会影响成本计算的正确性。

西方国家废品损失的核算

4.3.2　停工损失的核算

1. 停工损失的概念及其对产品成本的影响

停工损失是指生产车间或车间内某个班组在停工期内发生的各项费用，包括停工期内支付的生产工人的职工薪酬费用、所耗燃料和动力费用，以及应负担的制造费用等。

企业发生停工的原因很多，如原材料供应不足、机器设备发生故障，以及计划减产、停电、对设备进行维修等，都会造成停工。对设备进行维修造成的停工或季节性停工是生产经营过程中的正常现象，停工期间发生的各项费用不属于停工损失，不作为停工损失进行核算，其损失直接计入制造费用，由生产期间的产品负担。

计算停工损失的时间界限由主管部门规定，或由主管部门授权企业自行规定。为了简化核算工作，停工不满一个工作日的，可以不计算停工损失。

2. 停工损失的核算方法

停工时车间应填列停工报告单，单内要详细列明停工的车间、范围、原因、起止时间、过失人和损失的金额等。经有关部门审核后的停工报告单，作为停工损失核算的原始凭证。

单独核算停工损失的企业，应增设“停工损失”账户和“停工损失”成本项目。停工损失的归集和分配是通过设置“停工损失”账户进行的，该账户应按车间和成本项目进行明细核算，“停工损失”账户月末一般无余额。

1）停工损失的归集

即根据停工报告单和各种费用分配表、分配汇总表等有关凭证，将停工期内发生的、应列为停工损失的费用记入“停工损失”账户的借方进行归集，会计分录如下。

借：停工损失

　　贷：原材料（耗用的燃料）

　　　　应付账款（耗用的外购动力）

　　　　应付职工薪酬（工人工资）

　　　　制造费用（应分配的制造费用）

2）停工损失的分配

即将“停工损失”账户借方归集的损失从贷方转入各成本、费用类账户，具体分配去向用会计分录表示如下。

日本汽车企业的停工损失

借：其他应收款（应由过失单位及过失人员或保险公司支付的赔款）

　　营业外支出（自然灾害等造成的非正常停工损失）

　　基本生产成本（其他的非季节性、非修理期间的停工损失）

　　贷：停工损失

4.4 期间费用的核算

4.4.1 期间费用及其核算内容

期间费用是指企业在生产经营过程中发生的，与产品生产活动没有直接联系，属于某一时期发生的直接计入当期损益的费用。在现行会计准则下，期间费用包括销售费用、管理费用和财务费用。期间费用的核算是指销售费用、管理费用和财务费用的核算。

4.4.2 销售费用的归集和结转

销售费用主要包括两部分费用：一是企业在销售商品和材料、提供劳务的过程中发生的各项费用，如广告费、运输费、装卸费、保险费、包装费、展览费、商品维修费、预计产品质量保证损失等；二是为销售本企业商品而专设的销售机构（含销售网点、售后服务网点等）发生的各项费用，如销售人员的职工薪酬、销售机构固定资产的折旧费、无形资产的摊销费等经营费用。销售费用不计入产品的生产成本，不参与产品成本计算，也不存在分配问题，而是作为期间费用直接计入当期损益的。

销售费用的归集与结转是通过“销售费用”账户和所属明细科目进行。“销售费用”账户的借方登记发生和支付各项产品销售费用，期末将“销售费用”账户借方归集的各项费用全部从贷方转出，结转到“本年利润”账户借方。结转以后，“销售费用”账户和所属明细账户应无余额。销售费用应按费用项目设置明细账，进行明细核算，用于反映和考核各项费用的支出情况。

【例 4－13】 根据第 3 章的各种要素费用分配表、第 4 章的辅助生产费用分配表和有关付款凭证，登记奔成企业 20××年 12 月销售费用明细账，其格式见表 4－16。

表 4－16 销售费用明细账

20××年 12 月　　　　单位：元

摘　要	原材料	燃料及动力	职工薪酬	折旧费	其他费用	水电费	合　计
原材料费分配表 3－7	300						300
外购动力费用分配表 3－8		940					940
工资费用分配表 3－14			650				650
其他职工薪酬分配表 3－17			371.15				371.15
折旧费分配表 3－21				6 000			6 000
其他费用支出凭证					400		400
辅助生产费用分配表 4－5						768	768
合　计	300	940	1 021.15	6 000	400	768	9 429.15
期末转出	300	940	1 021.15	6 000	400	768	9 429.15

期末将上述销售费用结转到本年利润，编制会计分录如下。

借：本年利润　　9 429.15

　　贷：销售费用　　9 429.15

特别提示

期间费用的期末结转有表结法和账结法两种。表结法是指在 1—11 月份月末，只在利润表上反映期间费用的本月发生额的减项即可，不用做结转的会计分录，也不登账，到 12 月末时，再做结转会计分录，进行登账。账结法是指每月月末都结转会计分录，并登账。本章采用账结法核算期间费用。

4.4.3　管理费用的归集和结转

管理费用是指企业行政管理部门为组织和管理生产经营活动而发生的各项费用。它不计入产品的生产成本，不参与产品成本核算，也不存在分配问题，而是作为期间费用直接计入当期损益的。管理费用应该按年、季、月和费用项目编制费用计划，进行核算和考核。

管理费用的归集和结转是通过"管理费用"账户和所属明细科目进行的。"管理费用"账户借方登记发生或支付的各项管理费用，期末将"管理费用"账户借方归集的各项费用全部从贷方转出，结转到"本年利润"账户的借方，结转以后，"管理费用"账户及所属明细账户期末无余额。管理费用应按费用项目设置明细账，用来反映和考核各项费用的支出情况。

【例 4－14】　根据第 3 章的各种要素费用分配表、第 4 章的辅助生产费用分配表和有关付款凭证，登记奔成企业 20××年 12 月管理费用明细账，其格式见表 4－17。

表 4－17　管理费用明细账

20××年 12 月　　　　单位：元

摘　要	原材料	燃料及动力	职工薪酬	折旧费	修理费	固定资产改良支出	其他费用	水电费	合　计
原材料费分配表 3－7	100								100
外购动力费用分配表 3－8		1 500							1 500
工资费用分配表 3－14			1 800						1 800
其他职工薪酬分配表 3－17			1 027.80						1 027.80
折旧费分配表 3－21				900					900
修理费的转账凭证					1 800				1 800
长期待摊费用转账凭证						2 000			2 000
其他费用支出凭证							300		300
辅助生产费用分配表 4－5								694	694
合　计	100	1 500	2 827.80	900	1 800	2 000	300	694	10 121.80
期末转出	100	1 500	2 827.80	900	1 800	2 000	300	694	10 121.80

期末将上述管理费用结转到本年利润，编制会计分录如下。

借：本年利润　　10 121.80

　　贷：管理费用　　10 121.80

4.4.4 财务费用的归集和结转

财务费用是指企业为筹集生产经营所需资金而发生的筹资费用，主要包括以下内容。

（1）企业生产经营期间发生的应当作为期间费用的利息支出（减利息收入）。

（2）企业生产经营期间发生的应当作为期间费用的汇兑净损失。

（3）企业生产经营期间发生的应当作为期间费用的金融机构手续费。

（4）企业发生的现金折扣或收到的现金折扣等。

财务费用不包括为购建固定资产的专门借款所发生的借款费用，在固定资产达到预定可使用状态前按规定应予资本化的部分。

财务费用不计入产品的制造成本，不参与产品成本计算，也不存在分配问题，而是直接计入当期损益。财务费用也应该按年、季、月和费用项目编制费用计划，进行核算和考核。

财务费用的归集和结转是通过“财务费用”账户和所属明细账进行的，财务费用应按费用项目设置明细账，用于反映和考核各项费用的支出情况。期末结转财务费用时记入“财务费用”账户的贷方和“本年利润”账户的借方，结转以后，“财务费用”账户及所属明细账期末无余额。

 名人名言

把一项成本或者一组成本分配和再分配给一个或几个成本目标。

——亨格瑞

价值是生产费用对效用的关系。价值首先用来解决某种物品是否应该生产的问题，即这种物品的效用是否能抵偿生产费用的问题。

——恩格斯

企业家就是做两件事，一是营销，二是削减成本，其他都可以不做。成本控制不仅是一个单纯的不花钱或缩减花钱的问题，而且更应该是一门如何花钱的艺术。

——德鲁克

练　习　题

一、单项选择题

1. 可修复废品返修前发生的生产费用（　　）。

　A. 应借记废品损失科目

　B. 与修复费用一起转入基本生产成本科目借方

　C. 应从基本生产成本科目贷方转出

　D. 不是废品损失，不必计算其生产成本

2. 适用于季节性生产车间分配制造费用的方法是（　　）。

A. 生产工时比例法　　B. 生产工资比例法

C. 机器工时比例法　　D. 年度计划分配率分配法

3. 采用顺序分配法分配辅助生产费用时（　　）。

A. 施惠最多，受益最少的生产部门排在第一位

B. 施惠最少，受益最多的生产部门排在第一位

C. 施惠最多，受益最多的生产部门排在第一位

D. 施惠最少，受益最少的生产部门排在第一位

4. 辅助生产费用分配结果最准确，但分配计算过程较复杂的分配方法是（　　）。

A. 计划成本分配法　　B. 顺序分配法

C. 代数分配法　　D. 交互分配法

5. 可以计入“直接材料”成本项目的材料费用是（　　）。

A. 为组织管理生产用的机物料　　B. 为组织管理生产用的低值易耗品

C. 生产过程中间接耗用的材料　　D. 直接用于生产过程的原材料

6. 辅助生产费用直接分配法的特点是辅助生产费用（　　）。

A. 直接计入“辅助生产成本”科目

B. 直接分配给所有受益的车间、部门

C. 直接分配给辅助生产以外的各受益单位

D. 直接计入辅助生产提供的劳务成本

7. 采用计划成本分配法分配辅助生产费用时，实际成本与计划成本的差额列入（　　）。

A. 制造费用　　B. 管理费用　　C. 财务费用　　D. 生产成本

8. 下列费用不属于期间费用的是（　　）。

A. 制造费用　　B. 管理费用　　C. 财务费用　　D. 销售费用

9. 废品净损失分配转出时，应借记（　　）科目。

A. 废品损失　　B. 基本生产成本

C. 管理费用　　D. 制造费用

10. 产成品入库后，由于保管不善等原因，使产品不符合规定的技术标准，这种损失在财务上应作为（　　）处理。

A. 废品损失　　B. 制造费用　　C. 管理费用　　D. 基本生产成本

11. 下列属于销售费用的是（　　）。

A. 印花税　　B. 产品广告费

C. 融资租赁手续费　　D. 税金及附加

12. 季节性停工期间的停工损失应计入（　　）科目。

A. 营业外支出　　B. 基本生产成本

C. 制造费用　　D. 其他应收款

13. 企业的分厂用于组织和管理生产的费用应记入（　　）。

A. 管理费用科目　　B. 制造费用科目

C. 基本生产成本科目　　D. 辅助生产成本科目

14. 对于季节性生产的车间，其制造费用被分配后，“制造费用”科目一般（　　）。

A. 有借方余额　　B. 有贷方余额

C. 无余额　　D. 有借方或贷方余额

15. 经过质量检验部门鉴定不需要返修，可以降价出售的不合格品，其降低价格的损失应计入（　　）。

A. 废品损失　　B. 销售费用

C. 管理费用　　D. 在计算销售损益时体现

16. 期间费用月末转入（　　）科目的借方。

A. 本年利润　　B. 利润　　C. 利润分配　　D. 主营业务收入

二、多项选择题

1. “废品损失”由以下（　　）部分构成。

A. 不可修复废品的生产费用　　B. 可修复废品的修理费用

C. 扣除回收的废品残料价值　　D. 降价损失

E. 可修复废品返修以前的生产费用

2. 制造费用（　　）。

A. 可能是间接计入费用　　B. 可能是直接计入费用

C. 一定是间接计入费用　　D. 一定是直接计入费用

3. 属于工业企业制造费用核算范围的有（　　）。

A. 机器设备的折旧费　　B. 融资租赁费

C. 车间机物料消耗　D. 分厂的试验检验费

E. 分厂的管理用具摊销

4. 辅助生产费用的分配方法有（　　）。

A. 直接分配法　　B. 交互分配法

C. 顺序分配法　　D. 代数分配法

E. 按计划成本分配法

5. 分配辅助生产费用时编制会计分录所涉及的账户有（　　）。

A. 基本生产成本　　B. 辅助生产成本

C. 制造费用　　D. 管理费用

E. 销售费用

三、简答题

1. 简述交互分配法的基本步骤和内容。

2. 简述计划分配法的基本内容。

3. 简述废品损失核算的内容。

四、计算题

1. 某企业有供水、供电两个辅助生产车间。供水车间本月发生费用 3 000 元，供电车间本月发生费用 5 000 元。辅助生产车间发生的制造费用不通过制造费用科目核算。各辅助生产车间提供的产品或劳务的数量见表 4－18。

表 4－18　资料表

受益单位	供水/立方米	供电/度
甲产品	300	10 000
乙产品	200	6 000
基本生产车间一般耗用	70	800
供水车间		5 000
供电车间	80	
行政管理部门	40	2 500
专设销售机构	30	700
合　　计	720	25 000

要求：

(1) 采用代数分配法分配辅助费用，编制分配表，做会计分录，并登记辅助生产成本二级明细账（丁字型），检查辅助生产成本明细的余额情况。

(2) 采用直接分配法分配辅助费用，编制分配表，做会计分录，并登记辅助生产成本二级明细账。

(3) 采用顺序分配法分配辅助费用，编制分配表，按顺序分别做会计分录，并登记辅助生产成本二级明细账。

(4) 采用交互分配法分配辅助费用，编制分配表，分别做交互和对外分配的会计分录，并登记辅助生产成本二级明细账。

2. 资料同第 1 题，假设供水车间计划单位成本为 5.67 元，供电车间计划单位成本为 0.21元，采用计划成本法分配辅助费用，编制分配表 4－19，写出有关的会计分录，并登记辅助生产成本二级明细账（丁字型）。

表 4－19　辅助生产费用分配表

单位：元

应借科目		供电车间			供水车间			合　计
		数量/度	分配率	分配额	数量/立方米	分配率	分配额	
计划成本								
辅助生产成本	供水车间	5 000						
	供电车间				80			
基本生产成本	甲产品	10 000			300			
	乙产品	6 000			200			
制造费用	基本生产车间	800			70			
销售费用		700			30			

续表

应借科目	供电车间			供水车间			合　计
	数量/度	分配率	分配额	数量/立方米	分配率	分配额	
管理费用	2 500			40			
计划成本合计	25 000			720			
实际成本							
成本差异							

3. 某企业基本生产车间全年制造费用计划为 234 000 元，全年各种产品的计划产量为甲产品 19 000 件、乙产品 6 000 件、丙产品 8 000 件。单件产品工时定额：甲产品 5 小时、乙产品 7 小时、丙产品 7.25 小时。本月实际产量：甲产品 1 800 件、乙产品 700 件、丙产品 500 件，本月实际发生的制造费用为 20 600 元。

要求：

（1）按年度计划分配率编制制造费用分配表 4－20。

（2）根据计算结果编制会计分录。

表 4－20　制造费用分配表

单位：元

项　　目	产　　量	工时定额	定额工时	计划分配率	制造费用
甲产品					
乙产品					
丙产品					
合　　计					

4. 某工业企业生产甲产品 1 000 件，在生产过程中，产生不可修复废品 100 件，该企业的不可修复废品成本按定额成本计价。每件废品原材料费用定额为 80 元，假定每件废品的定额工时为 2 小时，每小时的费用定额为：直接人工 5 元、制造费用 10 元。100 件废品回收的残料作为辅助材料入库，计价 500 元。不可修复废品净损失由当月产品成本负担。

要求：

（1）计算不可修复废品损失。

（2）编制废品损失计算单，编制相关的会计分录。

5. 辅助生产部门提供的产品或劳务数量见表 4－21。其他资料：供水车间发生费用 2 065元，供电车间发生费用 4 740 元，运输车间发生费用 2 000 元。

表 4-21　资料表

受益单位		耗水/立方米	耗电/度	运输/（吨/千米）
基本生产——丙产品			10 300	
基本生产车间		20 500	8 000	1 000
辅助生产车间	供电车间	10 000		1 000
	供水车间		3 000	500
	运输车间	800	200	
行政管理部门		8 000	1 000	500
专设销售机构		2 000	500	2 000
合　计		41 300	23 000	5 000

要求：按顺序分配法编制分配表，并做会计分录。

6. 企业辅助生产部门等有关资料见表 4-22。

表 4-22　交互分配表

项　目		供水车间		供电车间		供气车间		合计/元
		数量/立方米	金额/元	数量/度	金额/元	数量/立方米	金额/元	
待分配费用		41 300	2 065	23 000	4 740	5 000	2 000	8 805
交互分配率								
交互分配	辅助生产——供水			3 000		1 000		
	辅助生产——供电	10 000				500		
	辅助生产——供气	800		200				
对外分配辅助生产费用								
对外分配率								
对外分配	基本生产——丙产品			10 300				
	基本生产车间	20 500		8 000		1 000		
	行政管理部门	8 000		1 000		500		
	专设销售机构	2 000		500		2 000		
合　计		30 500		19 800		3 500		

要求：按交互分配法填制上表，并做会计分录。

五、拓展练习题

企业辅助生产部门等有关资料见表4－23。

表4－23 交互分配表

项目		供水车间			供电车间			合计/元
		数量/立方米	分配率	金额/元	数量/度	分配率	金额/元	
待分配及一次交互分配		41 300		2 065	23 000		4 740	6 805
一次交互分配	辅助生产——供水				3 000			
	辅助生产——供电	10 000						
二次待分配辅助生产费用								
二次交互分配	辅助生产——供水							
	辅助生产——供电							
三次待分配辅助生产费用								
三次交互分配	辅助生产——供水							
	辅助生产——供电							
对外分配辅助生产费用								
对外分配	基本生产——丙产品				10 300			
	基本生产车间	20 500			8 000			
	行政管理部门	8 000			1 200			
	专设销售机构	2 800			500			
合计		31 300			20 000			6 805

要求：

（1）按交互分配法填制上表，并做有关会计分录。

（2）按代数分配法分配辅助生产费用，并对照三次交互的分配率同代数分配法的分配率，分析三次交互分配率有何趋势。

六、案例应用分析

废品损失的降低

废品损失是制约产品成本的主要原因之一。济南市某大型国有企业生产球墨铸铁，某年9月、10月、11月的产品成本分别高达7 215.4元、6 825.3元、6 500.9元，同月综合废品率分别是20.34%、18.29%、15.45%，而该类产品销售价格仅为每吨6 200元左右，结果是生产得越多，销售得越多，亏损就越大。12月份，该企业通过各方努力，终于将废品率降至12%以内，该类产品当月成本降到了5 845.4元。可见，对于这种类型的传统工业企业而言，有效地降低废品损失，可以很明显地提高经济效益。

问题：

(1) 造成废品损失的原因可能有哪些?

(2) 应从哪些方面降低企业的废品损失?

第5章

生产费用在完工产品与在产品之间的分配

教学目标

通过本章的学习，使学生能够：

1. 了解在产品的概念及其日常核算方法，理解选择完工产品与在产品之间的费用分配方法时应考虑的具体条件；

2. 掌握生产费用在完工产品与在产品之间的各种分配方法，以及各种分配方法的特点、适用范围和具体的计算方法。

教学要求

知识要点	能力要求	相关知识
在产品的核算	（1）在产品数量的核算 （2）在产品清查的核算	（1）广义在产品 （2）狭义在产品 （3）半成品
完工产品和在产品之间分配费用的方法	（1）分配方法选择的具体条件 （2）分配的各种方法	（1）不计算在产品成本法 （2）按年初数固定计算在产品成本法 （3）在产品按所耗原材料费用计价法 （4）约当产量比例法 （5）在产品按完工产品成本计算法 （6）在产品按定额成本计价法 （7）定额比例法 （8）完工产品成本的结转

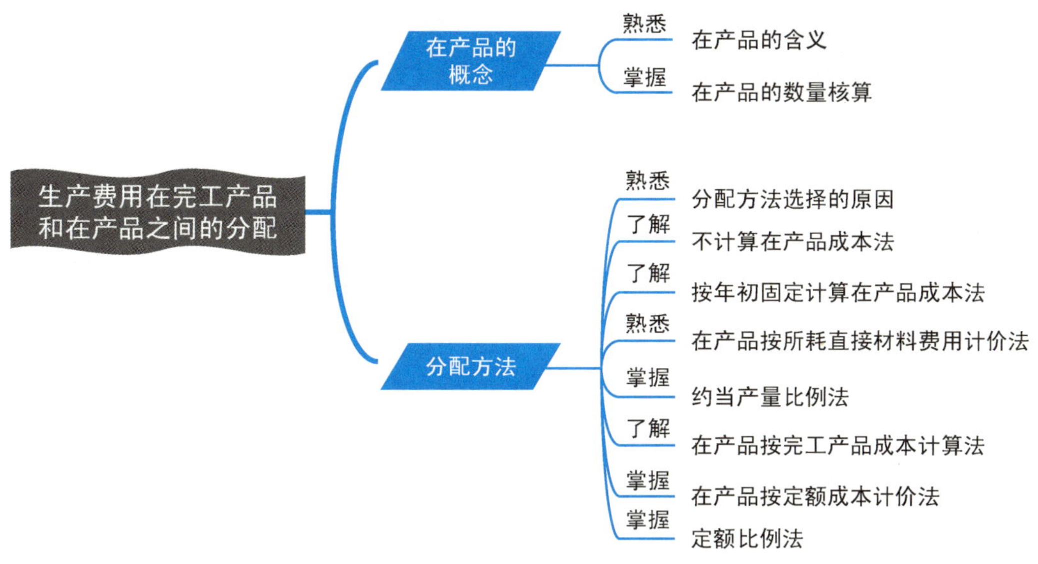

第 5 章知识点思维导图

> 我们必须时刻记住，会计系统无非是一个进行统计分类的模式，初始分类和再分类数据的真实性完全取决于账户类目的定义和记账规则的合理性。因此，账户类目定义和记账规则的每一个明显改进，都有可能提高会计信息的真实性。
>
> ——利特尔顿

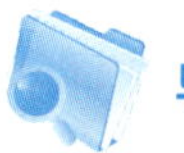

导入案例

汽油的成本

在加油站 A，每升汽油卖 5.60 元，但如果以现金的方式付款可以得到每升 0.60 元的优惠；在加油站 B，每升汽油卖 5.00 元，但如果以信用卡的方式付款则每升要多付 0.60 元。显然，从这两个加油站中的任何一个购买汽油的经济成本都是一样的。但大多数人认为：加油站 A 要比加油站 B 更吸引人。这是因为，与从加油站 A 购买汽油相关联的心理上的不舒服比与从加油站 B 购买汽油相关联的心理上的不舒服要少一些。因为，加油站 A 是与某种“收益”（有优惠）联系在一起的，而加油站 B 则是与某种“损失”（要加价）联系在一起的。

点评：“收益”比“损失”重要。

研究发现：存在上述差异的原因是当衡量一个交易时，人们对于“损失”的重视要比同等的“收益”大得多。因此，企业在进行价格定价或促销时，应该将其与“收益”而不是“损失”联系在一起。

5.1 在产品的概念及其数量的确定

企业在生产过程中发生的各种生产费用，在各种产品之间进行归集和分配之后，只要是应该计入本月各种产品成本的生产费用，都应集中反映在“基本生产成本”账户及其所属的各种产品明细账中。月末，企业产品生产有3种情况：一是产品全部完工；二是产品全部没有完工；三是产品部分完工，部分没有完工。如果产品已经全部完工，产品明细账中所归集的生产费用（如果有月初在产品，还应包括月初在产品生产费用）之和，就是该种完工产品的总成本；如果产品全部没有完工，产品成本明细账中所归集的生产费用之和，则全部为月末在产品成本。但是，更为常见的是第三种情况，一部分产品已经完工，而另一部分产品尚处于继续生产过程中，即完工产品与在产品并存。那么，就需要采用适当的分配方法，在完工产品与月末在产品之间进行生产费用分配，分别计算出完工产品与月末在产品的成本。

月初在产品成本、本月完工产品成本、本月生产费用与月末在产品成本之间的关系可以通过下列等式表达：

月初在产品成本＋本月生产费用＝本月完工产品成本＋月末在产品成本

等式前两项是已知数，等式后两项是未知数。等式前两项之和需要采用一定的分配方法在完工产品与月末在产品之间进行分配。等式后两项可继续分解为：

本月完工产品数量×完工产品单位成本＋月末在产品数量×在产品单位成本

如果月末在产品数量可以不计或可以和完工产品数量相加，那么就可以采用适当的方法分配费用了。因此，要想正确地进行完工产品与月末在产品的费用分配，就必须正确地对在产品进行数量核算，取得在产品收发与结存的数量资料。

5.1.1 在产品的含义

企业的在产品是指没有完成全部生产过程，不能作为商品销售的未完工产品。在产品有广义和狭义之分。**广义在产品是指正在企业各车间加工的在制品（含返修中的废品）和已经完成一个或几个生产步骤，但还需继续加工的自制半成品（含未经验收入库的产品和等待返修的废品）等。**已验收入库准备对外销售的自制半成品属于商品，不应列入在产品范围之内。**狭义在产品是指某车间或某一生产步骤中正在加工的在制品（含返修中的废品），该车间或生产步骤已完工的半成品不包括在内。**广义在产品是从整个企业角度来说的在产品，而狭义在产品是针对某一车间或某一生产步骤而言的。本章所讲述的生产费用在完工产品和在产品之间的分配，是指完工产品与狭义在产品之间的费用分配。

特别提示

在产品的广义和狭义概念是和成本会计人员所处的层次有关系的，具体参见第1.4节的集中核算形式和分散核算形式，站在全局的角度看有广义在产品，站在局部的角度看有狭义在产品。

5.1.2　在产品数量的日常核算

在产品盘存的数量同其他财产物资盘存的数量一样，应该具备账面核算资料和实际盘存资料。也就是说，企业一方面要做好在产品收发存的日常核算工作，另一方面也要做好在产品的清查工作。

在产品收发存的日常核算通常是通过设置在产品台账（也称在产品收发结存账）进行的。在产品台账应分生产单位（分厂、车间），按产品的品种和零部件的名称来设置，以反映各生产单位各种在产品收入、发出和结存的情况。在产品台账还可以结合企业生产工艺特点和内部管理的需要，进一步按照加工工序（生产步骤）来组织在产品数量核算。在产品台账的一般格式见表 5－1。

表 5－1　在产品台账

在产品名称：　　　　　　　　　　　　车间名称：　　　　　　　　　　　　单位：

日期		摘要	收入		发出			结存			备注
月	日		凭证号	数量	凭证号	合格品	废品	完工	未完工	废品	

5.1.3　在产品清查的核算

为了核实在产品的数量，保护在产品的安全、完整，企业必须做好在产品的清查工作。对在产品应定期或不定期进行清查，以取得在产品的实际盘存资料。清查后，应根据清查盘存结果与在产品台账账面资料核对，编制“在产品盘存表”和“账存实存对比表”（两表也可合一），表中应该填列在产品的账面数、实存数和盘盈盘亏数，以及盈亏的原因和处理意见等。对于报废和毁损的在产品，还要登记残值。如果车间不设置在产品台账对在产品进行收发存日常核算，则应按月在月末对在产品进行清查，将实际盘存资料作为编制在产品盘存表和计算在产品成本的依据。

成本核算人员应对在产品盘存表进行认真审查、分析原因、采取措施，加强对在产品的管理，并报经有关部门审批，根据审核结果对在产品的盘盈、盘亏进行账务处理。

库存半成品增减变动及清查的核算可参照库存材料的核算进行，在“自制半成品”账户进行。辅助生产车间的在产品数量核算与基本生产车间相似，只是在“辅助生产成本”账户进行。

【例 5－1】　奔成企业基本生产车间在产品清查结果：A 在产品盘亏 25 件，单位计划成本为 15 元，过失人赔偿 150 元；B 在产品盘盈 10 件，单位计划成本为 30 元；C 产品的在产品毁损 250 件，单位计划成本为 35 元，残料入库作价 400 元。自然灾害造成损失 3 200 元，应由保险公司赔偿 3 600 元，其余损失计入管理费用。已报经主管部门批准予以转账。

（1）A 在产品发生盘亏的核算。

① 按在产品单位计划成本计算盘亏损失。

借：待处理财产损溢——待处理流动资产损溢　　375

　　贷：基本生产成本——A 产品　　375

② 经批准转销，收过失人员赔偿款时。

借：其他应收款——××　　150

　　管理费用　　225

　　贷：待处理财产损溢——待处理流动资产损溢　　375

（2）B 在产品发生盘盈核算。

① 按盘盈在产品的计划成本计算。

借：基本生产成本——B 产品　　300

　　贷：待处理财产损溢——待处理流动资产损溢　　300

② 经批准核销时。

借：待处理财产损溢——待处理流动资产损溢　　300

　　贷：管理费用　　300

（3）C 在产品发生毁损核算。

① 毁损转账时。

借：待处理财产损溢——待处理流动资产损溢　　8 750

　　贷：基本生产成本——C 产品　　8 750

② 残料作价入库时。

借：原材料　　400

　　贷：待处理财产损溢——待处理流动资产损溢　　400

③ 经批准转账时。

借：其他应收款/银行存款　　3 600

　　营业外支出　　3 200

　　管理费用　　1 550

　　贷：待处理财产损溢——待处理流动资产损溢　　8 350

5.2 生产费用在完工产品与月末在产品之间分配的方法

在产品数量核查清楚以后，基本生产成本明细账中如表 5－2 所示。

表 5－2　基本生产成本明细账

产品名称：　　　　车间：　　　　单位：

日期		摘要	借方		贷方		结存	
月	日		数量	金额	数量	金额	数量	金额
4	1	期初余额					已知	已知
4	2	本期发生	已知	已知				

续表

日期		摘　要	借　方		贷　方		结　存	
月	日		数量	金额	数量	金额	数量	金额
4	30	完工入库			已知	未知		
4	30	期末在产品					已知	未知

根据表 5－2 所示，在“基本生产成本”账户中关系式为：月初在产品成本＋本月生产费用＝本月完工产品成本＋月末在产品成本。在上式中有“本月完工产品成本”和“月末在产品成本”两个未知数。在一个有两个未知数的等式中，确定完工产品成本的方法有两类：一是先确定月末在产品成本，然后倒挤出来完工产品成本，称为扣除法；二是将前两项之和按照一定的比例在完工产品与月末在产品之间进行分配，同时计算出来完工产品成本与月末在产品成本，所用公式如下。

扣除法：本月完工产品成本＝月初在产品成本＋本月生产费用－月末在产品成本

比例法：本月完工产品成本＋月末在产品成本＝月初在产品成本＋本月生产费用

采用合理而又简便的方法在完工产品与月末在产品之间分配生产费用，是成本核算工作的一项重要任务。**企业在选择分配方法时应考虑的因素有：月末在产品数量的多少、各月之间在产品数量变化的大小、各项费用在产品成本中所占比例的大小、定额管理基础的好坏等具体条件。**具体方法包括：不计算在产品成本法、按年初数固定计算在产品成本法、在产品按所耗直接材料费用计价法、约当产量比例法、在产品按完工产品成本计算法、在产品按定额成本计价法、定额比例法等 7 种方法。

5.2.1　不计算在产品成本法

这种方法的基本特点是：基本生产成本明细账中归集的产品成本，全部由本月完工产品负担，月末在产品不分担。该方法适用于各月在产品数量很少的企业。这种方法算不算在产品成本对完工产品成本影响不大，为了简化核算工作，可以不计算在产品成本。本月发生的产品生产费用，全部由完工产品负担。

5.2.2　按年初数固定计算在产品成本法

这种方法是年内各月在产品成本都按年初在产品成本计算，固定不变。该方法适用于月末在产品数量较小，或者在产品数量虽然很大但各月之间在产品数量变动不大，月初在产品成本和月末在产品成本的差额对完工产品成本影响不大的企业。为了简化核算工作，各月在产品成本可以固定按照年初数计算。采用这种方法，某种产品本月发生的生产费用就是本月完工产品的成本。年终时，根据实地盘点的在产品数量，重新调整计算在产品成本，以避免在产品成本与实际出入过大，影响成本计算的正确性。

5.2.3　在产品按所耗直接材料费用计价法

这种方法是月末在产品成本只按所耗的直接材料费用计算确认，直接人工和制造费用等加工费用则全部由完工产品成本承担。该方法适用于各月末在产品数量较大，数量变化

也较大，同时直接材料费用在产品成本中占的比重较大的企业。为了简化核算工作，月末在产品可以只计算直接材料费用，其他费用全部由完工产品负担。纺织、造纸和酿酒等工业企业，直接材料费用比重较大，可以采用这种分配方法。

特别提示

据统计，一般制造业产品成本构成中，材料成本所占比重通常在70%～90%，有的制造业，如装备制造业，其比重甚至超过90%。

【例5-2】 某工业企业生产A产品，该产品直接材料费用在产品成本中所占的比重较大，在产品只计算直接材料费用，采用在产品按所耗直接材料费用计价法分配完工产品与月末在产品成本。A产品月初在产品直接材料费用（即月初在产品成本）为2 000元；本月发生的直接材料费用为28 000元，直接人工费用为6 000元，制造费用为7 000元；本月完工产品220件，月末在产品80件。该产品的直接材料费用是生产开始时一次投入的，直接材料费用按完工产品与月末在产品的数量直接分配。分配率计算过程如下。

$$直接材料费用分配率=\frac{2\ 000+28\ 000}{220+80}=100\ （元/件）$$

根据在产品数量等计算结果，填制“产品成本计算单”如表5-3所示。

表5-3　产品成本计算单

产品名称：A产品　　　　20××年×月　　　　产量：220件

成本项目	直接材料	直接人工	制造费用	合　计
月初在产品费用	2 000			2 000
本月生产费用	28 000	6 000	7 000	41 000
生产费用合计	30 000	6 000	7 000	
在产品成本	8 000			8 000
完工产品成本	22 000	6 000	7 000	35 000
完工产品单位成本	100	27.27	31.81	159.09

根据产品入库单，做会计分录。

借：库存商品——A产品　　35 000

　　贷：基本生产成本A产品　　35 000

那么，在人工费用或者制造费用比例比较大，而材料费用比例比较小的企业，在产品能不能按照人工费用或者制造费用计价呢？回答是肯定的。但是人工费用和制造费用都是和时间有关系的费用，在产品因为没有完工，在产品所耗费的时间和完工产品是不一样的，就不能直接按照在产品的数量和完工产品数量来等价分配费用了，而要考虑在产品的完工程度。当然，材料费用在不同的投料方式下也要考虑在产品的完工程度。

5.2.4　约当产量比例法

约当产量比例法将月初在产品成本与本月发生的生产费用之和，按完工产品数量与月末在产品约当产量的比例进行分配，来计算完工产品成本和月末在产品成本，分配时按成本项目进行。约当产量就是月末在产品数量按其完工程度折算为相当于完工产品的数量。该方法适用于月末在产品数量较大，各月末在产品数量变化也较大，产品成本中原材料费用与直接人工费用等加工费用的比重相差不大的企业。为了提高成本计算的正确性，在产品应该既计算原材料费用，又计算直接人工等其他加工费用。

约当产量比例法的有关计算公式如下。

在产品约当产量＝在产品数量×完工程度

$$某项费用分配率=\frac{该项费用总额}{完工产品数量+月末在产品约当产量}$$

完工产品该项费用＝完工产品数量×该项费用分配率

月末在产品该项费用＝月末在产品约当产量×该项费用分配率

约当产量比例法的关键是计算在产品的完工程度，由于材料和工时的完工程度往往不同，下面分别叙述。

1. 直接材料费用的分配

约当产量比例法下直接材料费用的分配首先要计算在产品的完工程度。材料的完工程度也称投料率，即在产品已投材料量占完工产品总材料量之比。投料率的计算和投料方式密切相关，材料的投料方式分为一次投料方式、分次投料方式和逐步投料方式。

1）一次投料方式

一次投料是指在产品生产开工时一次投入产品生产所需的全部直接材料，不管产品生产是单工序还是多工序，月末在产品的单位直接材料费用与完工产品单位直接材料费用都是相同的，月末在产品的投料程度为100%。所以，月末在产品不需要折算约当产量，相当于完工程度为100%，在产品的约当产量即在产品的实际数量，直接材料可直接按完工产品产量与在产品实际数量比例分配。

知识图说

一次投料方式如图5.1所示。

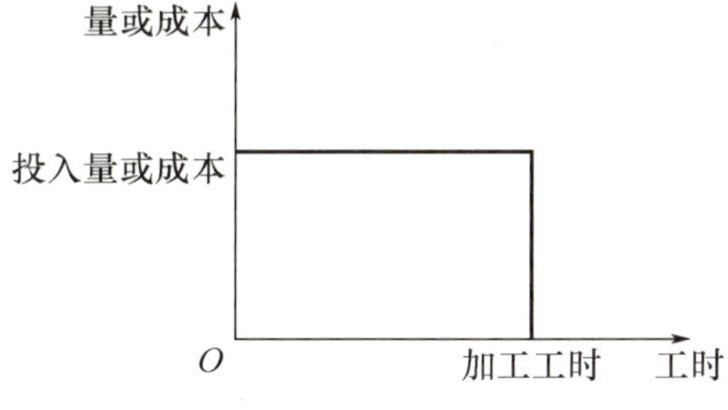

图5.1　一次投料方式

在一次投料方式下，其投料率为100%。产品一经投入，其成本就和完工产品成本金额一样，无需折合了。

2）分次投料方式

分次投料是指直接材料随加工程度分工序投入，但在每道工序开始时一次投入。在这种情况下，也应按工序分别计算各工序在产品的投料率。不过在计算各工序在产品的投料

率时，应以各工序的直接材料消耗定额为依据，投料程度按完成本工序投料的100%计算。计算公式如下。

$$某道工序在产品投料率=\frac{前面各道工序累计直接材料消耗定额之和+本工序直接材料消耗定额\times 100\%}{完工产品直接材料消耗定额}\times 100\%$$

知识图说

分次投料方式如图5.2所示。

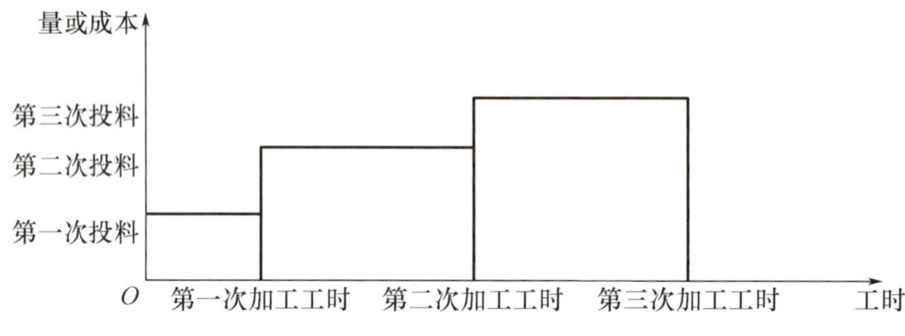

图5.2 分次投料方式

在分次投料方式下，由于分次的投料量不一样，因此需根据其投料的量，计算各次的投料率，按各次的投料率和各次上的在产品量相乘折合成完工产品的约当产量。计算公式如下。

$$投料率=\frac{上次投料累计量+本次投料量}{总投料量}\times 100\%$$

【例5-3】 某企业的甲产品经两道工序加工完成，直接材料是分两道工序在每道工序开始时一次投入，直接材料消耗定额为500千克。其中，第一道工序直接材料消耗定额为300千克，第二道工序直接材料消耗定额为200千克。月末在产品数量：第一道工序为100件，第二道工序为50件。完工产品330件，月初在产品与本月发生的直接材料费用合计88 000元。直接材料费用的分配计算过程见表5-4。

表5-4 直接材料费用的分配计算过程

工序	本工序直接材料消耗定额/千克	完工程度（投料率）	在产品约当产量/件
1	300	（300×100%）÷500×100%=60%	100×60%=60
2	200	（300+200×100%）÷500×100%=100%	50×100%=50
合计	500	—	110

直接材料是在每道工序开始时投入的，在同一工序中各件在产品直接材料的消耗定额，就是该工序的消耗定额，应按100%折算，而不是按50%折算，最后一道工序在产品的消耗定额就是完工产品的消耗定额，所以投料率为100%。

$$直接材料费用分配率=\frac{88\ 000}{330+110}=200（元/件）$$

完工产品分配直接材料费用=330×200=66 000（元）

月末在产品分配直接材料费用=110×200=22 000（元）

3）逐步投料方式

逐步投料是指直接材料随着生产进度陆续投入或在每道工序开始时投入，具体可分为以下两种情况。

（1）直接材料随加工进度陆续投入，而且投料程度与加工程度一致或基本一致。这时，用于分配直接材料费用所依据的月末在产品约当产量，与用于分配直接人工、制造费用等加工费用所采用的月末在产品约当产量一致，即月末在产品的投料率与分配加工费用时的完工程度一致。

（2）直接材料随加工进度陆续投入，其投料程度与加工程度不一致。这种情况下，应按工序分别计算各工序在产品的投料率。在计算各工序在产品的投料率时，一般以各工序的直接材料消耗定额为依据，投料程度按完成本工序投料的50%计算。**计算公式如下。**

$$某道工序在产品投料率=\frac{前面各道工序累计直接材料消耗定额之和+本工序直接材料消耗定额\times 50\%}{完工产品直接材料消耗定额}\times 100\%$$

知识图说

在逐步投料方式下，材料是逐步投入的，个别在产品生产情况如图5.3所示。个别在产品投料率的计算公式如下。

投料率=在产品已投料累计量÷总投料量×100%

而在大量生产方式下，由于产品也是逐步投入生产的，在全部加工时间内在产品连续存在，即在产品的投料量是不同的，有的多，有的少，如图5.4所示。那么，前面在产品多投料的量可以抵补后面少投料的量，即其总投料量只有一次投料方式下的一半，故其总投料率为50%。从图5.4可以看出，逐步投料方式所形成的三角形面积为一次投料方式下的一半，因此，在产品量按50%折合即为约当产量。

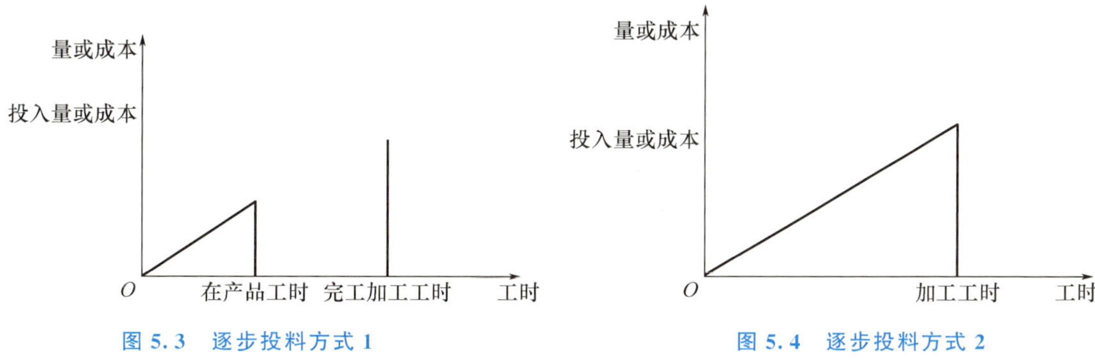

图5.3 逐步投料方式1　　图5.4 逐步投料方式2

【例5-4】 承例5-3，假设其他条件不变，但直接材料分两道工序陆续投入，计算过程见表5-5。

表 5-5　直接材料费用的分配计算

工　序	本工序直接材料消耗定额/千克	完工程度（投料率）	在产品约当产量/件
1	300	（300×50%）÷500×100%=30%	100×30%=30
2	200	（300+200×50%）÷500×100%=80%	50×80%=40
合　计	500	—	70

直接材料是在每道工序随加工进度陆续分次投入的，因此每道工序投料率按 50%计算。

$$直接材料费用分配率=\frac{8\ 8000}{330+70}=220（元/件）$$

完工产品分配直接材料费用=330×220=72 600（元）

月末在产品分配直接材料费用=70×220=15 400（元）

随堂练习

投料率、约当产量的练习（要求画出投料图示），计算填列表 5-6。

表 5-6　计算表

项　目	第一工序	第二工序	第三工序	第四工序
投料方式	连续	一次	连续	一次
投料量/千克	5	10	10	15
投料率（%）				
在产品数量/件	10	20	30	40
在产品约当产量/件				

2. 直接人工及制造费用等加工费用的分配

完工程度、约当产量的练习答案

在约当产量比例法下直接人工及制造费用等加工费用的分配首先要计算完工程度。直接人工及制造费用都是随工时发生而发生的，这些费用的分配必须先计算完工程度。对完工程度的计算，根据在产品的实际加工工时进行计算最好，但在企业在产品量很大的情况下，没法一一对每个在产品的完工程度进行计算，实际工作中，一般都采用估算法，具体方法如下。

1）按平均计算完工程度

按平均计算就是一律按 50%作为各工序在产品的完工程度的方法。这种方法适合各工序在产品数量和单位产品在各工序的加工量都相差不多的情况下采用，后面各工序在产品多加工的程度可以抵补前面各工序少加工的程度。这样，全部在产品的完工程度均可按 50%计算。

2）分工序计算完工程度

分工序计算完工程度是根据到某一工序为止在产品工时定额占完工产品工时定额的百

分比，来确定各工序在产品完工程度的一种方法。计算公式如下。

$$某道工序在产品完工程度=\frac{前面各工序累计工时定额之和+本工序工时定额\times 50\%}{完工产品工时定额}\times 100\%$$

知识图说

对于在产品成本项目中以发生时间形成的费用，由于时间是累积连续的，其在产品完工程度的计算公式如下。

$$完工程度=\frac{在产品已加工工时}{总加工工时}\times 100\%$$

在产品的数量乘以完工程度即约当产量。如果是大量生产方式下，由于产品是逐步投入的，假设在全部加工时间内在产品连续存在，后面在产品多加工的程度可以抵补前面少加工的程度，那么其总工时量只有该批产品完工时工时的一半，故其完工程度为50%。从图5.5可以看出，在产品加工工时所形成的三角形面积为完工产品工时的一半，因此，在产品量按50%折合即为约当产量。

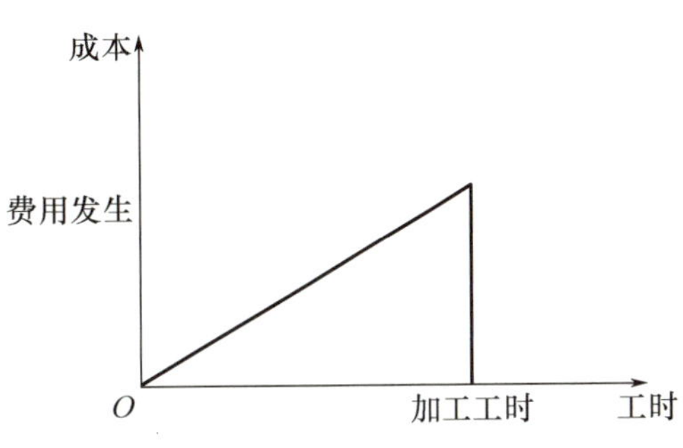

图5.5 费用形成方式

【例5-5】 某企业生产某产品经3道工序完成，该产品的工时定额为25小时。其中，第一道工序10小时，第二道工序9小时，第三道工序6小时。该产品完工产品为100件，月末在产品为50件，其中第一道工序20件、第二道工序20件、第三道工序10件。月初在产品与本月发生费用合计为：直接人工24 880元、制造费用12 440元。计算过程如下。

（1）约当产量计算。

$$第一道工序完工程度=\frac{0+10\times 50\%}{25}\times 100\%=20\%$$

$$第二道工序完工程度=\frac{10+9\times 50\%}{25}\times 100\%=58\%$$

$$第三道工序完工程度=\frac{10+9+6\times 50\%}{25}\times 100\%=88\%$$

月末在产品约当产量=20%×20+58%×20+88%×10=24.4（件）

（2）直接人工费用分配。

$$直接人工费用分配率=\frac{24\,880}{100+24.4}=200\ （元/件）$$

完工产品应负担的直接人工费用=100×200=20 000（元）

月末在产品应负担的直接人工费用=24.4×200=4 880（元）

（3）制造费用分配。

$$制造费用分配率=\frac{12\,440}{100+24.4}=100\ （元/件）$$

完工产品应负担的制造费用=100×100=10 000（元）

月末在产品应负担的制造费用＝24.4×100＝2 440（元）

特别提示

一个产品经过几道工序生产，各工序的完工程度计算后，不能按各工序完工程度之和等于100%检验，即各工序完工程度之和可能会小于100%，也可能大于100%。原因为：①计算本工序完工程度时，本工序工时要折半；②各工序完工程度计算时，分子累计了前面各工序的工时。

5.2.5 在产品按完工产品成本计算法

在产品按完工产品成本计算法的特点是将在产品视同完工产品分配生产费用。这种方法适用于已接近完工，或者是已经加工完毕，只是尚未包装或尚未验收入库的产品。因为在这种情况下，在产品成本已经接近完工产品成本，为了简化产品成本计算，在产品可以视同完工产品，可以按两者的产量比例分配直接材料费用和直接人工费用等各项加工费用。

在产品按完工产品成本计算法实际上是约当产量比例法的一种变形，在这种情况下，在产品的约当产量就是实际产量。在约当产量比例法中，直接材料费用在生产开始时一次投入，分配直接材料费用，就是按完工产品与在产品的实际产量比例分配的。

5.2.6 在产品按定额成本计价法

在产品按定额成本计价法是月末在产品成本按照事先制订的定额成本计算，然后从某种产品的全部生产费用中（月初在产品费用与本月生产费用之和）减去按定额成本计算的月末在产品成本，计算出来完工产品成本。这种方法适用于各项消耗定额或费用定额比较准确、稳定，各月末在产品数量变化不大的产品。因为月末在产品按定额成本确定后，全部生产费用减去月末在产品定额成本就是完工产品成本，即将实际生产费用脱离定额的差异全部由完工产品成本负担。如果定额不够准确，实际费用脱离定额的差异就较大，就会影响成本计算的准确性。各项定额不够稳定，也会影响成本的核算和分析。因为在修改定额的月份，不仅将实际费用与新定额之间的差异计入了完工产品成本，而且将月末在产品的新定额与旧定额之间的差异也计入了完工产品成本。如果定额较客观、准确、稳定，则单位在产品成本脱离定额的差异就很小，而且各月月末在产品数量变动不大，月初在产品成本脱离定额的差异总额与月末在产品脱离定额的差异总额的差额也不会太大，对完工产品成本计算的准确性影响就很小。因此，为了简化产品成本计算工作，月末在产品可按定额成本计算。

在产品按定额成本计价法的计算公式如下。

某产品月末在产品定额成本＝月末在产品数量×在产品单位定额成本

某产品完工产品总成本＝该产品本月全部生产费用－该产品月末在产品定额成本

【例5－6】 某企业生产D产品，某月生产费用合计：直接材料费用25 000元、直接人工4 000元、制造费用5 000元。月末在产品20件，其定额工时300小时，每工时费用定额为直接人工费用2.00元、制造费用3.00元。完工产品100件，直接材料是生产开始时一次投入的，产品直接材料费用定额为 50 元。

根据以上资料编制产品成本计算单，见表 5－7。

表 5－7　产品成本计算单

产品名称：D 产品　　　　20××年×月　　　　产量：100 件

成本项目	直接材料/元	定额工时/小时	直接人工/元	制造费用/元	合计/元
生产费用合计	25 000		4 000	5 000	34 000
在产品费用定额	50		2.00	3.00	—
在产品定额成本	1 000	300	600	900	2 500
完工产品成本	24 000		3 400	4 100	31 500
完工产品单位成本	240		34	41	315

例 5－6 表明，采用在产品按定额成本计价法，要先按定额成本计算出月末在产品成本，然后用倒挤的方法计算出完工产品的成本。

采用这种方法计算在产品成本时，还可视情况进一步简化成本计算工作，即可根据各项费用在产品成本中占的比重，月末在产品或只计算直接材料定额成本，或只计算直接材料与直接人工定额成本，或只计算直接人工等加工费用的定额成本，其他未计入在产品成本的费用，全部由完工产品负担。

5.2.7　定额比例法

定额比例法是完工产品和月末在产品的成本计算按照生产费用占完工产品和月末在产品的定额消耗量或定额费用的比例来分配计算的，而且是分成本项目进行的。其中，直接材料费用按原材料定额消耗量或原材料定额费用比例分配，直接人工及制造费用等其他加工费用按定额工时或定额费用比例分配。

该方法适用于各项消耗定额或费用定额比较准确、稳定，但各月末在产品数量变动较大的产品。因为月初和月末在产品成本之间脱离定额的差异在完工产品与月末在产品之间按比例分配，从而提高了产品成本计算的正确性。

采用定额比例法时，如果原材料费用按定额原材料费用比例分配，各项加工费用均按定额工时比例分配，其分配率计算公式为：

$$\text{原材料费用分配率}=\frac{\text{月初在产品原材料费用}+\text{本月投入的原材料费用}}{\text{完工产品定额原材料费用}+\text{月末在产品定额原材料费用}}$$

$$\text{或}=\frac{\text{月初在产品原材料费用}+\text{本月投入的原材料费用}}{\text{月初在产品定额原材料费用}+\text{本月投入的定额原材料费用}}$$

上述第一个公式与第二个公式的分子相同，分母不同，但两个公式可以通用。因为月初在产品定额原材料费用与本月投入的定额原材料费用之和，等于完工产品定额原材料费用与月末在产品定额原材料费用之和。

完工产品应分配原材料费用＝完工产品定额原材料费用×原材料费用分配率

月末在产品应分配原材料费用＝月末在产品定额原材料费用×原材料费用分配率

直接人工及制造费用等加工费用的分配计算公式为：

$$某项加工费用分配率=\frac{月初在产品某项加工费用+本月投入的某项加工费用}{完工产品定额工时+月末在产品定额工时}$$

$$或=\frac{月初在产品某项加工费用+本月投入的某项加工费用}{月初在产品定额工时+本月投入的定额工时}$$

如同原材料的分配，这两个公式也是可以通用的。因为月初在产品定额工时与本月投入的定额工时之和等于完工产品定额工时与月末在产品定额工时之和。

完工产品应分配某项加工费用=完工产品定额工时×该项加工费用分配率

月末在产品应分配某项加工费用=月末在产品定额工时×该项加工费用分配率

这样，运用定额比例法在完工产品与月末在产品之间分配费用，由于计算定额的方法不同，在产品成本可以采用两种不同的方法计算。

(1) 通过核算月末在产品定额来计算产品成本。这种方法首先要盘点月末在产品，通过盘点计算出来月末在产品定额，然后与完工产品定额相加得出消耗定额的合计数，再运用上述公式，计算出完工产品成本和月末在产品成本。采用这种核算方法，月末各基本生产车间需要进行在产品盘点，并编制在产品盘存表，报财会部门，财会部门根据在产品盘点资料核算产品成本。

【例 5-7】 甲产品月初在产品成本：直接材料费用 1 200 元、直接人工费用 400 元、制造费用 300 元。本月生产费用：直接材料费用 18 800 元、直接人工费用 1 400 元、制造费用 600 元；完工产品 200 件，直接材料定额费用 16 000 元、定额工时 3 000 小时；月末在产品 50 件，直接材料定额费用 4 000 元、定额工时 600 小时。完工产品与月末在产品之间，直接材料费用按直接材料定额费用比例分配，其他加工费用按定额工时比例分配。各项费用分配过程见表 5-8。

表 5-8 产品成本明细账

产品名称：甲产品　　　　20××年×月　　　　产量：200 件

成本项目	月初在产品费用/元	本月费用/元	生产费用合计/元	费用分配率	完工产品		月末在产品	
					定额	实际费用/元	定额	实际费用/元
①	②	③	④=②+③	⑤=④÷(⑥+⑧)	⑥	⑦=⑥×⑤	⑧	⑨=⑧×⑤
直接材料	1 200	18 800	20 000	1	16 000 元	16 000	4 000 元	4 000
直接人工	400	1 400	1 800	0.5	3 000 小时	1 500	600 小时	300
制造费用	300	600	900	0.25	3 000 小时	750	600 小时	150
合　　计	2 000	20 800	22 700	—	—	18 250	—	4 450

(2) 通过计算本期投入定额，然后与期初在产品定额相加作为分配率的分母，运用上述公式，将生产费用在完工产品与月末在产品之间进行分配。运用这种方法进行产品成本核算，关键在于本期投入的定额的计算。本期投入的定额材料成本，在机械制造行业，通常根据每道工序投入的零部件数量乘以零部件定额成本，求得零部件材料定额成本，然后

相加即为本期投入的材料定额成本。本期投入的工时定额根据在产品台账的定额工时统计计算。

【例 5－8】 甲产品月初在产品定额直接材料费用 1 500 元，定额工时 800 小时；本月投入定额直接材料 18 500 元，定额工时 2 800 小时；月初在产品实际成本直接材料1 200 元，直接人工 400 元，制造费用 300 元；本月投入的直接材料 18 800 元，直接人工 1 400 元，制造费用 600 元；完工产品直接材料定额费用 16 000 元，定额工时 3 000 小时；完工产品与月末在产品之间，直接材料费用按直接材料定额费用比例分配，其他加工费用按定额工时比例分配。各项费用分配过程见表 5－9。

表 5－9　产品成本明细账

产品名称：甲产品　　　　20××年×月　　　　产量：200 件

成本项目	月初在产品		本月投入		合　计		费用分配率	完工产品		月末在产品	
	定额	实际/元	定额	实际/元	定额	实际/元		定额	实际费用	定额	实际费用
①	②	③	④	⑤	⑥＝②＋④	⑦＝③＋⑤	⑧＝⑦÷⑥	⑨	⑩＝⑨×⑧	⑪＝⑥－⑨	⑫＝⑪×⑧
直接材料	1 500	1 200	18 500	18 800	20 000	20 000	1	16 000	16 000	4 000	4 000
直接人工	800 小时	400	2 800 小时	1 400	3 600 小时	1 800	0.5	3 000 小时	1 500	600 小时	300
制造费用	800 小时	300	2 800 小时	600	3 600 小时	900	0.25	3 000 小时	750	600 小时	150
合计	—	1 900	—	20 800	—	22 700	—	—	18 250	—	4 450

这种核算方法减少了大量的月末产品成本核算，加速了成本计算。但由于没有通过倒挤计算月末在产品成本，就可能出现月末在产品成本账实不符的情况。因此，应加强对在产品的日常管理，并定期对在产品进行盘点，及时调整账实不符的情况。

综上所述，采用定额比例法分配完工产品与月末在产品成本，分配结果比较准确，并且还有利于实际费用与定额费用的比较，考核和分析定额的执行情况。

特别提示

在产品按定额成本法把节约或超支额全部加到完工产品中去，所以要求产品定额准确、月末在产品数量变化不大。定额比例法解决了节约或超支额的问题，将节约或超支额在完工产品和月末在产品之间进行分配。

通过以上几种分配方法将生产费用在完工产品与月末在产品之间分配以后，就能够分别计算出各种完工产品的总成本和单位成本，为考核和分析产品成本计划的执行情况提供成本资料。

5.3 完工产品成本的结转

工业企业生产产品发生的各项生产费用，已在各种产品之间进行了分配，并且也进行了同种产品的完工产品与月末在产品之间的分配。完工产品经产成品库验收入库以后，其成本应从“基本生产成本”科目及其明细账的贷方，转入“库存商品”的借方。完工的自制材料、模具、工具等的成本，应分别计入“原材料”“低值易耗品”等科目的借方。“基本生产成本”科目月末借方余额，为月末在产品成本。“基本生产成本”总账账户余额应与所属各种产品成本明细账中月末在产品成本之和核对相符。

对于完工产品，应根据产品成本明细账所登记的完工产品也就是产成品的成本资料（见表5－7和表5－8），编制产成品成本汇总表，其格式见表5－10。

表5－10 产成品成本汇总表

黄河工厂　　20××年×月　　单位：元

产成品名称	产量/件	成本	直接材料	直接人工	制造费用	合计
D产品	100	总成本	24 000	3 400	4 100	31 500
		单位成本	240	34	41	315
甲产品	200	总成本	16 000	1 500	750	18 250
		单位成本	80	7.5	3.75	91.25
总成本合计			40 000	4 900	4 850	302 400

根据上述产成品成本汇总表，编制下述会计分录。

借：库存商品——D产品　　31 500
　　　　　——甲产品　　18 250
　贷：基本生产成本——D产品　　31 500
　　　　　　　——甲产品　　18 250

知识图说

完工产品和在产品之间的关系，见下列公式。

完工产品成本＋期末在产品成本＝本期发生的费用＋期初在产品成本

从公式中可以看出，在一个等式中有两个未知数的情况下，只有两种求解方法：一种方法是先假设一个未知数为一常数，求另一个未知数，称为扣除法；另一种方法是求出两个未知数的公比，按比例求出两未知数，称为比例法。具体是采用扣除法还是比例法，还要考虑以下因素：在产品数量的多少、在产品数量变化的大小、各项费用比重的大小、定额管理的好坏、定额差异负担情况。在考虑这些因素的情况下，完工产品和在产品之间分配费用的方法如图5.6所示。

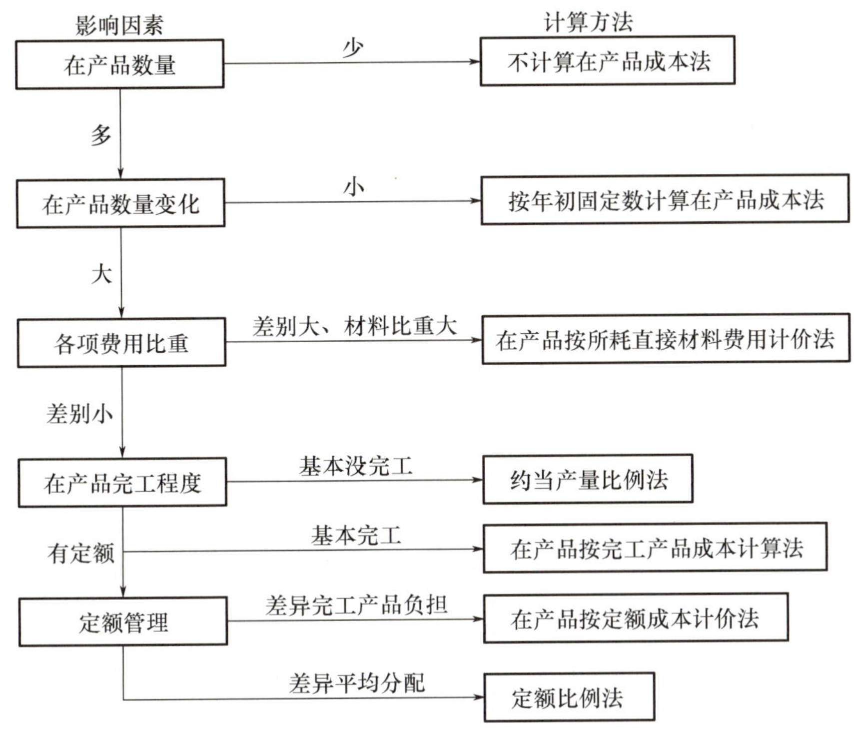

图 5.6 完工产品和在产品之间分配费用方法的条件选择图

成本会计研究的重点应当放在成本控制上，运用预计成本的方法已被提到议事日程。

——白蒂

会计的历史就是文明的历史，会计总是同文明的进步携手前进的。

——沃尔夫

将成本会计程序的表达列为仅次于复式簿记的第二大成就，应该毫不为过。

——利特尔顿

练 习 题

一、单项选择题

1. 在计算完工产品成本时，如果不计算在产品成本，必须具备下列条件（　　）。

   A. 各月末在产品数量比较稳定　　B. 各月末在产品数量很少

   C. 各月末在产品数量较大　　D. 定额管理基础较好

2. 在产品完工程度为（　　）与完工产品工时定额的比率。

   A. 所在工序工时定额　　B. 所在工序工时定额之半

   C. 所在工序累计工时定额

   D. 上道工序累计工时定额与所在工序工时定额之半的合计数

3. 原材料在每道工序开始时一次投料的情况下，分配原材料费用的在产品完工程度，等于原材料的（　　）与该产品完工的原材料消耗定额的比率。

A. 所在工序消耗定额　　B. 所在工序累计消耗定额

C. 所在工序累计消耗定额之半　　D. 所在工序消耗定额之半

4. 某种产品月末在产品数量较大，各月末在产品数量变化也较大，原材料费用占产品成本比重较大，月末在产品与完工产品之间的费用分配应采用（　　）。

A. 约当产量比例法　　B. 在产品按定额成本计价法

C. 定额比例法　　D. 在产品按所耗原材料费用计价法

5. 某企业定额管理基础比较好，能够制订比较准确、稳定的消耗定额，各月末在产品数量变化较大的产品应采用（　　）。

A. 在产品按定额成本计价法　　B. 定额比例法

C. 在产品按所耗原材料费用计价法　　D. 约当产量比例法

二、多项选择题

1. 选择完工产品与在产品之间的费用分配方法时，应考虑的具体条件是（　　）。

A. 在产品数量的多少　　B. 各月在产品数量变化的大小

C. 各项费用比重的大小　　D. 定额管理基础的好坏

2. 完工产品与在产品之间分配费用的方法有（　　）。

A. 不计算在产品成本法　　B. 定额比例法

C. 交互分配法　　D. 约当产量比例法

3. 完工产品与在产品之间分配费用，采用在产品按年初固定数成本计价法，适用于（　　）的企业。

A. 各月成本水平相差不大

B. 各月末在产品数量较大

C. 各月末在产品数量虽大，但各月之间变动不大

D. 各月末在产品数量较小

4. 约当产量比例法适用于（　　）的企业。

A. 月末在产品接近完工　　B. 月末在产品数量较大

C. 各月末在产品数量变化较大

D. 产品成本中原材料费用和工资等加工费用比重相差不多

5. 采用定额比例法分配完工产品与在产品费用，应具备以下哪些条件？（　　）

A. 定额管理基础较好　　B. 各项消耗定额变动较大

C. 各月末在产品数量变化较小　　D. 各月末在产品数量变化较大

三、简答题

1. 什么是在产品？如何进行在产品数量的确定及在产品清查的核算？

2. 生产费用在完工产品和月末在产品之间的分配方法有哪些？分别适用的范围是什么？

3. 什么是约当产量比例法？怎样计算月末在产品的直接材料、直接人工、制造费用的约当产量？

4. 什么是定额比例法？计算完工产品和月末在产品成本时采用定额比例法应注意哪些问题？

5. 试比较在产品按定额成本计价法与定额比例法的异同？

四、计算题

1. 某企业A产品月初在产品结存了1件。本月生产费用为：直接材料2 000元，直接人工500元，制造费用800元，本月完工产品100件，月末结存在产品2件。该种产品不计算在产品成本。

要求：编制成本计算单，计算该种产品本月完工产品的总成本和单位成本，并做完工入库的会计分录。

2. 某企业生产甲产品，月初在产品数量较大，但各月在产品数量变化不大，在产品按年初数固定成本计价法。在产品年初固定成本：直接材料3 000元，直接人工2 000元，制造费用1 500元。3月份生产费用：直接材料8 600元，直接人工6 000元，制造费用4 200元。本月完工产品200件，月末在产品100件。

要求：编制成本计算单，计算该种产品3月份完工产品的总成本和单位成本，并做完工入库的会计分录。

3. 某企业生产乙产品，直接材料在生产开始时一次投料，产品成本中直接材料费用所占比重很大，月末在产品按所耗直接材料费用计价。3月份月初在产品费用为直接材料20 000元。3月份生产费用：直接材料80 000元，直接人工40 000元，制造费用35 000元。本月完工产品300件，月末在产品200件。

要求：编制产品成本计算单（表5-11），计算分配该种产品完工产品成本和月末在产品成本，并做完工入库的会计分录。

表5-11　产品成本计算单

产品名称：乙产品　　　　20××年3月　　　　产量：300件

成本项目	直接材料	直接人工	制造费用	合　计
月初	20 000			20 000
本月费用	80 000	40 000	35 000	155 000
在产品成本				
完工产品成本				
完工产品单位成本				

4. 某产品经两道工序生产。其工时定额为：第一道工序20小时，第二道工序30小时。各工序在产品的工时定额按本工序工时定额之半计算。该种产品5月末在产品数量为第一道工序100件，第二道工序200件。

要求：

（1）计算两道工序在产品的完工程度。

（2）计算月末在产品的约当产量。

5. 某产品经两道工序制成，各工序直接材料消耗定额为：第一道工序直接材料消耗定额为 60 千克，第二道工序直接材料消耗定额为 40 千克。

要求：

(1) 计算各工序完工程度（直接材料在各工序生产开始时一次投入）。

(2) 计算各工序完工程度（直接材料在各工序生产开始后陆续投入）。

6. 某厂加工 A 产品，直接材料和加工费随加工进度均匀发生。月初在产品加本月生产费用合计为：直接材料 28 000 元，直接人工 14 000 元，制造费用 10 080 元；本月完工产品 100 件，月末在产品 30 件，完工程度为 40%。采用约当产量比例法分配完工产品与月末在产品成本。

要求：

(1) 编制产品成本计算单（表 5－12），计算直接材料、直接人工、制造费用的分配率。

(2) 计算完工产品与月末在产品的成本，并做完工入库的会计分录。

表 5－12　产品成本计算单

产品名称：A 产品　　20××年×月　　产量：件

成本项目	直接材料	直接人工	制造费用	合　计
生产费用合计	28 000	14 000	10 080	
分配率				
在产品成本				
完工产品成本				
完工产品单位成本				

7. 假定某企业生产乙产品要经过两道工序，本月份完工产品产量为 500 件，月末在产品 500 件。在产品在第一道工序 200 件，第二道工序 300 件。第一道工序工时定额 60 小时，第二道工序工时定额 40 小时，直接材料在生产开始时一次投入。累计直接材料费用 89 000 元，直接人工 24 000 元，制造费用 48 000 元。

要求：采用约当产量比例法分配完工产品成本和月末在产品的成本，并做完工入库的会计分录。

8. 某企业生产甲产品，该产品月初在产品和本月发生的生产费用合计为：直接材料 64 000 元，直接人工 4 800 元，制造费用 3 600 元，直接材料在生产开始时一次投入。单位产品直接材料费用定额为 70 元，完工产品 100 件，月末在产品 120 件，在产品定额工时为 200 小时，每小时费用定额为直接人工 4.5 元，制造费用 2.5 元。

要求：采用在产品按定额成本计价法，分配计算完工产品与月末在产品的生产费用。

9. 某企业生产甲产品，采用定额比例法分配费用，直接材料费用按定额费用比例分配，其他费用按定额工时比例分配，3 月份甲产品生产成本明细账见表 5－13。

要求：完成下列成本明细账，并做完工入库的会计分录。

表 5-13 产品成本计算单

单位：元

摘 要		直接材料	直接人工	制造费用	合 计
月初在产品费用		1 000	400	150	
本月生产费用		8 000	600	350	
生产费用累计					
完工产品	定额	4 000	200（工时）	200（工时）	
	实际费用				
月末产品	定额	5 000	300（工时）	200（工时）	
	实际费用				

五、综合计算题

投料率和约当产量的计算

企业甲产品由3道工序加工完成，投料方式为第一、第三工序为一次投料，第二工序为逐步投料，三道工序的投料量分别为10kg、10kg、20kg，具体如图5.7所示。

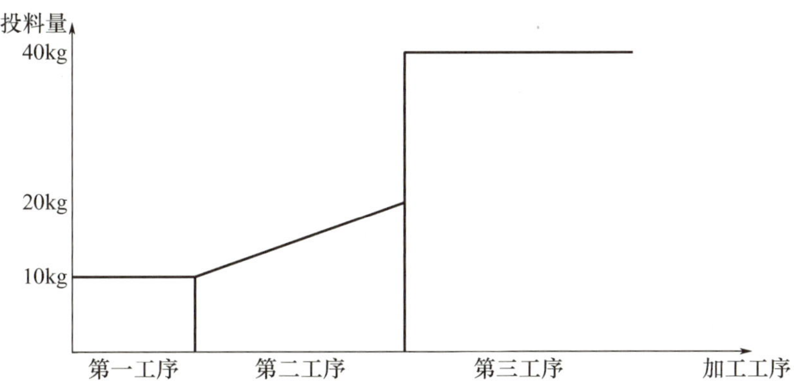

图 5.7 产品加工工序和投料方式

要求：

(1) 判断下列同学计算的各道工序投料率的正确性。

张成同学计算的结果如下。

第一工序：10÷40×100%=25%

第二工序：(10+10) ÷40×100%=50%

第三工序：(10+10+20) ÷40×100%=100%

李本同学计算的结果如下。

第一工序：10÷40×100%=25%

第二工序：(10+10×50%) ÷40×100%=37.5%

第三工序：(10+10+20) ÷40×100%=100%

王会同学计算的结果如下。

第一工序：(10×50%）÷40×100%=12.5%

第二工序：(10+10×50%）÷40×100%=37.5%

第三工序：(10+10+20×50%）÷40×100%=75%

这3个同学谁计算得对？如果都不对，该如何计算？

(2）如果在3道工序上在产品分别有100件、50件和40件，问甲在产品的约当产量为多少件？

完工程度和约当产量的计算

某企业甲产品由两个零件装配组成，加工工序和工时资料如图5.8所示。

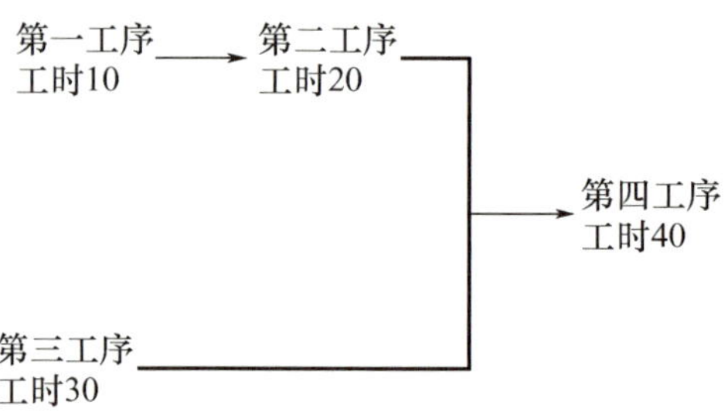

图5.8 某企业甲产品加工工序和工时资料

要求：

(1）判断下列同学计算的各道工序完工程度的正确性。

张成同学计算的结果如下。

第一工序：(10×50%）÷30×100%=16%

第二工序：(10+20×50%）÷30×100%=67%

第三工序：(30×50%）÷30×100%=50%

第四工序：(40×50%）÷40×100%=50%

李本同学计算的结果如下。

第一工序：(10×50%）÷70×100%=7%

第二工序：(10+20×50%）÷70×100%=29%

第三工序：(30×50%）÷70×100%=21%

第四工序：(40×50%）÷70×100%=29%

王会同学计算的结果如下。

第一工序：(10×50%）÷100×100%=5%

第二工序：(10+20×50%）÷100×100%=20%

第三工序：(30×50%）÷100×100%=15%

第四工序：(10+20+30+40×50%）÷100×100%=80%

这3个同学谁计算得对？如果都不对，该如何计算？

(2）如果在4道工序上在产品分别为100件、50件、150件和40件，问甲在产品的约当产量为多少件？

生产费用在完工产品与在产品之间的分配

（1）目的：掌握生产费用在完工产品和在产品之间的分配方法。

（2）资料：奔成企业10月份生产情况。

① 甲产品由301号和302号两种零件制成。其单位零件的原材料费用定额为：301号12元，302号14元。原材料在零件投产时一次投入。

② 甲产品本月完工270台，月末在产品盘存如表5－14所示。

表5－14　在产品盘存单

零件号	所在工序号	盘存数量/件
301	1	150
	2	100
	3	200
	合　计	450
302	1	400
	2	250
	合　计	650

③ 甲产品用两种零件在各道工序中加工的工时定额资料如表5－15所示。

表5－15　工时定额表

零件号	所在工序号	本工序工时定额/小时
301	1	2
	2	2
	3	1
302	1	1
	2	4
合　计		

④ 单位工时的计划工资和费用单价为：直接工资20元，制造费用8元。

⑤ 甲产品单台原材料费用定额为26元，单台工时定额为10小时。

（3）要求：根据上述资料，按照以下3种方法分别计算甲产品的完工产品成本和月末在产品成本。

① 月末在产品的原材料费用按定额材料费用计算，其他各项费用都按约当产量比例分配计算，填制表5－16、表5－17、表5－18，并编制入库的会计分录。

表 5-16　甲产品月末在产品定额原材料费用计算表

零　件　号	各工序盘存总数/件	单位原材料费用定额/元	原材料定额费用/元
301			
302			
合　计			

表 5-17　甲产品月末在产品约当产量计算表

零件号	所在工序	完工程度	实存数量/件	约当产量/件
301	1			
	2			
	3			
302	1			
	2			
合　计				

表 5-18　甲产品成本计算表

单位：元

摘　要	直接材料	直接人工	制造费用	合　计
月初在产品费用	6 180	36 000	16 000	
本月费用	13 180	59 000	22 100	
合　计				
分配率				
完工产品成本（　台）				
月末在产品成本（约当　台）				

② 在产品按定额成本计算。填制表 5-19、表 5-20，并编制入库的会计分录。

表 5-19　甲产品月末在产品定额成本计算表

零　件	所在工序	在产品数量	直接材料/元		工时/小时		直接人工/元	制造费用/元	合计/元
			单件定额	定额费用	单件定额	定额工时			
301	1								
	2								
	3								
302	1								
	2								
合　计									

表 5－20　甲产品成本计算表

单位：元

摘　要	直接材料	直接人工	制造费用	合　计
月初在产品费用	6 180	36 000	16 000	
本月费用	13 180	59 000	22 100	
合　计				
完工产品成本（　）台				
月末在产品费用				

③ 按完工产品和月末在产品的定额比例分配计算。原材料费用按定额原材料费用比例分配计算；其他各项费用按定额工时比例分配计算。填制表 5－21，并编制入库的会计分录。

表 5－21　甲产品成本计算表

单位：元

<table>
<tr><th colspan="2">摘　要</th><th>直接材料</th><th>直接人工</th><th>制造费用</th><th>合　计</th></tr>
<tr><td colspan="2">月初在产品费用</td><td>6 180</td><td>36 000</td><td>16 000</td><td></td></tr>
<tr><td colspan="2">本月费用</td><td>13 180</td><td>59 000</td><td>22 100</td><td></td></tr>
<tr><td colspan="2">合　计</td><td></td><td></td><td></td><td></td></tr>
<tr><td colspan="2">分配率</td><td></td><td></td><td></td><td></td></tr>
<tr><td rowspan="2">完工产品成本（　）台</td><td>定额</td><td></td><td>（工时）</td><td>（工时）</td><td></td></tr>
<tr><td>实际</td><td></td><td></td><td></td><td></td></tr>
<tr><td rowspan="2">月末在产品费用</td><td>定额</td><td></td><td>（工时）</td><td>（工时）</td><td></td></tr>
<tr><td>实际</td><td></td><td></td><td></td><td></td></tr>
</table>

（4）**问题：**

① 核对第一种方法和第三种方法分配计算的结果。这两种方法下的直接人工费用、制造费用的分配额有何结果，为什么？

② 讨论以上 3 种方法的优、缺点和适用条件。

第 6 章

产品成本计算方法概述

教学目标

通过本章的学习，使学生能够：

1. 了解产品生产的工艺特点和组织特点及管理要求对产品成本计算的影响；
2. 掌握各方法的成本计算对象、成本计算期和期末在产品费用的分配情况。

教学要求

知识要点	能力要求	相关知识
生产类型	（1）生产工艺特点 （2）生产组织特点	（1）单步骤生产（简单生产） （2）多步骤生产（复杂生产） （3）连续式生产 （4）装配式生产
生产类型和管理要求对成本计算方法的影响	（1）生产工艺对成本计算方法的影响 （2）生产组织对成本计算方法的影响 （3）管理要求对成本计算方法的影响	（1）成本计算对象 （2）成本计算期 （3）期末在产品的计算
成本方法标志	（1）成本计算对象 （2）成本计算期 （3）期末在产品的计算	（1）品种、批别、步骤 （2）生产周期、会计报告期、成本计算期 （3）生产费用在完工产品和在产品之间分配

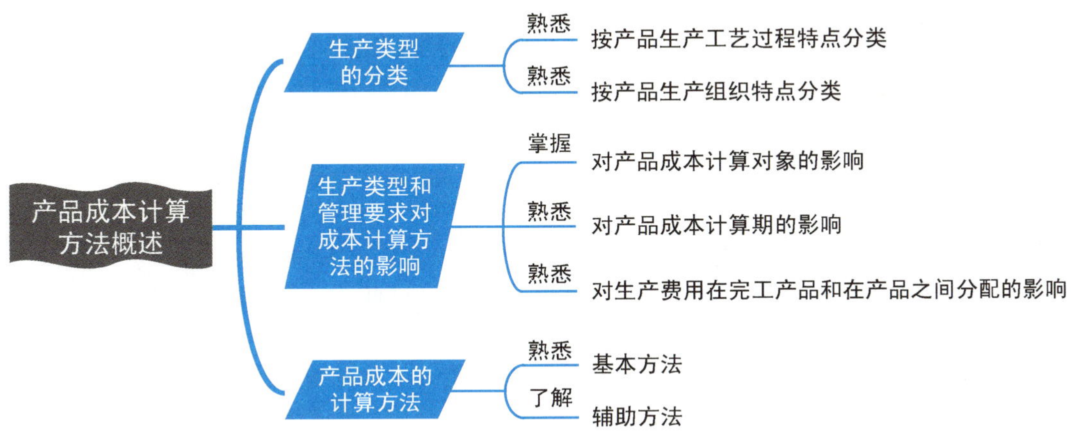

第 6 章知识点思维导图

> 不论做什么事，不懂得那件事的情形，它的性质，它和它以外的事情的关联，就不知道那件事的规律，就不知道如何去做，就不能做好那件事。
>
> ——毛泽东

导入案例

酒的成本计算

酒在我国历史悠久。《汉书·食货志》有羲和鲁匡说古法造酒：“一酿用粗米二斛，曲一斛，得成酒六斛六斗。各以其市月朔米曲三斛，并计其贾而参分之，以其一为酒一斛之平。除米曲本贾，计其利而什分之，以其七入官，其三及糟截、灰炭给工器、薪樵之费。”

大意是说，一酿用糙米二斛，曲一斛，可得到现成的酒六斛六斗。各自用每月初购买的三斛米曲，并计算它们的价格。把它们分成三份，用其中之一作为一斛酒的平价。除去米曲的成本价格，计算利润分成十份，把七份交纳给官府，其余三份及酒浆灰炭供给工匠器械柴火的费用。

在西汉以前我国就有计算酒成本的计算方法，并开以材料成本定价的先河。上述内容概括起来为五定：

产量：酒 6.6 斛；

材料用量：粗米二斛，曲一斛；

产品价格：“市月朔米曲三斛，并计其贾而参分之，以其一为酒一斛之平”，即以每月初一材料（粗米二斛，曲一斛）总市价的三分之一为一斛的酒价；

直接人工、制造费用及燃料：“除米曲本贾，计其利而什分之，其三及糟截、灰炭”，即 3.6 斛酒价×30%＋糟截灰炭等副产品收入；

利税：3.6 斛酒价×70%。

点评： 管理决定方法。

计算产品成本要考虑生产特点和管理要求。生产特点不一样，或管理要求不同，成本计算的方法也会不同。

6.1 生产类型的分类

工艺——千锤万凿出深山，烈火焚烧若等闲

工业企业是制造产品的。所谓制造，就是通过耗用人工和负担一些其他成本（通常称为制造费用），把材料加工成为产成品的过程。工业企业通过生产加工各种各样的产品满足社会需求，使自身盈利。工业企业由于生产的产品不同，其生产的工艺过程也就不同，由于产品市场需求的不同，产品的产量也不同，生产的组织形式也就不同，因此企业的生产类型也就各不相同。一般来说，企业的产品成本计算方法应该与其生产类型相适应。

6.1.1 按产品生产工艺的过程特点分类

工艺是指将原材料或半成品加工成产品的方法、技术等。工业企业的生产按生产工艺的过程特点，可分为单步骤生产和多步骤生产两种类型，如图 6.1 所示。

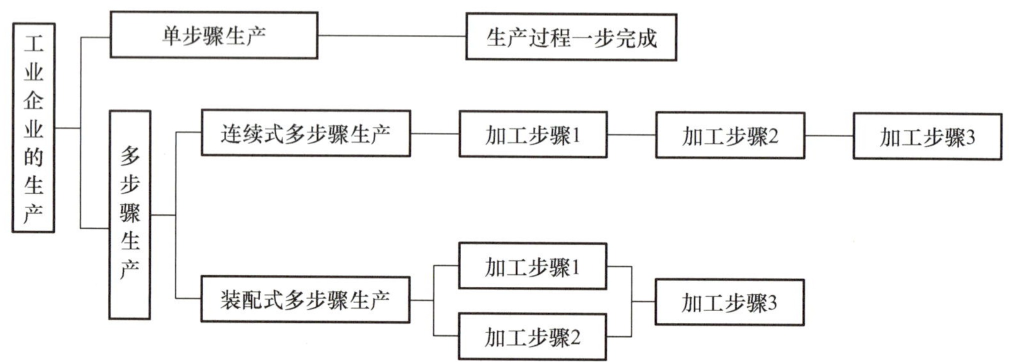

图 6.1 工业企业的生产按生产工艺的过程特点进行分类

(1) 单步骤生产，又称简单生产，是指生产工艺过程不能间断的生产（如供水、发电企业水和电的生产），或者由于工作地点限制不便分散在几个不同地点进行的生产（如采掘企业的生产）。

(2) 多步骤生产，又称复杂生产，是指生产工艺过程可以间断，可以分散在不同的时间、地点，由几个生产步骤组成的生产。多步骤生产的生产活动可以由一个企业的几个车间分生产步骤分别进行，也可以由几个企业分生产步骤协作进行。

6.1.2 按加工方式分类

工业企业的生产，按加工方式可以分为连续式生产和装配式生产。

（1）**连续式生产，是指要经过若干个连续性的生产步骤才能最终制成产品的生产。**连续式生产又可以分为连续式单步骤生产（如供水、发电企业水和电的生产）和连续式多步骤生产（如纺织企业从棉花到棉纱再到棉布的生产，钢铁企业从铁矿石到铁锭再到钢产品的生产）。

（2）**装配式生产，是指先把各种原材料平行加工，制成各种零部件，再把各种零部件装配成产品的生产**（如拖拉机、轴承、汽车、家电、服装等企业的生产）。

6.1.3 按产品生产的组织特点分类

所谓组织，就是按照一定的目的、任务和形式对某一事项加以编制。**生产组织就是对生产某种产品的量的编制。**工业企业的生产按产品生产的组织特点，可分为大量生产、成批生产和单件生产三种类型，如图 6.2 所示。

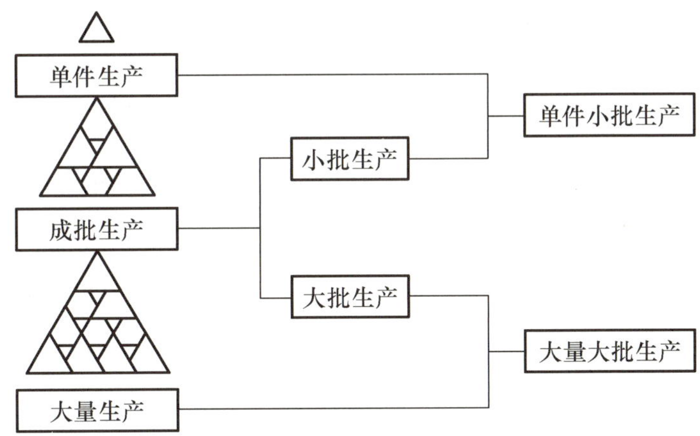

图 6.2 工业企业的生产按产品生产的组织特点进行分类

1. 大量生产

大量生产，是指连续不断地重复生产一种或几种特定产品的生产。这种生产类型的企业一般生产的品种较少，但每一品种的产量较大，规格较单一，且多采用专业设备进行生产，因此生产的专业化水平较高。例如，供水、发电、采掘、纺织、钢铁、造纸等企业的生产就属于这种类型。

2. 成批生产

成批生产，是指按事先规定的批别和数量进行的生产。这种生产类型的企业一般生产的品种较多，规格也较多，但每一品种的产量可能有大有小。例如，机械、服装等企业的生产就属于这种类型。

成批生产按照批量大小又可分为大批生产和小批生产。大批生产和大量生产相接近，小批生产和单件生产相接近。

3. 单件生产

单件生产，是指生产制造品种规格或质量要求比较特殊的产品，或根据客户订单个别设计，单独进行的生产。这种生产类型的企业一般生产的品种较多，但每一品种的产量较

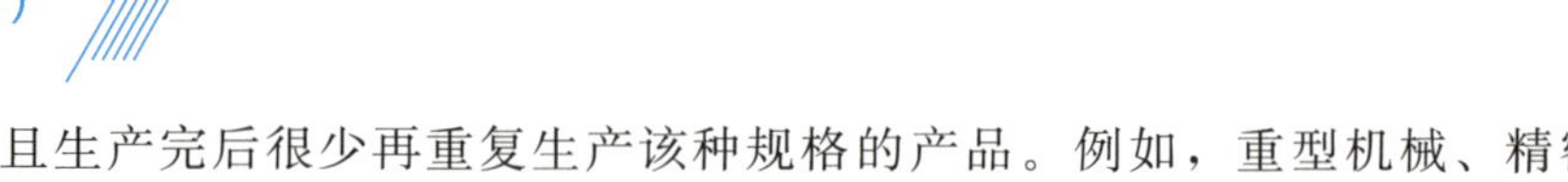

少，规格较特殊，而且生产完后很少再重复生产该种规格的产品。例如，重型机械、精密仪器、船舶等企业的生产就属于这种类型。

6.2 生产类型和管理要求对成本计算方法的影响

生产类型不同，成本管理的要求也不同，这些都会对产品成本计算产生影响：既会对成本计算对象的确定产生影响，又会对成本计算期及生产费用在本期完工产品和期末在产品之间的分配产生影响。

6.2.1 对产品成本计算对象的影响

计算产品成本，必须先要确定成本计算对象。**成本计算对象是指成本的承担者，也就是归集和分配生产费用的对象，即需要独立计量成本的任何产品。**确定成本计算对象是设置产品成本明细账、归集生产费用、计算产品成本的前提，也是区分各种成本计算基本方法的主要标志。

企业不同，产品的生产特点也不同，企业的管理要求也不相同。因此，具体的成本计算对象应根据产品的生产特点和管理要求来确定。

1. 生产工艺和管理要求的影响

产品生产工艺不同，成本计算对象也就不同。在单步骤生产时，企业往往连续不断、大量重复生产一种或几种产品，因此成本计算对象就是产品的品种，管理上也只要求按产品的品种来计算成本。在多步骤生产时，生产工艺过程是由几个可以间断的、分散在不同地点进行的生产步骤组成的。为了加强各个生产步骤的成本管理，往往不仅要求按照产品品种或批别来计算成本，而且还要求按照产品的各个生产步骤来计算成本。但是，如果企业的规模小，或是车间封闭，或是流水线生产，管理上又不要求按照生产步骤来考核生产费用、计算产品成本的，也可以不按照生产步骤计算成本，而只按照产品的品种或批别来计算成本。

2. 生产组织和管理要求的影响

产品生产组织特点不同，成本计算对象也不同。在大量生产时，企业连续不断地重复生产一种或几种产品，因此管理上只能按照产品的品种来计算成本。在大批生产时，与大量生产相类似，在一个较长时间内连续不断地重复生产一种或几种产品，也只能按照产品的品种来计算成本。至于单件和小批生产，因为投产的批量较小，同一批产品往往可以同时完工，因此可以按照产品的批别（单件是最小的批别）来计算成本。管理上为了分析和考核各批产品成本，也要求按照产品的批别来计算成本。

产品成本核算对象的规定

综上所述，成本计算对象主要是根据产品的生产特点和管理要求来确定的。一般来说，成本计算对象主要有 3 种，即产品的品种、产品的批别和产品的生产步骤。

6.2.2　对产品成本计算期的影响

成本计算期是指对生产费用计入产品成本所规定的起讫日期，也就是每次计算产品成本的期间。生产类型不同，产品的成本计算期也不同，这主要取决于生产组织的特点。

大量大批生产时，生产像流水一样连续不断地进行，不易分出批别，而且投料与生产出产品在时间上往往交叉进行。这时候，想按照产品的生产周期来计算成本几乎不可能，而每月都有一部分产品完工，生产费用通常只能按月来归集和分配。这样，成本计算就要定期在每月月末进行，与会计报告期相一致，与生产周期不一致。

单件小批生产时，批量小，而且生产一般不重复进行。因此，只能等某一批产品完工后才能计算该批产品的成本；这样，成本计算期就与生产周期相一致，与会计报告期不一致，是不定期的。

6.2.3　对生产费用在本期完工产品和期末在产品之间分配的影响

连续式单步骤生产时，生产周期较短，期末一般没有在产品或者在产品数量极少。为了简化成本计算手续，就不计算在产品的成本了，也就不必将生产费用在本期完工产品和期末在产品之间分配。

多步骤生产时，不管是连续式生产还是装配式生产，其生产周期一般较长，生产费用是否应在本期完工产品和期末在产品之间分配，很大程度上取决于企业的生产组织特点。

大量大批生产时，不断投料不断产出，期末经常有一定数量的在产品，这就需要将生产费用在本期完工产品和期末在产品之间进行分配。

单件小批生产时，因为批量小，所以同一批产品常常同时完工或者同时没有完工。如果同时完工，则所归集的生产费用就是完工产品的成本；如果同时没有完工，则所归集的生产费用就是在产品的成本。这样，也就无需将生产费用在本期完工产品和期末在产品之间进行分配。

成本计算对象、成本计算期及生产费用在本期完工产品和期末在产品之间的分配是成本计算方法的区别标志，将上述情况总结见表6-1。

表6-1　成本计算方法的区别标志

项目	主要标志——成本计算对象	辅助标志——成本计算期	辅助标志——在产品成本计算
品种法	品种	同会计期	需要计算
分批法	批别	同生产周期	不需要计算
分步法	步骤	同会计期	需要计算

6.3 产品成本的计算方法

产品成本的计算方法是指将生产费用在企业生产的各种产品之间、完工产品和期末在产品之间分配的方法。产品成本计算方法一般包括如下内容：确定成本计算对象；设置成本明细账，设置成本项目，生产费用的归集及计入产品成本的程序，确定间接计入费用的分配标准，确定成本计算期，将生产费用在完工产品和期末在产品之间分配，计算出完工产品的总成本和单位成本。

6.3.1 产品成本计算的基本方法

成本计算工作中存在着 3 种不同的成本计算对象，相应地，也就存在着以这 3 种成本计算对象为主要标志的 3 种成本计算的基本方法。

1. 品种法

品种法是以产品的品种为成本计算对象，来归集生产费用，计算产品成本的方法。品种法一般适用于大量大批单步骤生产，如发电厂、供水厂、采掘企业等；也适用于管理上不要求分步骤计算产品成本的大量大批多步骤生产，如小型的造纸厂、水泥厂、织布厂等。

2. 分批法

分批法是以产品的批别为成本计算对象，来归集生产费用，计算产品成本的方法。分批法一般适用于单件小批单步骤生产，也可用于管理上不要求分步骤计算产品成本的单件小批多步骤生产，如特殊或精密铸件的熔制，重型机械、船舶、精密仪器，以及专用工具、器具、模具和专用设备的制造等。

3. 分步法

分步法是以产品的生产步骤为成本计算对象，来归集生产费用、计算产品成本的方法。分步法一般适用于管理上要求分步骤计算产品成本的大量大批多步骤生产，如纺织、冶金、造纸、机械制造等。

6.3.2 产品成本计算的辅助方法

产品成本计算除了 3 种基本方法外，还存在分类法、定额法、标准成本法、作业成本法等辅助方法。分类法、定额法在我国成本会计核算上已比较成熟，而标准成本法、作业成本法还处于大力推广阶段。

1. 分类法

分类法是为了简化产品成本计算工作，在产品的品种规格繁多的工业企业（如针织厂、灯泡厂、制帽厂等）采用的一种简便的成本计算方法。

2. 定额法

定额法是在某些有一定定额管理基础的工业企业中，为了更有效地控制生产费用，加强成本管理而采用的一种将符合定额的费用和脱离定额的差异分别计算的产品成本计算方法。

3. 标准成本法

标准成本法是企业为了进行科学管理，预先制订出标准成本，用实际成本与标准成本进行比较，核算和分析成本差异的一种产品成本计算方法，也是加强成本控制、评价经济业绩的一种成本控制制度。

4. 作业成本法

作业成本法是根据现代企业中间接费用比重越来越大，而资源是为作业消耗的，作业是为产品消耗的，建立以作业为核心，根据企业生产经营过程中的资源耗费、作业和最终产出、作业链和价值链的关系，进行成本动因分析，将所发生和形成的成本耗费分配给成本计算对象的一种成本计算方法和管理制度。

现代经济史学家普遍认为，工业革命是把人类历史分开的分水岭。

——诺思

成本会计是因工业化的需要应运而生的。它的使命在于为经理人员提供详细的人工及材料成本信息。

——利特尔顿

练 习 题

一、单项选择题

1. 生产特点和管理要求对产品成本计算的影响主要表现在（　　）的确定上。
   A. 成本计算对象
   B. 成本计算日期
   C. 间接费用的分配方法
   D. 完工产品与在产品之间分配费用的方法
2. 区分各种成本计算基本方法的主要标志是（　　）。
   A. 成本计算对象
   B. 成本计算日期
   C. 间接费用的分配方法
   D. 完工产品与在产品之间分配费用的方法
3. 将品种法、分批法和分步法概括为产品成本计算的基本方法，主要是因为它们（　　）。
   A. 应用得最广泛
   B. 计算方法最简便
   C. 对成本管理最重要

D. 是计算产品实际成本必不可少的方法

4. 在大量大批多步骤生产情况下，如果管理上不要求分步计算产品成本，其所采用的成本计算方法应是（　　）。

A. 品种法　　B. 分批法　　C. 分步法　　D. 分类法

5. 产品成本计算的品种法就是（　　）。

A. 按照产品品种和生产步骤计算产品成本的方法

B. 单一法

C. 按照产品品种计算产品成本的方法

D. 一种成本计算的辅助方法

6. 品种法适用的生产组织是（　　）。

A. 大量成批生产　　B. 大量大批生产

C. 小批单件生产　　D. 大量小批生产

7. 分批法适用的生产组织是（　　）。

A. 小批单件生产　　B. 大量大批生产

C. 大量小批生产　　D. 大量成批生产

8. 划分产品成本计算基本方法和辅助方法的标准是（　　）。

A. 成本计算工作的简繁

B. 对成本管理作用的大小

C. 应用是否广泛

D. 对于计算产品实际成本是否必不可少

9.（　　）是属于产品成本计算方法的辅助方法。

A. 品种法　　B. 分批法　　C. 分步法　　D. 定额法

10. 分类法是在产品品种、规格繁多，但可按一定标准对产品进行分类的情况下，为了（　　）而采用的。

A. 计算各类产品成本　　B. 简化成本计算工作

C. 加强各类产品成本管理　　D. 提高计算的准确性

11. 定额法是为了（　　）而采用的。

A. 加强成本的定额管理　　B. 简化成本计算工作

C. 计算产品的定额成本　　D. 提高计算的准确性

二、多项选择题

1. 生产工艺分为（　　）。

A. 连续式　　B. 装配式　　C. 简单生产　　D. 复杂生产

2. 多步骤生产方式可以分为（　　）。

A. 连续式　　B. 装配式　　C. 简单生产　　D. 复杂生产

3. 企业在确定成本计算方法时，必须从企业的具体情况出发，同时考虑以下因素（　　）。

A. 企业行政级别　　B. 企业的生产特点

C. 进行成本管理的要求　　D. 月末有没有在产品

4. 品种法适用于（　　）。

A. 大量大批生产

B. 单件小批生产

C. 简单生产

D. 复杂生产，且管理上不要求分步骤计算产品成本

5. 下列方法中，属于产品成本计算的辅助方法有（　　）。

A. 分步法　　B. 分类法　　C. 定额法　　D. 分批法

三、案例应用分析

棉纺织业与工业革命的起源

在英国，17 世纪后半叶，东印度公司开始从印度进口色彩鲜艳、轻薄、价格低廉的印花棉布，并迅速占领了印花布市场。但在 1701 年，毛纺织行业代表们说服议会通过了第一部《印花布法案》，禁止进口印花棉布。此后，一个新兴产业在英国很快出现了，那就是进口白坯布的印花工业。毛纺织业再次震惊。1720 年，政府对进口印度绸和印花布课以重税，以保护国内纺织工业的发展。1721 年，议会强制通过第二部《印花布法案》，禁止陈列或消费印花棉布，这反过来又刺激了以进口原棉为基础的棉纺织业。这是贸易保护主义的立法过程，但是让人想不到的是，它最终成为了工业革命的起源。正如托因比在 1884 年著名的演讲中说的一样："工业革命的本质是竞争代替中世纪的条例，这些条例以前一直控制着财富的生产和分配。"18 世纪末，棉纺织业取代了毛纺织业，成为了英国工业的支柱产业。

问题：

（1）棉纺织业的生产工艺特点是什么？按加工方式分又是什么类别？

（2）分别说出 5 个与此同类和不同类的企业。

（3）画出上述内容中的 3 个工艺过程图。

第7章

产品成本计算的基本方法

教学目标

通过本章的学习，使学生能够：

1. 理解品种法、分批法和分步法的特点和适用范围，掌握产品成本计算方法的基本程序；

2. 掌握品种法、分批法和分步法的计算程序；

3. 掌握逐步结转分步法的计算程序和成本还原方法；

4. 掌握平行结转分步法的计算程序。

教学要求

知识要点	能力要求	相关知识
品种法	（1）对品种法特点和适用范围的理解 （2）品种法计算的运用	（1）生产类型和管理要求 （2）品种法的特点和适用范围 （3）品种法的计算程序
分批法	（1）对分批法适用范围和特点的理解 （2）分批法计算的运用 （3）简化分批法计算的运用	（1）分批法的计算程序 （2）简化分批法的计算程序 （3）简化分批法的特点
分步法	（1）对分步法适用范围和特点的理解 （2）分步法计算的运用	（1）各步骤之间成本的结转 （2）广义在产品数量核算 （3）逐步结转分步法的计算及应用 （4）综合结转法和分项结转法的计算及应用 （5）平行结转分步法的计算及应用

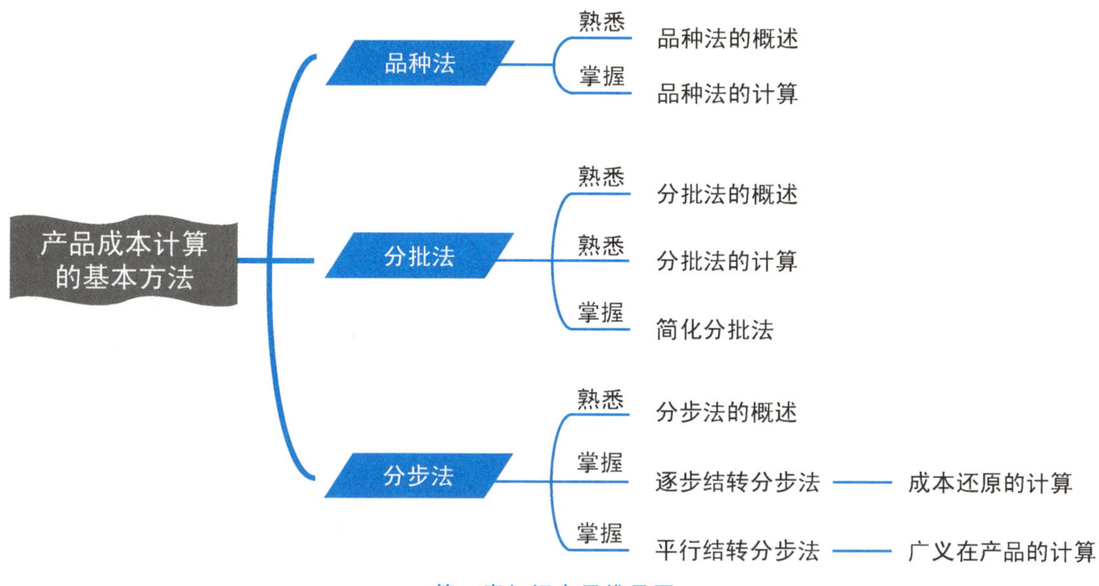

第 7 章知识点思维导图

> 科学研究的区分，就是根据科学对象所具有的特殊的矛盾性。因此，对于某一现象的领域所特有的某一种矛盾的研究，就构成某一门科学的对象。
>
> ——毛泽东

导入案例

钢铁是怎样炼成的

钢铁是这样炼出来的：先在高炉里把铁矿石炼成铁水（炼铁），再在炼钢炉里把铁水炼成钢（炼钢）。炼铁过程：把铁矿石和焦炭一层层堆放在高炉里，点火后发生氧化还原反应，把铁矿石还原为铁水，从高炉底部流出，装进铁水包或鱼雷罐车，运到炼钢的地方。炼钢过程：把铁水倒进炼钢炉，再将铁水倒进转炉，将吹氧枪从顶部插入铁水中，往铁水里面吹氧气，也可以同时在铁水底部插入一根枪，往铁水里吹入惰性气体以加速搅拌（顶底双吹）。转炉内的氧化环境将铁水中过量的碳氧化成一氧化碳和二氧化碳，达到钢水要求的碳含量，其他元素成分也合适了（吹氧时要根据需要加入各种元素），铁水就变成钢水了，就可以出钢了。出钢后钢水可以浇入模具冷却，制成一个个原料钢锭，再拿去轧制；也可以直接浇入连铸机，边浇钢水边冷却（这是目前用得较多的方法）。只要不停地浇入钢水，就可以制成无限长的钢坯，将钢坯按一定长度切断，再送去轧制成板材、线材。

整个联合钢铁厂的工艺流程为：原料码头（各种原料集中卸载存放区域）——烧结（矿石造块或造球团）——炼铁（高炉）——炼钢（铁水预处理——转炉或电炉——

精炼——连铸）——轧钢。

对此，在成本计算的方法选择上，就要看怎么样选择成本计算对象了。

点评：不同的生产特点有不同的成本计算方法。

对具体问题要具体分析，各种方法的产生要适合具体情况。产品生产的特点和管理要求的不同产生了不同的成本计算对象，不同的成本计算对象产生了不同的成本计算方法。

7.1 产品成本计算的品种法

7.1.1 品种法概述

1. 品种法的定义

产品成本计算的品种法是指将产品的品种作为成本计算对象，归集生产费用，计算产品成本的一种成本计算方法。由于不论什么企业，不论什么生产类型的产品，也不论管理上的要求如何，最终都必须按照产品品种计算出产品成本，因此，品种法是进行产品成本计算最基本的方法，也称简单法。

2. 品种法的适用范围

品种法适用于大量大批的单步骤生产，或管理上不要求分步骤计算产品成本的大量大批的多步骤生产。

（1）大量大批的单步骤生产。由于该类型的生产是大批量的生产，不需要也无法分批计算产品成本；又由于该类型的生产是单步骤生产，其生产技术过程不能间断，也不能分步骤计算产品成本。因此，需要按品种归集生产费用，计算产品成本。例如供水、发电、采掘等的生产活动。

（2）管理上不要求分步骤计算产品成本的大量大批的多步骤生产。对于生产规模较小的，或从投料到产品完工过程都在一个车间进行的封闭式生产，或是流水线生产的大量大批的多步骤生产，管理上往往不要求按步骤计算产品成本，因此，也可以采用品种法计算产品成本。例如小水泥厂、小砖厂，或是封闭式小山地自行车厂，或流水线生产拖拉机厂、汽车厂等的生产活动。

特别提示

流水组装线是福特于1913年在福特海兰园工厂首创的。

3. 品种法的特点

（1）成本计算对象。**品种法的成本计算对象就是企业生产的产品品种。**采用品种法计算产品成本的企业，大多是大量大批重复生产一种或多种产品。如果企业只生产一种产品，企业所发生的全部生产费用都直接计入成本，不需要在各成本计算对象之间进行分配，可以直接计入该产品成本明细账的有关成本项目。因此，在这种情况下，只需为该产品设置产品成本明细账，并按成本项目设置专栏，归集生产费用和计算产品成本。如果企业生产的产品不止一种，则需要以每一种产品作为成本计算对象，分别设置产品成本明细账。对于发生的生产费用，若能分清是哪种产品耗用的，则直接计入该种产品成本明细账的有关成本项目；若是几种产品共同耗用的，则需要采用适当的分配方法，在各成本计算对象之间进行分配，然后分别计入各产品成本明细账的有关成本项目。

(2) 成本计算期。由于大量大批的生产是不间断的连续生产，其产品也是陆续投入、陆续完工的，无法按照产品的生产周期来归集生产费用，计算产品成本，因此只能定期按月计算产品成本，从而将本月的销售收入与产品生产成本对比，计算本月损益，以满足管理的需要。因此，**品种法的产品成本是定期按月计算的，与会计报告期一致，而与产品的生产周期不一致。**

特别提示

会计报告期即会计期间假设按年、季、月进行的会计分期。生产周期是指产品从投料至产出的时间。成本计算期与会计报告期一致，即按月定期计算产品成本。

(3) 生产费用在完工产品和在产品之间的分配。大量大批的单步骤生产，一个生产步骤就完成了其整个生产过程，月末一般没有在产品，因此，计算产品成本时不需要将生产费用在完工产品和在产品之间进行分配，产品成本明细账中归集的生产费用，就是该种产品的成本。管理上不要求分步骤计算产品成本的大量大批的多步骤生产，由于需要经过多个生产步骤，月末都会有在产品，因此，为了分别计算完工产品与月末在产品的成本，需要采用适当的分配方法，将生产费用在完工产品和在产品之间进行分配。

7.1.2　品种法的计算程序及应用举例

由于品种法是产品成本计算方法中最基本的方法，因此品种法的成本计算程序体现着产品成本计算的一般程序，应按品种开设基本生产成本明细账（即成本计算单）。其他步骤参见 2.3.1 节介绍。

采用品种法进行成本核算的基本程序，如图 7.1 所示。

【例 7-1】 资料：奔成企业设有一个基本生产车间，大量生产甲、乙两种产品，其生产工艺技术过程不能间断，属于单步骤生产，根据生产特点和管理要求，采用品种法计算成本。本月费用见第 4 章、第 5 章各个有关费用分配表的资料。甲产品本月投入 500 件，乙产品本月投入 1 000 件，甲产品有 8 件废品，其他的全部完工，且无期初和期末在产品。辅助生产费用分配采用直接分配法。

要求：计算甲、乙两种产品的产成品成本，并编制会计分录。

根据原材料费用分配表 3-7、外购动力费用分配表 3-8、工资费用分配表 3-14、其他职工薪酬分配表 3-17、辅助生产费用分配表 4-6、制造费用分配表 4-12、不可修复废品损失计算单 4-14，登记甲、乙产品成本计算单，见表 7-1、表 7-2。

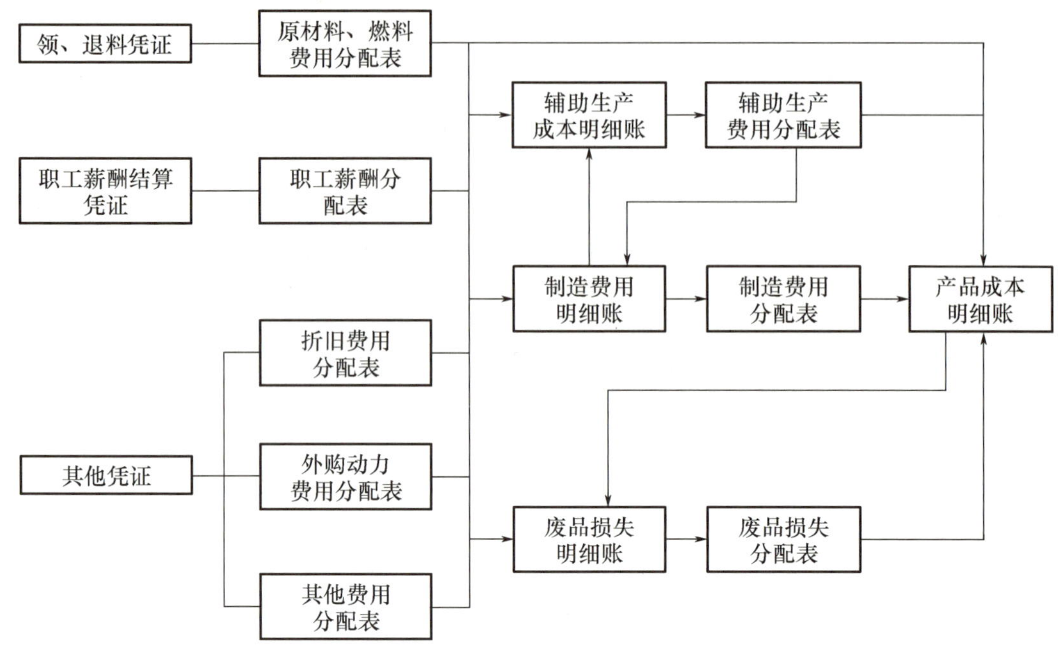

图 7.1 采用品种法进行成本核算的基本程序

表 7－1 产品成本计算单

产品：甲产品　　产量：492 件　　20××年 12 月　　单位：元

项　目	直接材料	燃料及动力	直接人工	制造费用	废品损失	合计
原材料费用分配表 3－7	30 000					30 000
外购动力费用分配表 3－8		20 720				20 720
工资费用分配表 3－14			15 000			15 000
其他职工薪酬分配表 3－17			8 565			8 565
辅助生产费用分配表 4－6		4 608				4 608
制造费用分配表 4－12				12 320		12 320
不可修复废品损失计算单 4－14	－418	－542.4	－505.2	－264	1441.6	－350
完工产品	29 520	24 785.6	23 059.8	12 056	1 441.6	90 863
单位成本	60	50	47	25	3	185

表 7－2 产品成本计算单

产品：乙产品　　产量：1 000 件　　20××年 12 月　　单位：元

项　目	直接材料	燃料及动力	直接人工	制造费用	合　计
原材料费用分配表 3－7	22 000				22 000
外购动力费用分配表 3－8		11 840			11 840
工资费用分配表 3－14			9 000		9 000

续表

项　目	直接材料	燃料及动力	直接人工	制造费用	合　计
其他职工薪酬分配表 3-17			5 139		5 139
辅助生产费用分配表 4-6		2 864			2 864
制造费用分配表 4-12				7 156	7 156
完工产品成本	22 000	14 704	14 139	7 156	57 999
单位成本	22	14.7	14.1	7.2	58

完工入库会计分录：

借：库存商品——甲产品　　90 863

　　　　　　——乙产品　　57 999

　贷：基本生产成本——甲成本　　90 863

　　　　　　　　　——乙成本　　57 999

7.2　产品成本计算的分批法

7.2.1　分批法概述

1. 分批法的定义

产品成本计算的分批法是指以产品的批别为成本计算对象，归集生产费用，计算产品成本的一种基本方法。

2. 分批法的适用范围

分批法主要适用于单件、小批或管理上不要求分步骤计算产品成本的多步骤生产类型的企业，主要包括以下几种。

（1）单件、小批生产的重型机械、船舶、精密工具、仪器等制造企业。

（2）不断更新产品种类的（如时装等）制造企业。

（3）企业新产品的试制、机器设备的修理作业及辅助生产的工具、器具、模具的制造等，也可以采用分批法计算成本。

3. 分批法的特点

（1）成本计算对象

分批法的成本计算对象是企业生产产品的批别。由于在单件小批生产类型的企业中，生产大多是根据购货单位的订单组织的，因此，分批法也称订单法。但严格来说，按批别组织生产，并不一定就是按订单组织生产，还要结合企业自身的生产负荷能力，来合理组织安排产品生产的批量与批次。一般来讲，确定批别的方式有以下几种。

① 如果在一张订单中要求生产多种产品，为了便于考核分析各种产品的成本计划执行情况，加强生产管理，就要将该订单按照产品的品种划分成几个批别组织生产。

② 如果在一张订单中只要求生产一种产品，但数量极大，超过企业的生产负荷能力，或者购货单位要求分批交货的，也可将该订单分为几个批别组织生产。

③ 如果在一张订单中只要求生产一种产品，但该产品属于价值高、生产周期长的大型复杂产品（如万吨轮），也可将该订单按产品的零部件分为几个批别组织生产。

④ 如果在同一时期接到的几张订单要求生产的都是同一种产品，为了更经济合理地组织生产，也可将这几张订单合为一批组织生产。

（2）成本计算期

采用分批法计算产品成本的企业，虽然各批产品的成本计算单仍按月归集生产费用，但是只有在该批产品全部完工时才能计算其实际成本。由于各批产品的生产复杂程度不同，质量、数量要求也不同，生产周期就各不相同。有的批次当月投产，当月完工；有的批次要经过数月甚至数年才能完工。可见完工产品的成本计算因各批次的生产周期而异，是不定期的。因此，**分批法的成本计算期与产品的生产周期一致，与会计报告期不一致。**

特别提示

品种法是成本计算方法中最基本的方法。从成本计算期上看，分批法只是品种法的“位移”，而分步法就是几个步骤的品种法的组合。品种法下由于生产持续不断，只能采用人为的会计期间作为成本计算期，而分批法下生产有自然的开工到完工的生产期和不同批次生产的间断期，因此，分批法的成本计算期就是产品自然的生产周期。图 7.2 所示为品种法和分批法的成本计算期的对比。

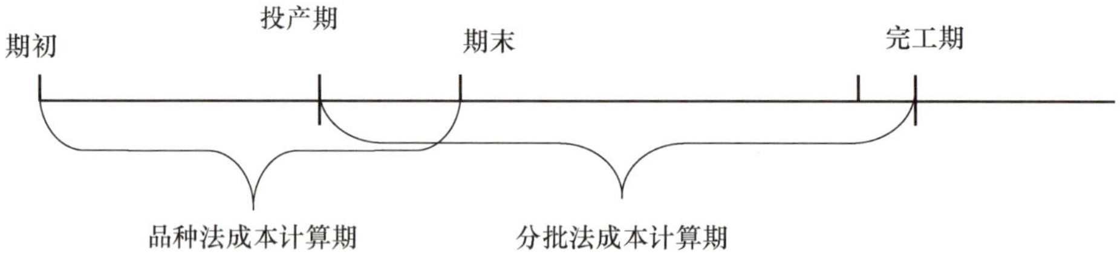

图 7.2　品种法和分批法的成本计算期的对比

（3）生产费用在完工产品和在产品之间的分配

在单件或小批量生产，购货单位要求一次性交货的情况下，同一批产品要求同时完工。这样该批产品完工前的成本明细账上所归集的生产费用就是在产品成本；完工后的成本明细账上所归集的生产费用就是完工产品成本。因此在通常情况下，生产费用不需要在完工产品和在产品之间分配。

但是如果产品批量较大、购货单位要求分批次交货时，就会出现批内产品跨月陆续完工的情况，这时应采用适当的方法将生产费用在完工产品和月末在产品之间进行分配。采用的分配方法视批内产品跨月陆续完工的数量占批量的比重的大小而定。

（4）间接计入费用的分配方法

① 当月分配法。当月分配法的特点是不论各批次的产品本月是否完工，都要按当月

分配率计算分配本月的间接计入费用，这样各月末间接计入费用明细账都没有余额。该方法适用于生产周期较短、当月投产当月完工的产品。

② 累计分配法。在投产批次较多而且未完工的批次也较多的情况下，仍按当月分配法计算分配间接计入费用，月末的核算工作量会比较大。如果只要求成本计算相对准确即可，那么可以采用“累计分配法”。该方法的特点是只对当月完工批次的产品按累计分配率计算分配间接计入费用，对当月未完工批次的产品则只按月登记发生的工时，不分配间接计入费用，这样，各月末间接计入费用明细账就会有余额。该方法适用于生产周期较长、不能当月投产当月完工的产品。

分批法因其采用的间接计入费用的分配方法不同，分为一般的分批法和简化的分批法。采用当月分配率来分配间接计入费用的分批法称为一般的分批法，也称分批计算在产品成本的分批法。采用累计分配率来分配间接计入费用的分批法称为简化的分批法，也称不分批计算在产品成本的分批法，是一般的分批法的简化形式。

7.2.2　分批法的计算程序及应用举例

采用分批法计算某批别或订单的产品成本时，其计算程序除了产品生产成本明细账的设置和完工产品成本的计算外，其他的与品种法基本一致。

【例 7 - 2】 奔成企业根据购买单位要求，小批量生产甲、乙、丙 3 批产品，采用分批法计算产品成本。假定 7 月份的产品生产情况和各项费用支出情况的资料如下。

（1）本月份生产产品的批号如下。

2011 批次甲产品 4 台，5 月份投产，本月全部完工。

2012 批次乙产品 10 台，6 月份投产，本月完工 6 台，未完工 4 台。

2013 批次丙产品 6 台，本月投产，计划 8 月份完工，本月提前完工 2 台。

（2）本月份费用资料如下。

① 各批产品的月初在产品费用见表 7 - 3。

表 7 - 3　月初在产品费用资料表

单位：元

项　目	直接材料	燃料及动力	直接人工	制造费用	合　计
2011 批次甲产品	12 000	14 000	7 000	3 000	36 000
2012 批次乙产品	13 000	10 000	8 000	2 000	33 000

② 根据各种费用分配表，汇总本月各批次产品发生的生产费用，见表 7 - 4。

表 7 - 4　本月费用资料表

单位：元

项　目	直接材料	燃料及动力	直接人工	制造费用	合　计
2011 批次甲产品		6 000	5 000	1 800	12 800
2012 批次乙产品		7 000	7 000	3 600	17 600
2013 批次丙产品	10 000	8 000	6 000	3 000	27 000

（3）在完工产品和在产品之间分配费用。

2011 批次甲产品，本月全部完工，不存在费用分配问题。

2012 批次乙产品，上月投产 10 台，本月完工 6 台，占全部批量的 60%。原材料是在生产开始时一次投入的，其费用应按完工产品和在产品实际数量的比例分配；其他费用采用约当产量比例法在完工产品和在产品之间进行分配，在产品完工程度为 50%。

2013 批次丙产品，本月投产，计划 8 月份完工，本月提前完工 2 台。由于完工数量较少，为简化核算，完工产品按定额成本转出，每台定额成本为 4 000 元，其中，直接材料 1 700 元，燃料及动力 900 元，直接人工 800 元，制造费用 600 元。

（4）根据上述各项资料，登记各批次产品的成本明细账，计算各批次产品成本，详见表 7－5、表 7－6、表 7－7。

表 7－5　产品成本明细账

产品批次：2011　　购货单位：北京公司　　投产日期：5 月

产品名称：甲　　批量：4 台　　完工日期：7 月　　单位：元

摘　要	直接材料	燃料及动力	直接人工	制造费用	合　计
月初在产品费用	12 000	14 000	7 000	3 000	36 000
本月生产费用		6 000	5 000	1 800	12 800
累计	12 000	20 000	12 000	4 800	48 800
完工产品总成本	12 000	20 000	12 000	4 800	48 800
完工产品单位成本	3 000	5 000	3 000	1 200	12 200

编制会计分录如下。

借：库存商品——甲产品　　48 800

　　贷：基本生产成本——2011 批次　　48 800

表 7－6　产品成本明细账

产品批次：2012　　购货单位：上海公司　　投产日期：6 月

产品名称：乙　　批量：10 台　　完工日期：7 月　　单位：元

摘　要	直接材料	燃料及动力	直接人工	制造费用	合计
月初在产品费用	13 000	10 000	8 000	2 000	33 000
本月生产费用		7 000	7 000	3 600	17 600
累计	13 000	17 000	15 000	5 600	50 600
完工（6 台）产品总成本	7 800	12 750	11 250	4 200	36 000
完工产品单位成本	1 300	2 125	1 875	700	6 000
月末在产品费用	5 200	4 250	3 750	1 400	14 600

表7-6计算过程

表 7－6 中，材料一次投入，材料分配时月末在产品为 4 台，其他费用分配时，在产品约当产量为 2 台，结果填制如表。

编制会计分录如下。

借：库存商品——乙产品　　36 000

　　贷：基本生产成本——2012 批次　　36 000

表 7－7 产品成本明细账

产品批次：2013　　购货单位：同原公司　　投产日期：7 月

产品名称：丙　　批量：6 台　　完工日期：8 月　　单位：元

摘　要	直接材料	燃料及动力	直接人工	制造费用	合　计
本月生产费用	10 000	8 000	6 000	3 000	27 000
单台定额成本	1 700	900	800	600	4 000
完工（2 台）产品总成本	3 400	1 800	1 600	1 200	8 000
月末在产品费用	6 600	6 200	4 400	1 800	19 000

编制会计分录如下。

借：库存商品——丙产品　　8 000

　　贷：基本生产成本——2013 批次　　8 000

在上面分批法的计算上，有一个很特别的标志就是成本计算期为生产周期，即只有在产品完工入库时才需要计算该批产品成本。那么，能不能设计一种方法，根据费用分配标准的特性，各批别之间的有些费用分配（横向分配）也在批别完工时候才进行分配呢？回答是肯定的。

7.2.3 简化分批法

1. 简化分批法概述

在小批、单件生产的企业或车间（如机械制造厂等）中，有时同一月份投产的产品批数很多，而且月末未完工的批数也较多。在这种情况下，如果把当月发生的间接计入费用全部分配给各批产品，而不论各批产品是否完工，费用分配的核算工作将非常繁重。然而，对于当月没有完工产品的各批产品来说，进行复杂的间接费用分配只是归集了月末在产品的生产成本，对其完工产品的成本计算没有多大的实际意义。因此，在投产批数繁多而且月末未完工批数较多的该类企业，可以采用一种简化的分批法进行成本核算。

简化分批法又称累计间接计入费用分批法，是指企业在采用分批法进行成本核算的情况下，仍按照产品批别设立产品成本明细账，但在各批产品完工之前，账内只按月登记直接计入费用（如直接材料费用）和生产工时，对于除直接材料费用外的各项间接计入费用，不是按月在各批产品之间进行分配，而是先将这些费用反映到基本生产成本二级账中，按成本项目分别累计起来，等到有产品完工的月份，再将其在各批完工产品之间进行分配的方法。这种方法对于减少工作量、提高工作效率有较大的作用。

2. 简化分批法的成本计算程序

1）按照产品批别设置产品生产成本明细账和基本生产成本二级账

按产品批别设置产品生产成本明细账，并分别按成本项目设置专栏或专行，平时账内仅登记直接计入费用和生产工时；另外，还要按全部产品**设立一个“基本生产成本二级账”，归集反映企业投产的所有批次产品在生产过程中所发生的各项费用和累计生产工时。**

特别提示

简化分批法中各批别成本明细账（成本计算单）中“生产工时”一栏，实为分配标准栏，如直接人工费用和制造费用的分配标准不同，可再加专栏。分配标准的选择可以是生产工时，也可以是机器工时，也可以按定额、作业等确定。当然，如果企业是用同一种材料生产各批产品，直接材料平时也可不分批，在成本计算单中也可以只登记直接材料的分配标准。简化分批法用一句成语形容就是“秋后算账”，这里的“秋后”是指“完工批别”。

2）归集和分配生产费用及生产工时

（1）根据某月初在产品成本及生产工时资料记入各批产品生产成本明细账和产品基本生产成本二级账。

（2）根据本月直接材料费用分配表及生产工时记录，将各批产品耗用的直接材料费用和耗用的生产工时分别记入各批产品生产成本明细账和产品“基本生产成本二级账”。

（3）根据各项间接计入费用（如直接人工费用和制造费用）的分配表或汇总表，将本月各批产品发生的各项间接计入费用，以各批总数记入产品“基本生产成本二级账”。

（4）根据月初在产品成本、生产工时记录与本月生产费用、生产工时记录确定本月末各项费用与生产工时累计数。

3）计算产品成本

月末如果本月各批产品均未完工，则各项费用与生产工时累计数转至下月继续登记。如果本月有完工产品或某批全部完工或部分完工，或有几批完工，对完工产品应负担的直接材料费用，可根据产品生产成本明细账中的累计生产费用，采用适当的分配方法在完工产品和在产品之间进行分配；对完工产品应负担的间接计入费用，则需要根据“基本生产成本二级账”的累计间接计入费用数与累计工时，计算全部产品的各项累计间接计入费用分配率，并根据分配率分配各项累计间接计入费用，计算完工产品成本，公式如下。

$$某项累计间接费用分配率=\frac{全部产品累计某项间接费用}{全部产品的累计工时}$$

$$\begin{matrix}某批完工产品应负\\担的某项间接费用\end{matrix}=\begin{matrix}该批完工产品\\累计生产工时\end{matrix}\times 该项累计间接费用分配率$$

简化分批法成本核算的基本程序，如图 7.3 所示。

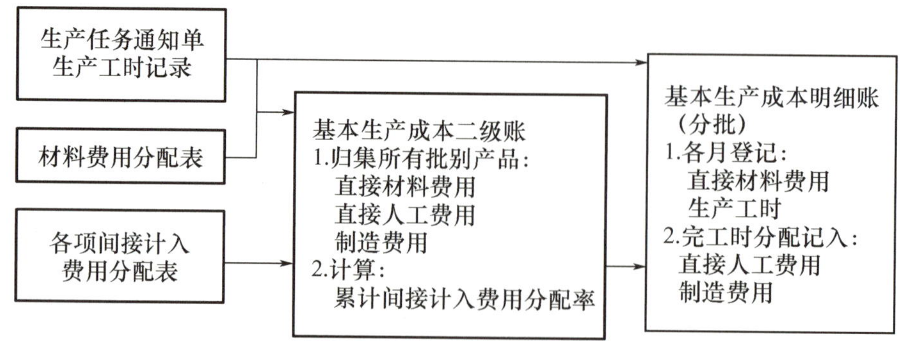

图 7.3 简化分批法成本核算的基本程序

3. 简化分批法举例

【例 7-3】 奔成企业按订货单位要求小批量组织生产多种产品，由于各月投产的产品批别较多，且月末存在大量的未完工产品，为了简化成本计算，采用简化分批法（不分批计算在产品成本的分批法）计算产品成本。其有关资料如下。

（1）该企业 20××年 7 月份的产品生产资料如下。

2201 批次：甲产品 10 台，5 月份投产，本月完工。

2202 批次：乙产品 6 台，5 月份投产，本月尚未完工。

2203 批次：丙产品 5 台，6 月份投产，本月尚未完工。

2204 批次：丁产品 8 台，6 月份投产，本月完工 5 台。

（2）该企业 7 月份的月初在产品成本和本期生产费用及生产工时等资料见表 7-8。

表 7-8　月初在产品成本和本期生产资料

单位：元

批次	产品名称	期初在产品				本月发生的生产费用及生产工时			
		累计工时/小时	累计直接材料	累计直接人工	累计制造	生产工时/小时	直接材料	直接人工	制造费用
2201	甲	4 860	12 000			1 380	780		
2202	乙	1 800	7 200			2 460	1 050		
2203	丙	2 940	6 000			4 560	960		
2204	丁	1 200	14 400			2 160			
合计		10 800	39 600	19 500	14 520	10 560	2 790	6 132	8 976

2204 批次丁产品原材料在投产时一次投入；月末在产品工时按工时定额计算，其中 2204 批次丁产品的月末在产品定额工时共计 1 170 小时。

本期发生和分配的有关费用，编制会计分录如下。

借：基本生产成本——2201 批次　　780
　　　　　　　　——2202 批次　　1 050
　　　　　　　　——2203 批次　　960
　　　　　　　　——直接人工　　6 132
　　　　　　　　——制造费用　　8 976
　贷：原材料　　2 790
　　　应付职工薪酬　　6 132
　　　制造费用　　8 976

其具体计算如下。

① 设置该企业的基本生产成本二级账，并根据本期费用发生和分配的会计分录及工时资料，登记二级账，见表 7-9。

表 7-9　基本生产成本二级账

（各批产品总成本）　　单位：元

月	日	摘　要	直接材料[①]	生产工时/小时	直接人工	制造费用	合　计
6	30	累计发生	39 600	10 800	19 500	14 520	73 620
7	31	本月发生	2 790	10 560	6 132	8 976	17 898
7	31	累计发生额	42 390	21 360	25 632	23 496	91 518
7	31	累计间接计入费用分配率			1.2	1.1	
7	31	本月完工产品成本转出	21 780	8 430	10 116	9 273	41 169
7	31	期末在产品成本	20 610	12 930	15 516	14 223	50 349

① 特别说明，按照记账凭证登记，二级账中没有此列内容，这里列示只为对比学习方便。另外在第 2 章费用分类时提到（图 2.3），如果用同一种材料生产几种产品，材料费用也是间接计入费用，即简化的分批法。理论上材料费用也是可以累计分配的，但是在实际工作中，各个批别的领料一般都是分开领用直接计入各批成本计算单的。

全部产品累计间接计入费用分配率计算如下。

$$直接人工费用累计分配率=\frac{全部产品直接人工费用}{全部产品累计生产工时}=\frac{25\ 632}{21\ 360}=1.2(元/工时)$$

$$制造费用累计分配率=\frac{全部产品制造费用}{全部产品累计生产工时}=\frac{23\ 496}{21\ 360}=1.1(元/工时)$$

本月完工转出产品的直接材料费用和生产工时，应根据各批产品的产品成本明细账中完工产品的直接材料费用和生产工时汇总登记。2201 批次和 2204 批次完工产品直接材料费用合计为 21 780 元，完工产品生产工时为 8 430 小时。

完工产品的各项间接计入费用可以用账中完工产品生产工时分别乘以各项间接计入费用累计分配率计算登记，也可以根据各批产品成本明细账中完工产品的各项费用分别汇总登记。以账中累计行的各栏数字分别减去本月完工产品转出数，即为 7 月末在产品的直接材料费用、生产工时和各项间接计入费用。月末在产品的直接材料费用和生产工时也可以根据各批产品成本明细账中月末在产品的直接材料费用和生产工时分别汇总登记；各项间接计入费用也可以用其生产工时分别乘以各项费用累计分配率计算登记。

② 设置该企业各批产品生产成本明细账，并根据本期费用发生和分配的会计分录及工时资料，登记明细账，见表 7-10～表 7-13。

表 7-10　产品成本明细账

批次：2201　　订货单位：A 工厂　　投产日期：5 月

产品名称：甲产品　　批量：10 台　　完工日期：7 月　　单位：元

月	日	摘　要	直接材料	生产工时/小时	直接人工	制造费用	合　计
6	30	累计发生额	12 000	4 860			
7	31	本月发生额	780	1 380			

续表

月	日	摘　要	直接材料	生产工时/小时	直接人工	制造费用	合　计
7	31	累计数及累计分配率	12 780	6 240	1.2	1.1	
7	31	本月完工产品转出	12 780	6 240	7 488	6 864	27 132
7	31	本批产品总成本	12 780		7 488	6 864	27 132
7	31	本批产品单位成本	1 278		748.8	686.4	2 713.2

表 7－11　产品成本明细账

批次：2202　　订货单位：B工厂　　投产日期：5月

产品名称：乙产品　　批量：6台　　完工日期：8月　　单位：元

月	日	摘　要	直接材料	生产工时/小时	直接人工	制造费用	合　计
6	30	累计发生额	7 200	1 800			
7	31	本月发生额	1 050	2 460			
7	31	累计发生数	8 250	4 260			

表 7－12　产品成本明细账

批次：2203　　订货单位：C工厂　　投产日期：6月

产品名称：丙产品　　批量：5台　　完工日期：8月　　单位：元

月	日	摘　要	直接材料	生产工时/小时	直接人工	制造费用	合　计
6	30	累计发生额	6 000	2 940			
7	31	本月发生额	960	4 560			
		累计发生数	6 960	7 500			

表 7－13 产品成本明细账

批次：2204　　订货单位：D工厂　　投产日期：6月

产品名称：丁产品　　批量：8台　　完工日期：8月（本月完工：5台）　　单位：元

月	日	摘　要	直接材料	生产工时/小时	直接人工	制造费用	合　计
6	30	累计发生额	14 400	1 200			
7	31	本月发生额		2 160			
7	31	累计数及累计费用分配率	14 400	3 360	1.2	1.1	
7	31	本月完工（5台）产品转出	9 000	2 190	2 628	2 409	14 037

续表

月	日	摘　要	直接材料	生产工时/小时	直接人工	制造费用	合　计
7	31	完工产品单位成本	1 800		525.6	481.8	2 807.4
7	31	期末在产品成本	5 400	1 170			

对于有完工产品（如2201批次的甲产品和2204批次的丁产品）的月份，除了登记直接材料费用和生产工时及相应的累计数外，还应根据基本生产成本二级账登记各项累计间接计入费用分配率。其中，2201批次的甲产品月末全部完工，所以其产品成本明细账中累计的直接材料费用和生产工时，即为完工产品的直接材料费用和生产工时，用其生产工时分别乘以各项累计间接计入费用分配率，就是完工产品应分配的各项间接计入费用；2204批次的丁产品，月末部分完工，部分在产，则需将生产费用在完工产品与在产品之间进行分配。由于其所耗原材料在生产开始时一次投入，因此其直接材料费用按完工产品与在产品的数量比例分配，完工产品直接材料费用为9 000元（14 400÷8×5），完工产品生产工时为2 190小时，是用总工时减去月末在产品定额工时（3 360－1 170）计算的。

各批产品生产成本明细账登记完毕后，将其中完工产品的直接材料费用和生产工时分别汇入基本生产成本二级账，并据以计算登记各批全部完工产品的总成本。

根据表7－9、表7－10和表7－13计算，编制会计分录如下。

借：基本生产成本——2201批次　　14 352
　　　　　　　　——2204批次　　5 037
　贷：基本生产成本——直接人工　　10 116
　　　　　　　　　——制造费用　　9 273

③ 编制企业各批完工产品的成本汇总表，见表7－14。

表7－14　各批完工产品的成本汇总表

20××年7月　　　　单位：元

成本项目		直接材料	直接人工	制造费用	合　计
2201批次甲产品（产量10台）	总成本	12 780	7 488	6 864	27 132
	单位成本	1 278	748.8	686.4	2 713.2
2204批次丁产品（产量5台）	总成本	9 000	2 628	2 409	14 037
	单位成本	1 800	525.6	481.8	2 807.4

根据表7－14，编制会计分录如下。

借：库存商品——甲产品——2201批次　　27 132
　　　　　　——丁产品——2204批次　　14 037
　贷：基本生产成本——2201批次　　27 132
　　　　　　　　　——2204批次　　14 037

4. 简化分批法的特点和应用条件

1）简化分批法的特点

（1）必须设立“基本生产成本二级账”。采用简化分批法，由于不需要在产品成本明细账中登记月末在产品的间接计入费用，因此必须设立“基本生产成本二级账”，以按月提供产品制造部门全部产品的累计生产费用（包括直接计入费用和间接计入费用）和生产工时的资料，在有产品完工的月份，还可以据以计算和登记全部产品的累计间接计入费用分配率。

（2）累计间接计入费用不在在产品之间分配，不分批计算月末在产品成本。每月发生的间接计入费用不是按月在各批产品之间进行分配，而是在基本生产成本二级账中累计起来，只以总数反映，即不分批次计算月末在产品成本，只在有产品完工的月份，才将间接计入费用在各批完工产品之间进行分配。采用这种方法，月末未完工的批数越多，核算工作就越简化。

（3）简化了完工产品与在产品之间费用的分配。采用简化分批法，间接计入费用在各批产品之间及完工产品与在产品之间的分配一次完成，即生产费用的横向分配和纵向分配都是利用间接计入费用累计分配率在各批产品完工时合并在一起进行的，因而大大简化了费用的分配和登记工作量。

2）简化分批法的应用条件

要想充分发挥简化分批法成本核算工作的优点，保证成本计算结果的正确性，必须注意满足两个条件。

（1）同一月份投产的产品批数较多，且月末未完工产品批数也较多。如果月末未完工产品的批数不多，大多数批号的产品仍然要分配登记各项间接计入费用，并没有减少多少核算工作，那么在这种情况下就不宜采用。

（2）各月份间接计入费用水平相差不大。由于间接计入费用不是每月分配的，而是在产品完工的月份一次累计分配的，因此在各月间接计入费用数额相差悬殊的情况下，就会影响各批成本计算的准确性。

7.3 产品成本计算的分步法

7.3.1 分步法概述

1. 分步法的定义

成本计算的分步法是指以产品的生产步骤为成本计算对象，归集生产费用，计算产品成本的一种基本方法。

2. 分步法的适用范围

分步法适用于大量大批的多步骤生产类型的企业，既适用于冶金、纺织、造纸等大量大批连续式复杂生产类型的企业，也适用于拖拉机、轴承、汽车等大量大批装配式复杂生产类型的企业。在这些企业中，产品生产可以划分为若干步骤，如纺织企业的生产工艺过程可以分为纺纱、织布等步骤，造纸企业的生产工艺过程可以分为制浆、制纸和包装等步骤，机械制造企业的生产工艺过程可以分为铸造、加工、装配等步骤。

在这些企业里，生产过程由若干个在技术上可以间断的生产步骤组成，每个生产步骤除了生产出半成品（最后一个步骤为产成品）外，还有一些加工中的在产品。已经生产出来的半成品既可以用于下一生产步骤继续加工，也可以对外销售。为了适应生产的这一特点，加强成本管理，要求这类企业不仅要按照产品品种归集生产费用，计算产品成本，而且还要求按照产品的生产步骤归集计算生产费用，计算各步骤产品成本，提供反映各种产品及其各生产步骤成本计划执行情况的资料。

3. 分步法的特点

1）成本计算对象

采用分步法计算产品成本时，既要计算出最终产品的成本，还要归集计算出每一个生产步骤的成本，因此分步法的成本计算对象是每种产品与其所经历过的各个生产步骤，并且在成本计算中，应按生产步骤和品种来设置明细账。大多数企业往往会按生产步骤来设立车间，在这种情况下，分步计算成本也就是分车间计算成本。但是分步计算成本与分车间计算成本有时也不是完全相同的概念。例如，为了简化核算，有的企业在管理上不要求分车间计算成本，而是将几个车间合并成一个步骤来计算成本，在此，成本计算的范围就超出了车间的范围；有的企业一个车间的生产可能是由几个生产步骤组成的，但管理上又要求分步计算成本，在此，成本计算的步骤小于车间的范围。另外，分步法并不是完全要求必须对所有的生产步骤单独设立明细账单独计算成本。出于重要性原则的要求，管理上不要求单独计算某些生产步骤的成本，可将其与其他生产步骤合并来共同计算成本。

2）成本计算期

分步法适用于大量大批的多个步骤生产企业，其产品生产过程较长，可以间断，而且往往是跨月陆续完工的，基本每个时点都存在有的产品已经完工，而有的产品没有完工的状态，那么就无须等到产品全部完工时再结转成本，而是按月定期计算产品成本。因此，分步法的成本计算期与会计报告期一致。

3）生产费用在完工产品和月末在产品之间的分配

由于生产的连续性及成本计算是定期按月进行的，期末生产费用总额中既包含了完工产品的成本，又包含了在产品的成本。因此，在计算产品成本时，还需要采用适当的分配方法，将汇集在各种产品、各生产步骤产品成本明细账中的生产费用，在完工产品与在产品之间进行分配，计算各产品、各生产步骤的完工产品成本与在产品成本。

4）成本的结转

由于产品生产是分步骤进行的，上一步骤生产的半成品可能是下一步骤加工的对象，因此，为了计算各种产品的产成品成本，还需要按产品品种把各步骤产品成本进行结转。这是分步法不同于其他成本计算方法的一个显著特点。

特别提示

品种法是成本计算方法中最基本的方法，而分步法就是几个步骤的品种法的组合，如图 7.4、图 7.5 所示。

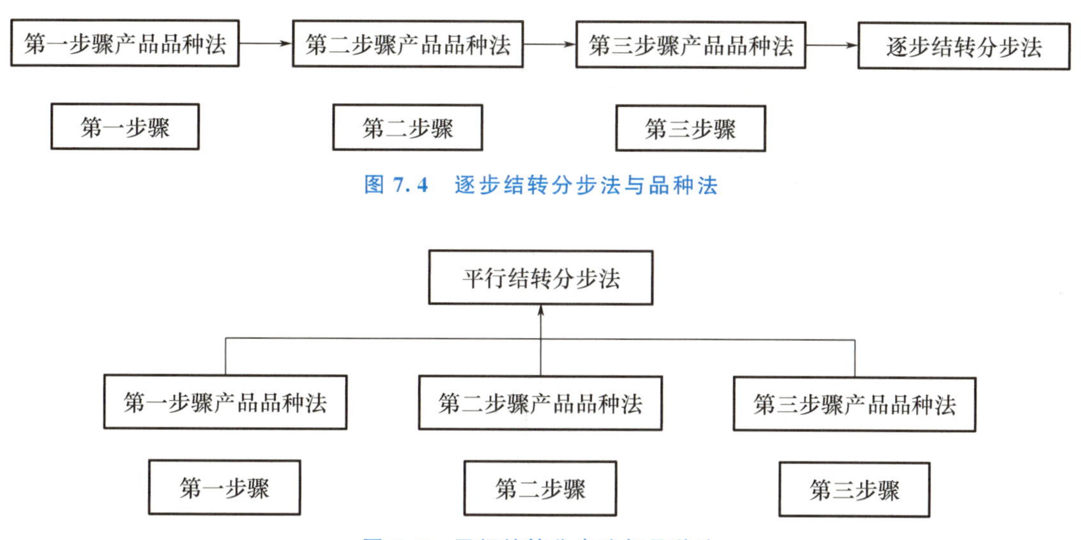

图 7.4　逐步结转分步法与品种法

图 7.5　平行结转分步法与品种法

7.3.2　分步法的计算程序和分类

1. 分步法的计算程序

由于各个企业生产工艺过程的特点和成本管理对各步骤成本资料的要求不同，因此采用分步法进行成本计算的具体程序也不完全一样。但概括地讲，分步法的成本计算程序一般如下。

(1) 按各个生产步骤的产品（包括半成品）设置产品成本明细账。

(2) 对各步骤所耗用的生产费用进行归集和分配。各步骤产品所耗用的生产费用的核算程序与品种法基本一致，即包括要素费用的分配、辅助生产费用的分配及制造费用的分配，从而计算出各步骤半成品成本或应计入产成品成本的份额。

(3) 最终产成品成本的计算。最终产成品成本的计算建立在前面各生产步骤成本计算的基础之上。其核算程序可分为两种，如图 7.6 所示。

2. 分步法的分类

根据各个企业生产工艺过程的不同特点和成本管理对各步骤成本资料的不同要求（要不要计算半成品成本），可将各生产步骤成本的计算和结转分为逐步结转和平行结转。因此，产品成本计算的分步法也就相应地分为两种方法：逐步结转分步法和平行结转分步法。

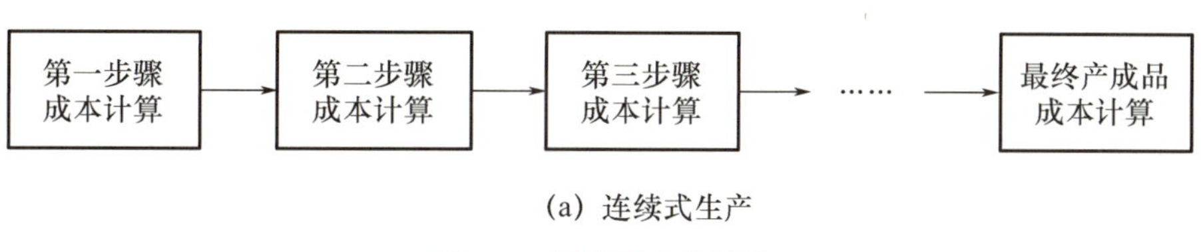

(a) 连续式生产

图 7.6　各步骤成本结转

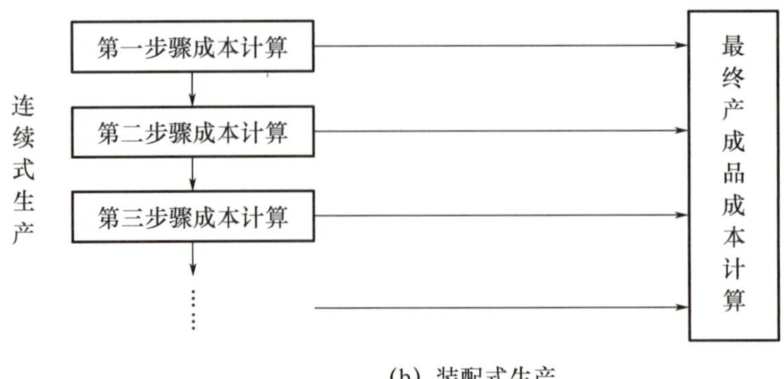

(b) 装配式生产

图 7.6 各步骤成本结转（续）

7.3.3 逐步结转分步法

1. 逐步结转分步法概述

逐步结转分步法又称顺序结转分步法，是指按照产品生产步骤的先后顺序归集生产费用，逐步计算并结转各步骤半成品成本，即上一步骤的半成品成本随着半成品实物的转移而结转到下一步骤的产品成本中，直到最后步骤累计计算出产成品成本的一种成本计算方法。该方法的显著特点是能够提供各个步骤的半成品成本的资料，所以又称计算半成品成本的分步法。该方法适用于大量大批多步骤连续式生产类型的企业。

在采用分步法计算成本的大量大批多步骤生产中，有的产品制造过程是由一系列循序渐进的、性质不同的加工步骤所组成的。例如，棉纺织企业的生产工艺过程包括纺纱和织布两大步骤。原料投入生产后，先纺成各种棉纱，然后织成棉布。前一步骤的棉纱是半成品，后一步骤的棉布是产成品。即在这类生产中，从原料投入到产品制成，中间要经过几个生产步骤的逐步加工，前面各步骤生产的都是半成品，只有最后步骤生产的才是产成品。与这类生产工艺过程特点相联系，为了加强对各生产步骤成本的管理，往往要求不仅计算各种产成品成本，而且要求计算各步骤半成品成本。逐步结转分步法就是为了计算半成品成本而采用的一种分步法。

管理上要求计算半成品成本的原因一般有：①半成品需要出售，一些半成品是产品的备件，半成品的零件磨损后需要修理更换；②半成品需要同行业对比；③企业责任考核，需制订半成品计划，计算半成品成本；④一种半成品为企业几种产品共同耗用；等等。

2. 逐步结转分步法的特点

（1）成本计算对象是各生产步骤的半成品和最后步骤的产成品。

（2）各加工步骤的半成品成本随实物转移而在各生产步骤之间顺序结转，如图 7.7 所示。

（3）在产品成本按其实物所在地反映，各步骤产品生产成本明细账中的期末余额结存在该步骤的狭义在产品的成本中。

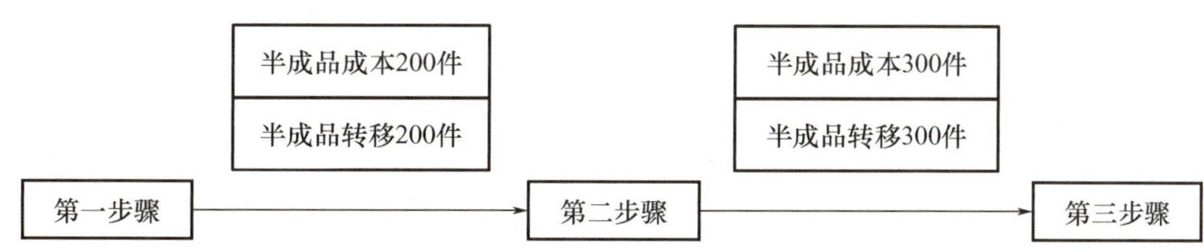

图 7.7　逐步结转分步法的特点

3. 逐步结转分步法的计算程序

在逐步结转分步法下，各步骤所耗用的上一步骤半成品的成本，要随着半成品实物的转移，从上一步骤的产品成本明细账转入下一步骤相同产品的成本明细账中，以便逐步计算各步骤的半成品成本和最后步骤的产成品成本。其成本计算的程序如下。

(1) 按产品品种及所经过步骤的半成品设置“基本生产成本明细账”，分成本项目归集生产费用。

(2) 根据第一步骤该产品“基本生产成本明细账”或产品成本计算单归集的直接材料、直接人工、制造费用等生产费用，计算出第一步骤半成品的成本，随着半成品实物转移至第二步骤继续加工，其半成品成本也结转记入第二步骤该产品的“基本生产成本明细账”中。

(3) 将第一步骤转来的半成品成本加上第二步骤耗用的直接材料费用、直接人工费用、制造费用等生产费用，计算出第二步骤半成品的成本；再随着半成品实物转移，其半成品成本也结转记入第三步骤该产品的“基本生产成本明细账”中。这样，按照加工顺序，逐步计算和结转半成品成本，直到最后一个步骤，就可以计算出产成品的成本。

逐步结转分步法的成本计算程序如图 7.8 所示。

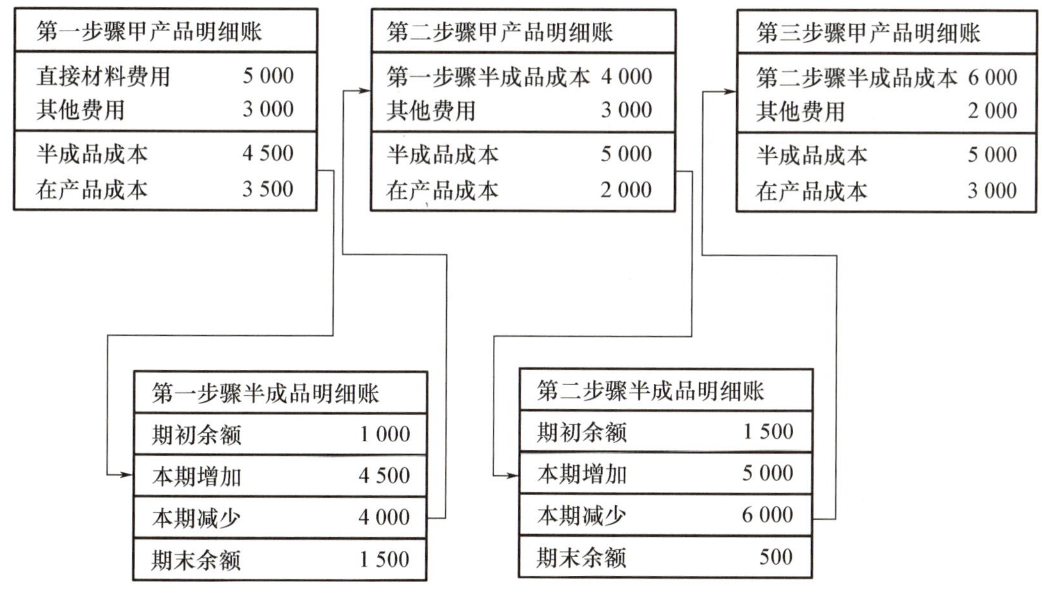

图 7.8　逐步结转分步法的成本计算程序

如果半成品通过仓库收发，即半成品完工后，不为下一步骤直接领用，则要通过半成品库收发，还要单独设置“自制半成品”科目。半成品验收入库时，会计分录为借记“自制半成品”科目，贷记“基本生产成本——一车间”科目；下一步骤领用时，半成品成本按个别计价法、先进先出法、移动平均法、月末一次加权平均法等计算出后，会计分录为借记“基本生产成本——二车间”科目，贷记“自制半成品”科目。如果半成品不通过仓库收发，即半成品完工后，为下一步骤直接领用，则半成品成本就在各步骤的产品成本明细账之间直接结转，不必编制结转半成品成本的会计分录。

由上述计算程序可以看出，采用逐步结转分步法，每月月末，各项生产费用（包括所耗上一步骤的半成品成本）在各步骤产品成本明细账中归集以后，如果该步骤既有完工的半成品（最后步骤为产成品），又有正在加工的在产品，还应将各步骤产品成本明细账中归集的生产费用，采用适当的分配方法，在完工半成品（最后步骤为产成品）与正在加工的在产品之间进行分配，计算完工的半成品（最后步骤为产成品）和正在加工的在产品的成本，然后通过半成品的逐步结转，在最后一个步骤的产品成本明细账中，计算出完工产品的成本。上述每一步骤都是一个品种法，因此，逐步结转分步法实际上就是品种法在各个步骤多次连续地应用。

知识图说

逐步结转分步法的特点是成本随同半成品实物的结转而一同结转，就像滚雪球一样，如图 7.9 所示。

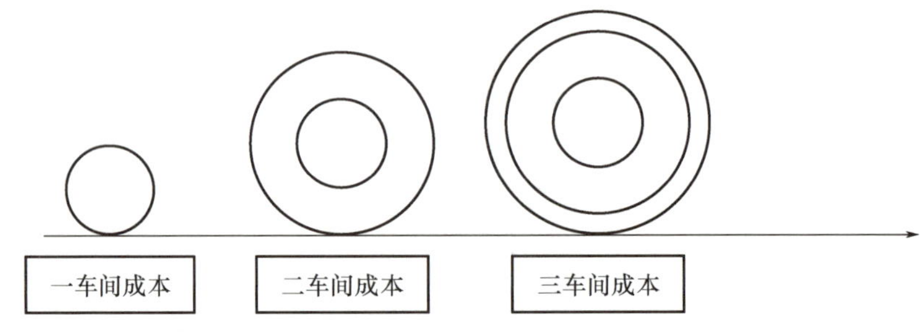

图 7.9　逐步结转分步法

4. 逐步结转分步法的分类

按照结转的半成品成本在下一步骤产品成本明细账中的反映方式，逐步结转分步法可分为综合结转法和分项结转法。

1）综合结转法

综合结转法是指各步骤所耗上一步骤的半成品成本不分成本项目，而是以一个综合金额记入该步骤产品成本明细账中的“直接材料”或专设的“半成品”项目的一种成本结转方法。

综合结转可以按照半成品的实际成本结转，也可以按照半成品的计划成本结转。

（1）半成品按实际成本综合结转。

采用这种方法，各步骤所耗上一步骤的半成品费用，应根据所耗半成品的实际数量乘以半成品的实际单位成本计算。各月所产半成品的实际单位成本不同，所耗半成品实际单位成本的确定，可选择使用个别计价法、先进先出法、加权平均法等。

【例7－4】　假定甲产品生产过程为两个步骤，分别由两个车间进行。第一车间生产半成品，完工后交半成品库验收；第二车间按所需数量从半成品库领用，所耗半成品费用按全月一次加权平均单位成本计算。两个车间的月末在产品均按定额成本计价。成本计算程序如下。

① 根据各种生产费用分配表、半成品交库单和第一车间在产品定额成本资料，登记第一车间产品成本明细账，见表7－15。

表7－15　产品成本明细账

第一车间：甲半成品　　单位：元

摘　要	产量/件	直接材料	直接人工	制造费用	成本合计
月初在产品（定额成本）		3 000	3 000	2 000	8 000
本月费用		15 000	10 000	8 000	33 000
累计		18 000	13 000	10 000	41 000
完工转出半成品成本	40	14 000	11 000	7 000	32 000
月末在产品（定额成本）		4 000	2 000	3 000	9 000

根据第一车间半成品交库单（单中按所列交库数量和上列甲产品成本明细账中完工转出半成品成本计价）编制会计分录。

借：自制半成品——甲半成品　　32 000

　　贷：基本生产成本——第一车间——甲半成品　　32 000

② 根据计价的半成品交库单和第二车间领用半成品的领用单，登记自制半成品明细账，见表7－16。

表7－16　自制半成品明细账

第二车间：甲半成品　　单位：元

月　份	月初余额		本月增加		合　计			本月减少	
	数量/件	实际成本	数量/件	实际成本	数量/件	实际成本	单位成本	数量/件	实际成本
1	10	8 000	40	32 000	50	40 000	800	45	36 000
2	5	4 000							

$$加权平均单位成本=\frac{8\ 000+32\ 000}{10+40}=800（元）$$

本月减少自制半成品实际成本＝45×800＝36 000（元）

根据第二车间半成品领用单（单中按所列领用数量和自制半成品明细账中加权平均单位成本计价）编制会计分录。

借：基本生产成本——第二车间——甲产品　　36 000

　　贷：自制半成品——甲半产品　　36 000

③ 根据各种费用分配表、半成品领用单、产成品交库单，以及第二车间在产品定额成本资料，登记第二车间甲产品成本明细账，见表7－17。

表 7-17　产品成本明细账

第二车间：甲产成品　　　　单位：元

摘　要	产量/件	半成品	直接人工	制造费用	成本合计
月初在产品（定额成本）		14 000	1 500	1 300	16 800
本月费用		36 000	6 000	5 000	47 000
累计		50 000	7 500	6 300	63 800
完工转出产成品成本	50	44 000	6 200	5 300	55 500
完工产品单位成本		880	124	106	1 110
月末在产品（定额成本）		6 000	1 300	1 000	8 300

特别提示

产品成本明细账中增设了“半成品”成本项目，其中，本月半成品费用就是第二车间本月耗用第一车间半成品的费用，是根据计价后的半成品领用单登记的，反映出半成品成本综合结转的特点。

根据第二车间的产成品交库单所列产成品交库数量和上例第二车间产品成本明细账中完工转出产成品的成本，编制会计分录。

借：库存商品——甲产品　　55 500

　　贷：基本生产成本——第二车间——甲产品　　55 500

如果不通过半成品库收发，则直接把第一车间的完工产品投入下一个步骤的生产中。在这种情况下，半成品的成本可以在两步的生产成本明细账之间直接结转，即第一车间完工的自制半成品直接投入第二车间的生产，可以不编制结转完工半成品的会计分录。由表 7-15 可知第一车间完工的 40 件自制半成品总的实际成本为 32 000 元，计算结果见第二车间产品成本明细账（见表 7-18）。

表 7-18　产品成本明细账

第二车间：甲产成品　　　　单位：元

摘　要	产量/件	半成品	直接人工	制造费用	成本合计
月初在产品（定额成本）		14 000	1 500	1 300	16 800
本月费用		32 000	6 000	5 000	43 000
累计		46 000	7 500	6 300	59 800
完工转出产成品成本	50	40 000	6 200	5 300	51 500
完工产品单位成本		800	124	106	1 030
月末在产品（定额成本）		6 000	1 300	1 000	8 300

表 7-18 所示的计算结果表明，本月第二车间的完工产品（即最终的完工产品）为 50 件，单位成本为 1 030 元，实际总成本为 51 500 元。根据计算结果及完工产品的交库单，编制结转完工产品入库的会计分录如下。

借：库存商品——甲产品　　51 500

　　贷：基本生产成本——第二车间——甲产品　　51 500

（2）半成品按计划成本综合结转。

采用这种结转方法，半成品日常收发的明细核算均按计划成本计价；在半成品实际成本计算出来后，再以实际成本与计划成本对比，计算半成品成本差异额和差异率，调整领用半成品的计划成本，而半成品收发的总分类核算则按实际成本计价。

半成品按计划成本综合结转所用账表的特点如下。

① 自制半成品明细账不仅要反映半成品收、发和结存的数量及实际成本，而且还要反映其计划成本，以及成本差异额和成本差异率。

【例 7－5】 以例 7－4 的资料为例，在采用半成品按计划成本综合结转法中，自制半成品明细账的格式见表 7－19。

表 7－19　自制半成品明细账

第一车间：甲半成品　　　　计划单位成本：810 元　　　　单位：元

月　份			3 月	4 月
月初余额	数量	①	10	5
	计划成本	②	8 100	4 050
	实际成本	③	8 000	3 987
本月增加	数量	④	40	
	计划成本	⑤	32 400	
	实际成本	⑥	32 000	
合　计	数量	⑦＝①＋④	50	
	计划成本	⑧＝②＋⑤	40 500	
	实际成本	⑨＝③＋⑥	40 000	
	成本差异	⑩＝⑨－⑧	－500	
	成本差异率	⑪＝⑩÷⑧×100％	－1.2％	
本月减少	数量	⑫	45	
	计划成本	⑬	36 450	
	实际成本	⑭＝⑬＋⑬×⑪	36 013	

按自制半成品入库单，编制入库会计分录。

借：自制半成品——甲半成品　　　　32 000

　　贷：基本生产成本——第一车间——甲半成品　　　　32 000

表 7－19 中的指标计算如下。

$$半成品成本差异率=\frac{月初结存半成品成本差异+本月收入半成品成本差异}{月初结存半成品计划成本+本月收入半成品计划成本}\times 100\%$$

$$=\frac{(-100)+(-400)}{8\,100+32\,400}\times 100\%=-1.2\%$$

发出半成品成本差异＝发出半成品计划成本×半成品成本差异率

＝36 450×（－1.2％）＝－437（元）

发出半成品实际成本＝发出半成品计划成本±发出半成品成本差异

＝36 450＋（－437）＝36 013（元）

按自制半成品出库单，编制出库会计分录如下。

借：基本生产成本——第二车间——甲产品　　36 013

　　贷：自制半成品——甲半产品　　36 013

② 在第二车间的产品成本明细账中，对于所耗上一步骤的半成品成本，可以直接按照调整成本差异后的实际成本登记；也可以按照计划成本、成本差异和实际成本分别登记，以便分析上一步骤半成品成本差异对本步骤产品成本的影响。

以例 7-4 的企业资料为例，采用按计划成本综合结转半成品成本的方法。第一车间产品成本明细账与例 7-4 相同。第二车间产品成本明细账的格式见表 7-20。

表 7-20　产品成本明细账

第二车间：甲产成品　　单位：元

摘　要	产量/件	半成品			直接人工	制造费用	合　计
		计划成本	成本差异	实际成本			
月初在产品（定额成本）		14 000	—	—	1 500	1 300	16 800
本月费用		36 450	－437	36 013	6 000	5 000	47 013
累计		50 450	－437	50 013	7 500	6 300	63 813
完工转出产成品成本	50	44 450	－437	44 013	6 200	5 300	55 513
产成品单位成本		889	－8.74	880.26	124	106	1 110.26
月末在产品（定额成本）		6 000	—	—	1 300	1 000	8 300

按完工产品入库单，编制会计分录如下。

借：库存商品——甲产品　　55 513

　　贷：基本生产成本——第二车间——甲产品　　55 513

与按实际成本综合结转半成品成本方法相比，按计划成本综合结转半成品成本方法的优点如下。

① 可以简化和加速半成品核算和产品成本计算工作。按计划成本结转半成品成本，可以简化和加速半成品收发的计价和记账工作；半成品成本差异率如果不是按半成品品种计算，而是按类进行计算，更可以省去大量的计算工作；如果月初半成品存量较大，本月耗用的半成品大部分甚至全部是以前月份生产的，则本月所耗半成品成本差异调整也可以根据上月半成品成本差异率计算。这样，不仅简化了计算工作，各步骤的成本计算也可以同时进行，从而加速产品成本的计算工作。

② 便于各步骤进行成本的考核和分析。在各步骤的产品成本明细账中，按计划成本结转半成品成本可以分别反映所耗半成品的计划成本、成本差异和实际成本，因而在分析对各步骤产品成本的影响时，有利于分清经济责任，考核各步骤的经济效益。

(3) 综合结转的成本还原。

从前面所举的第二车间产品成本明细账的例子中可以看出，采用综合结转法，在最后步骤计算出的产成品成本中的绝大部分费用是第二车间所耗的第一车间生产的半成品费用，而直接人工和制造费用是第二车间发生的费用，在产品成本中所占的比重很小。显然，这不是产品成本构成（即各项费用之间的比例关系）的实际情况，因而不能据以从整个企业的角度考核和分析产品成本的构成和水平。因此，在管理上要求从整个企业的角度考核和分析产品成本的构成和水平时，即从整个企业角度考核和分析生产产品所耗直接材料、直接人工和制造费用各是多少时，还应将综合结转的半成品成本进行还原。

所谓成本还原，是指从最后一个步骤起，把所耗上一步骤半成品的综合成本分解还原成直接材料、直接人工、制造费用等原始成本项目，从而求得按原始成本项目反映的产成品成本资料。成本还原的方法是：从最后一步开始，把最终完工产品成本中的自制半成品项目根据上一步骤的本月完工半成品的成本构成予以还原（因为最后一步所用的自制半成品即为上一步骤的完工半成品）；同理，还原后如完工产品中还有自制半成品，即产品生产是超过两个步骤生产的，则应根据再上一步的本月完工自制半成品的成本构成予以还原，直到把最终完工产品成本还原成直接材料、直接人工、制造费用等原始的成本项目，从而求得按原始成本项目反映的最终完工产品成本。

成本还原步骤如下。

① 计算还原分配率。还原分配率是完工产品中所耗费的上步半成品费用同上步完工半成品成本之比。其计算公式如下。

$$还原分配率=\frac{本月完工产品所耗上一步骤半成品综合成本}{本月所产该种半成品成本合计}$$

② 对半成品各成本项目进行还原。半成品各成本项目还原是以还原分配率分别乘以本月所产该种半成品的成本构成进行分解、还原的，求得按原始成本项目反映的还原对象成本。其计算公式如下。

半成品各成本项目还原＝本月所产该种半成品各成本项目金额×还原分配率

③ 计算还原后产品成本。

【例 7－6】 仍以例 7－4 的资料为例，在第二车间完工转出的产成品成本中，所耗费的上一车间半成品的费用为 44 000 元，按照第一车间本月所产该种半成品 35 000 元的成本构成（即各项费用的比重）进行还原，求出按原始成本项目反映的甲产成品的成本。根据上述两个车间产品明细账的有关资料，编制产成品成本还原计算表，见表 7－21。

表 7－21 产成品成本还原计算表

产品名称：甲　　　　产品产量：50 件　　　　单位：元

项　目		半成品	直接材料	直接人工	制造费用	合　计
还原前产成品成本	①	44 000		6 200	5 300	55 500
本月所产半成品成本	②		14 000	11 000	7 000	32 000

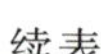

续表

项目		半成品	直接材料	直接人工	制造费用	合计
成本还原率/%	③=①中还原对象÷②合计	1.375	1.375	1.375	1.375	1.375
成本还原额	④=③×②中各栏	−44 000	19 250	15 125	9 625	0
还原后产成品成本	⑤=④+①	0	19 250	21 325	14 925	55 500
还原后产成品单位成本	⑥=⑤÷产量		385	426.5	298.5	1 110

表7-21中"还原前产成品成本"根据第二车间甲产品成本明细账中完工转出产成品填列，其中"半成品"成本项目44 000元是还原的对象；"本月所产半成品成本"根据第一车间甲产品成本明细账中完工转出半成品成本填列，其中各种成本项目之间的比例是还原的依据。

进行成本还原的步骤如下。

① 计算还原分配率。

还原分配率=44 000÷32 000=1.375

② 成本还原。通过计算，还原出第二车间产成品所耗半成品成本44 000元中的直接材料为19 250（即14 000×1.375）元，直接人工为15 125（即11 000×1.375）元，制造费用为9 625（即7 000×1.375）元，若计算出的分配率是个约数，制造费用采用倒挤的方法，即44 000−19 250−15 125=9 625元。

还原后3个项目费用（直接材料、直接人工和制造费用）之和等于还原对象成本，应与产成品所耗半成品费用44 000元相抵消。

③ 计算还原后产品成本。将本步骤"直接材料""直接人工""制造费用"与半成品综合成本还原值中的"直接材料""直接人工"和"制造费用"按项目分别相加，即为按原始成本项目还原后产成品的总成本。其中，还原后的直接材料为19 250元，还原后的直接人工为21 325（即15 125+6 200）元，还原后的制造费用为14 925（即9 625+5 300）元。

将"还原前产成品成本"与"还原后产成品成本"进行对比分析可以发现，成本合计相同，但成本构成不一样。

随堂练习

成本还原练习，计算并填制表7-22。

表 7－22　成本还原表

单位：元

项　目	自制半成品	直接材料	直接人工	制造费用	合　计
第二步完工成本	600 000		300 000	450 000	1 350 000
第一步完工成本		300 000	200 000	200 000	700 000
成本还原率					
半成品成本还原					
还原后总成本					

特别提示

如果甲产品生产步骤不是两步，而是三步，则按照上述方法应先从第三步骤算起，将第三步骤所耗费的第二步骤生产的半成品综合成本进行分解、还原，但还原后的“半成品”项目还有未还原穷尽的综合费用，即第二步骤产品消耗的第一步骤半成品的成本，因而还应再进行一次还原。如果是四个生产步骤，则要还原三次。依此类推，直至“半成品”项目的综合费用全部还原为原始的成本项目为止。

随堂练习
成本还原
答案

采用上述还原方法，由于产成品成本中所耗半成品还原后的各项费用，是以本月所产该种半成品的各项费用，分别乘以相同的倍数（还原分配率）计算求得的，因此两者的各项费用之间的比例关系不变。也就是说，是将第二车间产成品中的半成品费用，按本月第一车间生产的该种半成品成本构成进行了还原。但是，在实际工作中，以前月份所产半成品的成本构成与本月所产半成品的成本构成不可能完全一致，因此，在各月所产半成品的成本构成变动较大的情况下，按照上述方法进行成本还原，对还原结果的正确性就会有较大的影响。如果半成品的定额成本或计划成本比较准确，则为了提高还原结果的正确性，产成品所耗半成品费用可以按定额成本或计划成本的成本构成进行还原。

特别提示

对成本还原的公式进行变形，可以得出按照半成品各成本项目占全部成本的比重还原完工产品中的半成品成本方法。按照上述成本还原方法的原理，还可以按上一步骤本月所产半成品的成本项目占全部成本的比重，将完工产品成本中所耗上一步骤半成品综合成本还原为原始的成本项目。其成本还原的步骤与前文所讲的相同，而分配率就是完工半成品成本的构成比，可称为成本构成还原分配率。计算公式如下。

$$\text{成本构成还原分配率}=\frac{\text{上一步骤完工半成品各成本项目金额}}{\text{上一步骤完工半成品成本合计}}$$

半成品成本还原金额＝还原前产品成本×成本构成还原分配率

以例 7－4 所举数字为例，其具体计算见表 7－23。

表 7－23　产成品成本还原计算表

单位：元

<table>
<tr><th colspan="3">项　目</th><th>半成品</th><th>直接材料</th><th>直接人工</th><th>制造费用</th><th>合　计</th></tr>
<tr><td colspan="2">还原前产成品成本</td><td>①</td><td>44 000</td><td></td><td>6 200</td><td>5 300</td><td>55 500</td></tr>
<tr><td colspan="2">本月所产该种半成品成本</td><td>②</td><td></td><td>14 000</td><td>11 000</td><td>7 000</td><td>32 000</td></tr>
<tr><td rowspan="2">成本还原</td><td>成本构成还原分配率/%</td><td>③＝②中各栏÷②合计</td><td></td><td>43.75</td><td>34.375</td><td>21.875</td><td>100</td></tr>
<tr><td>还原额</td><td>④＝③×①中还原对象</td><td>－44 000</td><td>19 250</td><td>15 125</td><td>9 625</td><td>0</td></tr>
<tr><td colspan="2">还原后的产成品成本</td><td>⑤＝④＋①</td><td>0</td><td>19 250</td><td>21 325</td><td>14 925</td><td>55 500</td></tr>
</table>

综上所述，采用综合结转法逐步结转半成品成本，从第二步骤产品成本明细账中，可以了解其完工转出的产成品成本中有多少是耗用上一步骤半成品成本的费用，有多少是各步骤的加工费用，从而有利于车间的成本管理。但如果在管理上要求提供按原始成本项目反映的产成品成本资料，特别是在产品种类多、产品加工步骤多的情况下，成本还原工作繁重。因而，这种方法只宜在管理上要求计算各步骤完工产品所耗半成品费用，而不要求进行成本还原的情况下采用。

2）分项结转法

分项结转法是指各个步骤所耗上一步骤的半成品成本，按照“直接材料”“直接人工”“制造费用”等成本项目，分别记入各个步骤产品成本明细账中的相应成本项目的一种成本结转方法。采用该方法时，若各个步骤完工的半成品通过半成品库收发，在“自制半成品明细账”中登记其成本时，也要分成本项目分别登记。采用此法计算出的产成品成本能提供按原始成本项目反映的产品的成本结构，不需要进行成本还原。

现举例说明这种方法的计算过程。

【例 7－7】 仍用例 7－4 中甲产品的成本资料，说明采用分项结转法的成本计算程序。

① 第一车间甲产品的成本明细账见表 7－24。

表 7－24　产品成本明细账

第一车间：甲半成品　　　　单位：元

摘　要	产量/件	直接材料	直接人工	制造费用	合　计
月初在产品（定额成本）		3 000	3 000	2 000	8 000
本月费用		15 000	10 000	8 000	33 000
累计		18 000	13 000	10 000	41 000
完工转出半成品成本	40	14 000	11 000	7 000	32 000
月末在产品（定额成本）		4 000	2 000	3 000	9 000

② 根据第一车间甲半成品明细账、第一车间半成品交库单和第二车间半成品领用单，登记自制半成品明细账，见表 7-25。

表 7-25 自制半成品明细账

第一车间：甲半成品　　　　单位：元

月份	摘要	数量/件	实际成本			
			直接材料	直接人工	制造费用	合计
3	月初余额	10	5 000	2 000	1 000	8 000
	本月增加	40	14 000	11 000	7 000	32 000
	合计	50	19 000	13 000	8 000	40 000
	单位成本		380	260	160	800
	本月减少	45	17 100	11 700	7 200	36 000
4	月初余额	5	1 900	1 300	800	4 000

③ 根据各种生产费用分配表、第二车间半成品领用单、自制半成品明细账、第二车间产成品交库单和第二车间在产品定额成本等资料，登记第二车间甲产品成本明细账，见表 7-26。

表 7-26 产品成本明细账

第二车间：甲产成品　　　　单位：元

摘要	产量/件	直接材料	直接人工	制造费用	合计
月初在产品（定额成本）		14 000	1 500	1 300	16 800
本月本步骤生产费用			6 000	5 000	11 000
本月耗用半成品费用		17 100	11 700	7 200	36 000
累计		31 100	19 200	13 500	63 800
完工转出产成品成本	50	25 100	17 900	12 500	55 500
产成品单位成本		502	358	250	1 110
月末在产品（定额成本）		6 000	1 300	1 000	8 300

特别提示

表 7-26 中由计算求得的按成本项目反映的甲产成品的成本资料，与表 7-23 中还原后甲产成品成本总额（总成本和单位成本）完全相符，但是两者的成本构成并不相同。这是因为成本还原计算表中的产成品所耗半成品综合成本，是依据本月所生产该种半成品的成本结构进行还原的，而没有考虑以前月份生产的半成品的成本构成可能不同。上述第二车间产品成本明细账中的产成品所耗半成品的各项费用，则可能包括了以前月份所产的半成品，不同的成本构成必然会影响两表中的计算结果。

由此可见，采用分项结转法逐步结转半成品成本，可以直接提供按原始成本项目反映

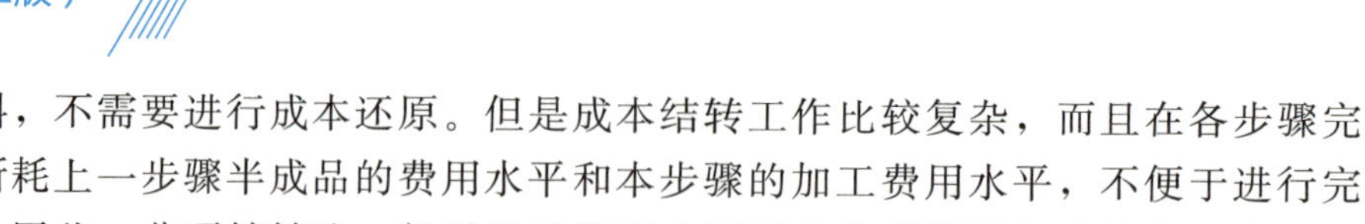

的产成品成本资料，不需要进行成本还原。但是成本结转工作比较复杂，而且在各步骤完工产品中看不出所耗上一步骤半成品的费用水平和本步骤的加工费用水平，不便于进行完工产品成本分析。因此，分项结转法一般适用于管理上不要求分别提供各步骤完工产品所耗半成品费用和本步骤加工费用资料，但要求按原始成本项目反映产品成本的企业。

5. 逐步结转分步法的优缺点

逐步结转分步法的优点可以概括如下。

(1) 逐步结转分步法的成本计算对象是企业产成品及各步骤的半成品，这就为分析和考核企业产品成本计划和各生产步骤半成品成本计划的执行情况，为正确计算半成品销售成本提供了资料。

(2) 不论是综合结转还是分项结转，半成品成本都是随着半成品实物的转移而结转的，各生产步骤产品成本明细账中的生产费用余额，反映着留存在各个生产步骤的在产品成本，因而还能为在产品的实物管理和生产资金管理提供资料。

(3) 采用综合结转法结转半成品成本时，由于各生产步骤产品成本中包括所耗费的上一生产步骤的半成品成本，从而能全面反映各步骤完工产品所耗费的上一步骤的半成品费用水平和本步骤的加工费用水平，有利于各步骤的成本管理。采用分项结转法结转半成品成本时，可以直接提供按原始成本项目反映的产品成本，满足企业分析和考核产品成本构成和水平的需要。

逐步结转分步法的缺点是核算工作比较复杂，核算工作的及时性也较差。如果采用综合结转法，则需要进行成本还原；如果采用分项结转法，则结转的核算工作量大；如果半成品按计划成本结转，则还要计算和调整半成品成本的差异；如果半成品按实际成本结转，则各步骤不能同时计算成本。因此，应用这一方法时，必须从实际出发，根据管理要求，权衡利弊，做到既能满足管理要求，提供所需的各种资料，又能简化核算工作。

7.3.4 平行结转分步法

1. 平行结转分步法概述

平行结转分步法又称不计算半成品成本法，是指先将各个步骤发生的生产费用中应计入产成品成本的“份额”计算出来，然后将其平行结转、汇总起来计算产成品成本的一种成本计算方法。

在采用分步法计算成本的大量大批多步骤生产中，有的产品生产过程属于装配式生产，即先对各种原材料平行地进行加工，成为各种半成品（零件或部件），然后装配成各种产成品，如机械制造企业；有的产品生产过程虽属于连续式多步骤生产，但半成品对外销售的情况却很少，在管理上不要求计算半成品成本，只需计算最终产品成本就可以满足成本管理的要求。为了简化和加速成本计算工作，可采用平行结转分步法，只计算各步骤应计入产品成本的份额，然后平行结转，汇总计算产成品的成本。

2. 平行结转分步法的特点

与逐步结转分步法相比，平行结转分步法的特点如下。

(1) 不计算半成品成本，成本计算对象是各个生产步骤和产成品。各个生产步骤的生产成本明细账中仅归集了本步骤直接发生的费用，而不包括从上一步骤结转过来的自制半成品的成本，因此在上述程序中，假设材料在第一个生产步骤一次投入，只有第一个步骤中才有材料费用和其他费用，而其他步骤只归集了本步骤直接发生的加工费用，没有包括在本步骤继续加工的上步骤转入或领用自制半成品的成本。

（2）**半成品成本不随实物转移而结转。**采用这一方法，各步骤之间不结转半成品成本。不论半成品实物是在各生产步骤之间直接转移的，还是通过半成品库收发的，都不进行总分类核算，不需设置“自制半产品”账户。

装配式多步骤生产方式实物转移和平行法成本计算特点如图 7.10 所示。

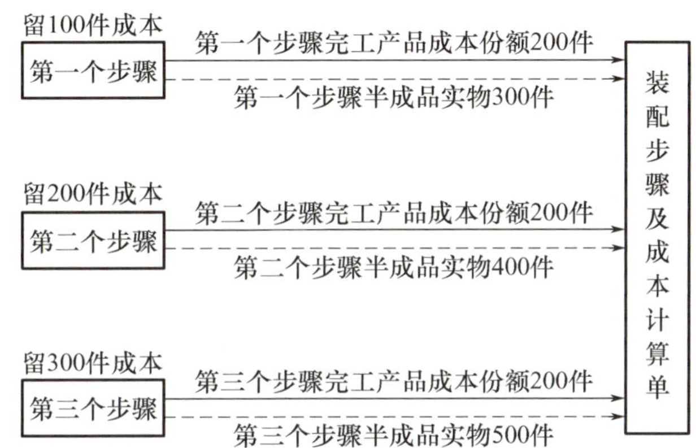

图 7.10　装配式多步骤生产方式实物转移和平行法成本计算特点

连续式多步骤生产方式实物转移和平行法成本计算特点如图 7.11 所示。

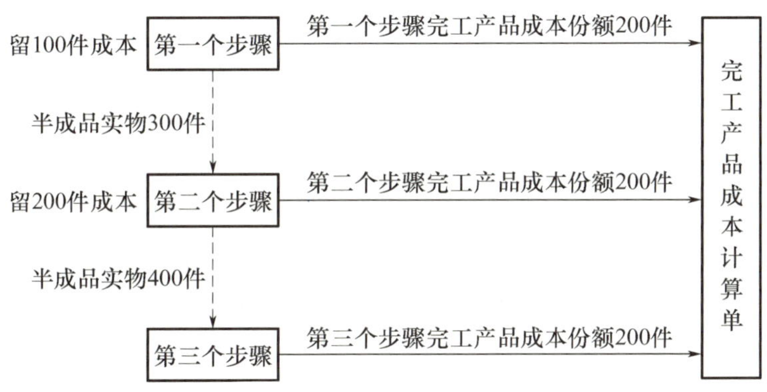

图 7.11　连续式多步骤生产方式实物转移和平行法成本计算特点

（3）为了计算各生产步骤发生的费用中应计入产成品成本的份额，必须将每一生产步骤发生的费用划分为耗用于产成品部分和尚未最后制成的在产品（即广义的在产品）部分。这里的**广义在产品包括**：①本步骤尚未完工的在产品；②本步骤已完工转入半成品库的自制半成品；③投入下一步继续生产的半成品；④完成全部生产过程尚未入库的产成品。各个步骤的总成本应由完工产品和广义的在产品承担。例如，第一个步骤的成本应在完工产品和广义的在产品之间分配，因为所有的产品生产都经历过第一个步骤，经历过就要分摊，但第二个步骤的成本应当在完工产品和第二个步骤及第二个步骤以后的各个步骤

的在产品中分配，而第一个步骤的在产品不参与第二个步骤成本的分配，因为第一个步骤的在产品没有经历过第二个步骤的生产，没受益就不分配。其他步骤成本的分配同理。结合平行法的特点，完工结转份额和广义在产品成本的关系如图 7.12 所示。

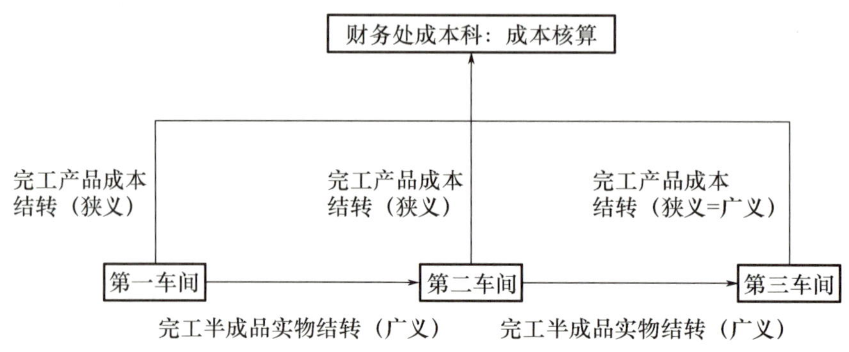

图 7.12　完工结转份额和广义在产品成本的关系

综上所述，采用平行结转分步法，首先归集各个步骤实际发生的生产费用；半成品完工，账面上不做任何处理，只需在期末把各个生产步骤的生产费用在完工产品及在产品中进行分配；对于每一步应分配的在产品的范围按“谁受益，谁分配”的原则加以确定，分配时可以采用前面介绍的在完工产品和在产品之间分配费用的方法。

(4) 将各步骤费用中应计入产成品成本的份额，采用平行结转、汇总计算的方法计算该种产成品的总成本和单位成本。

3. 广义在产品的数量确认

第 5.1 节已经介绍了在产品的定义，在产品有狭义和广义之分。在平行结转分步法以前所计算的在产品都是狭义在产品。狭义在产品对应的是广义完工产品。狭义在产品和广义完工产品都是相对于步骤生产过程而言的：狭义在产品指尚未完成本步骤加工（或已完工但尚未领用）的在产品；广义完工产品指各步骤中已完成本步骤加工的产品。举例如下。

【例 7-8】 奔成企业生产甲产品，经过三个步骤，企业的投入产出比为 1∶1，即各步骤之间产品的生产比是 1∶1∶1，指第一步骤生产的一个半成品交第二个步骤加工成一个半成品，第二个步骤生产的一个半成品再交第三个步骤加工生产出一个产成品入库。期初加本期投产为投入，本期完工加期末为产出。各步骤生产情况如表 7-27 所示。

表 7-27　各步骤生产情况

单位：件

项　目	第一个步骤	第二个步骤	第三个步骤
期初在产品	10	20	5
本期投产	100	90	70
本期完工	90	70	65
期末在产品	20	40	10

对第一个步骤来说，期末狭义在产品为20件，狭义完工产品为65件。那么，从产出角度看，第一个步骤广义完工产品为狭义完工产品65件，加第二个步骤期末狭义在产品40件，再加第三个步骤的期末狭义在产品10件，共为115件；或从投入角度看，为本步骤本期期初在产品10件，本期投入100件，加第二个步骤期初在产品20件，再加第三个步骤期初在产品5件，减本步骤本期狭义在产品20件，为115件。其他步骤同理。

了解了狭义在产品和广义完工产品之后，再看看广义在产品。广义在产品对应的是狭义完工产品。广义在产品和狭义完工产品都是相对于企业最后生产过程而言的，即是不是可以出售。狭义完工产品指在企业内已加工完成并已入成品库可以对外销售的产品。**广义在产品是指还不能出售的本步骤的所有产品，而不管产品处在哪个工序、哪个步骤。**

从产出角度计算广义在产品的公式如下。

某步骤广义在产品

＝本步骤期末狭义在产品＋本步骤广义完工产品且转入下几个步骤并属于下几个步骤的期末狭义在产品

从投入角度计算广义在产品的公式如下。

某步骤广义在产品

＝本步骤期初狭义在产品

＋本步骤广义完工产品且转入下几个步骤并属于下几个步骤的期初狭义在产品

＋本步骤投产量－狭义完工产品

＝本步骤期初广义在产品＋本步骤投产量－狭义完工产品

以例7-8为例，在表7-27中，狭义完工产品就是第三个步骤完工的65件。各个步骤的广义在产品从产出角度分别计算如下。

第一个步骤广义在产品＝20＋40＋10＝70（件）

第二个步骤广义在产品＝40＋10＝50（件）

第三个步骤广义在产品＝20＋40＋10＝70（件）

从投入角度分别计算如下。

第一个步骤广义在产品＝10＋20＋5＋100－65＝70（件）

第二个步骤广义在产品＝20＋5＋90－65＝50（件）

第三个步骤广义在产品＝5＋70－65＝10（件）

随堂练习

广义在产品数量练习，分析并填列表7-28。

表7-28　各个车间数量表

单位：件

项　目	第一车间	第二车间	第三车间
期初数量	20	50	10
本期领用数量	500	400	410

续表

项　目	第一车间	第二车间	第三车间
本期发出数量	400	410	350
期末数量	120	40	70
完工产品数量			
期末广义在产品数量			

特别提示

由于计算方法的原因，平行结转分步法前几个步骤的在产品的账实是不相等的，前面步骤的人员又没法到后面的步骤去盘点对账。所以，该法一般适用于集中核算，由上级机构监督盘点进行成本核算。

随堂练习
广义在产品
练习答案

4. 平行结转分步法的计算程序

（1）按产品的生产步骤和产品品种设置生产成本明细账，按成本项目归集本步骤发生的生产费用（不包括所耗用的上一步骤半成品的成本）。

（2）月末，采用适当的方法将各个步骤归集的生产费用在产成品与广义在产品之间进行分配，计算各个步骤应计入产成品成本的份额。

（3）将各个步骤应计入产成品成本的份额平行结转、汇总后，就得到了产成品的总成本。总成本除以产成品产量，即为单位成本。

平行结转分步法成本的计算程序如图 7.13 所示（假设材料在第一个生产步骤一次投入）。

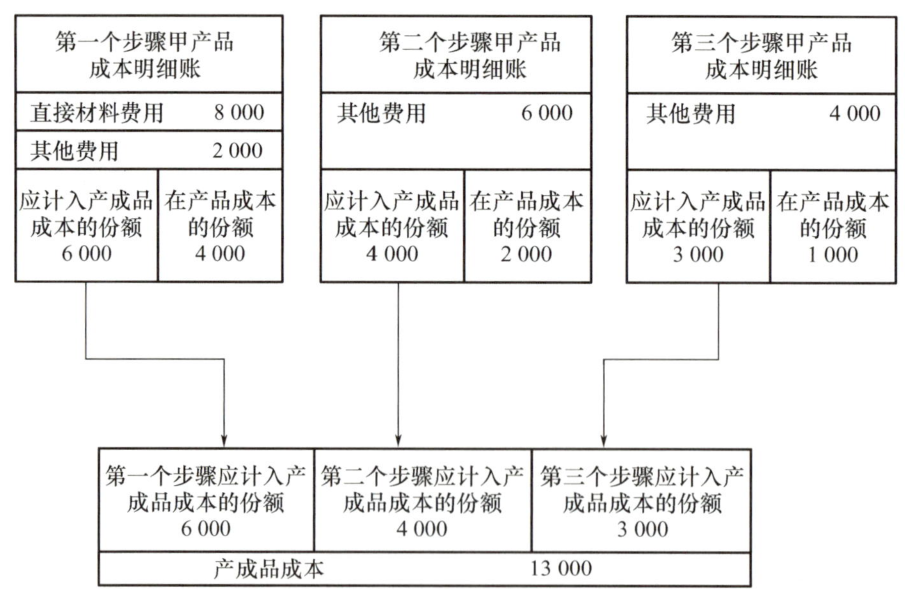

图 7.13　平行结转分步法成本的计算程序

特别提示

平行结转分步法的特点是成本不随半成品实物的结转而结转，各步只计算本步骤计入最终产成品成本的份额。

5. 平行结转分步法产品成本计算举例

【例 7－9】 奔成企业生产丙产品，生产费用在完工产品（应计入产品份额）和在产品之间的分配采用定额比例法。其中，直接材料费用按定额原材料费用比例分配，其他各项费用按定额工时比例分配。其成本核算程序如下。

（1）有关丙产品的定额资料见表 7－29。

表 7－29　丙产品的定额资料

单位：元

<table>
<tr><th rowspan="3">车间份额</th><th colspan="2">月初在产品</th><th colspan="2">本月投入</th><th colspan="5">本月产成品</th></tr>
<tr><th rowspan="2">定额直接材料</th><th rowspan="2">定额工时/小时</th><th rowspan="2">定额直接材料</th><th rowspan="2">定额工时/小时</th><th colspan="2">单位定额</th><th rowspan="2">产量/件</th><th rowspan="2">定额直接材料</th><th rowspan="2">定额工时/小时</th></tr>
<tr><th>直接材料</th><th>工时/小时</th></tr>
<tr><td>第一车间份额</td><td>18 000</td><td>480</td><td>24 000</td><td>840</td><td>600</td><td>20</td><td>50</td><td>30 000</td><td>1 000</td></tr>
<tr><td>第二车间份额</td><td></td><td>420</td><td></td><td>620</td><td></td><td>16</td><td>50</td><td></td><td>800</td></tr>
<tr><td>合　计</td><td>18 000</td><td>900</td><td>24 000</td><td>1 460</td><td>600</td><td>36</td><td>50</td><td>30 000</td><td>1 800</td></tr>
</table>

（2）根据丙产品的定额资料、各种生产费用分配表和产成品交库单，登记第一、第二车间的产品成本明细账，如月初和本月实际资料为已知，见表 7－30、表 7－31。

表 7－30　产品成本明细账

第一车间：丙产品　　　　单位：元

<table>
<tr><th rowspan="2">摘　要</th><th rowspan="2">产量/件</th><th colspan="2">直接材料</th><th rowspan="2">定额工时/小时</th><th rowspan="2">直接人工</th><th rowspan="2">制造费用</th><th rowspan="2">合　计</th></tr>
<tr><th>定额</th><th>实际</th></tr>
<tr><td>月初在产品</td><td></td><td>18 000</td><td>17 760</td><td>480</td><td>8 840</td><td>12 240</td><td>38 840</td></tr>
<tr><td>本月生产费用</td><td></td><td>24 000</td><td>23 400</td><td>840</td><td>12 280</td><td>14 160</td><td>49 840</td></tr>
<tr><td>累计</td><td></td><td>42 000</td><td>41 160</td><td>1 320</td><td>21 120</td><td>26 400</td><td>88 680</td></tr>
<tr><td>费用分配率/%</td><td></td><td></td><td>0.98</td><td></td><td>16</td><td>20</td><td></td></tr>
<tr><td>产成品成本中本步骤份额</td><td>50</td><td>30 000</td><td>29 400</td><td>1 000</td><td>16 000</td><td>20 000</td><td>65 400</td></tr>
<tr><td>月末在产品</td><td></td><td>12 000</td><td>11 760</td><td>320</td><td>5 120</td><td>6 400</td><td>23 280</td></tr>
</table>

第二车间各成本项目费用的分配计算可以依此类推。其明细账详见表 7－31。

表 7-31 产品成本明细账

第二车间：丙产品 单位：元

摘　要	产成品产量/件	直接材料		定额工时/小时	直接人工	制造费用	合　计
		定额	实际				
月初在产品				420	5 200	5 800	11 000
本月生产费用				620	13 520	13 336	26 856
累计				1 040	18 720	19 136	37 856
费用分配率/%					18	18.4	
产成品成本中本步骤份额	50			800	14 400	14 720	29 120
月末在产品				240	4 320	4 416	8 736

（3）将第一、第二车间产品成本明细账中应计入产成品成本的份额平行结转，汇总计入丙产品成本汇总表，见表 7-32。

表 7-32 丙产品成本汇总表

20××年×月 单位：元

车间份额	产量/件	直接材料	直接人工	制造费用	合　计
第一车间份额	50	29 400	16 000	20 000	65 400
第二车间份额	50		14 400	14 720	29 120
合计	50	29 400	30 400	34 720	94 520
单位成本		588	608	694.4	1 890.4

编制会计分录如下。

借：库存商品——丙产品　　94 520

　　贷：基本生产成本——丙产品——第一车间　　65 400

　　　　　　　　　　　　　　　——第二车间　　29 120

【例 7-10】 奔成企业生产甲产品分为 3 个步骤，分别由 3 个车间进行。直接材料在第一车间开始生产时一次投入，月末在产品按约当产量法计算，各步骤在产品完工程度均为 50%。有关产量记录和生产费用的记录资料见表 7-33 和表 7-34。

表 7-33 甲产品产量记录

单位：件

项　目	月初在产品数量	本月投产数量	本月完工数量	月末在产品数量
第一个步骤	60	800	820	40
第二个步骤	80	820	840	60
第三个步骤	40	840	860	20

表 7－34　生产费用资料

单位：元

项　目		直接材料	直接人工	制造费用
月初在产品成本	第一个步骤	5 500	2 100	2 800
	第二个步骤		5 000	3 000
	第三个步骤		900	600
本月发生费用	第一个步骤	43 500	17 100	26 000
	第二个步骤		49 600	33 400
	第三个步骤		70 440	47 250

其具体计算步骤如下。

(1) 第一车间是产品生产的第一个步骤，首先将第一个步骤的成本明细账月初余额和本月的费用记入第一车间的产品成本明细账，见表 7－35。

表 7－35　产品成本明细账

第一车间　　20××年×月　　单位：元

摘　要	直接材料	直接人工	制造费用	合　计
月初在产品成本	5 500	2 100	2 800	10 400
本月费用	43 500	17 100	26 000	86 600
合计	49 000	19 200	28 800	97 000
本月产成品的数量/件	860	860	860	—
月末在产品的约当产量/件	120	100	100	—
费用分配率/%	50	20	30	—
应计入产成品成本份额	43 000	17 200	25 800	86 000
在产品成本份额	6 000	2 000	3 000	11 000

(2) 在第二车间的成本计算中，仅归集、结转本步发生的费用，不包括领用上步的自制半成品成本。所以，在第二车间生产成本明细账中登记成本明细账月初余额和本月本步骤发生的费用见表 7－36。对本步骤发生的费用合计，按成本项目采用约当产量法在本月产成品和在产品中分配，方法和第一车间的相同，不再列示计算过程。但值得一提的是，采用约当产量法分配第二个步骤的成本时，在产品只包括第二个步骤的在产品，因为第一个步骤的在产品没从第二个步骤中受益，不应承担第二个步骤的成本分配。第二车间产品成本明细账见表 7－36。

表 7-36 产品成本明细账

第二车间 20××年×月 单位：元

摘 要	本步骤发生		合 计
	直接人工	制造费用	
月初本步骤在产品成本	5 000	3 000	8 000
本月本步骤发生费用	49 600	33 400	83 000
本月合计	54 600	36 400	91 000
本月产成品的数量/件	860	860	—
月末在产品的约当产量/件	50	50	—
费用分配率/%	60	40	—
应计入产成品成本的份额	51 600	34 400	86 000
在产品成本份额	3 000	2 000	5 000

月末第二个步骤在产品的约当产量为30件，即60×50%=30，第三个步骤在产品完整地经历了本步骤，所以约当产量为20件，在产品约当总产量为30+20=50。其余指标计算方法同上。

（3）月末第三个步骤在产品约当产量为10件，即20×50%=10，其余指标计算方法同上。第三车间产品成本明细账见表7-37。

表 7-37 产品成本明细账

第三车间 20××年×月 单位：元

摘 要	本步骤发生		合 计
	直接人工	制造费用	
月初本步骤在产品成本	900	600	1 500
本月本步骤发生费用	70 440	47 250	117 690
本月合计	71 340	47 850	119 190
本月产成品的数量/件	860	860	—
月末在产品的约当产量/件	10	10	—
费用分配率/%	82	55	—
应计入产成品成本的份额	70 520	47 300	117 820
在产品成本的份额	820	550	1 370

（4）综合以上3个步骤的分配结果，可知3个步骤的产成品成本份额合计即为产成品的总成本，并可以计算出产成品的单位成本。完工产品成本汇总见表7-38。

表 7-38　完工产品成本汇总表

产品名称：甲产品　　　　　产量：860件　　　　　20××年×月　　　　　单位：元

		直接材料	直接人工	制造费用	合　计
车间	第一车间	43 000	17 200	25 800	86 000
	第二车间		51 600	34 400	86 000
	第三车间		70 520	47 300	117 820
产成品总成本		43 000	139 320	107 500	289 820
产成品单位成本		50	162	125	337

根据表7-38的计算结果，编制结转完工产品入库的会计分录。

借：库存商品——甲产品　　289 820

　　贷：基本生产成本——甲产品——第一车间　　86 000

　　　　　　　　　　　　　　　——第二车间　　86 000

　　　　　　　　　　　　　　　——第三车间　　117 820

由此可见，采用平行结转分步法来计算产品成本的关键是确定每一步骤成本分配的在产品的范围，即该步骤的在产品和该步以下各个步骤的在产品。

6. 平行结转分步法的优缺点

综上所述，与逐步结转分步法相比较，平行结转分步法具有以下优点。

（1）简化和加速成本计算工作。采用这一方法，各步骤可以同时计算产品成本，然后将应计入完工产品成本的份额平行结转汇总计入产成品成本，不必逐步结转半成品成本，从而可以简化和加速成本计算工作。

（2）不必进行成本还原或做大量分项结转工作。采用这一方法，一般是按成本项目平行结转汇总各步骤成本中应计入产成品成本的份额，因而能够直接提供按原始成本项目反映的产成品成本资料，不必像采用逐步结转分步法那样进行成本还原或者做大量的工作进行分项结转。

但是，由于平行结转分步法各步骤不计算，也不结转半成品成本，因而存在以下缺点。

（1）不利于各步骤的成本管理。平行结转分步法不能提供各步骤半成品成本的资料及各步骤所耗上一步骤半成品费用的资料，因此不能全面地反映各步骤生产耗费的水平，不利于各步骤的成本管理。

（2）不能为各步骤在产品的实物管理和资金管理提供资料。由于平行结转分步法各步骤间不结转半成品成本，使半成品实物转移与费用结转脱节，因此不能为各步骤在产品的实物管理和资金管理提供资料。

从以上对比分析中可以看出，平行结转分步法的优缺点正好与逐步结转分步法的优缺点相反。因而，平行结转分步法只宜在半成品种类较多、逐步结转半成品成本工作量较大、管理上又不要求提供各步骤半成品成本资料的情况下采用。在采用平行结转分步法时应加强各步骤在产品收发结存的数量核算，以便为在产品的实物管理和资金管理提供资料，弥补这一方法的不足。

名人名言

任何研究领域都要以确定目标为出发点。

——亨德里克森

近代意义的会计是作为“企业会计”而建立的。

——三井口一雄

就狭义而言，所谓成本会计专指制造企业的会计。

——陀耳

成本会计的出现是企业工业化发展需要的一个回声。

——利特尔顿

练　习　题

一、单项选择题

1. 在大量大批多步骤生产情况下，如果管理上不要求分步计算产品成本，其所采用的成本计算方法应是（　　）。

A. 品种法　　B. 分批法　　C. 分步法　　D. 分类法

2. 产品成本计算的品种法是（　　）。

A. 一种成本计算的辅助方法

B. 单一法

C. 按照产品品种计算产品成本的方法

D. 按照产品品种和生产步骤计算产品成本的方法

3. 分批法适用于（　　）。

A. 单件小批生产　　B. 大量大批生产

C. 大量大批多步骤生产　　D. 大量大批单步骤生产

4. 简化的分批法是（　　）。

A. 分批计算在产品成本的分批法　　B. 不分批计算在产品成本的分批法

C. 不计算在产品成本的分批法　　D. 不分批计算完工产品成本的分批法

5. 采用简化的分批法时，下列各项中属于产品成本明细账登记内容的是（　　）。

A. 本月发生的直接材料费用　　B. 本月发生的直接人工费用

C. 本月发生的制造费用　　D. 本月发生的费用合计

6. 采用简化分批法时，在产品完工之前，产品成本明细账（　　）。

A. 不登记任何费用　　B. 只登记直接费用和生产工时

C. 只登记原材料费用　　D. 登记间接费用，不登记直接费用

7. 在（　　）下，要进行成本还原。

A. 逐步结转分步法　　B. 平行结转分步法

C. 逐步结转分步法的综合结转法　　D. 逐步结转分步法的分项结转法

8. 半成品成本流转与实物流转相一致，又不需要成本还原的方法是（　　）。

A. 逐步结转分步法　　B. 综合结转分步法

C. 分项结转分步法　　D. 平行结转分步法

9. 成本还原的对象是（　　）。

A. 产成品成本　　B. 本步骤生产费用

C. 上一步骤转来的生产费用　　D. 各步骤所耗上一步骤半成品的综合成本

10. 采用平行结转分步法时，在完工产品与在产品之间分配费用是指（　　）之间的费用分配。

A. 产成品与月末在产品

B. 产成品与广义的在产品

C. 完工半成品与月末加工中的在产品

D. 前面步骤的完工半成品与加工中的在产品

11. 平行结转分步法（　　）。

A. 需要进行成本还原　　B. 不需要进行成本还原

C. 能提供完整的半成品成本资料　　D. 能加强物质和资金的有效管理

12. 不计算半成品成本的分步法是指（　　）。

A. 逐步分项结转分步法　　B. 平行结转分步法

C. 按实际成本综合结转分步法　　D. 按计划成本综合结转分步法

二、多项选择题

1. 品种法适用于（　　）。

A. 大量大批生产

B. 单件小批生产

C. 简单生产

D. 复杂生产，且管理上不要求分步骤计算产品成本

2. 品种法的特点有（　　）。

A. 以品种作为成本计算对象

B. 成本计算期与生产周期一致

C. 成本计算期与生产周期不一致

D. 月末不需要将生产费用在完工产品和在产品之间进行分配

3. 采用分批法计算产品成本时，成本计算对象可以按（　　）。

A. 一张订单中的不同品种产品分别确定

B. 一张订单中的同种产品分批确定

C. 一张订单中的单件产品的组成部分分别确定

D. 多张订单中的同种产品确定

4. 采用简化的分批法，基本生产成本二级账与产品成本明细账可以逐月核对的项目有（　　）。

A. 月末在产品原材料项目余额　　B. 月末在产品工资及福利费项目余额

C. 月末在产品制造费用项目余额　　D. 月末在产品生产工时项目余额

5. 逐步结转分步法，按照结转的半成品成本在下一步骤产品成本明细账中的反映方法，分为（　　）。

A. 综合结转法　　B. 分项结转法

C. 实际成本结转法　　D. 计划成本法

6. 在逐步结转分步法下，产成品成本中的半成品费用可以按（　　）还原。

A. 本月所产半成品成本的结构　　B. 定额成本

C. 本月所产产成品成本的结构　　D. 本月耗用半成品成本的结构

7. 采用平行结转分步法不能提供（　　）。

A. 按原始成本项目反映的产成品成本资料

B. 所耗上一步骤半成品成本的资料

C. 各步骤完工半成品成本的资料

D. 本步骤应计入产成品成本份额的资料

8. 分项结转分步法的缺点是（　　）。

A. 需要进行成本还原

B. 不便于进行各步骤完工产品的成本分析

C. 成本结转工作比较复杂

D. 不便于加强各生产步骤的成本管理

三、判断题

1. 划分产品成本计算基本方法的标志是成本计算对象。（　　）

2. 大量大批的多步骤生产也可能采用品种法计算产品成本。（　　）

3. 采用分批法计算产品成本，在批内部分完工产品按计划单位成本计算结转后，待该批产品全部完工后，还应计算该批产品的实际总成本，并调整前期完工产品实际成本与计划成本的差异。（　　）

4. 在小批或单件生产的企业或车间中，如果各个月份的间接计入费用的水平相差不多，月末未完工产品的批数比较多，可采用简化的分批法。（　　）

5. 在月末未完工产品批数较多的情况下，不适宜采用简化的分批法。（　　）

6. 在平行结转分步法下，只能采用定额比例法进行产成品和在产品之间的费用分配。（　　）

7. 在平行结转分步法下，各步骤的生产费用都必须在产成品和广义的在产品之间进行分配。（　　）

8. 成本还原后的各项费用之和应该与成本还原对象相等。（　　）

四、计算题

1. 某企业20××年8月生产甲、乙两种产品，都是单步骤的大量生产，采用品种法计算产品成本。本月有关成本计算的资料如下。

（1）月初在产品成本。甲、乙产品的月初在产品成本见表7-39。

表7-39　甲、乙产品的月初在产品成本资料表

20××年8月　　单位：元

摘　要	直接材料	直接人工	制造费用	合　计
甲产品月初在产品成本	164 000	32 470	3 675	200 145
乙产品月初在产品成本	123 740	16 400	3 350	143 490

(2) 本月生产数量。甲产品本月完工 500 件，月末在产品 100 件，实际生产工时 100 000 小时；乙产品本月完工 200 件，月末在产品 40 件，实际生产工时 50 000 小时。甲、乙两种产品的原材料都在生产开始时一次投入，加工费用发生比较均衡，月末在产品完工程度均为 50%。

(3) 本月发生的生产费用如下。

① 本月发生的材料费用汇总见表 7-40。

表 7-40 发生材料汇总表

20××年 8 月　　单位：元

领料部门和用途	材料类别			合　计
	原材料	包装物	低值易耗品	
基本生产车间耗用				
甲产品耗用	800 000	10 000		810 000
乙产品耗用	600 000	4 000		604 000
甲、乙产品共同耗用	28 000			28 000
车间一般耗用	2 000		100	2 100
辅助生产车间耗用				
供电车间耗用	1 000			1 000
运输车间耗用	1 200			1 200
厂部管理部门耗用	1 200		400	1 600
合　计	1 433 400	14 000	500	1 447 900

备注：生产甲、乙两种产品共同耗用的材料，按甲、乙两种产品直接耗用原材料的比例进行分配。

② 本月职工薪酬汇总见表 7-41。

表 7-41 职工薪酬汇总表

20××年 8 月　　单位：元

人员类别		应付职工薪酬
基本生产车间	产品生产工人	420 000
	车间管理人员	20 000
辅助生产车间	供电车间	8 000
	运输车间	7 000
厂部管理人员		40 000
合　计		495 000

③ 本月以现金支付的费用为 2 500 元，其中基本生产车间负担的办公费 250 元，市内交通费 65 元；供电车间负担的市内交通费 145 元；运输车间负担的外部加工费 480 元；

厂部管理部门负担的办公费 1 360 元，材料市内运输费 200 元。

④ 本月以银行存款支付的费用为 14 700 元，其中基本生产车间负担的办公费 1 000 元，水费 2 000 元，差旅费 1 400 元，设计制图费 2 600 元；供电车间负担的水费 500 元，外部修理费 1 800 元；运输车间负担的办公费 400 元；厂部管理部门负担的办公费 3 000 元，水费 1 200 元，招待费 200 元，市话费 600 元。

⑤ 本月应计提固定资产折旧费 22 000 元，其中基本生产车间折旧 10 000 元、供电车间折旧 2 000 元、运输车间折旧 4 000 元、厂部管理部门折旧 6 000 元。

(4) 其他资料如下。

①该企业辅助生产车间未单独设置制造费用明细账，采用计划成本分配法分配辅助生产费用。本月供电车间共供电 46 000 度，其中运输车间耗用 3 000 度，基本生产车间生产产品耗用 27 000 度，基本生产车间一般耗用 6 000 度，厂部管理部门耗用 10 000 度；运输车间共提供劳务 4 500 吨千米，其中供电车间耗用 400 吨千米，基本生产车间一般耗用 3 000 吨千米，厂部管理部门耗用 1 100 吨千米。

每度电的计划成本为 0.34 元，每吨千米运输的计划成本为 3.50 元，成本差异全部由管理费用负担。按车间生产甲、乙两种产品的生产工时比例分配，其中甲产品的生产工时为 100 000 小时，乙产品的生产工时为 50 000 小时。

②按甲、乙两种产品的生产工时比例分配制造费用。

③该企业本月甲产品完工入库 500 件，月末在产品 100 件；乙产品完工入库 200 件，月末在产品 40 件。按约当产量法分别计算甲、乙两种产品的完工产品成本和月末在产品成本。原材料在生产开始时一次投入，月末在产品完工程度为 50%。

要求：

(1) 根据上述资料，编制各种费用分配表。

(2) 登记产品成本明细账，计算各种产品的成本。

(3) 编制有关生产费用分配和产品成本结转的会计分录。

2. 某企业小批生产甲、乙两种产品，采用分批法计算成本，产品跨月陆续完工。有关资料如下。

(1) 4 月份投产的产品有以下两个批次。

8011 批次：甲产品 10 台，本月投产，本月完工 6 台，5 月份全部完工。

8012 批次：乙产品 10 台，本月投产，本月完工 2 台，5 月份全部完工。

(2) 4 月份和 5 月份各批次产品生产费用资料见表 7-42。

表 7-42　生产费用分配表

单位：元

月　份	批　次	直接材料	直接人工	制造费用
4	8011	67 200	4 700	5 600
	8012	9 200	6 100	3 960
5	8011		1 371	1 200
	8012		11 020	9 760

8011 批次甲产品 4 月份完工数量占全部批量比重较大。原材料在生产开始时一次投入，其他费用在完工产品与在产品之间采用约当产量比例法进行分配，在产品完工程度为 50%。

8012 批次乙产品 4 月份完工数量较少，完工产品按定额成本结转。每台产品定额成本为：直接材料 900 元，直接人工 700 元，制造费用 480 元。

要求：根据上述资料，登记产品成本明细账，分别计算 4 月末、5 月末各批产品的成本。(特别说明实际工作中一批产品跨月完工一般也不需要纵向分配，因为一是没有必要，二是分配后一批产品的单价会不一致。教学中是为了练习各种方法的区别，进行了假设)

3. 某企业根据其自身的生产特点和管理要求，采用简化分批法计算产品成本，有关资料如下。

(1) 6 月份生产的产品有以下几种批次。

2601 批次：A 产品 6 件，5 月份投产，6 月份全部完工。

2602 批次：B 产品 12 件，5 月份投产，6 月份完工 6 件。

2603 批次：C 产品 8 件，5 月底投产，尚未完工。

2604 批次：D 产品 6 件，6 月初投产，尚未完工。

(2) 各批次产品 6 月底累计直接材料费用（原材料在生产开始时一次投入）和生产工时如下。

2601 批次：直接材料 16 000 元，生产工时为 8 060 小时。

2602 批次：直接材料 20 000 元，生产工时为 18 500 小时。

2603 批次：直接材料 16 800 元，生产工时为 8 500 小时。

2604 批次：直接材料 12 400 元，生产工时为 8 200 小时。

(3) 6 月末该厂全部累计直接材料费用为 65 200 元，累计生产工时为 43 260 小时，职工薪酬为 18 169.2 元，制造费用为 21 630 元。

(4) 6 月末，完工产品工时为 20 560 小时，其中 B 产品用了 12 500 小时。

要求：

(1) 登记基本生产成本二级账和各批产品成本明细账。

(2) 计算和登记累计间接费用分配率。计算各批完工产品成本。

4. 某企业甲产品生产需经过两个加工步骤。第一个步骤生产出半成品后交第二个步骤加工制成甲产品。该企业采用逐步结转分步法计算产品成本，设有“直接材料”“自制半成品”“直接人工”和“制造费用”4 个成本项目。5 月份有关甲产品成本计算的资料如下。

(1) 产量资料见表 7-43。

表 7-43　甲产品产量表

单位：件

项　目	第一个步骤	第二个步骤
月初在产品结存数量	60	10
本月投产或上月转入数量	240	250

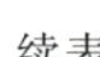

续表

项　目	第一个步骤	第二个步骤
本月完工产品数量	250	200
月末在产品结存数量	50	60
月末在产品加工程度%	40	50

甲产品所耗费的直接材料在第一个步骤生产开始时一次投入。

（2）各步骤月初在产品成本资料见表 7－44。

表 7－44　月初在产品成本资料表

单位：元

项　目	直接材料	自制半成品	直接人工	制造费用	合　计
第一个步骤	5 520		240	500	6 260
第二个步骤		1 226	41	92	1 359

（3）各步骤本月生产耗费资料见表 7－45。

表 7－45　本月生产耗费资料表

单位：元

项　目	直接材料	直接人工	制造费用	合　计
第一个步骤	21 480	2 460	4 900	28 840
第二个步骤		1 753	3 611	5 364

要求：

（1）根据上述资料，设立产品成本明细账，计算甲产品成本。

（2）进行成本还原，编制成本还原计算表。

5. 某企业生产 A 产品需经过第一车间和第二车间连续加工完成，采用逐步结转分步法计算成本。第一个步骤本月转入第二个步骤的生产费用合计（半成品成本）为 80 000 元，其中原材料为 50 000 元，职工薪酬为 10 000 元，制造费用为 20 000 元。第二车间本月发生的工资费用为 6 000 元，制造费用为 12 500 元。第二车间期初在产品成本为 12 000 元，其中半成品成本为 10 000 元，职工薪酬为 800 元，制造费用为 1 200 元；第二车间期末在产品成本按定额成本核算为 18 000 元，其中半成品成本为 15 000 元，职工薪酬为 1 100 元，制造费用为 1 900 元。

要求：

（1）按照成本计算程序，采用综合结转半成品成本法计算完工产品各成本项目的成本及总成本；编制成本还原计算表，进行成本还原。

（2）按照成本计算程序，假设第二车间期初在产品半成品成本全为上一步骤的材料费用，采用分项结转半成品成本法计算完工产品各成本项目的成本及总成本。

（3）对比分项结转法和综合结转法成本还原计算表中的两种方法，计算出来的总成本是否一致？如果不一致，是什么原因？

6. 某工厂生产B产品，分两个生产步骤连续加工，原材料在第一个步骤开始时一次投入，成本计算采用平行结转分步法。两个步骤的完工产品份额和广义在产品之间的费用分配均采用定额比例法。第一个步骤直接材料成本按原材料定额费用比例分配，第一个步骤和第二个步骤的直接人工及制造费用，都按定额工时比例分配。20××年10月份的有关资料如下。

（1）第一个步骤和第二个步骤的定额资料见表7-46。

表7-46　定额资料表

项　目	第一个步骤		第二个步骤	
	完工产品	在产品	完工产品	在产品
原材料定额费用	30 000	6 000		
定额工时	22 000	8 000	4 500	1 200

（2）月初在产品成本资料见表7-47。

表7-47　月初在产品成本资料表

单位：元

生产步骤	直接材料	直接人工	制造费用	合　计
第一个步骤	5 200	3 100	3 400	11 700
第二个步骤		504	480	984

（3）本月发生的生产费用见表7-48。

表7-48　本月生产费用表

单位：元

生产步骤	直接材料	直接人工	制造费用	合　计
第一个步骤	29 000	9 500	10 400	48 900
第二个步骤		3 600	3 339	6 939

（4）本月完工产量为500吨。

要求：

（1）根据上述资料，编制各生产步骤应计入产品成本的份额。

（2）编制产品成本汇总表，计算完工产品总成本和单位成本。

（3）编制完工产品入库的会计分录。

五、综合练习题

1. 广义在产品练习。

（1）奔成企业甲产品有4个加工步骤，各个步骤之间不设半成品库，其他资料见表7-49。

表 7-49 数量表（1）

单位：件

项　目	第一个步骤	第二个步骤	第三个步骤	第四个步骤
月初在产品数量	160	20	140	40
本月投入数量	440	500	400	500
本月完工产品数量	500	400	500	500
月末在产品数量	100	120	40	40

要求：计算各个步骤的广义在产品数量。

（2）奔成企业甲产品有 3 个加工步骤，各个步骤之间不设半成品库，第一个步骤的两个产品组装成第二个步骤的一个产品，其他资料见表 7-50。

表 7-50 数量表（2）

单位：件

项　目	第一个步骤	第二个步骤	第三个步骤
月初在产品数量	160	20	140
本月投入数量	440	250	200
本月完工产品数量	500	200	300
月末在产品数量	100	70	40

要求：计算各个步骤的广义在产品数量。

（3）奔成企业甲产品有 3 个加工步骤，各个步骤之间不设半成品库，第一个步骤的两个产品组装成第二个步骤的一个产品，第二个步骤的两个产品组装成第三个步骤的一个产品，其他资料见表 7-51。

表 7-51 数量表（3）

单位：件

项　目	第一个步骤	第二个步骤	第三个步骤
月初在产品数量	160	20	140
本月投入数量	440	250	100
本月完工产品数量	500	200	200
月末在产品数量	100	70	40

要求：计算各个步骤的广义在产品数量。

2. 某企业甲产品生产需顺序经过 3 个加工步骤，第一个步骤生产出半成品后交第二个步骤加工，再交第三个步骤加工制成甲产品。该企业采用逐步结转分步法计算产品成本，设有“直接材料”“自制半成品”“直接人工”和“制造费用”4 个成本项目。11 月份有关甲产品成本计算的资料如下。

（1）产量资料见表 7－52。

表 7－52　数量表

单位：件

项　目	第一个步骤	第二个步骤	第三个步骤
月初在产品结存数量	60	10	20
本月投产或上月转入数量	240	250	200
本月完工产品数量	250	200	200
月末在产品结存数量	50	60	20
月末在产品加工程度/%	60	50	50

（2）各个步骤月初在产品成本资料，各个步骤本月本步骤生产耗费资料见表 7－53、表 7－54、表 7－55。甲产品所耗费的直接材料在第一个步骤生产开始时一次投入。

要求：

（1）根据上述资料，设立产品成本明细账，填制表 7－53、表 7－54、表 7－55，计算甲产品成本，并编制入库的会计分录。

（2）进行成本还原（小数点后保留 1 位），编制成本还原计算表，见表 7－56。

表 7－53　第一个步骤产品成本计算单

单位：元

项　目	直接材料	直接人工	制造费用	合　计
月初费用	6 000	1 000	500	7 500
本月费用	24 000	6 000	5 100	35 100
合计	30 000	7 000	5 600	42 600
完工成本				
在产品				

表 7－54　第二个步骤产品成本计算单

单位：元

项　目	半成品	直接人工	制造费用	合　计
月初费用	2 750	500	500	3 750
本月费用		2 950	2 950	
合计		3 450	3 450	
完工成本				
在产品				

表 7-55　第三个步骤产品成本计算单

单位：元

项　目	半成品	直接人工	制造费用	合　计
月初费用	2 000	500	500	3 000
本月费用		2 000	2 500	
合计		2 500	3 000	
完工成本				
在产品				

表 7-56　成本还原计算表

项　目	还原率	半成品	直接材料	直接人工	制造费用	合　计
还原前产成品成本						
第二步骤所产半成品成本						
所耗半成品成本第一次还原						
第一次还原后产成品总成本						
第一步骤所产半成品成本						
所耗半成品成本第二次还原						
第二次还原后产成品总成本						
还原后单位成本						

第 8 章

产品成本计算的辅助方法

教学目标

通过本章的学习，使学生能够：

1. 掌握分类法的计算方法，以及联产品、副产品和等级品的成本计算；

2. 了解定额法的计算方法，了解脱离定额差异、材料成本差异及定额变动差异的计算与分配；

3. 了解标准成本法和作业成本法产生的背景和基本内容，掌握标准成本法和作业成本法的基本核算方法。

教学要求

知识要点	能力要求	相关知识
分类法	(1) 分类法的特点和计算程序的理解 (2) 系数法的具体运用	(1) 分类法的应用条件和特点 (2) 分类法的适用范围 (3) 系数的确定 (4) 分类法的计算程序
联产品、副产品和等级品的成本计算	(1) 了解联产品成本计算的特点和程序 (2) 了解副产品成本计算的特点和计算方法	(1) 联产品成本计算的特点和计算程序 (2) 副产品成本计算的特点 (3) 主副产品分离前后的成本计算 (4) 等级品成本计算的特点和计算程序
定额法	(1) 理解和掌握定额法的特点和计算程序 (2) 定额法的具体运用	(1) 定额法的意义 (2) 定额法的特点和适用范围 (3) 定额法的计算程序 (4) 定额法下产品实际成本的计算
标准成本法	(1) 标准成本差异 (2) 标准成本账务处理	(1) 标准成本的制订 (2) 标准成本差异分析 (3) 标准成本账务处理

续表

知识要点	能力要求	相关知识
作业成本法	(1) 作业 (2) 成本动因	(1) 作业 (2) 作业链 (3) 价值链 (4) 资源动因：作业消耗资源 (5) 作业动因：产品消耗作业

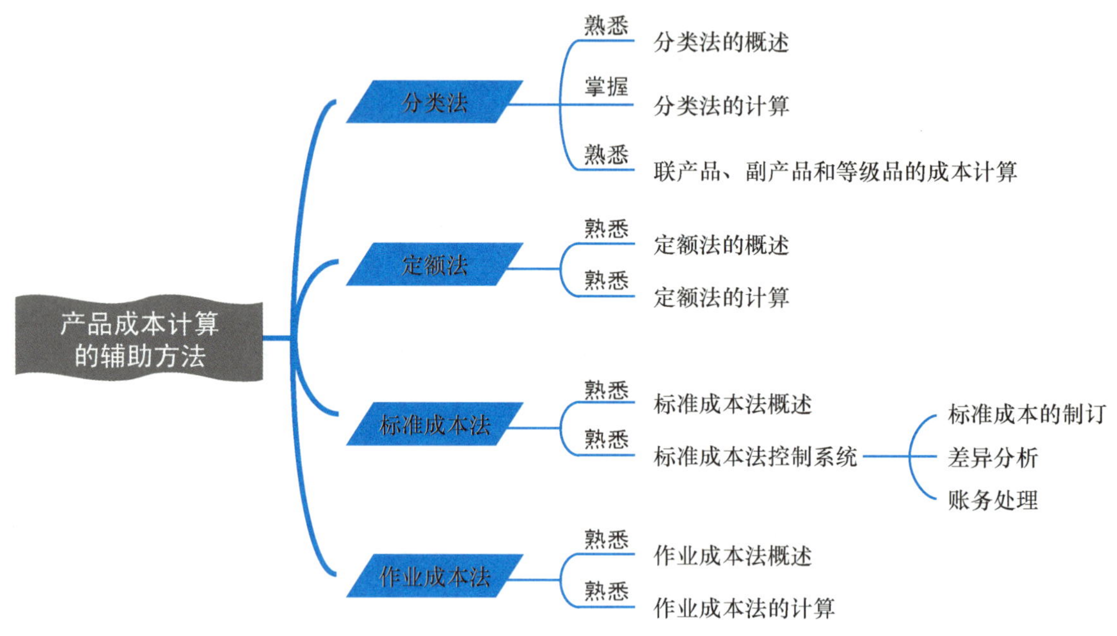

第 8 章知识点思维导图

> 越来越多的证据显示社会和经济变革对会计实践和会计思想有很大影响。20 世纪六七十年代曾发生很多环境变化，都直接或间接地影响了会计师的工作，迫使会计界采用新的会计方法和新的会计思想。
>
> ——亨德里克森

导入案例

“套金钟”成本核算法

“套金钟”是我国古代的一种核算成本的方法。在长期的实践中，劳动人民将其总结为谚语“大小要分清，可用‘套金钟’”。

“套金钟”是古代陶瓷作坊生产盅、碗、碟、盆时，按不同大小规格分配成本、确定售价的古老方法。“套金钟”的口诀是：“大加九，小去二”。例如，某陶瓷作坊生产 1 至 5

号五种陶盆，平均每个成本5.2元，因为陶盆大小规格不一样，平均分配成本，显然是不合理的。所以要分大小，采用“套金钟”的方法分摊成本，具体操作方法如下。

首先，把平均单位成本5.2元缩小10倍变成0.52元，然后按“套金钟”口诀计算。1号大盆成本“大加九”，其中的“大”是指种数，即5加9变成14，14×0.52元=7.28元；2号盆成本“小去二”，即在14的基础上减去2变成12，12×0.52元=6.24元；3号盆成本“小去二”，即在12的基础上减去2变成10，10×0.52元=5.2元；4号盆成本“小去二”，即在10的基础上减去2变成8，8×0.52元=4.16元；5号盆成本“小去二”，即在8的基础上减去2变成6，6×0.52元=3.12元。

其科学性在于14+12+10+8+6=50，比5种陶盆放大10倍，故要将平均单位成本先缩小10倍。如果是生产1至10号10种由大到小的同类商品，则1号为10加9为19，2号“小去二”为17，依此类推。

“套金钟”就是一种简单易行的系数法。

（资料来源：贺约之，1980. 从成语谚语想到我国会计历史的发展［J］. 财务与会计（6）：26.）

点评：　管理决定方法。

根据企业的生产特点和管理要求选择成本计算方法，为了简化成本计算方法，提高效率，减少成本会计人员的核算时间，使成本会计人员有更多的时间去发挥监督、计划与考核，以及预测与决策等职能，可以采用一些辅助方法进行成本计算。

8.1　产品成本计算的分类法

8.1.1　分类法的含义、特点和适用范围

1. 分类法的含义和特点

产品成本计算的分类法是按产品类别归集生产费用，先计算出各类产品的总成本，然后按照一定方法，将归集的生产费用在同类产品中分配，计算出类内各种产品成本的一种方法。

分类法的特点：①将产品划分为若干类；②成本计算对象是产品类别，即按照产品的类别设立产品成本明细账，归集产品的生产费用，计算各类产品成本；③选择合理的分配标准，进行类内产品成本分配，计算类内各种产品的成本。

2. 分类法的适用范围

（1）各种类型的生产。分类法与产品的生产类型没有直接联系，可以在各种类型的生产中应用。即凡是产品的品种规格繁多，而且可以按照一定标准划分为若干类别的企业或车间，均可采用分类法计算成本。例如，钢铁厂生产的各种型号和规格的生铁、钢材，制鞋企业生产的各种不同类别和规格的鞋子，照明企业生产的各种不同类别和不同瓦数的灯

泡，食品企业生产的各种饼干和面包等。它们的生产类型虽然不同，但都可以采用分类法计算成本。

（2）联产品。有些工业企业在生产过程中对同一原料进行加工时，可以生产出几种主要产品（如原油经过提炼，可以同时生产出柴油、汽油和煤油等产品），这些产品称为联产品。联产品所用的原料和工艺过程相同，所以最适合采用分类法计算成本。

（3）主副产品。企业在生产主产品的过程中，还会附带生产出一些非主要产品，这种附带产生的产品称为副产品。由于主产品和副产品是在同一生产过程中产生的，因此也需要采用分类法计算各自成本。

（4）零星产品及其他。有些工业企业，除了生产主要产品以外，还可能生产出一些零星产品。这些零星产品，虽然内部结构、所耗原材料和工艺过程不一定完全相近，但是它们的品种多、规格多，数量少，费用比重小。为了简化成本计算工作，这些零星产品也可以归为几类，采用分类法计算成本。还有因材料等造成等级品的产品生产也可以采用分类法核算成本。

8.1.2 分类法的计算程序

1. 将产品划分为若干类别

在采用分类法计算产品成本时，如何对产品进行分类非常重要。对产品进行分类时，以产品的结构、所用原材料和工艺过程是否相同或相近为标准。若产品分类划分过粗，类内产品太多，则会影响产品成本计算的正确性；若分类划分过细，类内产品数量过少，则成本计算的工作量就大，也就失去了采用分类法的意义。

2. 计算各类产品总成本

按产品类别设立产品成本明细账（或产品成本计算单），归集产品的生产费用，选用品种法、分批法或分步法等基本成本计算方法，计算各类产品总成本。

3. 类内产品成本的分配

类内产品成本的分配即选择合理的分配标准，将各类产品的总成本在类内产品之间进行分配，计算类内各种产品的总成本和单位成本，这是分类法的关键步骤。

（1）选择合理的分配标准。分配标准应与产品成本的高低有密切的联系。分配标准主要有产品的技术特征（质量、重量、体积、长度等）、产品的经济价值（计划成本、定额成本、售价）和原材料消耗定额3种。

（2）各成本项目可采用相同的分配标准进行分配（如分配直接材料、直接人工和制造费用时均可采用产量作为分配标准），也可采用不同的分配标准进行分配（如分配直接材料可选用定额消耗量或定额费用比例进行分配，直接人工费用和制造费用可按定额工时比例分配），目的是使分配结果更合理，成本计算更准确。

（3）类内产品的成本分配方法主要有定额比例法、系数法。

在采用分类法计算产品成本时，某类产品的总成本也可按该类内各种产品的定额比例进行分配。这种按定额比例进行分配的方法，通常称为定额比例法。定额比例法主要用于类内产品之间直接人工费用和制造费用的分配。

为了简化分配工作，也可以将分配标准折算成相对固定的系数，按照固定的系数分配同类产品内各种产品的成本，这种方法称为系数法。系数法主要用于类内产品之间直接材料费用的分配。

（4）系数法的计算步骤。

① 选择标准产品。在同类产品中选择一种产量较大、生产稳定或规格适中的产品作为标准产品，并将其系数定为“1”。

② 计算其他各种产品的系数。计算公式如下。

$$其他产品的系数=\frac{其他产品的分配标准}{标准产品的分配标准}$$

系数一经确定，在一定时期内应保持相对稳定。系数有单项系数和综合系数之分。

单项系数是以反映产品成本某一方面的因素（直接材料、直接人工、制造费用）为依据确定的系数，如直接材料成本系数、直接人工成本系数、制造费用成本系数。

$$直接材料成本系数=\frac{某单位产品直接材料分配标准（如定额成本）}{标准产品直接材料分配标准（如定额成本）}$$

$$直接人工成本系数=\frac{某单位产品直接人工分配标准（如定额成本）}{标准产品直接人工分配标准（如定额成本）}$$

$$制造费用成本系数=\frac{某单位产品制造费用分配标准（如定额成本）}{标准产品制造费用分配标准（如定额成本）}$$

综合系数是以反映产品成本的全面因素（如计划单位成本、单位售价、单位定额成本）为依据确定的系数，如单位成本系数。

$$单位成本系数=\frac{某单位产品分配标准（如定额成本、售价）}{标准产品定额成本分配标准（如定额成本、售价）}$$

③ 计算各种产品的总系数（或标准产量）。其计算公式如下。

各产品总系数（或标准产量）=各产品实际产量×该产品系数

④ 计算类内产品分配率。其计算公式如下。

$$类内产品成本分配率=\frac{待分配费用}{各产品总系数之和}$$

⑤ 计算类内各种产品的分配额。其计算公式如下。

各产品分配额=各产品的总系数×类内产品成本分配率

特别提示

分类法中类内产品成本的分配经常采用系数分配，因此分类法也常称系数法。

8.1.3　分类法成本计算举例

【例 8－1】 奔成企业生产的 A、B、C 共 3 种产品，所用原材料和工艺过程相似，合并为甲类产品，采用分类法计算成本。甲类产品的有关资料如下：甲类产品月末在产品按定额成本计价，6 月份月初和月末在产品定额成本见表 8－1，产品消耗定额见表 8－2。

表 8-1 月初、月末在产品成本

20××年6月　　单位：元

项目	直接材料	直接人工	制造费用	合计
月初在产品定额成本	29 200	6 000	1 500	36 700
月末在产品定额成本	20 800	3 000	1 200	25 000

表 8-2 产品消耗定额

产品名称	材料消耗定额/千克	工时定额/小时
A产品	24	25
B产品	20	11
C产品	16	10

甲类产品6月份生产费用为：直接材料303 600元，直接人工46 000元，制造费用149 700元，合计499 300元。6月份产量分别为：A产品200件，B产品1 000件，C产品400件。企业产品成本计算过程如下。

（1）计算甲类完工产品成本，见表8-3。

表 8-3 甲类完工产品成本计算单

20××年6月　　单位：元

月	日	摘要	直接材料	直接人工	制造费用	合计
5	31	月初在产品定额成本	29 200	6 000	1 500	36 700
6	30	本月生产费用	303 600	46 000	149 700	499 300
6	30	合计	332 800	52 000	151 200	536 000
6	30	完工产品成本	312 000	49 000	150 000	511 000
6	30	月末在产品定额成本	20 800	3 000	1 200	25 000

（2）甲类完工产品总成本在A、B、C这3种产品之间进行分配。

① 采用定额比例法计算A、B、C这3种产品的成本，编制类内产品成本计算单，见表8-4。直接材料按定额消耗量比例分配，其他费用按定额工时比例分配。

表 8-4 甲类产品内各种产成品成本计算单

20××年6月　　单位：元

项目	产量/件	材料消耗定额	材料定额消耗量	工时定额/小时	定额总工时/小时	直接材料	直接人工	制造费用	成本合计
①	②	③	④=②×③	⑤	⑥=②×⑤	⑦=④×分配率	⑧=⑥×分配率	⑨=⑥×分配率	⑩
分配率						10元/千克	2.45	7.5	
A产品	200	24	4 800	25	5 000	48 000	12 250	37 500	97 750

续表

项目	产量/件	材料消耗定额	材料定额消耗量	工时定额/小时	定额总工时/小时	直接材料	直接人工	制造费用	成本合计
B产品	1 000	20	20 000	11	11 000	200 000	26 950	82 500	309 450
C产品	400	16	6 400	10	4 000	64 000	9 800	30 000	103 800
合计			31 200		20 000	312 000	49 000		511 000

直接材料分配率＝312 000÷31 200＝10（元/千克）

A产品直接材料成本＝4 800×10＝48 000（元）

B产品直接材料成本＝20 000×10＝200 000（元）

C产品直接材料成本＝6 400×10＝64 000（元）

直接人工费用和制造费用计算分配同理。

② 采用系数法计算A、B、C这3种完工产品的成本。类内各种产品之间分配费用的标准是：直接材料采用系数法进行分配，系数根据材料消耗定额计算确定，以产量最大的产品为标准产品，其他费用按定额工时比例分配。

A产品材料消耗系数＝24÷20＝1.2

B产品材料消耗系数＝1（标准产品）

C产品材料消耗系数＝16÷20＝0.8

下面是甲类产品内各种产成品成本计算单，见表8-5。

表8-5 甲类产品内各种产成品成本计算单

20××年6月　　单位：元

项目	产量/件	直接材料系数	直接材料总系数	工时定额/小时	定额总工时/小时	直接材料	直接人工	制造费用	合计
①	②	③	④＝②×③	⑤	⑥＝②×⑤	⑦＝④×分配率	⑧＝⑥×分配率	⑨＝⑥×分配率	⑩
分配率						200元/千克	2.45	7.5	
A产品	200	1.2	240	25	5 000	48 000	12 250	37 500	97 750
B产品	1 000	1	1 000	11	11 000	200 000	26 950	82 500	309 450
C产品	400	0.8	320	10	4 000	64 000	9 800	30 000	103 800
合计	—	—	1 560		20 000	312 000	49 000	150 000	511 000

直接材料费用分配率＝312 000÷1 560＝200（元/千克）

A产品直接材料成本＝240×200＝48 000（元）

B产品直接材料成本＝1 000×200＝200 000（元）

C产品直接材料成本＝320×200＝64 000（元）

直接人工、制造费用分配及A、B、C这3种产品应负担的直接人工、制造费用与定额比例法计算相同，见表8-4。当然，工时也可按系数分配，如可以选C产品工时为标准，系数为1，则A产品工时系数为2.5，B产品工时系数为1.1，分配结果不变。

根据表8-3、表8-5和入库单，编制会计分录如下。

借：库存商品——A产品　　97 750
　　　　　　——B产品　　309 450
　　　　　　——C产品　　103 800
　贷：基本生产成本——甲类产品　　511 000

8.1.4　分类法的优缺点

1. 分类法的优点

使用分类法计算成本是按产品类别归集和分配生产费用的，从而简化了成本计算工作；使用分类法计算成本不仅可以计算出各种产品的成本，而且还可以分类掌握产品成本的水平。

2. 分类法的缺点

由于同类产品内各种产品的成本是按照一定的比例分配计算出来的，因此按分类法计算产品成本，计算结果有一定的假定性。

8.1.5　联产品、副产品和等级品的成本计算

1. 联产品的成本计算

1）联产品成本计算的特点

联产品成本的计算，要注意分离点的前后。分离点是联产品制造过程中能单独确认的起始结合点。分离点之前，不可能按每种产品归集和分配费用，只能将其归为一类，按分类法的成本计算原理计算出联产品分离前的总成本（称联合成本或共同成本），然后将联合成本用恰当的标准在各联产品之间进行分配。分离点之后，有的联产品可直接销售，有的联产品还需继续加工才可出售，这样需要按照分离后生产特点和成本管理的要求，用恰当的成本计算方法计算分离后的产品加工成本（称为可归属成本）。可见联产品的最终成本包括分摊分离前的成本和分离后的加工成本，或者包括其所负担的联合成本和分离后的可归属成本。联产品成本分配程序如图8.1所示。

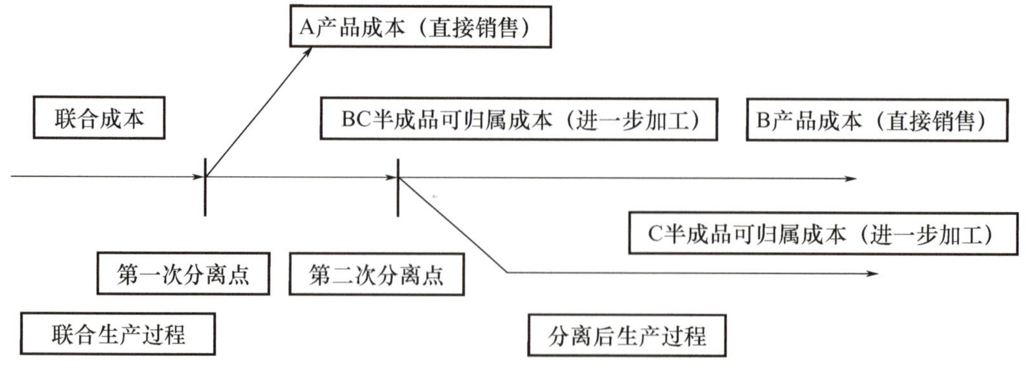

图8.1　联产品成本分配程序

2）联产品成本计算的分配方法

联合成本的计算和前述分类法相同，关键是如何将联合成本在各种联产品之间进行分配。联合成本的分配方法很多，常用的有实物量分配法、系数分配法、销售价值分配法等，企业可根据实际情况选用。

（1）实物量分配法。

实物量分配法是将联产品的联合成本以各联产品的实物量（如重量、长度或容积）为分配标准进行分配的一种方法。其计算公式如下。

$$联产品分配率=\frac{联合成本}{各联产品实物量之和}$$

$$某产品应分配的联合成本=某联产品实物量\times联产品分配率$$

【例 8-2】 某企业生产 A、B、C 共 3 种联产品，本月发生联合成本 300 000 元，根据产品产量进行联合成本分配，计算结果见表 8-6。

表 8-6　联产品的联合成本计算单

产品名称	产量/千克	分配率/(元/千克)	分配额/元
A 产品	450	300	135 000
B 产品	300	300	90 000
C 产品	250	300	75 000
合　计	1 000	300	300 000

假设 A 产品和 C 产品分离后可以直接出售，B 产品需要进一步加工，发生加工费 2 000元，其中人工费 1 500 元，制造费用 500 元，则 3 种联产品成本计算如下。

A 产品成本=135 000（元）

C 产品成本=75 000（元）

B 产品成本=应分配的联合成本+分离后的可归属成本=90 000+2 000=92 000（元）

根据表 8-6 和入库单，编制会计分录。

借：库存商品——A 产品　　135 000
　　　　　　——C 产品　　75 000
　　基本生产成本——B 产品　　90 000
　　贷：基本生产成本——甲类产品　　300 000

B 产品进一步加工，再开设产品成本计算单（表略），计算产品成本，支付加工费，编制会计分录：

借：基本生产成本——B 产品　　2 000
　　贷：应付职工薪酬　　1 500
　　　　制造费用　　500

完工入库时，根据入库单，编制会计分录。

借：库存商品——B 产品　　92 000
　　贷：基本生产成本——B 产品　　92 000

（2）系数分配法。

系数分配法是将各种联产品的实际产量按规定的系数折算为标准产量，然后将联合成本按各联产品的标准产量比例进行分配。

（3）销售价值分配法。

销售价值分配法是指按照各联产品的销售价值为分配标准来分配联合成本的一种成本分配方法。其理论依据是售价较高的联产品应该成比例地负担较高份额的联合成本，使这些联产品能够取得一致的毛利率。该方法将联合成本的分配与其最终销售价值联系起来，其计算公式为：

$$联产品分配率=\frac{联合成本}{\sum 各联产品的销售价值}$$

$$某联产品应分配的联合成本=某联产品的销售价值\times联产品分配率$$

特别提示

某种联产品的销售价值＝产品产量（不是销售量）×单位售价，意味着产品销售价值不仅包括已经销售的产品的价值，还包括未销售的产品的价值。

【例 8－3】 续例 8－2，A 产品单位售价 80 元，B 产品单位售价 60 元，C 产品单位售价 84 元，其他资料同例 8－2，根据销售价值进行联合成本分配，计算结果见表 8－7。

表 8－7 联产品的联合成本计算单

产品名称	产量/千克	单位售价/元	销售价值/元	分配率	分配额/元
A 产品	450	80	36 000	4	144 000
B 产品	300	60	18 000	4	72 000
C 产品	250	84	21 000	4	84 000
合 计	1 000		75 000	4	300 000

由表 8－7 可知，A 产品成本为 144 000 元，C 产品成本为 84 000 元，B 产品成本＝应分配的联合成本＋分离后的可归属成本＝72 000＋2 000＝74 000（元）。

这种方法适用于联产品分离后不再继续加工即可出售的联产品。

2. 副产品的成本计算

1）副产品成本计算的特点

副产品是指在生产主要产品的过程中，附带生产出的一些非主要产品，这些非主要产品有它们特定的用途，可以部分或全部出售或自用。例如原油加工过程中产生的渣油、石油焦；稻米加工过程中产生的米糠、稻壳和碎米；果汁加工过程中产生的果渣等。

副产品和联产品都是利用同一原材料在同一生产过程中生产出来的。它们的区别在于：联产品价值一般较高，副产品价值一般较小；联产品是主要产品，而副产品是由于生产主要产品而附带生产出来的产品。副产品和联产品不是一成不变的，随着经济的发展，某些副产品由于用途扩大，可上升为联产品；反之，某些联产品由于过时而被淘汰，也可能变成副产品。

由于主副产品是在同一生产过程中生产出来的，所发生的费用很难在它们之间进行划分，因此将主副产品作为一类产品，并开设成本计算单，采用分类法计算出主副产品的联合成本，然后将联合成本采用适当的方法在主副产品之间进行分配。由于副产品价值较低，在联合成本中占的比重小，为简化核算，可采用简便方法，先计算出副产品成本，然后用扣除法将副产品成本从总成本中扣除，求得主产品成本。可见，要计算主产品的成本，需要先解决副产品成本的计价问题。

特别提示

一般来讲，联产品可以在同一市场销售，而副产品则要在不同的市场销售。

2）副产品成本的计价方法

由于副产品在分离后，有的可作为产成品直接销售，有的需要继续加工以后才能销售。因此副产品的计价方法具体分为以下两种。

（1）分离后，副产品不需要进一步加工。

在此种情况下，副产品成本具体计算步骤包括两步。

第一步，根据公式“副产品成本＝实际数量×单位成本”计算副产品成本。其中“单位成本”的确定有两种方法：当副产品品种多或售价经常变动时，副产品单位成本可以采用事先规定的固定单价；当副产品价值比较高时，可以按照“单位成本＝单位售价－单位销售税金及附加－单位销售利润”的基本原理确定副产品成本。

第二步，用扣除法将副产品成本从总成本中扣除，求得主产品成本。扣除法又具体包括以下两种方法。

① 综合法。在综合法下，副产品成本从原材料成本项目中扣除，主产品成本等于其分配的直接材料联合成本减去副产品成本，再加上全部的直接人工费用和制造费用。它适用于副产品成本中原材料所占比重大或副产品占综合成本比重很小的情况。

【例 8－4】 某企业 20××年 4 月在生产 A 产品的同时还生产了 B 副产品，本月共发生费用 200 000 元，其中直接材料 90 000 元，直接人工 60 000 元，制造费用50 000元；B 副产品产量为 2 000 千克，每千克售价 10 元，单位税金 1 元，单位利润 3 元。采用综合法计算成本，即副产品成本从直接材料成本项目中扣除，A 产品和 B 副产品的计算过程见表 8－8。

表 8－8　主副产品成本计算单（综合法）

20××年 4 月　　　　单位：元

产品名称	直接材料	直接人工	制造费用	合　计
联合成本	90 000	60 000	50 000	200 000
B 副产品	12 000			12 000
A 产品副	78 000	60 000	50 000	188 000

B 副产品成本＝2 000×(10－1－3)＝12 000（元）

根据表 8－8 和产品入库单，编制会计分录。

借：库存商品——A 产品　　188 000

　　　　　　——B 副产品　　12 000

　贷：基本生产成本——A 产品　　200 000

② 分项法。在分项法下，副产品按其与总成本的比例，分别从联合成本各成本项目中扣除。此方法适用于副产品成本项目比重相差不大或副产品成本占综合成本有一定比例的情况。

【例 8-5】 资料同例 8-4，采用分项法，即副产品成本从各成本项目中扣除，A 产品和 B 副产品的计算过程见表 8-9。

表 8-9 主副产品成本计算单（分项法）

20××年 4 月　　单位：元

项　目	直接材料	直接人工	制造费用	合　计
联合成本	90 000	60 000	50 000	200 000
各成本项目所占比重/%	45	30	25	
B 副产品	5 400	3 600	3 000	12 000
A 主产品	84 600	56 400	47 000	188 000

(2) 分离后，副产品需要进一步加工的成本计算。有的副产品与主产品分离后，还需要单独进行加工才能使用或出售。例如制皂过程中产生的含有甘油的盐水，在与主产品分离后需要加入辅助材料并进一步加工才能生产出甘油。在这种情况下，副产品成本需要采用一定的方法进行单独计算，主要有以下两种方法。

① 副产品按实际成本计算。在此方法下，需要对主副产品分别开设成本计算单和工费分配表。

【例 8-6】 某企业在生产甲产品（主产品）的过程中，还生产出乙产品（副产品）的原料 6 000 千克，每千克定价 0.2 元，原料经过加工后为乙产品。本月甲产品领用原材料 98 000元。甲产品工时为 15 000 小时，乙产品工时为 1 000 小时。该车间直接人工为6 400 元，制造费用为 11 200 元。以上费用按工时比例在甲、乙产品之间分配。甲产品产量 2 000件，乙产品产量 500 件。甲产品在产品按所耗原材料的定额费用计价，其月初在产品的定额材料费用为 7 500 元，月末在产品定额材料费用为 11 000 元。乙产品月末在产品很少，不计算月末在产品成本。甲、乙产品成本的具体计算过程如下。

第一步，分配各种生产费用，原材料为直接计入费用，直接人工费用和制造费用按工时比例在甲、乙产品之间分配，结果见表 8-10。

第二步，从主产品成本计算单直接材料项目中减去副产品直接材料成本，计算主产品完工成本，见表 8-11。

第三步，填制副产品成本计算单，计算副产品完工成本，见表 8-12。

表 8-10 直接人工费用和制造费用分配表

20××年×月　　单位：元

项　目	工　时	直接人工	制造费用
本月发生额	16 000	6 400	11 200
分配率		6 400÷16 000=0.4	11 200÷16 000=0.7
甲产品	15 000	6 000	10 500
乙产品	1 000	400	700
合　计	16 000	6 400	11 200

根据表 8 - 10，编制会计分录。

借：基本生产成本——甲产品　　16 500

　　　　　　　——乙产品　　1 100

　贷：应付职工薪酬　　6 400

　　　制造费用　　11 200

表 8 - 11　甲产品成本计算单

产品名称：甲（主产品）　　20××年×月　　单位：元

项　目	直接材料	直接人工	制造费用	合　计
月初在产品成本	7 500			7 500
本月发生费用	98 000	6 000	10 500	114 500
减：副产品原料成本	1 200			1 200
完工产品成本	93 300	6 000	10 500	109 800
产成品单位成本	46.65	3	5.25	54.9
月末在产品成本（定额成本）	11 000			11 000

根据表 8 - 11 和甲产品入库单，编制会计分录。

借：库存商品——甲产品　　109 800

　　基本生产成本——乙产品　　1 200

　贷：基本生产成本——甲产品　　111 000

表 8 - 12　乙产品成本计算单

产品名称：乙产品（副产品）　　20××年×月　　单位：元

项　目	直接材料	直接人工	制造费用	合　计
本月发生费用	1 200	400	700	2 300
完工产品成本	1 200	400	700	2 300
产成品单位成本	2.4	0.8	1.4	4.6

根据表 8 - 12 和乙产品入库单，编制会计分录。

借：库存商品——乙产品　　2 300

　贷：基本生产成本——乙产品　　2 300

② 副产品成本按计划单位成本计算。如果副产品加工处理时间不长，费用低，为了简化计算工作，副产品成本也可按计划单位成本计价，而不计算其实际成本。此方法的关键要点是：生产费用不分为分离前、分离后成本，而是将所有发生的生产费用合并到一张成本计算单中，同时计算主、副产品的成本。

【例 8 - 7】 假定例 8 - 6 中乙产品的计划单位成本为 4.62 元，其中直接材料 2.5 元，直接人工 0.75 元，制造费用 1.37 元，那么乙产品按计划单位成本计算时，编制的成本计算单见表 8 - 13。

表 8－13 产品成本计算单

产品名称：甲产品（主产品） 20××年×月 单位：元

项 目	产 量	直接材料	直接人工	制造费用	合 计
月初在产品成本		7 500			7 500
本月发生费用		98 000	6 400	11 200	115 600
累计		105 500	6 400	11 200	123 100
减：副产品成本	500	500×2.5＝1 250	500×0.75＝375	500×1.37＝685	2 310
完工甲产品成本	2 000	93 250	6 025	10 515	109 790
产成品单位成本		46.63	3.01	5.26	54.9
月末在产品成本		11 000			11 000

根据表 8－13 和甲、乙产品入库单，编制会计分录。

借：库存商品——甲产品 109 790

——乙产品 2 310

贷：基本生产成本——甲产品 112 100

3. 等级品的成本计算

1）等级品成本计算的特点

等级品是指使用同一种原材料，经过同一生产过程生产出来的同一品种但质量不同的产品。等级品和联产品、副产品的相同之处在于：它们都是使用同种原材料，经过同一生产过程生产出来的。不同之处在于：联产品、副产品之间是性质、使用价值不同的产品，而等级品是性质、使用价值相同的同种产品；联产品之间、副产品之间，产品一般质量相同，而等级品之间质量差异较大，从而售价不同。

2）等级品的成本计算

等级品的成本计算方法主要分为以下两种。一是如果等级品是由于材料质量、工艺流程本身等客观原因造成的，不同等级的产品应该有不同的成本水平，可将各种等级品作为一类产品，计算其联合成本，然后采用系数法（按各种等级品的单位售价折算出的系数）将联合成本在各等级品之间进行分配，从而计算出各等级品的成本。二是如果等级品是由于工人操作失误、生产管理不当等主观原因造成的，不同等级产品的单位成本应该是相同的，在这种情况下，一般采用实际产量比例，将等级品的联合成本直接按各等级品的实际产量平均进行分配，从而使各等级品的单位成本水平保持一致。

8.2 产品成本计算的定额法

8.2.1 定额法概述

1. 定额法的定义

定额法是以产品为成本计算对象，以定额成本为基础，加减脱离定额差异、材料成

本差异和定额变动差异，从而计算出产品实际成本的一种成本计算方法和成本控制方法。

2. 定额法的特点与应用条件

1）定额法的特点

（1）定额法下最终计算出的是产品的实际成本，而非定额成本或计划成本。计算产品实际成本的基本公式如下。

产品实际成本＝产品定额成本±脱离定额差异±材料成本差异±定额变动差异

（2）定额法不仅是一种成本计算方法，更是一种全面的成本控制方法。首先，定额法可以进行事前控制，即事先制订产品的消耗定额、费用定额和定额成本，作为成本控制的目标和成本计算的基础；其次，进行事中控制，即在发生生产耗费的当时，就将符合定额的费用和发生的差异分别核算，以加强对生产费用的日常控制；最后，进行事后控制，即企业在月末以定额成本为基础，加减各种成本差异，计算出产品的实际成本，为成本的定期分析和考核提供依据。

（3）定额法不是一种独立的成本计算方法，必须与品种法、分步法、分批法相结合使用。

（4）定额法与品种法、分步法、分批法和分类法是有区别的。在品种法等方法下，生产费用的日常核算都是按照其实际发生额进行的，而在定额法下要核算生产费用的实际发生额与定额成本之间的差异；在品种法等方法下，产品的实际成本是在实际生产费用的基础上计算出来的，而在定额法下实际成本是在定额成本的基础上加减各种差异计算出来的；品种法等方法仅仅是一种成本计算方法，而定额法既是一种成本计算方法，更是一种全面的成本控制方法。

2）定额法的应用条件

一是企业的定额管理制度比较健全，定额管理工作基础较好；二是产品的生产已经定型，消耗定额比较准确、稳定。

3. 定额法的适用范围

定额法与生产类型没有直接关系，无论何种生产类型，只要具备上述两个条件，都可采用定额法计算产品成本。只是大批大量生产企业比较容易制订定额，比较容易达到上述条件，所以定额法主要适用于大批大量生产企业。

8.2.2 定额法的计算程序

根据上述计算公式，定额法的计算程序共包括3步，具体内容如下。

1. 定额成本的计算

定额成本是根据产品的各种现行消耗定额和现行计划单价（或计划分配率）计算出来的目标成本。定额成本是定额法计算产品实际成本的基础，也是衡量生产费用节约或超支的尺度。

（1）定额成本和计划成本的异同。相同之处是两者都是根据生产耗费的消耗定额和计

划单价而计算出来的目标成本。定额成本和计划成本的制订过程都是对产品成本进行事前反映和监督，实行事前控制的过程。定额成本和计划成本的区别详见表 8-14。

表 8-14　定额成本和计划成本的区别

项　目	定额成本	计划成本
消耗定额	采用现行定额，随着生产技术的进步和劳动生产率的提高不断修订，在计划期内可能是变动的	计划定额，在计划期内通常不变
计划单价	不同时期的计划单价，在计划期内可能是变动的	计划期内平均计划单价，在计划期内通常不变
作用	它是企业自主确定的对产品成本进行控制和考核的标准	它通常是企业的上级单位对企业进行成本考核的依据

注：现行定额是企业在各时期现有生产条件下应该达到的成本水平；计划定额是计划期（通常为一年）内平均消耗的定额。

（2）定额成本的制订。产品定额成本一般由企业财会部门会同企业计划部门、技术部门共同制订。制订方法应视企业具体情况而定。在产品结构简单、零部件较少的情况下，可以先计算零件定额成本，然后计算部件定额成本，最后汇总计算产品定额成本。如果产品的结构复杂、零件较多，为了简化成本计算工作，也可以不逐一计算各种零件的定额成本，而是根据零件定额卡所列的零件直接材料消耗定额、工序计划和工时消耗定额，以及直接材料的计划单价、计划工资率、计划制造费用率等计算部件的定额成本；或者根据零、部件定额卡直接计算产品的定额成本。

定额成本也要按成本项目分别计算，与实际的成本项目保持一致。单位产品定额成本及各成本项目定额成本可用下列公式计算。

单位产品直接材料费用定额成本＝$\sum$（直接材料消耗定额×直接材料计划单价）

单位产品直接人工定额成本＝产品生产工时定额×计划小时工资率

单位产品制造费用定额成本＝产品生产工时定额×计划小时制造费用率

单位产品定额成本＝直接材料定额成本＋直接人工定额成本＋制造费用定额成本

总定额成本＝单位产品定额成本×实际产量

特别提示

产品成本项目“直接材料”以前称为“原材料”，改革后为“直接材料”。产品成本项目“直接材料”为分配费用的结果；会计科目“原材料”为分配的费用。为了实际反映产品成本构成项目和成本计算的结果，本节定额法计算的有关原材料的定额统称为直接材料的定额。

定额成本的计算是通过编制订额成本计算表进行的，具体格式见表 8-15。

【例 8-8】 表 8-15 所示是奔成工厂 20××年 6 月份定额成本的情况。

表 8-15　单位产品定额成本计算表

产品名称：甲产品　　　　　　　　　　20××年 6 月

项　目	材料消耗定额/千克	工时定额/小时	计划单价/元	金额/元
直接材料				
其中：A 材料	20		8	160
B 材料	10		6	60
C 材料	15		5	75
直接人工		6	20	120
制造费用		6	15	90
单位定额成本				505

注：假设上表中本月甲产品实际完工 290 件，总的定额成本为 146 450 元。

2. 脱离定额差异的计算

脱离定额差异是指在生产过程中，各项生产费用的实际支出脱离现行定额或预算的数额。用公式表示为：脱离定额差异＝实际成本－定额成本。如果差异额＞0，为正差，表示超支差异，也称不利差异；如果差异额＜0，为负差，表示节约差异，也称有利差异。

发生生产费用时，对符合定额的费用和脱离定额的差异分别编制定额凭证和差异凭证，并在有关的费用分配表和明细账中分别予以登记，及时正确地核算和分析生产费用脱离定额的差异，控制生产费用支出。因此对脱离定额差异的核算是实行定额法的重要内容。差异凭证编制以后必须按照规定办理审批手续。

脱离定额差异的计算分成本项目进行，一般包括直接材料脱离定额差异、直接人工脱离定额差异和制造费用脱离定额差异。现分述如下。

1）直接材料脱离定额差异的计算

（1）计算公式为：

直接材料总差异＝直接材料实际成本－直接材料定额成本

＝实际消耗量×实际单价－定额消耗量×计划单价

由于实际消耗量和定额消耗量之间的差异为数量差异，实际单价和计划单价之间的差异为价格差异，因此，直接材料总差异既包括直接材料量差，又包括直接材料价差。定额法中，直接材料脱离定额差异仅包括数量差异，其价格差异单独核算，这是它与其他脱离定额差异的一个重要区别。

直接材料脱离定额差异（量差）＝(实际消耗量－定额消耗量)×直接材料计划单价

其中：定额消耗量＝实际产量×直接材料消耗定额

（2）计算方法有以下几种。

① 限额法。限额法也称差异凭证法，其核心是生产部门向仓库领料时实行限额领料（或定额发料）制度，一般涉及两种凭证。符合定额的直接材料根据限额领料单等定额凭证领发；由于增加产量而需要增加用料时，在追加限额手续后，也可以根据定额凭证领发。由于其他原因发生的超额用料或代用材料的用料，又未办理追加限额手续的，则应填

制专设的超额领料单、代用材料领料单等差异凭证，经过一定的审批手续后领发。若车间月末有余料，还应办理退料手续。退料单也是一种差异凭证，它与限额领料单中的直接材料余额，都是直接材料脱离定额的节约差异。注意：差异凭证中应包括差异的数量、金额及产生差异的原因。

限额法下直接材料脱离定额差异的计算公式如下。

直接材料脱离定额差异＝(实际消耗量－定额消耗量)×直接材料计划单价

直接材料实际消耗量＝本期实际领用量＋期初余料－期末余料

直接材料定额消耗量＝直接材料消耗定额×实际产量（注：一定是本期实际投入的产品数量）

直接材料脱离定额差异是产品生产中实际用料脱离现行定额而形成的差异，而限额法不能完全控制用料。

特别提示

在限额法下，差异凭证所反映的差异往往只是领料差异，而不一定是用料差异。

【例 8－9】 某企业车间限额领料单规定丙产品的产量为 1 000 件，每件产品的直接材料消耗定额为 5 千克，即领料单限额为 5 000 千克；本月实际领料 4 800 千克，领料差异为少 200 千克，材料计划单价为 10 元/千克。现假定有以下 3 种情况。

a. 本期投产丙产品数量与限额领料单规定的数量相同，也是 1 000 件，期初、期末均无余料，则：

直接材料实际消耗量＝实际领用量＝4 800（千克）

直接材料定额消耗量＝直接材料消耗定额×实际产量＝5×1 000＝5 000（千克）

用料差异＝4 800－5 000＝－200（千克）

领料差异＝－200（千克）

故：用料差异＝领料差异

直接材料脱离定额差异＝(4 800－5 000)×10＝－2 000（元）

b. 本期投产丙产品的数量为 1 000 件，车间有期初余额 100 千克，期末有余料 150 千克，则：

直接材料实际消耗量＝4 800＋100－150＝4 750（千克）

直接材料定额消耗量＝1 000×5＝5 000（千克）

用料差异＝4 750－5 000＝－250（千克）

领料差异＝－200（千克）

故：用料差异≠领料差异

直接材料脱离定额差异＝(4 750－5 000)×10＝(－250)×10＝－2 500（元）

c. 本期投产丙产品数量为 900 件，车间有期初余料 100 千克，期末有余料 150 千克，则：

直接材料实际消耗量＝4 800＋100－150＝4 750（千克）

直接材料定额消耗量＝900×5＝4 500（千克）

用料差异＝4 750－4 500＝＋250（千克）

领料差异＝－200（千克）

故：用料差异≠领料差异

直接材料脱离定额差异＝(4 750－4 500)×10＝250×10＝2 500（元）

特别提示

只有当产品投产数量等于规定的产品数量，且车间期初、期末均无余料或期初、期末余料数量相等时，领料差异才是用料脱离定额的差异。

限额法的优点是能够做到超支有标准，节约有凭证，缺点是一般只能控制领料，不能控制用料。

② 切割法。切割法适用于某些贵重材料或经常大量使用的且又需要通过切割后才能使用的材料，如板材、棒材等，一般采用专设的材料切割核算凭证“材料切割核算单”来核算直接材料脱离定额的差异。

材料切割核算单应按切割材料的批别开立，单中要填明切割材料的种类、数量、消耗定额和应切割成的毛坯数量；切割完毕后，要填写实际切割成的毛坯数量和材料实际消耗量；然后根据实际切割成的毛坯数量和消耗定额，即可求得材料定额消耗量，再将此与材料实际消耗量相比较，即可确定脱离定额差异。材料定额消耗量、脱离定额差异，以及发生差异的原因均应填入单中，并由主管人员签证。材料切割核算单见表 8－16。

表 8－16　材料切割核算单

材料编号或名称：2301　　计量单位：千克　　计划单价：7.3 元/千克（其中废料 2 元/千克）

产品名称：丙　　零件名称：A1　　图纸号：509

切割人姓名：张三　　机床编号：512

发交切割日期：20××年 2 月 15 日　　完工日期：20××年 2 月 19 日

<table>
<tr><th colspan="3">发料数量</th><th colspan="4">退回余料数量</th><th>材料实际消耗量</th><th colspan="3">废料实际回收量</th></tr>
<tr><td colspan="3">286</td><td colspan="4">6</td><td>280</td><td colspan="3">8.5</td></tr>
<tr><td colspan="2">单件消耗定额</td><td colspan="3">单件回收废料定额</td><td colspan="2">应割成的毛坯数量</td><td>实际切割成的毛坯数量</td><td colspan="2">材料定额消耗量</td><td>废料定额回收量</td></tr>
<tr><td colspan="2">7</td><td colspan="3">0.2</td><td colspan="2">40</td><td>36</td><td colspan="2">252</td><td>7.2</td></tr>
<tr><td colspan="3">材料脱离定额差异</td><td colspan="4">废料脱离定额差异</td><td colspan="2">脱离定额差异原因</td><td colspan="2">责任者</td></tr>
<tr><td>数量</td><td colspan="2">金额</td><td>数量</td><td colspan="2">单价</td><td>金额</td><td colspan="2" rowspan="2">未按图纸切割，因此增加了边料，减少了毛坯</td><td colspan="2" rowspan="2">切割工人</td></tr>
<tr><td>＋28</td><td colspan="2">＋204.4</td><td>－1.3</td><td colspan="2">2.00</td><td>－2.6</td></tr>
</table>

注：回收废料超过定额的差异可冲减材料费用，故以负值表示；反之，低于定额的差异以正值表示。

表 8－16 中有关数据计算过程如下。

材料实际消耗量＝实际发料量－退回余料数量＝286－6＝280（千克）

特别提示

该公式适用于车间无余料的情况。当车间有余料时，材料实际消耗量＝实际领用量＋

期初余料－期末余料。

应切割成的毛坯数量＝材料实际消耗量÷单件消耗定额＝280÷7＝40（件）

材料定额消耗量＝实际切割成的毛坯数量×单件消耗定额＝36×7＝252（千克）

直接材料脱离定额差异＝(实际消耗量－定额消耗量)×直接材料计划单价

＝(280－252)×7.3＝204.4（元）

废料定额回收量＝实际切割成的毛坯数量×单件回收废料定额

＝36×0.2＝7.2（千克）

废料脱离定额差异＝（废料实际回收量－废料定额回收量）×废料计划单价

＝(8.5－7.2)×2＝2.6（元）

采用材料切割法核算单进行材料切割的核算，能及时反映材料的使用情况和发生差异的具体原因，有利于加强对材料消耗的控制和监督。

③ 盘存法。在连续或大量生产产品的企业中，不能按照分批核算直接材料脱离定额差异的情况下，除仍使用限额领料单等定额凭证和超额领料单等差异凭证来控制材料实际消耗量外，还可采用盘存法核算差异。例如领用油漆，不可能限额发料或采用切割法，则可采用盘存法。盘存法下，原材料脱离定额差异的具体计算公式如下。

直接材料脱离定额差异＝(实际消耗量－定额消耗量)×材料计划单价

直接材料实际消耗量＝实际领用量＋期初余料－期末余料

直接材料定额消耗量＝直接材料消耗定额×实际产量（注意：一定是本期实际投入产品数量，通过实地盘存或账面结存计算出）

实际产量＝本期完工产品数量＋期末在产品数量－期初在产品数量

特别提示

按上述公式计算实际产量，前提是原材料在开工时一次投入，期初和期末在产品不再耗用原材料，否则期初和期末在产品数量改为期初和期末在产品的约当产量。

【例8－10】 丁产品期初在产品为50件，本月完工产量为650件，期末在产品为80件，直接材料系开工时一次投入，直接材料消耗定额为10千克，计划单价为6元/千克。本月直接材料限额领料凭证登记已经实际领用数量为6 800千克，期初车间余料为400千克，期末余料为200千克。本月丁产品材料脱离定额差异的计算如下。

直接材料实际消耗量＝6 800＋400－200＝7 000（千克）

产品实际产量＝650＋80－50＝680（件）

直接材料定额消耗量＝680×10＝6 800（千克）

直接材料脱离定额差异＝(7 000－6 800)×6＝1 200（元）

对于直接材料的定额成本和脱离定额差异一般通过汇总表来进行计算。

【例8－11】 现以表8－17中的资料为例，假设奔成工厂6月份第一车间投产甲产品300件，有关直接材料定额成本和脱离定额差异的计算具体见表8－17。

表 8－17　直接材料定额成本和脱离定额差异汇总表

产品名称：甲　　　　　　　　　　　　20××年 6 月

材料名称	计划单价/元	材料消耗定额/千克	定额消耗量	材料定额成本	实际消耗量	脱离定额差异		原因
						数量	金额	
	①	②	③＝实际产量×②	④＝①×③	⑤	⑥＝⑤－③	⑦＝⑥×①	
A 材料	8	20	6 000	48 000	5 500	－500	－4 000	略
B 材料	6	10	3 000	18 000	3 500	＋500	＋3 000	略
C 材料	5	15	4 500	22 500	4 600	＋100	＋500	略
合　计				88 500			－500	

根据表 8－17 编制会计分录。

借：基本生产成本——甲产品——定额成本　　88 500

　　　　　　　　　　　　　——脱离定额差异　　－500

　贷：原材料——A 材料　　44 000

　　　　　——B 材料　　21 000

　　　　　——C 材料　　23 000

2）直接人工脱离定额差异的计算

工资分为计件工资和计时工资。在计件工资制下，生产工人工资属于直接计入费用，其脱离定额差异的计算与原材料脱离定额差异的计算相似。按计划单价支付的工资就是定额工资，用公式表示为：直接人工定额费用＝实际产量×计件单价，一般反映在正常的产量记录中；工资的脱离定额差异是由于变更工作条件多支付的工资、支付加班加点津贴和停工工资、废品损失工资等情况形成的，通常反映在专设的“工资补付单”等差异凭证中。

在计时工资制下，如果企业只生产一种产品，生产工人工资属于直接计入费用，直接人工费用脱离定额差异的计算公式如下。

$$\begin{matrix}\text{本月某产品直接人工}\\\text{脱离定额差异}\end{matrix}=\begin{matrix}\text{该产品}\\\text{实际工资}\end{matrix}-\begin{matrix}\text{该产品}\\\text{实际产量}\end{matrix}\times\begin{matrix}\text{该产品}\\\text{工资费用定额}\end{matrix}$$

如果企业生产多种产品，生产工人工资属于间接计入费用，其脱离定额差异不能在平时按照产品直接计算，只有在月末实际工资总额确定以后，才可按以下公式计算。

某产品直接人工脱离定额差异＝某产品实际工资－某产品定额工资

$$=\begin{matrix}\text{某产品}\\\text{实际工时}\end{matrix}\times\begin{matrix}\text{实际小时}\\\text{工资率}\end{matrix}-\begin{matrix}\text{某产品}\\\text{定额工时}\end{matrix}\times\begin{matrix}\text{计划小时}\\\text{工资率}\end{matrix}$$

其中

$$\text{实际小时工资率}=\frac{\text{该车间所有产品实际工资总额}}{\text{该车间所有产品实际工时之和}}$$

某产品定额工时＝某产品实际产量×该产品工时定额

$$\text{计划小时工资率}=\frac{\text{该车间所有产品定额工资总额}}{\text{该车间所有产品定额工时之和}}$$

特别提示

一般情况下，计算定额工时、定额工资、定额消耗量时，采用的是实际产量，但计算计划小时工资率及计划小时制造费用率时，分子、分母中定额工资、定额工时用的是计划产量。

【例 8-12】 仍以奔成工厂为例，第一车间生产甲产品和其他产品，6 月份实际投产甲产品 300 件，该车间计划产量的定额生产工人工资总额为 48 000 元，计划产量的定额生产工时为 2 400 小时；本月该车间实际生产工人工资费用为 41 160 元，实际总工时为 1 680小时；本月甲产品定额工时为 1 800 小时，实际生产工时为 1 500 小时。甲产品定额生产工资费用和直接人工脱离定额差异的计算如下。

$$计划小时工资率=\frac{48\ 000}{2\ 400}=20\ （元/小时）$$

$$实际小时工资率=\frac{41\ 160}{1\ 680}=24.5\ （元/小时）$$

甲产品的定额工资=1 800×20=36 000（元）

甲产品的实际工资=1 500×24.5=36 750（元）

甲产品直接人工脱离定额差异=36 750－36 000=750（元）

无论采取哪一种工资形式，都应根据上述计算过程，按照成本计算对象汇总编制“定额工资及脱离定额差异汇总表”，以反映各种产品的定额工资、实际工资、工资差异，以及产生差异的原因，并据以登记有关产品成本的计算单。

根据“工资单”和“定额工资及脱离定额差异汇总表”，编制会计分录。

借：基本生产成本——甲产品——定额成本	36 000	
——脱离定额差异	750	
——其他产品	4 410	
贷：应付职工薪酬		41 160

3）制造费用脱离定额差异的计算

制造费用通常与计时工资一样，属间接计入费用，其脱离定额差异不能在平时按照产品直接计算，只能在月末按照以下公式计算。

$$\begin{aligned}\text{本月某产品制造费用脱离定额差异}&=\text{某产品实际制造费用}-\text{某产品定额制造费用}\\&=\text{某产品实际工时}\times\text{实际小时制造费用率}-\text{某产品定额工时}\times\text{计划小时制造费用率}\end{aligned}$$

其中：

$$实际小时制造费用率=\frac{该车间所有产品实际制造费用总额}{该车间所有产品实际工时之和}$$

某产品定额工时=某产品实际产量×该产品工时定额

$$计划小时制造费用率=\frac{该车间所有产品计划制造费用总额}{\sum 该车间所有产品定额工时}$$

【例 8-13】 仍以奔成工厂为例，第一车间生产甲产品和其他产品，6 月份实际投产甲产品 300 件，该车间计划制造费用总额为 36 000 元，计划产量的定额生产工时为 2 400 小时；本月该车间实际制造费用为 30 072 元，实际总工时为 1 680 小时；本月甲产品定额工时为 1 800 小时，实际生产工时为 1 500 小时。甲产品定额制造费用和制造费用脱离定额差异的计算如下。

$$\text{计划小时制造费用率}=\frac{36\ 000}{2\ 400}=15\text{（元/工时）}$$

$$\text{实际小时制造费用率}=\frac{30\ 072}{1\ 680}=17.9\text{（元/工时）}$$

甲产品定额制造费用＝1 800×15＝27 000（元）

甲产品实际制造费用＝1 500×17.9＝26 850（元）

甲产品制造费用脱离定额差异＝26 850－27 000＝－150（元）

根据制造费用分配表和制造费用定额及差异计算表编制会计分录。

借：基本生产成本——甲产品——定额成本	27 000
——脱离定额差异	－150
——其他产品	3 222
贷：应付职工薪酬	30 072

4）其他费用脱离定额差异的计算

对于废品损失及其发生的原因，采用废品通知单和废品损失计算表单独反映，其中不可修复废品的成本按定额成本计算。由于产品定额成本中一般不包括废品损失，因此发生的废品损失通常作为脱离定额差异处理。

上述计算的均为本月的脱离定额差异，月初和本月的脱离定额差异之和应该在完工产品和月末在产品之间进行分配，主要采用两种方法：一是定额比例法，在此方法下，完工产品和月末在产品均负担脱离定额差异；二是在产品按定额成本计价法，主要适用于各月在产品数量较稳定的产品，在此方法下，脱离定额差异全部由完工产品成本负担，月末在产品不负担差异。

3. 材料成本差异的计算

前面计算的原材料脱离定额差异是由于消耗量原因造成的数量差异，而由于直接材料单价带来的价格差异问题，则通过材料成本差异来核算。材料成本差异的公式如下。

$$\begin{matrix}\text{本月某产品应分配}\\\text{材料成本差异}\end{matrix}=\left(\begin{matrix}\text{本月该产品}\\\text{直接材料定额成本}\end{matrix}\pm\begin{matrix}\text{本月直接材料}\\\text{脱离定额差异}\end{matrix}\right)\times\begin{matrix}\text{材料成本}\\\text{差异分配率}\end{matrix}$$

【例 8-14】 仍以奔成工厂为例，甲产品 6 月份所耗直接材料定额成本为 88 500 元，脱离定额差异为节约 500 元，直接材料的成本差异率为节约 1%，该产品应分配材料成本差异如下。

本月产品应分配材料成本差异＝(88 500－500)×(－1%)＝－880(元)

根据领料单和材料成本差异计算表（表略）编制会计分录。

借：基本生产成本——甲产品——材料成本差异	－880
贷：材料成本差异	－880

在定额法下，各种产品应分配的材料成本差异通常由各产品的完工产品成本负担，月末在产品不负担。

特别提示

直接材料的价格差异（材料成本差异）和数量差异（直接材料脱离定额差异）是分开核算的，直接人工脱离定额差异和制造费用脱离定额差异既包括价格差异，又包括数量差异。

4. 月初在产品定额变动差异的计算

（1）定额变动差异的定义。

定额变动差异是指由于修订消耗定额或生产耗费的计划价格而产生的新旧定额之间的差额。定额变动差异和脱离定额差异主要在 3 个方面存在区别，具体总结见表 8-18。

表 8-18 定额变动差异和脱离定额差异的区别

项 目	定额变动差异	脱离定额差异
产生原因	由于经济发展、劳动生产率提高、技术进步而修订消耗定额，是定额本身变动的结果	由于生产超支或节约造成
定义	月初在产品的新定额和旧定额之间的差异	实际成本和定额成本之间的差异
存在条件	定额变动差异存在须具备两个条件：一是月初有在产品，二是定额进行了修订	脱离定额差异在费用超支或节约时存在

（2）定额变动差异的计算方法。

定额变动差异的计算主要包括两种方法。

① 直接计算法。此方法适用于产品零部件较少的情况。如果零部件过多，采用此方法按零部件和工序进行计算，工作量很大，但计算结果准确。具体计算公式如下。

$$\begin{matrix}\text{本月某产品}\\\text{定额变动差异}\end{matrix}=\begin{matrix}\text{月初在产品}\\\text{数量}\end{matrix}\times\left(\begin{matrix}\text{按旧定额计算的}\\\text{单位定额成本}\end{matrix}-\begin{matrix}\text{按新定额计算的}\\\text{单位定额成本}\end{matrix}\right)$$

【例 8-15】 接例 8-8，假设奔成工厂 6 月甲产品月初在产品 20 件，其中 A 材料旧的消耗定额为 22 千克，现调整为 20 千克，计划单价为 8 元/千克；B 材料和 C 材料消耗定额不变。

$$\text{甲产品本月定额变动差异}=20\times(22\times8-20\times8)=320\ (\text{元})$$

② 系数折算法。当产品零部件过多，采用直接计算法工作量过大，为了简化计算工作，也可按照单位产品成本的折算系数进行计算，即将按新旧定额所计算出的单位产品成本进行比较，求出系数，然后根据系数进行计算，其计算公式如下。

$$\text{系数}=\frac{\text{按新定额计算的单位产品成本}}{\text{按旧定额计算的单位产品成本}}$$

$$\text{本月某产品定额变动差异}=\text{按旧定额计算的月初在产品成本}\times(1-\text{系数})$$

【例 8-16】 某产品的部分零件从 8 月 1 日起修订材料消耗定额，单位产品的旧材料消耗定额为 40 元，新的材料消耗定额为 38 元，该产品月初在产品按旧定额计算的材料定额成本为 16 000 元。其月初在产品定额变动差异的计算如下。

$$\text{定额变动系数}=\frac{38}{40}=0.95$$

本月定额变动差异＝16 000×(1－0.95)＝800（元）

采用系数折算法的最大优点是简便，但由于系数是按单位成本计算，而不是按零部件计算的，因此主要适用于零部件成套生产或零部件成套性比较大的情况。

(3) 定额变动差异和定额成本调整。

消耗定额和定额成本的修订一般在月初、季初或年初定期进行，这样，当月投产的新产品是按新定额计算定额成本的。在实行新定额的月初如果有在产品，其定额成本是按旧定额计算的。为了将按旧定额计算的月初在产品定额成本和按新定额计算的本月投入产品的定额成本保持一致，应将月初在产品的定额成本进行调整，按新定额计算，使其能与本月投产的新产品的定额成本相加。

定额变动差异是按成本项目分别计算的，计算出来的定额变动差异在调整月初在产品定额成本的同时，还应调整本月投入产品成本，但实际上完工产品和月末在产品的总成本不变，只是其内部表现形式发生改变。如果消耗定额降低，那么月初在产品定额成本就会减少，所以应从月初在产品成本中扣除该项差异；另一方面，由于该项差异是月初在产品生产费用的实际支出，因此还应将该项差异计入本月产品成本。相反，若消耗定额提高，月初在产品定额成本增加，应将此差异项加到月初在产品定额成本之中，同时从本月产品中扣除，因为实际上并未发生这部分支出。总之，在存在月初在产品的情况下，消耗定额无论降低还是提高，计算出来的差异一方面调整月初在产品定额成本，一方面调整本月投入产品定额成本，调整月初在产品定额成本的差异称为定额成本调整，调整本月投入产品定额成本的差异为定额变动差异，这两方面金额相等，方向相反。用公式表示为：

定额变动差异（调整本月）＝－定额成本调整（调整月初）

【例 8－17】 接例 8－15，奔成工厂 6 月份投产 300 件，其余条件不变。

定额变动差异（调整本月）＝320（元）（计算过程同例 8－15）

定额成本调整（调整月初）＝－320（元）

根据在产品定额变动差异计算表编制会计分录。

借：基本生产成本——甲产品——定额成本　　－320

　　贷：基本生产成本——甲产品——定额变动差异　　－320

需注意的是，定额变动差异为贷方的红字，在账户中、计算表（表 8－21）中应为借方的蓝字，应同定额成本相加，也即负负得正。

调整差异前：

月初在产品定额成本（按旧定额计算）＝20×22×8＝3 520（元）

本月投产定额成本（按新定额计算）＝300×20×8＝48 000（元）

两者之和为 51 520（元）。

调整差异后：

月初在产品定额成本＝月初在产品定额成本（按旧定额计算）＋定额成本调整

＝3 520＋(－320)＝3 200（元）

本月投产定额成本＝本月投产定额成本（按新定额计算）＋定额变动差异

＝48 000＋320＝48 320（元）

两者之和仍为 51 520（元）。

特别提示

消耗定额降低时，定额成本调整为负数；反之，消耗定额提高时，定额成本调整为正数。消耗定额降低时，定额变动差异为正数；反之，消耗定额提高时，定额变动差异为负数。

（4）差异分配。定额变动差异一般采用定额比例法在完工产品和月末在产品之间进行分配；如果定额变动差异数额较小，或月初在产品本月全部完工，定额变动差异可以全部由完工产品负担，月末在产品不负担。

5. 计算产品实际成本

在各项差异计算和分配完成的基础上，将当月完工产品的定额成本，加（减）各项成本差异，计算出完工产品的实际总成本。完工产品的实际总成本除以完工产品的产量，就是完工产品的实际单位成本。产品实际成本的计算公式如下。

产品实际成本＝产品定额成本±脱离定额差异±材料成本差异±定额变动差异

特别提示

此公式既可计算完工产品实际成本，也可计算月末在产品成本。

6. 定额法举例

【例 8－18】 假设前述奔成工厂大批量生产甲产品，该产品各项消耗定额比较稳定、准确，采用定额法计算产品成本。原材料在开工时一次投入，定额变动差异和材料成本差异全部由完工产品负担，脱离定额差异按完工产品与在产品的定额成本比例分配，6 月份甲产品生产有关资料见表 8－19。

表 8－19　6 月份甲产品有关生产资料

项　目	月初在产品	本月投入	本月完工	月末在产品
件	20	300	290	30

其他有关资料见例 8－8、例 8－11、例 8－12、例 8－13、例 8－14、例 8－15，月初在产品成本资料见表 8－20。

表8-20的计算

表 8－20　月初在产品成本资料

成本项目	月初在产品	
	定额成本/元	脱离定额差异/元
直接材料	6 220	－52.6
直接人工	1 200	180
制造费用	900	－72
合　计	8 320	55.4

定额法下，定额成本计算单的格式和内容见表 8－21。

表 8-21　产品成本计算单

产品名称：甲产品　　　　20××年 6 月　　　　单位：元

成本项目	月初在产品成本		月初在产品定额变动		本月生产费用			合计				差异率/%	本月产成品成本					月末在产品成本	
	定额成本	脱离定额差异	定额成本调整	定额变动差异	定额成本	脱离定额差异	材料成本差异	定额成本	脱离定额差异	材料成本差异	定额变动差异		定额成本	脱离定额差异	材料成本差异	定额变动差异	实际成本	定额成本	脱离定额差异
	①	②	③	④	⑤	⑥	⑦	⑧=①+③+⑤	⑨=②+⑥	⑩=⑦	⑪=④	⑫=⑨÷⑧	⑬	⑭=⑬×⑫	⑮=⑩	⑯=⑪	⑰=⑬+⑭+⑮+⑯	⑱=⑧−⑬	⑲=⑱×⑫=⑨−⑭
直接材料	6 220	−52.6	−320	320	88 500	−500	−880	94 400	−552.6	−880	320	−0.6	85 550	−513.3	−880	320	84 476.7	8 850	−39.3
直接人工	1 200	180			36 000	750		37 200	930			2.5	34 800	870			35 670	2 400	60
制造费用	900	−72			27 000	−150		27 900	−222			−0.8	26 100	−209			25 891	1 800	−13
合计	8 320	55.4	320	320	151 500	100	−880	159 500	155.4	−880	320		146 450	147.7	−880	320	146 037.7	13 050	7.7

所列成本计算单中项目的具体登记公式和计算过程如下。

（1）月初在产品成本的定额成本和脱离定额差异，即表 8-21 中第 1 栏和第 2 栏，本例根据表 8-20 中的资料进行登记。

（2）月初在产品定额变动包括定额成本调整和定额变动差异，即表 8-22 中第 3 栏和第 4 栏，两者金额相等、方向相反。本例根据例 8-17 的结果进行登记。

（3）本月生产费用包括定额成本、脱离定额差异、材料成本差异，即表 8-21 中第 5 栏、第 6 栏和第 7 栏，根据前列的直接材料定额成本和脱离定额差异汇总表、直接材料成本差异分配资料进行登记。本例根据例 8-11、例 8-12、例 8-13、例 8-14 的计算结果进行登记。

（4）脱离定额差异分配率，即表 8-21 中第 12 栏。由于脱离定额差异要在完工产品和月末在产品之间按照定额成本比例进行分配，因此要计算脱离定额差异率，并据以计算完工产品和月末在产品应分配的差异额。计算公式如下。

$$\text{脱离定额差异分配率}=\frac{\text{月初在产品脱离定额差异}+\text{本月投入产品脱离定额差异}}{\text{月初在产品定额成本}+\text{定额成本调整}+\text{本月投入产品定额成本}}$$

$$=\frac{\text{月初在产品脱离定额差异}+\text{本月投入产品脱离定额差异}}{\text{完工产品定额成本}+\text{月末在产品定额成本}}$$

则：

$$\text{直接材料脱离定额差异率}=\frac{-552.6}{94\ 400}=-0.6\%$$

$$\text{直接人工脱离定额差异率}=\frac{930}{37\ 200}=2.5\%$$

$$\text{制造费用脱离定额差异率}=\frac{-222}{27\ 900}=-0.8\%$$

（5）本月产成品成本包括定额成本、脱离定额差异、材料成本差异、定额变动差异和实际成本，即表 8-21 中第 13 栏、第 14 栏、第 15 栏、第 16 栏和第 17 栏。

第 13 栏的计算公式如下。

产成品定额成本＝本月产成品数量×单位定额成本

则：产成品直接材料定额成本＝290×295＝85 550（元）

产成品直接人工定额成本＝290×120＝34 800（元）

产成品制造费用定额成本＝290×90＝26 100（元）

第 14 栏的计算公式如下。

产成品分配的脱离定额差异＝本月完工产品定额成本×脱离定额差异分配率

则：产成品分配的直接材料差异＝85 550×(－0.6%)＝－513.3（元）

产成品分配的直接人工差异＝34 800×2.5%＝870（元）

产成品分配的制造费用差异＝26 100×(－0.8%)＝－209（元）

第 17 栏的计算公式如下。

$$\text{产成品实际成本}=\text{产成品定额成本}+\text{产成品分配的脱离定额差异}+\text{产成品分配的材料成本差异}+\text{产成品分配的定额变动差异}$$

则：直接材料实际成本＝85 550＋(－513.3)＋(－880)＋320＝84 476.7（元）

直接人工实际成本＝34 800＋870＝35 670（元）

制造费用实际成本＝26 100＋(－209)＝25 891（元）

(6) 月末在产品成本包括定额成本和脱离定额差异，即表 8－21 中第 18 栏和第 19 栏。第 18 栏的计算公式如下。

$$\frac{\text{月末在产品}}{\text{定额成本}}=\frac{\text{月初在产品}}{\text{定额成本}}+\frac{\text{定额成本}}{\text{调整}}+\frac{\text{本月投入产品}}{\text{定额成本}}-\frac{\text{产成品}}{\text{定额成本}}$$

则：月末在产品直接材料定额成本＝6 220－320＋88 500－85 550＝8 850（元）

月末在产品直接人工定额成本＝1 200＋36 000－34 800＝2 400（元）

月末在产品制造费用定额成本＝900＋27 000－26 100＝1 800（元）

特别提示

月末在产品定额成本不能采用按照在产品约当产量乘以产品成本定额的方式计算，为什么？因为如果按照约当产量核算，连续考虑期初在产品、本期投产、本期完工和期末在产品时，其数量是没有勾稽关系的，即期初在产品约当产量＋本期投产量－本期完工量≠期末在产品约当产量。例如本题（见表 8－19），期初约当产量为 20×50%＝10 件，本期投入 300 件，完工 290 件，不是期末的约当产量 30×50%＝15 件，而是 20 件，按照 20 件计算的定额成本同本题一致。因期初在产品定额成本中直接人工和制造费用按 50%折算，但本期投入是按 100%计算，所以期末在产品计算定额成本时，新增在产品 10（300－290）件就不能按 50%折算了。也因此本例有个假设即期末在产品数量≥期初在产品数量。

第 19 栏的计算公式如下。

$$\frac{\text{月末在产品}}{\text{应分配差异额}}=\frac{\text{月末在产品}}{\text{定额成本}}\times\frac{\text{脱离定额}}{\text{差异分配率}}$$

$$=\frac{\text{月初在产品}}{\text{脱离定额差异}}+\frac{\text{本月投入产品}}{\text{脱离定额差异}}-\frac{\text{完工产品分配}}{\text{差异额}}$$

则：月末在产品分配的材料差异＝－552.6－(－513.3)＝－39.3（元）

月末在产品分配的直接人工差异＝930－(870)＝60（元）

月末在产品分配的制造费用差异＝－222－(－209)＝－13（元）

最后，根据表 8－21 和甲产品入库单编制会计分录。

借：库存商品——甲产品	146 037.7	
贷：基本生产成本——甲产品——定额成本		146 450
——脱离定额差异		147.7
——材料成本差异		－880
——定额变动差异		320

8.2.3　定额法的优缺点

1. 定额法的主要优点

(1) 由于采用定额法能够在生产耗费发生的当时反映和监督脱离定额的差异，及时、有效地促进生产耗费的节约，降低产品成本，因此采用这种方法有利于加强成本控制。

(2) 由于采用定额法可以计算出定额成本及脱离定额差异、定额变动差异等指标，因

此采用这种方法有利于进行成本的定期分析，挖掘降低成本的潜力。

（3）通过对脱离定额差异和定额变动差异的分析，可以对定额进行修改从而提高成本定额的管理和成本计划的制订计划水平。

（4）由于有现成的成本定额资料，因此能够较为合理、简便地解决完工产品和月末在产品之间费用分配的问题。

成本核算与控制的发展

2. 定额法的主要缺点

（1）采用定额法计算产品成本要比采用其他方法核算工作量大。因为采用定额法必须事先制订定额成本，单独核算脱离定额差异，在定额变动时还必须修订定额成本，计算定额变动差异。

（2）定额资料若不准确，会影响成本计算的准确性。

8.3 标准成本法

标准成本法是指以预先制订的标准成本为基础，用实际成本与标准成本进行比较，核算和分析成本差异的一种产品成本计算方法，也是加强成本控制、评价经济业绩的一种成本控制制度。它的核心是按标准成本记录和反映产品成本的形成过程和结果，并借以实现对成本的控制。

8.3.1 标准成本法概述

1. 标准成本产生的背景

标准成本是早期管理会计的主要支柱之一。美国工业在南北战争以后有很大的发展，许多工厂发展成为生产多种产品的大企业。但是由于企业管理落后，劳动生产率较低，因此许多工厂的产量大大低于额定生产能力。为了改进管理，一些工程技术人员和管理者进行了各种试验，他们努力把科学技术的最新成果应用于生产管理，大大提高了劳动生产率，并因此形成了一套科学的管理制度。

动作研究：标准成本的开端——孙子明兵法，吴宫教美人

为了提高工人的劳动生产率，他们首先改革了工资制度和成本计算方法，以预先设定的科学标准为基础，发展奖励计件工资制度，采用标准人工成本的概念。在此之后，又把标准人工成本概念引申到标准材料成本和标准制造费用等。最初的标准成本是独立于会计系统之外的一种计算工作。1919年，美国全国成本会计师协会成立，对推广标准成本起到了很大的作用。1920—1930年，美国会计学界经过长期争论，才把标准成本纳入了会计系统，从此出现了真正的标准成本会计制度。

知识链接

1903年“科学管理之父”泰勒出版了《工厂管理》，书中提出产品的标准操作程序及时间定额，成为标准成本制度产生的基础。

1904年，美国效率工程师爱默森首先在美国铁道公司应用了标准成本法。在1908年和1909年发表在*Engineering Magazine*的一系列文章中，他倡导发展一套会计信息系统以求提高企业的效率。爱默森也是第一个强调标准成本信息可以使管理者区别可控差异和不可控差异。但由于他不是会计师，因此没有提出标准成本的会计账务处理方法。

1911年，美国会计师哈里森第一次设计出一套完整的标准成本制度。他在1918年发表的一系列文章中曾介绍了一套分析成本差异的公式，并对账户、分类账及成本分析单叙述得十分详细。从此标准成本会计就脱离了实验阶段而进入了实施阶段，在以后被逐渐完善和广泛使用。哈里森被誉为"标准成本会计之父"。

2. 标准成本的含义

标准成本是指按照成本项目事先制订的，在已经达到的生产技术水平和有效经营管理条件下应当达到的产品成本目标。标准成本一词准确地讲有两种含义。一种含义是指"单位产品的标准成本"，它是根据单位产品的标准消耗量和标准单价计算出来的。

标准成本＝单位产品标准消耗量×标准单价

标准成本的另一种含义是指"实际产量的标准成本"，它是根据实际产品产量和单位产品标准成本计算出来的，即：

标准成本＝实际产品产量×单位产品标准成本

3. 标准成本的分类

从理论上看，在制订标准成本的过程中，可供选择的标准成本包括理想标准成本、正常标准成本和现实标准成本3种类型。

（1）理想标准成本。**理想标准成本是指以现有技术设备处于最佳状态、经营管理没有任何差错为前提所确定的标准成本。**由于这种标准成本是在假定没有材料浪费、设备不发生事故、产品无废品、工时全有效的基础上制订的，在实际工作中很难达到，因此它不适合被选为现行标准成本。

（2）正常标准成本。**正常标准成本是指企业在过去一段时期内实际成本平均值的基础上，剔除生产经营中的不正常因素，并考虑未来的变动趋势而制订的标准成本。**这种标准成本实质上是企业在生产经营能力得到正常发挥的条件下就可以实现的成本目标。由于它的水平偏低，因此也不宜作为企业未来成本控制的奋斗目标。

（3）现实标准成本。**现实标准成本又称期望可达到的标准成本，它是指根据企业近期最可能发生的生产要素消耗量、生产要素价格和生产经营能力利用程度而制订的，通过有效的经营管理活动应达到的标准成本。**这种成本从企业的实际出发，考虑到企业一时还不能完全避免的成本或损失，具有一定的可操作性；同时又能对改进未来的成本管理工作提出合理要求。它是一种既先进又合理的，最切实可行又接近实际的，经过努力可以实现的成本目标。因此，现实标准成本是目前主要西方国家在制订标准成本时首选的标准成本类型。

特别提示

对于标准的制订，有一个摘葡萄的比喻。葡萄长得太高，怎么也摘不着，不仅会挫伤摘葡萄者的积极性，还会有摘不着葡萄就说葡萄酸的情况发生。葡萄长得低也不好，不用

费劲就摘着了，不仅不会调动人的积极性，还会对取得的成果不珍惜。葡萄长得最好有一定的高度，但能经过努力，激发潜能，采取一些措施就可以摘着葡萄，人才会想法去摘，并且对来之不易的成果也会更加珍惜。

8.3.2 标准成本法控制系统

标准成本法控制系统包括标准成本的制订、成本差异的计算和分析、成本差异的账务处理。其中标准成本的制订是采用标准成本法的前提和关键，据此可以达到成本事前控制的目的；成本差异计算和分析是标准成本法的重点，借此可以促成成本控制目标的实现，并据以进行经济业绩考评。

特别提示

一些会计史学家把以标准成本为起点产生的管理会计看作继借贷记账法和注册会计师职业出现后会计发展史上的第三个里程碑。

1. 标准成本的制订

产品成本一般由直接材料、直接人工和制造费用 3 大部分构成，标准成本也应由这 3 大部分分别确定。

直接材料成本是指直接用于产品生产的材料成本，它包括标准用量和标准价格两方面。首先，材料标准用量要根据产品的图纸等技术文件进行产品研究，列出所需的各种材料及可能的代用材料，并要说明这些材料的种类、质量及库存情况。其次，材料标准用量可以通过对过去用料经验的记录分析，采用其平均值，或最高与最低值的平均数，或最节省的数量；或通过实际测定，或技术分析等，科学地制订用量标准。

直接人工成本是指直接用于产品生产的人工成本。在制订产品直接人工成本标准时，首先要对产品生产过程加以研究，研究有哪些工艺、作业（操作）、工序等，其次要对企业的工资支付形式、制度进行研究，以便结合实际情况来制订标准。

制造费用可以分为变动制造费用和固定制造费用两部分。这两部分制造费用都按标准用量和标准分配率的乘积计算，标准用量一般都采用工时表示。

上述标准成本的制订可以通过编制标准成本单来进行。在制订时，每一个项目的标准成本均应分为用量标准和价格标准。其中，用量标准包括单位产品消耗量、单位产品人工小时等，价格标准包括原材料单价、小时工资率、小时制造费用分配率等。具体如下。

直接材料标准成本＝单位产品的用量标准×材料的标准单价

直接工资标准成本＝单位产品的标准工时×小时标准工资率

变动制造费用标准成本＝单位产品直接人工标准工时×每小时变动制造费用的标准分配率

其中：变动制造费用标准分配率＝变动制造费用预算总数÷直接人工标准总工时

固定制造费用标准成本＝单位产品直接人工标准工时×每小时固定制造费用的标准分配率

其中：固定制造费用标准分配率＝固定制造费用预算总数÷直接人工标准总工时

2. 标准成本的差异分析

1）变动成本差异分析

（1）直接材料成本差异分析（图 8.2）。直接材料实际成本与标准成本之间的差额是直接材料成本差异。该项差异形成的基本原因有两个：一个是材料用量脱离标准（数量差异），另一个是材料价格脱离标准（价格差异）。

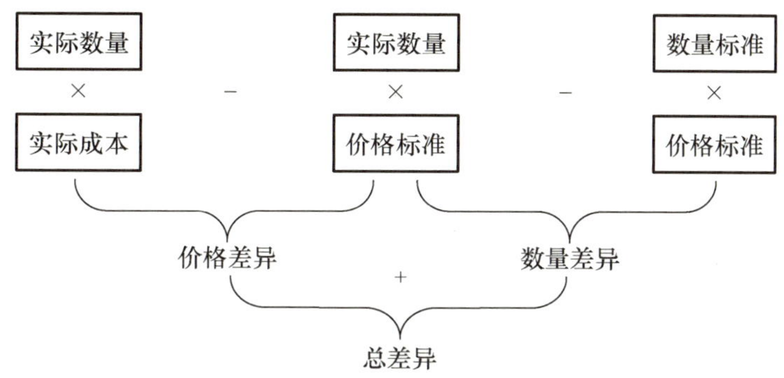

图 8.2 直接材料成本差异分析

计算公式如下。

材料数量差异＝(实际数量－数量标准)×价格标准

材料价格差异＝实际数量×(实际价格－价格标准)

直接材料成本差异＝数量差异＋价格差异

特别提示

标准成本与成本标准，两个词从词义上讲是有差异的。标准成本可以指单位产品标准成本，也可以指一定产量下产品的标准成本。成本标准只能指单位产品的标准成本。标准数量与数量标准、标准价格与价格标准等皆然。

材料价格差异是在采购过程中形成的。采购部门未能按标准价格进货的原因主要有：供应厂家价格变动、未按经济采购批量进货、未能及时订货造成的紧急订货、采购时舍近求远使运费和途耗增加、不必要的快速运输方式、违反合同被罚款、承接紧急订货造成额外采购等。

材料数量差异是在材料耗用过程中形成的。其形成的具体原因有：操作疏忽造成废品和废料增加、工人用料不精心、操作技术改进而节省材料、新工人上岗造成用料增加、机器或工具不适用造成用料增加等。有时多用料并非是生产部门的责任，如购入材料质量低劣、规格不符也会使用料超过标准；又如加工工艺变更、检验过严也会使数量差异加大。

知识图说

材料差异可以用图 8.3 分析，在图中 Q 为材料用量，P 为材料价格，Q_0、P_0 为标准值，Q_1、P_1 为实际值。

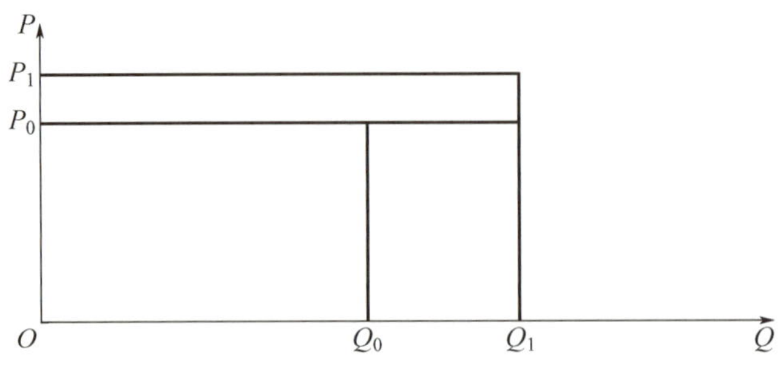

图 8.3 标准成本差异分析图

用差额分析法分析如下。

材料数量差异：$(Q_1-Q_0)\times P_0$

材料价格差异：$Q_1\times(P_1-P_0)$

（2）直接人工成本差异分析。直接人工成本差异是指直接人工实际成本与成本标准之间的差额。它可以分解为“数量差异”和“价格差异”两部分。**数量差异是指实际工时脱离标准工时，其差额按标准工资率计算确定的金额，又称人工效率差异。价格差异是指实际工资率脱离标准工资率，其差额按实际工时计算确定的金额，又称工资率差异。有关计算公式如下。**

人工效率差异=(实际工时－工时标准)×工资标准率

工资率差异=实际工时×(实际工资率－工资标准率)

直接人工成本差异=人工效率差异+工资率差异

工资率差异形成的原因包括直接生产工人升级或降级使用、奖励制度未产生实效、工资率调整、加班或使用临时工、出勤率变化等。直接人工效率差异形成的原因包括工作环境不良、工人经验不足、劳动情绪不佳、新工人上岗太多、机器或工具选用不当、设备故障较多、作业计划安排不当、产量太少而无法发挥批量节约优势等。

（3）变动制造费用的差异分析。变动制造费用的差异是指实际变动制造费用与标准变动制造费用之间的差额。它也可以分解为“数量差异”和“价格差异”两部分。数量差异是指实际工时脱离标准工时，按标准的小时费用率计算确定的金额，又称变动费用效率差异。价格差异是指变动制造费用的实际小时分配率脱离标准，按实际工时计算的金额，又称耗费差异。有关计算公式如下。

变动费用效率差异=(实际工时－工时标准)×标准变动费用分配率

变动费用耗费差异=实际工时×(实际变动费用分配率－标准变动费用分配率)

变动费用成本差异=变动费用效率差异+变动费用耗费差异

变动制造费用效率差异形成原因与人工效率差异相同。变动制造费用的耗费差异是部门经理的责任，他们有责任将变动费用控制在弹性预算限额之内。

2）固定制造费用成本差异分析

（1）二因素分析法。二因素分析法是将固定制造费用差异分为耗费差异和能量差异的分析法，如图 8.4 所示。

图 8.4 中，固定制造费用耗费差异为固定制造费用实际数直线和预算数直线的差。

固定制造费用能量差异为固定制造费用预算数、标准固定制造费用分配率、实际产量

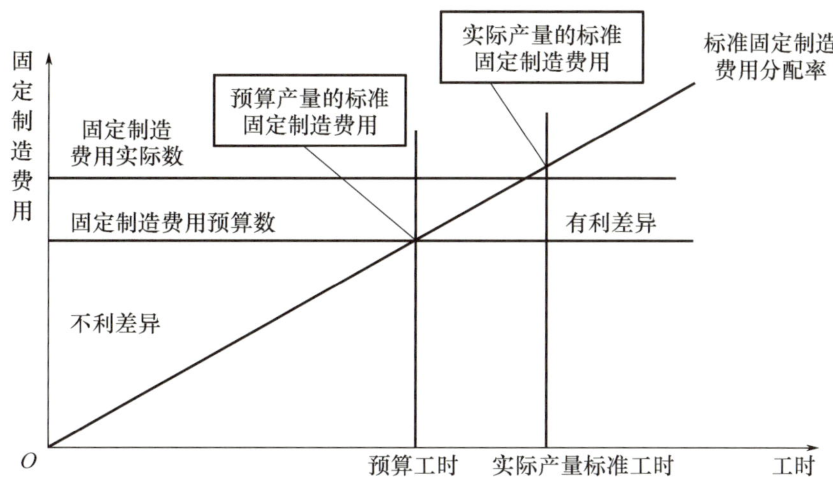

图 8.4　固定制造费用成本二差异分析图

标准工时线围出的三角形。

二因素分析的计算公式如下。

固定制造费用耗费差异＝固定制造费用实际数－固定制造费用预算数

固定制造费用能量差异＝固定制造费用预算数－固定制造费用标准成本

＝(生产能量－实际产量标准工时)×固定制造费用标准分配率

(2) 三因素分析法。三因素分析法是将固定制造费用的成本差异分为耗费差异、效率差异和闲置能量差异 3 部分。耗费差异的计算与二因素分析法相同。不同的是将二因素分析法中的“能量差异”进一步分解为两部分：一部分是实际工时未达到标准能量而形成的闲置能量差异；另一部分是实际工时脱离标准工时而形成的效率差异，如图 8.5 所示。

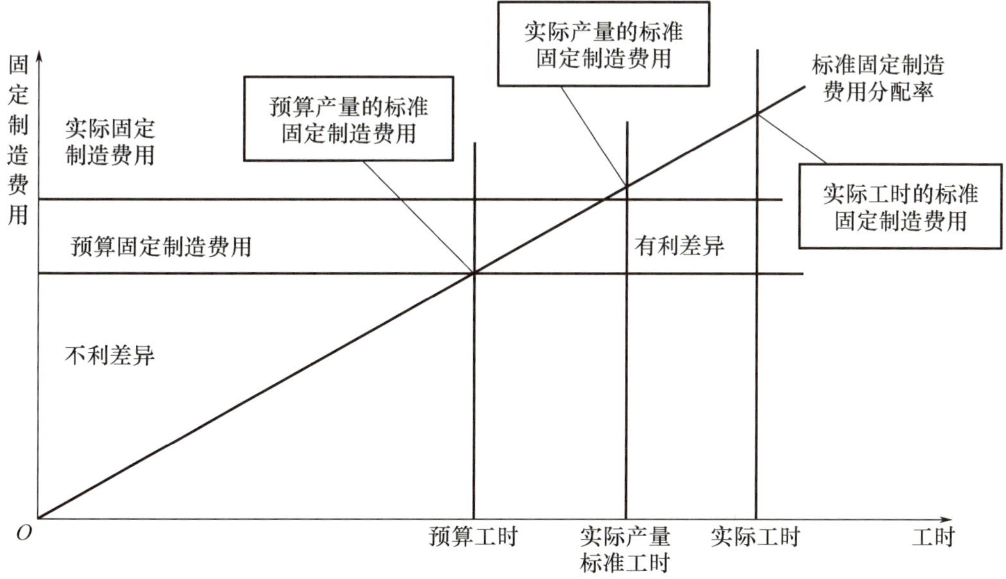

图 8.5　固定制造费用成本三差异分析图

图 8.5 中，预算固定制造费用、标准固定制造费用分配率、实际产量标准工时线围出的三角形代表了固定制造费用能量差异。

能量差异分解的闲置能量差异在图 8.5 中为预算固定制造费用、标准固定制造费用分配率、实际工时线围出的三角形。

效率差异为预算固定制造费用、标准固定制造费用分配率、实际产量标准工时、实际工时线围出的四边形。

有关计算公式如下。

耗费差异＝固定制造费用实际数－固定制造费用预算数

＝固定制造费用实际数－固定制造费用标准分配率×生产能量

闲置能量差异＝固定制造费用预算数－实际工时×固定制造费用标准分配率

＝(生产能量－实际工时)×固定制造费用标准分配率

效率差异＝(实际工时－实际产量标准工时)×固定制造费用标准分配率

【例 8－19】 奔成工厂每月正常生产甲产品的产量为 1 000 件。甲产品的标准成本资料见表 8－22。

表 8－22 甲产品标准成本资料表

单位：元

项 目	标准成本	单位耗用标准
直接材料	0.1kg×150 元/kg	15
直接人工	5 工时×4 元/工时	20
变动制造费用	6 000 元÷1 000 件＝5 工时×1.2 元/工时	6
固定制造费用	5 000 元/1 000 件	5

本月实际生产甲产品 800 件，实际资料见表 8－23。

表 8－23 甲产品实际成本资料表

单位：元

项 目	实际成本	单位耗用标准
直接材料	0.11kg×140 元/kg	15.4
直接人工	5.5 工时×3.9 元/工时	21.45
变动制造费用	4 000 元÷800 件＝5.5 工时×（5÷5.5）元/工时	5
固定制造费用	5 000 元/800 件	6.25

要求：分析各项成本差异。

甲产品成本差异分析如下。

（1）单件材料成本差异分析。

材料数量差异＝(实际数量－数量标准)×价格标准＝(0.11－0.1)×150＝1.5（元）

材料价格差异＝实际数量×(实际价格－价格标准)＝(140－150)×0.11＝－1.1（元）

直接材料成本差异＝数量差异＋价格差异＝1.5－1.1＝0.4（元）

（2）单件人工成本差异分析。

人工效率差异＝(实际工时－工时标准)×标准工资率＝(5.5－5)×4＝2（元）

工资率差异＝实际工时×(实际工资率－标准工资率)＝(3.9－4)×5.5＝－0.55（元）

直接人工成本差异＝人工效率差异＋工资率差异＝2－0.55＝1.45（元）

（3）单件变动制造费用差异分析。

变动制造费用效率差异＝(实际工时－工时标准)×标准变动制造费用分配率

＝(5.5－5)×1.2＝0.6（元）

变动制造费用耗费差异

＝实际工时×(变动制造费用实际分配率－标准变动制造费用分配率)

＝(5÷5.5－1.2)×5.5＝－1.6（元）

变动制造费用差异＝变动费用效率差异＋变动费用耗费差异＝0.6－1.6＝－1（元）

（4）固定制造费用差异分析。

固定制造费用实际数＝实际产量×单位实际工时×实际分配率＝5 000（元）　①

固定制造费用预算数＝预算产量×单位标准工时×标准分配率＝5 000（元）

＝1 000×5 工时×1 元/工时　②

固定制造费用实际工时标准数＝实际产量×单位实际工时×标准分配率

＝800 件×5.5 工时×1 元/工时＝4 400（元）　③

固定制造费用标准成本＝实际产量×单位标准工时×标准分配率

＝800 件×5 工时×1 元/工时＝4 000（元）　④

固定制造费用耗费差异＝①－②＝5 000－5 000＝0（元）

固定制造费用闲置能量差异＝②－③＝5 000－4 400＝600（元）

固定制造费用效率差异＝③－④＝4 400－4 000＝400（元）

固定制造费用能量差异＝②－④＝闲置能量差异＋效率差异＝600＋400＝1 000（元）

固定制造费用成本差异＝0＋1 000＝0＋600＋400＝1 000（元）

根据计算过程和结果，可绘制固定制造费用成本三差异分析运用图如图 8.6 所示。

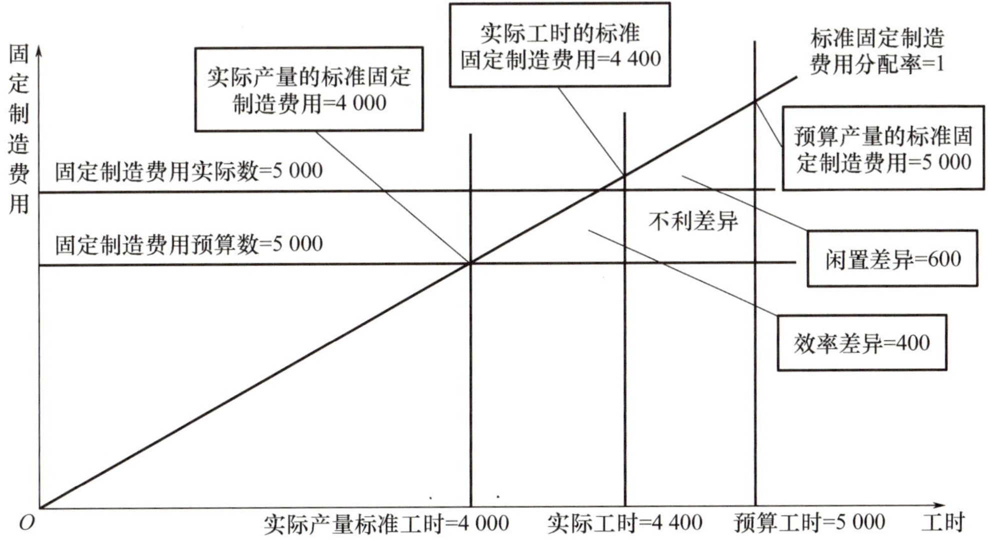

图 8.6　固定制造费用成本三差异分析运用图

经过计算，合计得：

甲产品总差异＝800×(0.4＋1.45－1)＋1 000＝1 680（元）

3. 标准成本的账务处理

为了同时提供标准成本、成本差异和实际成本3项成本资料，标准成本系统的账务处理具有以下特点。

(1)“原材料”“基本生产成本”和“库存商品”账户登记标准成本。无论是借方和贷方均登记实际数量的标准成本，其余额亦反映这些资产的标准成本。

(2) 设置成本差异账户分别记录各种成本差异。在制造成本法下，按成本项目设置的成本差异账户主要包括“直接材料成本差异”账户、“直接人工成本差异”账户、“变动性制造费用成本差异”账户和“固定性制造费用成本差异”账户。每个账户下再按差异形成的原因分设明细账户，包括“直接材料价格差异”“直接材料消耗量差异”“工资率差异”“人工效率差异”“变动性制造费用耗费差异”“变动性制造费用效率差异”“固定性制造费用预算差异”“固定性制造费用能量差异”(或“固定性制造费用闲置能量差异”和“固定性制造费用效率差异”)等。在需要登记“原材料”“基本生产成本”和“库存商品”账户时，应将实际成本分离为标准成本和有关的成本差异，标准成本记入“原材料”“基本生产成本”和“库存商品”账户，而有关的差异分别记入各成本差异账户。各差异账户借方登记超支差异，贷方登记节约差异。企业也可结合具体情况，不设置总账科目，仅设置相应的明细科目。

(3) 各会计期末对成本差异进行处理。各成本差异账户的累计发生额，反映了本期成本控制的业绩。在月末（或年末）对成本差异的处理方法有以下两种。

① 结转本期损益法。按照这种方法，在会计期末将所有差异转入“本年利润”账户，或者先将差异转入“主营业务成本”账户，再随同已销产品的标准成本一起转至“本年利润”账户。采用这种方法的依据是确信标准成本是真正的正常成本，成本差异是由不正常的低效率和浪费造成的，应当直接体现在本期损益之中，使利润能体现本期工作成绩的好坏。此外，这种方法的账务处理比较简便。但是，如果差异数额较大或者标准成本制订得不符合实际的正常水平，则不仅会使存货成本严重脱离实际成本，而且会歪曲本期经营成果，因此，在成本差异数额不大时采用此种方法为宜。

该法按照结转的时间不同，又分成本差异逐月累计到年终处理和成本差异账户按月处理两种。成本差异如每月在营业成本、库存商品和在产品三者之间按比例分摊，就会使这些账户回复到按实际成本记账方式上来。最常用的方式是成本差异逐月累计到年终处理的方式。

② 调整营业成本与存货法。按照这种方法，在会计期末成本差异按比例分配至已销售的产品成本和存货成本中，即在营业成本、库存商品和在产品三者之间分摊。采用这种方法的依据是税法和会计制度均要求以实际成本反映存货成本和营业成本。本期发生的成本差异应由存货和营业成本共同负担。当然，这种做法会增加一些计算分配的工作量。此外，有些费用计入存货成本不一定合理。例如闲置差异是一种损失，并不能在未来换取收益，作为资产计入存货成本明显不合理，不如作为期间费用处理。

选择成本差异的处理方法时要考虑许多因素，包括差异的类型（材料、人工或制造费用）、差异的大小、差异的原因、差异的时间（如季节性变动引起的非常性差异）等。因此，可以对各种成本差异采用不同的处理方法，如材料价格差异多采用调整销货成本与存货法，闲置能量差异多采用结转本期损益法，其他差异则可因企业具体情况而定。值得强调的是，差异处理的方法要保持一致性，以便使成本数据保持可比性，并防止信息使用人发生误解。

例 8－19 的会计处理如下。

（1）原材料入库时形成材料价差的会计分录。

借：原材料　13 200
　贷：材料采购　12 320
　　直接材料成本差异——材料价格差异　880

（2）领用材料时材料费用标准及材料差异的会计分录。

借：基本生产成本——甲产品——标准成本　12 000
　直接材料成本差异——材料数量差异　1 200
　贷：原材料　13 200

（3）分配职工薪酬时人工费用标准及人工差异的会计分录。

借：基本生产成本——甲产品——标准成本　16 000
　直接人工成本差异——人工效率差异　1 600
　　　　　　　　　——工资率差异　－440
　贷：应付职工薪酬　17 160

（4）分配变动制造费用时变动制造费用标准及差异的会计分录。

借：基本生产成本——甲产品——标准成本　4 800
　变动性制造费用成本差异——变动制造费用效率差异　480
　　　　　　　　　　　　——变动制造费用耗费差异　－1 280
　贷：制造费用——变动性制造费用　4 000

（5）分配固定制造费用时固定制造费用标准及差异的会计分录。

借：基本生产成本——甲产品——标准成本　4 000
　固定性制造费用成本差异——固定制造费用效率差异　400
　　　　　　　　　　　　——固定制造费用闲置能量差异　600
　贷：制造费用——固定性制造费用　5 000

（6）期末差异的处理，如采用结转本期损益法，全部转入“本年利润”会计分录。

借：本年利润　1 680
　贷：直接材料成本差异　320
　　直接人工成本差异　1 160
　　变动性制造费用成本差异　－800
　　固定性制造费用成本差异　1 000

标准成本法同定额法差异分析异同

8.4 作业成本法

近二三十年来的电子技术革命催生了高度自动化的先进制造企业，带来了管理观念和管理技术的巨大变革，适时制采购与制造系统，以及与其密切相关的零库存、单元制造、全面质量管理等崭新的管理观念与技术应运而生。在全新的制造环境下，许多人工已被机器取代，直接人工成本的所占比率大大下降，固定制造费用大幅度上升。20 世纪 30 年代的间接费用仅占直接人工成本的 50%～60%，而 21 世纪的今天大多数公司的间接费用是直接人工成本的 4～5 倍；以往直接人工成本占产品成本的 40%～50%，今天却不到 10%，甚至仅占产品成本的 3%～5%。产品成本结构发生如此重大的变化，使得传统的“数量基础成本计算”（如以工时、机器工时为基础的成本分摊方法）已不能正确地反映产品的消耗，也不能正确地反映企业自动化的效益，不能为企业决策和控制提供正确有用的会计信息；其最终结果是企业总体获利水平下降。

知识链接

间接费用分配的合理和准确一直是一个比较难的问题。美国著名会计学家加纳在《1925 年前成本会计的演进》中写道：“人们对制造费用分配问题的关注，可能远远超过其他任何一个成本问题。举例来说，汤普森在其《如何确定工厂成本》中谈到‘间接费用是制造业账簿中最重要的账户之一。关于其分配方法的争论，甚至要超过对人类起源问题的争论。这是一块巨大的礁石，许多企业之舟都曾在此触礁……’”

即使是作业成本法，也不能完全解决周期性的问题。1993 年英国《管理会计》报道过惠普（HP）某工厂在采用“作业基础成本计算法”后，其生产的 57 件产品成本扭曲的数据，如表 8－24 所示。[①] 所以，早期作业成本法的采用只是为了费用分配的准确性。

表 8－24　产品成本扭曲一览表

项　目	产品成本扭曲情况	产品种类
1	成本低计超过 100%	1
2	成本低计超过 50%～100%	5
3	成本低计超过 20%～50%	6
4	成本低计超过 5%～20%	23
5	成本多计超过 5%～20%	9
6	成本多计或低计小于 5%	13
7	合　计	57

① 李百兴，付磊．成本核算和成本管理的回顾与思考［J］．会计研究，2019（10）：17—18.

作业成本控制是基于作业成本法的一种成本控制制度，是西方国家于20世纪80年代末开始研究，从20世纪90年代开始在先进制造企业首先应用起来的一种全新的企业管理理论和方法。

8.4.1 作业成本法概述

作业成本法，是以作业为核心，根据企业生产经营过程中的资源耗费、作业同最终产出、作业链和价值链的关系，进行成本动因分析，将所发生和形成的成本耗费分配给成本计算对象的一种成本计算方法和管理制度。与传统的成本计算方法相比，作业成本法能够将间接成本和辅助成本更为合理地在作业、生产过程、产品、服务及顾客中进行分配。

作业成本法起源于美国，首先由科勒提出。科勒发现水力发电生产过程中，直接成本比重很低、间接成本比重很高，从根本上冲击了传统的按照工时比例分配间接费用的成本核算方法。后来，斯托布斯对作业成本法理论做了进一步研究。20世纪末，以计算机为主导的生产自动化、智能化程度日益提高，直接人工费用普遍减少，间接成本相对增加，明显突破了制造成本法中“直接成本比例较大”的假定，导致了作业成本法研究的全面兴起，代表者是哈佛大学的卡普兰教授。

作业成本法涉及的相关概念主要有：作业、作业链、价值链、成本动因。

1. 作业

作业是指企业在提供一定数量的产品或劳务过程中的各个工作程序或工作环节。在这些程序和环节中要消耗一定的人力和原材料，要采用一定的技术和方法，要依靠一定的环境，这些都是作业资源，这些资源和资源消耗过程构成了作业的集合体。作业通常可以按照以下分类标准进行分类。

(1) 按照受益对象分类，可分为产品作业和维持性作业。产品作业是指使某种产品受益的作业，如对每一种产品编制控制规划、材料清单等。此类产品可进一步划分为：使单位产品受益的作业，如机器的动力作业；使一批产品受益的作业，如对各批产品的机器准备作业、产品检验作业等；使某一生产经营过程受益的作业，如材料计划作业、材料采购作业等。这种作业的成本与产品产量及批数无关，但与产品品种相关。维持性作业是指使某个部门或机构受益的作业，如车间设施占用、车间厂房占用、车间管理、机器设备的日常维护保养等作业。这种作业的成本与产品品种和产品的数量无关，而与企业的存续相关。

(2) 按照组织方式分类，可分为单位作业和批别作业。单位作业是指与每一单位产品相关的作业，如机器设备的折旧与动力等。这种作业在生产过程中不断发生，具有重复性，其所引发的成本大多是变动性的，且与产品产量成正比例变动。批别作业是指与一批产品相关的作业，如为生产某批产品而进行的设备准备作业，对每批产品的检验作业，对每批产品订单的处理作业等。这种作业在生产过程中具有不重复性，其所引发的成本与批次相关但与批量无关，且与产品批次成正比例关系。

2. 作业链

不同企业的作业构成具有较大的差别。对于制造企业来说，其作业一般包括进货作

业、生产作业、营销作业、发货作业、服务作业，以及财务管理等管理作业、职员招聘等人力资源管理作业、产品开发和工艺流程改进等技术开发作业。

上述各种作业，围绕满足顾客需要，形成了一系列由此及彼、由内到外、前后有序、环环相扣的集合体，这一作业的集合体就被称为作业链。

特别提示

作业链就是价值链，就是成本链。无效率的作业，只有成本发生，没有价值创造，需要去掉，进行流程再造，这才是作业管理的精髓所在，如图 8.7 所示。

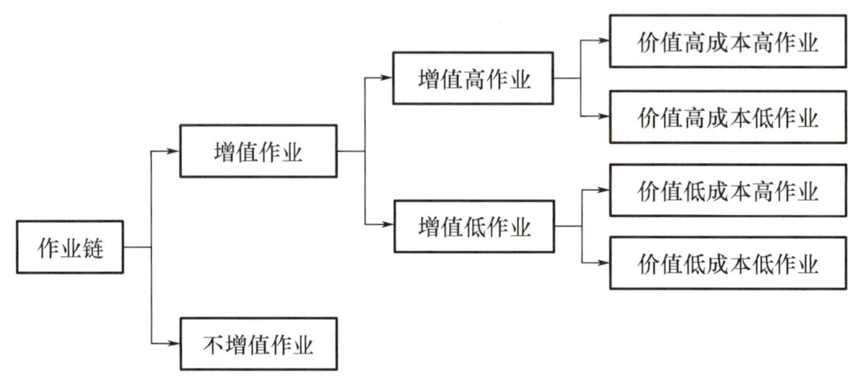

图 8.7　作业链的价值

不增值作业必须去除，价值高成本高作业和增值低作业是需要整合的。由于企业内部各个部门的责任不同，形成了不同的责任中心，企业利润中心追求的是有利润的作业，成本中心追求的是成本低的作业。

3. 价值链

通过对作业链的分析，可以看出企业本身就是一个由此及彼、由内到外的作业链。企业每完成一项作业就消耗了一定量的资源，也产生了一定量的价值，产生的价值又转移到下一个作业，依次转移，直至形成最终产品，提供给顾客。最终产品作为企业内部作业链的最后一环，凝结了各个作业链所形成并最终提供给顾客的价值。因此，作业链的形成过程，也就是价值链的形成过程。

作业耗费与作业产出相抵的结果就是企业的盈利，因此企业必须尽可能地提高其作业产出，减少作业耗费。但并非所有的作业都能够产生价值，对价值链进行分析的目的就在于从产品生产环节到设计环节逐一检查，以发现和消除对价值链无贡献的作业。从这一角度分类，作业可分为增值作业和不增值作业。例如次品的修复作业、存货的仓储保管作业等都是不增值作业。若能发现和消除这些不增值作业或将其压缩到最低限度，就能更有效地利用资源。

知识链接

1985 年，“竞争战略之父”波特在《竞争优势》一书中首次提出了价值链的概念，指出它是对提高一个企业的产品或服务的实用性或价值的一系列作业活动的描述，主要包括企业内部价值链、竞争对手价值链和行业价值链三部分。

波特认为："每一个企业都是在设计、生产、销售、发送和辅助其产品的过程中进行种种活动的集合体。所有这些活动可以用一个价值链来表明。"企业的价值创造是通过一系列活动构成的。

4. 成本动因

成本动因也称成本驱动因素，它是引起成本发生变动的根本因素，也是影响成本结构的决定因素。它可以是一个事项、一项活动或作业。成本动因可以解释企业执行作业的原因及消耗资源的多少，因此成本动因的确定可以看作是作业成本计算的关键组成部分，并作为分配成本的重要标准。

随着企业产品品种的增多，成本动因呈现出了多元化趋势。在作业成本法中，成本动因有两种表现形式。

（1）资源动因。作业消耗资源、资源消耗量与作业量之间的关系称为资源动因。资源动因作为一种分配基础，是将资源耗费分配到作业成本库的标准，反映了作业对有关资源的耗费情况。

（2）作业动因。产品消耗作业、作业消耗量与最终产出之间的关系称为作业动因。作业动因作为一种分配基础，是将作业成本分配到产品或劳务的标准，是资源消耗与最终产品相沟通的媒介。

在设计作业成本系统时，需要在分析有关历史资料的基础上，结合作业主体的意见，慎重确认动因，防止会计信息失真。

作业成本法既是一种成本计算方法，也是一种管理手段，算为管用，算管结合。作业成本法和作业管理的关系如图 8.8 所示。

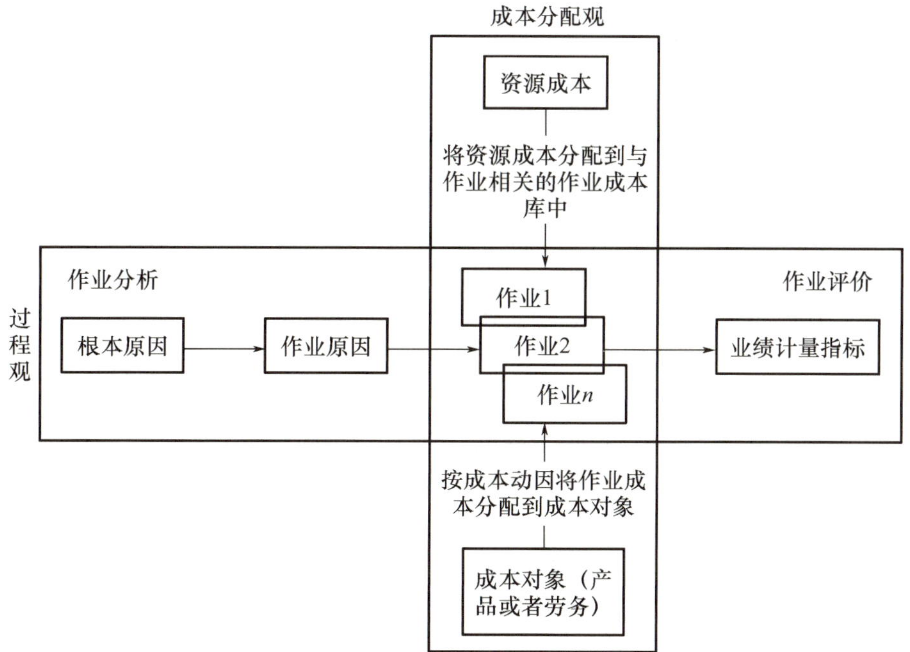

图 8.8　作业成本法和作业管理的关系

8.4.2 作业成本法的计算程序及其应用

1. 作业成本计算原理

作业成本计算以作业为中心，通过确认企业设计、生产、销售等经营过程中所有与产品相关的作业及相应资源消耗，按成本动因分配计量作业成本，对所有作业活动进行动态的反映，尽可能消除不增值作业，改进增值作业，优化作业链和价值链，从而获得相对合理的产品成本。作业成本的计算原理如图 8.9 所示。

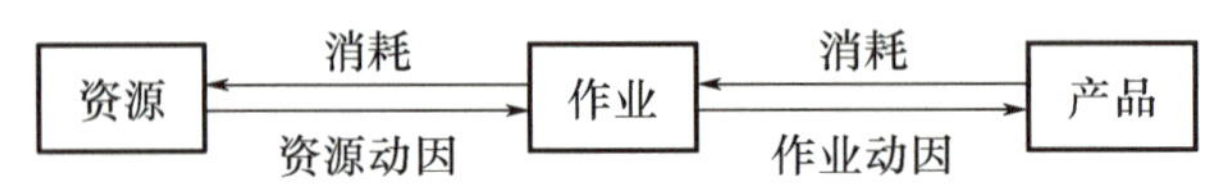

图 8.9 作业成本的计算原理

图 8.9 上边的箭头线表示资源的消耗过程，下边的箭头线表示成本计算与形成的过程。由图 8.9 可知，产品消耗作业，作业消耗资源。资源按照资源动因把其成本追踪归集到作业中去，得到作业成本；作业又按照作业动因把其成本追踪归集到产品中去，最终形成产品成本。由此可知，作业是资源与产品之间联系的桥梁，是作业成本法的核心。

2. 作业成本法的计算程序

（1）了解产品生产的工艺流程。熟悉生产工艺流程至关重要，它是作业成本法的实施基础。通过对产品的设计、制造过程的了解，可以收集到各生产环节中工人的性质、人数、工作地点等信息，对正确进行作业划分和成本动因选择有着重要的作用。

（2）确认作业，确定作业中心。分析生产产品和提供劳务服务所发生的各项活动，将各项活动分解或集合为一个个计算成本和评价效果的基本单位——作业，将同质的活动确认为作业中心。建立作业中心时，首先确定一个核心作业，然后将上下游工序中一些次要的任务或作业与之合并，归集为一个作业中心。例如，为检验产品质量要进行取样、检验测试、报告结果等一系列具体的作业，在这些作业中，检验测试是主要作业，可以将其作为作业中心，将其他作业并入检验测试这一作业中心。

作业中心不一定与企业的职能部门一致。有时候，一项作业是跨部门进行的；有时候，一个部门就能完成若干项作业。因此，在确认作业中心时，可以通过编制作业流程图来完成确认工作。

（3）选择成本动因，按作业中心建立作业库归集成本。每一个作业中心，都有一个或多个同质成本动因，应该从中选择一个最具有代表性的成本动因作为计算成本动因分配率的基础。由此可见，成本动因的选择对成本分配的准确性有非常重要的影响。

影响成本动因选择的因素主要包括以下几点：①成本动因的使用成本；②成本动因与间接费用的相关程度；③生产经营过程的复杂程度；④产品成本的期望精确程度；⑤成本动因选择所导致的经济后果。

在选择成本动因时，应注意两个问题：一是成本动因应简单、易懂、可数，易从收集的资料中分辨出来，并与部门的产出有直接的关联性；二是要挑选具有代表性的或比较重要的成本动因，但又要避免过于简单。

（4）分配各个成本库的成本于最终产品或劳务之中。成本库是指可用同一成本动因来解释其成本变动的同质成本集合体。例如，一个生产车间所发生的动力费用、设备准备调整费用、检验费用等受不同的成本动因影响，应分别设置成本库进行归集。这样，通过不同的成本库归集不同质的制造费用，有利于发现和分析成本升降的原因，以便有目的地进行成本控制。由于成本动因的不同，分配的标准也各自不同。对于资源动因来说，根据作业对资源的耗费情况，按作业项目记录和归集费用，如原材料、燃料、上交的管理费用和流动资金占用费用等；对于作业动因来说，则需要根据产品或劳务消耗的特定作业的数量，将作业成本分配到各成本目标。具体包括以下内容。

① 电费根据不同的作业中心所消耗的比例进行分配。

② 职工薪酬根据各作业中心所包括的班组将各作业中心的工资进行汇总，对于直接归属于某个作业中心的费用，应先进行汇总，按一定的动因进行二次分配。

③ 取暖费、劳动保险、劳动保护、待业保险、住房公积金、公用事业费等按各作业中心的人数分配到各作业中心。

④ 固定资产折旧、修复费用、财务保险费按折旧额进行分配，应先将固定资产归集合并到各作业中心。

⑤ 工业用房使用费可按各作业中心的占用面积比例进行分配，其中，租赁的厂房按租金进行分配，自用厂房按折旧额进行分配。

⑥ 物料消耗、低值易耗品、运费、水费、厂内劳务费等与生产协调费用关系不大，可进行二次分配。

⑦ 差旅费、办公费、电话费、通信费、业务招待费、招投标费可直接计入生产协调作业。

计算公式如下。

$$某作业成本库成本动因分配率=\frac{该作业成本库总费用}{该作业中心成本动因总量}$$

某产品应分配费用＝该产品消耗的成本动因数量×该作业成本库成本动因分配率

需要注意的是：若在收集作业中心成本动因数量时无法收集实际动因数量，则可用计划作业量或标准作业量代替。

(5) 计算产品成本和单位产品成本。按以上各步骤计算出各作业中心分产品的作业成本，再将各产品各作业中心的作业成本和原材料、燃料和流动资金占用费用相加即可得到产品的总成本；将产品的总成本除以产品的产量，就可得到单位产品的成本。

上述作业成本计算基本程序如图 8.10 所示。

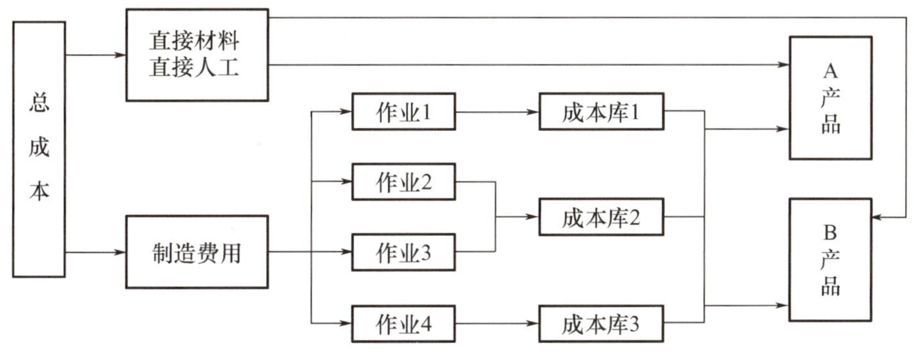

图 8.10　作业成本计算基本程序

3. 作业成本法的举例

作业成本法的应用主要有两个方面：一是按照作业成本法计算产品成本；二是利用作业成本法提供的成本资料进行决策分析和成本控制。当然，在计算产品成本时，仍需要结合产品的生产工艺和生产组织特点，以 3 种成本计算的基本方法为基础计算产品成本。

在运用作业成本法时，直接材料、直接人工作为直接成本，其核算方法与传统成本计算方法是一致的，其主要特点体现在对制造费用的分配上。下面以品种法为基础说明作业成本法的应用。

【例 8－20】 奔成企业同时生产甲、乙、丙 3 种产品：甲产品每批生产 1 000 件，每年生产 10 批；乙产品每批生产 200 件，每年生产 100 批；丙产品是一种新的、工艺较为复杂的产品，每批生产 100 件，每年生产 50 批。该公司对产品生产成本分 3 个成本项目进行核算，分别是直接材料、直接人工、制造费用；其中直接材料、直接人工直接计入有关产品成本，制造费用分设成本库，按成本动因进行分配。作业成本库主要包括以下材料准备、设备调整准备、设备维修、质量检验等作业。

（1）产品直接成本构成见表 8－25。

表 8－25　产品直接成本构成表

单位：元

成本项目	甲产品	乙产品	丙产品	合　计
直接材料	400 000	200 000	150 000	750 000
直接人工	100 000	100 000	50 000	250 000
合　计	500 000	300 000	200 000	1 000 000

（2）产品制造费用构成及成本动因见表 8－26。

表 8－26　产品制造费用构成及成本动因表

单位：元

制造费用项目	金　额	成本动因	费用分配标准
间接人工：			
设备调整准备	300 000	生产批次	生产总批次
材料准备	450 000	移动次数	移动总次数
检验人员	280 000	检验次数	检验总次数
设备维修人员	350 000	机器工时	机器总工时
车间管理人员	500 000	—	直接总成本
小　计	1 880 000		
其他制造费用：			
机器动力	380 000	机器工时	机器总工时
供暖和照明	60 000	—	直接总成本

续表

制造费用项目	金　额	成本动因	费用分配标准
厂房折旧	150 000	—	直接总成本
机器设备折旧	600 000	机器工时	机器总工时
设备维修用材料	4 000	机器工时	机器总工时
材料处理设备折旧	16 000	移动次数	移动总次数
检验设备折旧	20 000	检验次数	检验总次数
小　计	1 230 000		
合　计	3 110 000		

(3) 费用产生的成本动因见表 8－26。有关成本动因资料如下。

① 甲、乙、丙产品的单位机器工时小时分别为：2 工时/件、4 工时/件、5 工时/件。

② 每批次需要一次标准的设备调整准备工作。

③ 每批的标准检验次数为：甲产品每批 50 次、乙产品每批 5 次、丙产品每批 4 次。

④ 甲、乙、丙产品每批材料移动次数分别为：40 次、25 次、50 次。

要求：根据资料，采用作业成本法计算分配甲、乙、丙产品的成本。无动因费用按直接总成本分配费用。

计算过程如下。

(1) 单位作业费用分配，即按每一产品相关的作业分配。

① 直接成本项目单位作业费用分配见表 8－27。

表 8－27　直接成本项目单位作业费用分配表

项　目	年产量/件	直接材料		直接人工	
		总成本/元	单位成本/（元/件）	总成本/元	单位成本/（元/件）
甲产品	10 000	400 000	40	100 000	10
乙产品	20 000	200 000	10	100 000	5
丙产品	5 000	150 000	30	50 000	10
合　计	—	750 000	—	250 000	—

根据分配表 8－27 编制会计分录。

借：基本生产成本——甲产品　　500 000

　　　　　　　　——乙产品　　300 000

　　　　　　　　——丙产品　　200 000

　　贷：原材料　　750 000

　　　　应付职工薪酬——短期薪酬——工资　　250 000

② 机器动力单位作业费用分配见表 8－28。

表 8-28 机器动力单位作业费用分配表

项　目	单位机器工时/（工时/件）	年产量/件	总机器工时	分配率/（元/工时）	分配额/元
甲产品	2	10 000	20 000	3.04	60 800
乙产品	4	20 000	80 000	3.04	243 200
丙产品	5	5 000	25 000	3.04	76 000
合　计	—	—	125 000	3.04	380 000

根据分配表 8-28 编制会计分录。

借：基本生产成本——甲产品　60 800
　　　　　　　　——乙产品　243 200
　　　　　　　　——丙产品　76 000
　贷：制造费用——机器动力（电费）　380 000

或可直接采取一次性分配（后面的费用都可根据具体情况进行一次分配，不再赘述）方法编制会计分录。

借：基本生产成本——甲产品　60 800
　　　　　　　　——乙产品　243 200
　　　　　　　　——丙产品　76 000
　贷：应付账款（或银行存款）　380 000

③ 机器设备折旧单位作业费用分配见表 8-29。

表 8-29 机器设备折旧单位作业费用分配表

项　目	单位机器工时/（工时/件）	年产量/件	总机器工时/小时	分配率/（元/工时）	分配额/元
甲产品	2	10 000	20 000	4.8	96 000
乙产品	4	20 000	80 000	4.8	384 000
丙产品	5	5 000	25 000	4.8	120 000
合　计	—	—	125 000	4.8	600 000

根据分配表 8-29 编制会计分录。

借：基本生产成本——甲产品　96 000
　　　　　　　——乙产品　384 000
　　　　　　　——丙产品　120 000
　贷：制造费用——机器设备折旧　600 000

④ 设备维修人员及材料单位作业费用分配见表 8-30。

表 8-30　设备维修人员及材料单位作业费用分配表

项　目	单位机器工时 /（工时/件）	年产量 /件	总机器工时 /小时	分配率 /（元/工时）	分配额 /元
甲产品	2	10 000	20 000	2.832	56 640
乙产品	4	20 000	80 000	2.832	226 560
丙产品	5	5 000	25 000	2.832	70 800
合　计	—	—	125 000	2.832	354 000

根据分配表 8-30 编制会计分录。

借：基本生产成本——甲产品　　56 640
　　　　　　　　——乙产品　　226 560
　　　　　　　　——丙产品　　70 800
　贷：制造费用——设备维修人员　　350 000
　　　　　　　——设备维修材料　　4 000

(2) 批别作业费用分配，即按一批产品相关的作业分配。

① 设备调整准备费用按调整准备次数分配，见表 8-31。

表 8-31　设备调整准备费用分配表

项　目	批　数	分配率/（元/批）	分配额/元
甲产品	10	1 875	18 750
乙产品	100	1 875	187 500
丙产品	50	1 875	93 750
合　计	160	1 875	300 000

根据分配表 8-31 编制会计分录。

借：基本生产成本——甲产品　　18 750
　　　　　　　　——乙产品　　187 500
　　　　　　　　——丙产品　　93 750
　贷：制造费用——设备调整准备　　300 000

② 材料准备及材料处理设备折旧费用按每批材料移动次数分配，见表 8-32。

表 8-32　材料准备及材料处理设备折旧费用分配表

项　目	批数	材料移动次数 /（次/批）	合计次数	分配率 /（元/次）	分配额/元
甲产品	10	40	400	86.2963	34 518.52
乙产品	100	25	2 500	86.2963	215 740.74
丙产品	50	50	2 500	86.2963	215 740.74
合　计	—	—	5 400	86.2963	466 000

根据分配表 8－32 编制会计分录。

借：基本生产成本——甲产品　　34 518.52
　　　　　　　——乙产品　　215 740.74
　　　　　　　——丙产品　　215 740.74
　贷：制造费用——材料准备　　450 000
　　　　——材料处理设备折旧　　16 000

③ 质量检验费用及设备折旧费用按标准检验次数分配，见表 8－33。

表 8－33　质量检验费用及设备折旧费用分配表

项　目	批　数	检验次数/（次/批）	合计次数	分配率/（元/次）	分配额/元
甲产品	10	50	500	250	125 000
乙产品	100	5	500	250	125 000
丙产品	50	4	200	250	50 000
合　计	—	—	1 200	250	300 000

根据分配表 8－33 编制会计分录。

借：基本生产成本——甲产品　　125 000
　　　　　　　——乙产品　　125 000
　　　　　　　——丙产品　　50 000
　贷：制造费用——检验人员　　280 000
　　　　　　　——检验设备折旧　　20 000

（3）维持性作业费用分配，即按使某一部门或机构受益的作业分配。

① 厂房折旧费用按产品的直接成本分配，见表 8－34。

表 8－34　厂房折旧费用分配表

单位：元

项　目	直接成本总额	分配率	分配额
甲产品	500 000	0.15	75 000
乙产品	300 000	0.15	45 000
丙产品	200 000	0.15	30 000
合　计	1 000 000	0.15	150 000

根据分配表 8－34 编制会计分录。

借：基本生产成本——甲产品　　75 000
　　　　　　　——乙产品　　45 000
　　　　　　　——丙产品　　30 000
　贷：制造费用——厂房折旧　　150 000

② 车间管理人员人工费用按产品的直接成本分配，见表 8－35。

表 8－35　车间管理人员人工费用分配表

单位：元

项　目	直接成本总额	分配率	分配额
甲产品	500 000	0.5	250 000
乙产品	300 000	0.5	150 000
丙产品	200 000	0.5	100 000
合　计	1 000 000	0.5	500 000

根据分配表 8－35 编制会计分录。

借：基本生产成本——甲产品　　250 000

　　　　　　　　——乙产品　　150 000

　　　　　　　　——丙产品　　100 000

　贷：制造费用——设备调整准备　　500 000

③ 供暖和照明费用按产品直接成本分配，见表 8－36 所示。

表 8－36　供暖和照明费用分配表

单位：元

项　目	直接成本总额	分配率	分配额
甲产品	500 000	0.06	30 000
乙产品	300 000	0.06	18 000
丙产品	200 000	0.06	12 000
合　计	1 000 000	0.06	60 000

根据分配表 8－36 编制会计分录。

借：基本生产成本——甲产品　　30 000

　　　　　　　　——乙产品　　18 000

　　　　　　　　——丙产品　　12 000

　贷：制造费用——设备调整准备　　60 000

(4) 按作业成本法编制产品成本计算单，见表 8－37。

表 8－37　作业成本法产品成本计算单

单位：元

项　目	甲产品		乙产品		丙产品	
	单位成本	总成本	单位成本	总成本	单位成本	总成本
单位作业：						
直接材料	40	400 000	10	200 000	30	150 000
直接人工	10	100 000	5	100 000	10	50 000

续表

项　目	甲产品		乙产品		丙产品	
	单位成本	总成本	单位成本	总成本	单位成本	总成本
机器动力	6.08	60 800	12.16	243 200	15.2	76 000
机器设备折旧	9.6	96 000	19.2	384 000	24	120 000
设备维修费	5.66	56 640	11.33	226 560	14.16	70 800
批别作业：						
设备调整准备	1.88	18 750	9.39	187 500	18.75	93 750
材料准备	3.45	34 518.52	10.78	215 740.74	43.15	215 740.74
质量检验	12.5	125 000	6.25	125 000	10	50 000
维持性作业：						
厂房折旧	7.5	75 000	2.25	45 000	6	30 000
车间管理人员人工	25	250 000	7.5	150 000	20	100 000
供暖和照明	3	30 000	0.9	18 000	2.4	12 000
合　计	124.67	1 246 708.52	94.75	1 895 000.74	193.66	968 290.74

根据完工产品入库单编制会计分录。

借：库存商品——甲产品　　1 246 708.52

　　　　　　——乙产品　　1 895 000.74

　　　　　　——丙产品　　968 290.74

　　贷：基本生产成本——甲产品　　1 246 708.52

　　　　　　　　　——乙产品　　1 895 000.74

　　　　　　　　　——丙产品　　968 290.74

4. 作业成本法的适用条件及适用范围

运用作业成本法需要下列基本条件。

（1）作业成本法需要科学、高效的成本计算和生产管理系统。作业成本法采用多元化的制造费用分配标准，如果没有现代电子计算技术的支持，庞大的计算工作量是很难真正付诸实施的。

（2）作业成本法需要拥有强大的管理会计师队伍。作业成本法在运用时需要一批既掌握会计专业知识，又懂得相应的管理知识及计算机应用技术的复合型会计人才，这是运用作业成本法的必要条件之一。

（3）企业内部作业中心必须相对独立。作业成本法需要企业内部每一个作业中心彼此之间相对独立，并能主动地提供必需的准确数据资料。这就要求企业改变传统的大规模少品种批量的生产方式，以使企业内部各作业中心之间的依赖性尽可能减弱，便于找出该作业中心的成本动因。

从上面分析的结果来看，作业成本法主要适用于具有下列特征的企业。

(1) 生产自动化程度较高的企业。

(2) 制造费用占成本占比较高，且构成较复杂的企业。

(3) 生产经营的作业环节较多的企业。

(4) 会计电算化程度较高的企业。

(5) 产品种类繁多的企业。

(6) 各次生产运营数量相差很大，且生产成本较高的企业。

(7) 随时间推移作业变化很大但会计系统相应变化较小的企业。

此外，作业成本法还适用于制造业以外的行业，如银行、商店、高校、医院等，这些行业也会发生与业务量非相关的较多间接费用，通过成本动因的分析，使这些费用与服务相联系，可更准确地提供所需的成本信息。

估时作业成本法

名人名言

“目标”不管是从一般的还是从特定的意义来看，它总是被认为是一个管理规划的终点。

——孔茨

经济学家涉及所有的成本——无论这些成本是否反映了货币的交易；而企业会计人员一般不涉及非货币交易。

——萨缪尔森

如果生产成本对供给没有影响，那么，它就不会影响竞争的价格。

——穆勒

成本问题对整个经济建设、发展速度和人民生活的改善，有着关键的意义。

——于光远

练 习 题

一、单选题

1. 产品成本计算的分类法适用于（ ）。

   A. 可以按照一定的标准分类的产品

   B. 品种、规格繁多的产品

   C. 品种、规格繁多，而且可以按照一定标准分类的产品

   D. 大量大批生产的产品

2. 在定额法下，当消耗定额提高时，月初在产品的定额成本调整数和定额变动差异（ ）。

   A. 都是正数　　B. 都是负数

   C. 前者是正数，后者是负数　　D. 前者是负数，后者是正数

3. 在定额法下，当消耗定额降低时，月初在产品的定额成本调整数和定额变动差异（ ）。

   A. 都是正数　　B. 都是负数

C. 前者是正数，后者是负数　　D. 前者是负数，后者是正数

4. 原材料脱离定额差异是（　　）。

A. 价格差异　　B. 数量差异

C. 原材料成本差异　　D. 定额变动差异

5. 采用定额法时，产品实际所消耗材料应分配的材料成本差异的计算方法是（　　）。

A. 材料定额费用×材料成本差异率

B. （材料定额费用±材料脱离定额差异）×材料成本差异率

C. 材料实际消耗量×材料成本差异率

D. 材料定额消耗量×材料计划单价×材料成本差异率

6. 下列各项中，既是一种成本计算方法，又是一种成本管理方法的是（　　）。

A. 分类法　　B. 分批法　　C. 品种法　　D. 定额法

7. 由修订消耗定额或生产耗费的计划价格而产生的新旧定额之间的差额称为（　　）。

A. 定额差异　　B. 材料成本差异

C. 定额变动差异　　D. 脱离定额差异

8. 产品定额成本与计划成本的相同之处是（　　）。

A. 两者都是根据产品消耗定额和计划价格计算的

B. 两者的原材料消耗定额都是全年的平均消耗定额

C. 两者的工时消耗定额都是现行的消耗定额

D. 两者在年度内都是不变的

9. 分类法的计算对象是（　　）。

A. 产品品种　　B. 产品类别　　C. 产品规格　　D. 产品加工步骤

10. 副产品成本从联合成本中扣除的方法可以是（　　）。

A. 从“直接材料”成本项目中扣除　　B. 从“直接人工”成本项目中扣除

C. 从“制造费用”成本项目中扣除　　D. 由企业自行决定

11. 材料价格差异等于（　　）。

A. 实际数量×(实际价格－标准价格)　　B. 标准数量×(实际价格－标准价格)

C. (实际数量－标准数量)×标准价格　　D. (实际数量－标准数量)×实际价格

12. 材料数量差异等于（　　）。

A. 实际数量×(实际价格－标准价格)　　B. 标准数量×(实际价格－标准价格)

C. (实际数量－标准数量)×标准价格　　D. (实际数量－标准数量)×实际价格

13. 人工工资率差异等于（　　）。

A. 实际工时×(实际工资率－标准工资率)

B. 标准工时×(实际工资率－标准工资率)

C. (实际工时－标准工时)×标准工资率

D. (实际工时－标准工时)×实际工资率

14. 人工效率差异等于（　　）。

A. 实际工时×(实际工资率－标准工资率)

B. 标准工时×(实际工资率－标准工资率)

C. (实际工时－标准工时)×标准工资率

D. （实际工时－标准工时）×实际工资率

15. 变动费用耗费差异等于（　　）。

A. 标准工时×（变动费用实际分配率－变动费用标准分配率）

B. 实际工时×（变动费用实际分配率－变动费用标准分配率）

C. （实际工时－标准工时）×变动费用标准分配率

D. （实际工时－标准工时）×变动费用实际分配率

16. 变动费用效率差异等于（　　）。

A. 标准工时×（变动费用实际分配率－变动费用标准分配率）

B. 实际工时×（变动费用实际分配率－变动费用标准分配率）

C. （实际工时－标准工时）×变动费用实际分配率

D. （实际工时－标准工时）×变动费用标准分配率

17. 固定制造费用耗费差异等于（　　）。

A. 固定制造费用实际数－固定制造费用预算数

B. 固定制造费用预算数－固定制造费用标准成本

C. （实际工时－实际产量标准工时）×固定制造费用标准分配率

D. （实际工时－标准工时）×固定费用实际分配率

18. 固定制造费用能量差异等于（　　）。

A. 固定制造费用实际数－固定制造费用预算数

B. 固定制造费用预算数－固定制造费用标准成本

C. （实际工时－实际产量标准工时）×固定制造费用标准分配率

D. （实际工时－标准工时）×固定费用实际分配率

19. 效率差异等于（　　）。

A. 固定制造费用实际数－固定制造费用预算数

B. 固定制造费用预算数－固定制造费用标准成本

C. （实际工时－实际产量标准工时）×固定制造费用标准分配率

D. （实际工时－标准工时）×固定费用实际分配率

20. 在作业成本法下，分配作业成本的标准是（　　）。

A. 生产工时　　B. 生产工人工资

C. 机器工时　　D. 成本动因

二、多项选择题

1. 下列方法中，可用于计算原材料脱离定额差异的方法有（　　）。

A. 系数法　　B. 盘存法　　C. 限额法

D. 代数法　　E. 切割核算法

2. 下列成本计算方法中，日常核算都是根据实际生产费用计算的是（　　）。

A. 品种法　　B. 分批法　　C. 分步法

D. 分类法　　E. 定额法

3. 可以或应该采用分类法计算成本的产品有（　　）。

A. 联产品　　B. 部分等级产品　　C. 副产品

D. 零星产品　　E. 品种、规格繁多，但可按规定标准进行分类的产品

4. 定额法下，计算产品实际成本时涉及的因素有（　　）。

A. 定额成本　　B. 定额变动差异　　C. 脱离定额差异

D. 材料成本差异　　E. 产品成本差异

5. 标准成本法的主要内容包括（　　）。

A. 标准成本的制订　　B. 成本差异的计算和分析

C. 成本差异的账务处理　　D. 成本习性划分

6. 闲置能量差异等于（　　）。

A. 固定制造费用实际数－固定制造费用预算数

B. 固定制造费用预算数－固定制造费用标准成本

C. (生产能量－实际工时)×固定制造费用标准分配率

D. 固定制造费用预算－实际工时×固定制造费用标准分配率

7. 作业成本法下，制造业企业常见的基本作业类型有（　　）。

A. 生产作业　　B. 营销作业　　C. 服务作业　　D. 进货作业

8. 一般来说，作业成本法适用于下列（　　）等企业。

A. 会计电算化程度较高的企业　　B. 作业类型较多的企业

C. 生产自动化程度较低的企业　　D. 制造费用占成本比重较高的企业

9. 以下各项属于成本动因的有（　　）。

A. 产量　　B. 采购次数

C. 搬运次数　　D. 搬运距离

三、判断题

1. 在进行作业分析时，作业项目应与传统的职能部门保持一致。（　　）

2. 采用作业成本法分配制造费用时，应与采用传统的成本计算方法分配制造费用的结果相等。（　　）

3. 在作业成本法下，分配间接费用的基础，可以是财务指标，也可以是非财务指标，如订单张数、检验次数等。（　　）

4. 成本动因只能是一项作业。（　　）

5. 作业成本法只适用于制造业企业。（　　）

四、计算题

1. 目的：练习分类法，具体资料如下。

某企业生产的 A、B、C 共 3 种产品，所用原材料和工艺过程相似，合并为甲类产品，采用分类法计算成本。甲类产品的有关资料如下。

甲类产品 5 月份生产费用为：直接材料 21 030 元，直接人工 7 428 元，制造费用 8 240 元。月初在产品成本为：直接材料 700 元，直接人工 260 元，制造费用 580 元；月末在产品成本为：直接材料 1 540 元，直接人工 208 元，制造费用 320 元。

5 月份产量分别为：A 产品 4 000 件，B 产品 1 500 件，C 产品 2 400 件。各种产品成本的分配方法是：原材料费用按事先确定的耗料系数比例分配；其他费用按工时比例分配。耗料系数根据产品的材料消耗定额计算确定，材料消耗定额为：A 产品 12 千克，B 产品 18 千克，C 产品 2.4 千克，以 A 产品为标准产品。工时定额为：A 产品 0.8 小时，B 产品 1.6 小时，C 产品 0.5 小时。

要求：

(1) 编制系数计算表，确定3种产品的用料系数。

(2) 编制类别成本计算单，计算类别完工产品成本。

(3) 编制产品成本计算表，计算3种产品完工产品成本，并编制入库的会计分录。

2. 目的：练习主、副产品成本的计算，具体资料如下。

某企业在生产A产品的同时还生产了B副产品，本月共发生费用50 000元，其中：直接材料25 000元，直接人工15 000元，制造费用10 000元；A产品200件；B副产品产量为100千克，每千克售价50元，单位税金5元，单位利润2元。副产品成本从各成本项目中扣除。

要求：编制成本计算单，计算A产品和B副产品的成本，并编制入库的会计分录。

3. 目的：练习主副产品成本的计算，具体资料如下。

甲产品领用原材料费用为196 000元。甲产品工时为30 000小时，乙产品工时为2 000小时。该车间生产工人职工薪酬为12 800元，制造费用为16 000元。以上费用按工时比例在甲乙产品之间进行分配。甲产品生产过程中产生废料8 000千克，每千克定价0.6元，全部为乙产品耗用。甲产品产量4 000件，乙产品产量1 000件。甲产品在产品按所耗原材料的定额费用计价，其月初在产品的定额材料费用为15 000元，月末在产品定额材料费用为22 000元。乙产品月末在产品很少，不计算月末在产品成本。

要求：

(1) 编制成本计算单，计算主副产品的实际成本，并编制入库的会计分录。

(2) 假设乙产品加工处理时间短，费用不大，按计划成本计价。其计划单位成本为：材料费用5元，直接人工费用1元，制造费用1.2元，共7.2元，其他条件不变。编制成本计算单，做完工入库的会计分录。

4. 目的：练习定额法。

甲产品采用定额法计算成本。本月份有关甲产品原材料费用的资料如下。

(1) 月初在产品定额费用为1 000元，月初在产品脱离定额的差异为节约50元，月初在产品定额费用调整为降低20元。定额变动差异全部由完工产品负担。

(2) 本月定额费用为24 000元，本月脱离定额的差异为节约500元。

(3) 本月原材料成本差异为节约2%，材料成本差异全部由完工产成品成本负担。

(4) 本月完工产品的定额费用为22 000元。

要求：

(1) 计算月末在产品的原材料定额费用。

(2) 计算完工产品和月末在产品的原材料实际费用。定额差异按定额成本比例在完工产品和月末在产品之间分配。

5. 目的：练习定额法。

企业生产A产品，具体资料如下。

(1) 期初在产品10件，本月投产100件，完工入库90件。材料一次投入，月末在产品完工率为100%。

(2) 定额资料：月初在产品定额材料消耗量为12千克/件，其他未变。本月定额见表8-38。

表 8-38 定额资料表

项目	消耗量或工时定额	计划价格、分配率
直接材料	10 千克/件	10 元/千克
直接人工	20 工时/件	10 元/工时
制造费用	20 工时/件	5 元/工时

（3）期初在产品脱离定额差异，直接材料 100 元，直接人工 460 元，制造费用 −1 810元。

（4）本月材料实际消耗量 1100 千克，材料成本差异率−2%；实际工时 900 工时，实际直接人工 18 000 元，制造费用 15 000 元。

（5）脱离定额差异需在完工产品和在产品之间分配，其他差异全部由完工产品负担。

要求：

（1）计算定额变动差异、脱离定额差异、材料成本差异。

（2）填制定额法的成本计算单，并编制入库的会计分录。

6. 目的：练习采用标准成本法的差异分析。

资料：某企业生产甲产品，其标准成本资料见表 8-39。

表 8-39 甲产品标准成本单

项目	价格标准	数量标准	金额/（元/件）
直接材料	9 元/千克	50 千克/件	450
直接人工	4 元/小时	45 小时/件	180
变动制造费用	3 元/小时	45 小时/件	135
固定制造费用	2 元/小时	45 小时/件	90
合计			855

甲产品正常生产量为 1 000 件。本月实际生产量为 20 件，实际耗用材料 900 千克，实际人工工时 950 小时，实际成本分别为：直接材料 9000 元，直接人工 3 325 元，变动制造费用 2 375 元，固定制造费用 2 850 元，总计为 17 550 元。

要求：

（1）分别计算各成本项目的成本差异和各个分差异，其中固定制造费用采用三因素法计算。

（2）编制基本生产成本发生、产品完工入库和差异结转的会计分录，各差异按照年终一次计入当期损益法处理。

7. 目的：练习采用作业成本法计算产品成本。

资料：某厂生产甲、乙两种产品，甲产品每批生产 500 件，每年生产 10 批；乙产品每批生产 100 件，每年生产 40 批。该公司对产品生产成本分 3 个成本项目进行核算，分别是直接材料、直接人工、制造费用，其中直接材料、直接人工直接计入有关产品成本，制造费用分设成本库，按成本动因进行分配。作业成本库主要包括以下部分：材料准备、设备调整准备、设备维修、质量检验等。表 8 - 40 为直接成本构成表，表 8 - 41 为制造费用构成表。

表 8 - 40　直接成本构成表

单位：元

成本项目	甲产品	乙产品	合　计
直接材料	80 000	120 000	200 000
直接人工	20 000	30 000	50 000
合　计	100 000	150 000	250 000

表 8 - 41　制造费用构成表

单位：元

制造费用项目	金　　额
间接人工：	
设备调整准备	10 000
材料准备	30 000
检验人员	25 000
设备维修人员	35 000
车间管理人员	50 000
小　计	150 000
其他制造费用：	
机器动力	64 000
供暖和照明	8 000
厂房折旧	20 000
机器设备折旧	40 000
设备维修用材料	1 000
材料处理设备折旧	4 000
检验设备折旧	2 000
小　计	139 000
合　计	289 000

有关成本动因资料如下。

(1) 甲、乙产品的单位机器工时分别为：1 工时/件、0.5 工时/件。

(2) 每批次需要一次标准的设备调整准备工作。

(3) 每批的标准检验次数为：甲产品每批 20 次、乙产品每批 5 次。

(4) 甲、乙产品每批材料移动次数分别为：10 次、6 次。

要求：

(1) 采用作业成本法计算各产品总成本和单位成本。

(2) 比较作业成本法与传统制造成本法计算的各产品总成本和单位成本结果的差异，并分析原因。

五、综合练习题

差额代替法图示练习

如果某成本项目的标准成本和实际成本的情况分别如图 8.11、图 8.12 和图 8.13 所示，用差额代替法在图上分别标出 3 个图示中的量差和价差，并标出是有利差还是不利差。

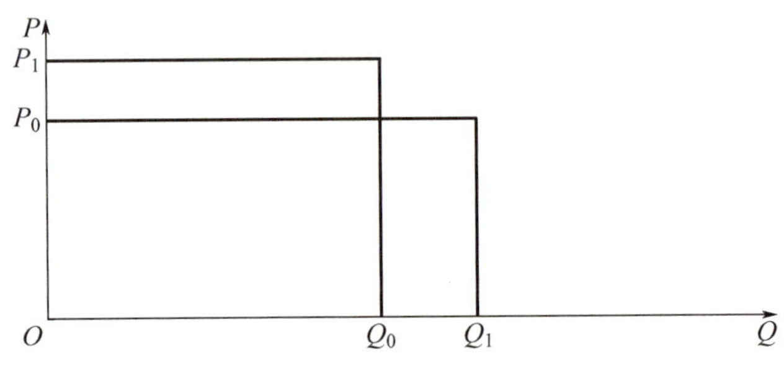

图 8.11　差额分析 1

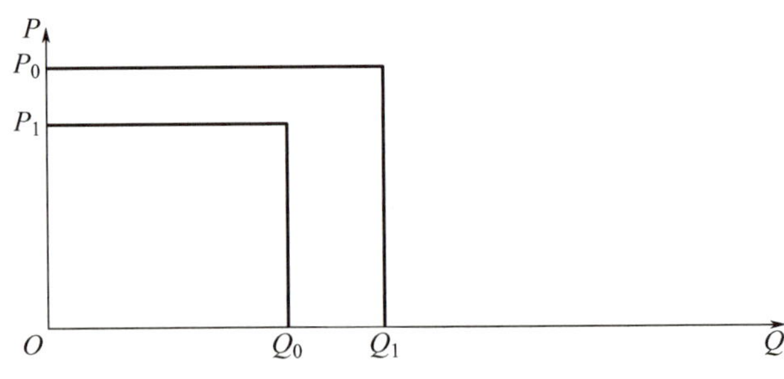

图 8.12　差额分析 2

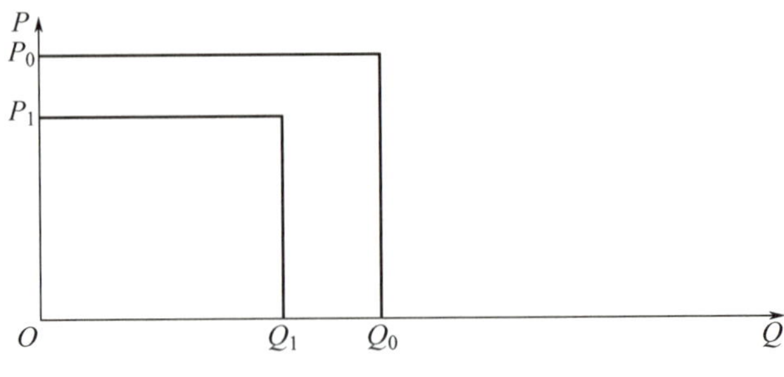

图 8.13　差额分析 3

六、案例应用分析

衣服大小号为何都卖一个价?

尺码不同的衣服售价相同是众所周知的事。为什么会是这样呢?从制作衣服的成本上看,服装的尺码不同,原料也就不同,衣服的成本自然也应该不同。那么,衣服成本不同,售价为什么相同呢?

经济学家说,这是由市场竞争决定的。现在来假设一下,如果大小号衣服卖不同的价格,结果会怎样呢?假设大小号衣服一样受欢迎,那么厂家生产大号的衣服显然更能赚钱,于是,就会有更多的厂家生产大号衣服。这时,小号衣服的供给就会减少,供不应求的结果自然是要升高价格。最后,在市场这只看不见的手的反复调节下,大小号衣服只好卖同一价格了。

经济学家的推理说明了一个问题:商品的价格有时是由竞争,而不是由成本决定的。

问题:

(1) 在这种情况下,有没有必要在不同尺码的衣服间用分类法计算成本?为什么?

(2) 用分类法计算出不同尺码衣服的成本意义何在?

(3) 不同尺码的衣服是否可以用成本加成法定价?应该以什么尺码衣服的成本作为加成的成本基础呢?

(4) 独此一件的断码衣服是应该售高价还是售低价?

(5) 想一想,特制尺码的衣服售价应该与普通码的一样吗?

第9章

成本报表的编制和分析

教学目标

通过本章的学习，使学生能够：

1. 了解成本报表的概念、种类、作用与编制要求，掌握产品生产成本表、主要产品单位成本表和各种费用报表的结构及编制方法；

2. 了解成本分析的意义，理解和运用成本分析的基本方法，掌握成本分析的方法及其应用。

教学要求

知识要点	能力要求	相关知识
成本报表的概念	（1）了解成本报表的意义 （2）了解成本报表的作用、分类	（1）成本报表的内容 （2）成本报表的分类 （3）成本报表的特点 （4）成本报表编制的要求
成本报表的编制方法	（1）了解常见的成本报表的格式 （2）理解成本报表中各成本指标的含义 （3）掌握成本报表的编制方法	（1）全部产品生产成本报表 （2）主要产品单位成本报表 （3）各种费用报表
成本分析	（1）掌握分析的基本方法 （2）掌握成本报表的分析方法	（1）比较分析法、比率分析法、因素分析法 （2）全部产品生产成本报表的分析 （3）主要产品单位成本报表的分析 （4）费用报表的分析

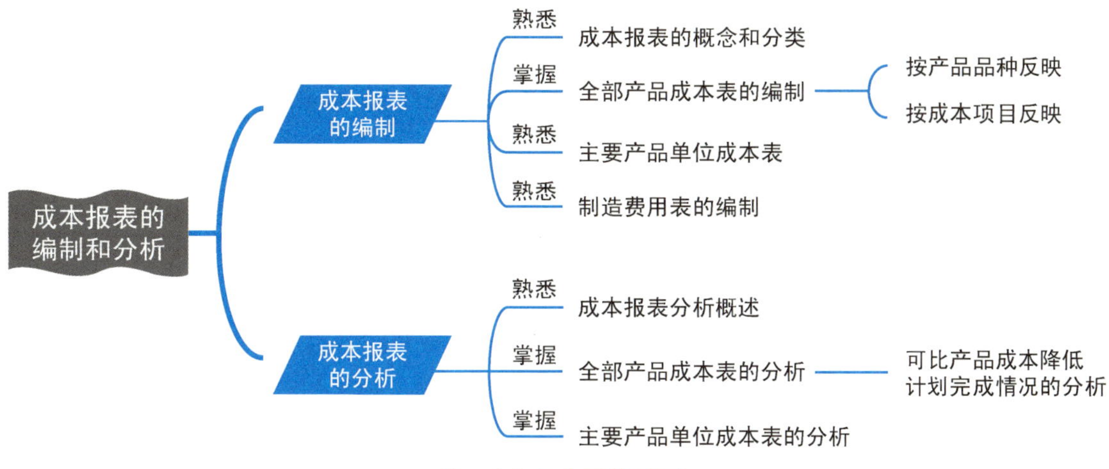

第 9 章知识点思维导图

> 帮助某人借助于数据了解某个企业。为了实现帮助管理当局和其他人士了解企业这一首要目标，会计必须对数据加以如实分类，正确地浓缩并充分地报告。
>
> ——利特尔顿

导入案例

成本越低越好吗

某公司为了降低成本，年初根据企业的年度经营目标，由财务部核算出公司年度必须完成的降低成本的指标，然后根据业务分工，把指标分别分解到营销、采购、技术、制造等主要部门，并且由各部门进行内部目标分解，制订实施计划和具体对策，同时细化到各月，指定责任者。各部门在每月月初把上个月的降低成本完成情况汇总后上报给财务部。财务部核准后通报给公司各部门，指出计划值和实际值的差距，督促未完成指标的部门拟订改善对策，尽快完成指标。同时，公司的考核小组根据财务部提供的降低成本实施情况，对各部门进行考核，对完成任务的进行奖励，反之则进行惩罚。

年末，公司考核时，却发现存在一些问题。

首先，为了满足降低成本的要求，采购部不得不一次又一次地向供应商提出降价的要求，结果导致产品零部件的入厂检验合格率越来越低，生产过程中出现的质量问题增多。从表面上看采购成本是降下来了，但制造成本并没有真正降低。

其次，技术部门作为降低成本的重要部门，肩负着降低成本的重要职责。为了完成公司制订的降低成本的目标，他们提供给客户的样品是合格的，而批量供货时却难以保证质量。结果产品的成本是降下来了，但产品的质量也随之出现阶段性下滑，许多用户使用一段时间产品后，发现了各种质量问题。这给公司带来的损失很大，公司除了需要花很大的力气解决问题之外，因质量问题还造成了一些潜在客户的流失。

点评： 过犹不及。

成本并不是降得越低越好，在降低成本时必须充分考虑质量成本的损失。过于注重绩效考核，并根据考核结果进行奖惩，从而迫使各部门只能注重眼前利益，把部门的工作重点转移到完成考核指标上来，会使公司的整体利益受到损失。

9.1 成本报表的编制

9.1.1 成本报表的概念

成本报表是根据日常成本核算资料及其他有关资料编制的，用来反映企业一定时期产品成本和期间费用水平及其构成情况，反映企业一定时期内产品成本水平和费用支出情况，据以分析企业成本计划执行情况和结果的书面报告文件。

正确、及时地编制成本报表是成本会计的一项重要内容。成本是综合反映企业生产技术和经营管理工作水平的一项重要质量指标。成本指标的综合性特点，以及它与其他各项技术、经济指标的关系，决定了企业各车间、班组和各职能部门及生产经营全过程的成本管理。通过编制和分析成本报表，可以考核企业成本计划和费用预算的执行情况，为正确进行成本决策提供信息资料。编制和分析成本报表是企业成本会计工作的一个重要组成部分。

成本报表的编制是为内部经营管理服务的内部管理会计报表，没有统一的格式，是会计核算资料与其他技术经济资料密切结合的产物，成本指标是综合反映企业生产、技术、经营和管理工作水平的重要质量指标。图 9.1 所示为成本会计信息系统。

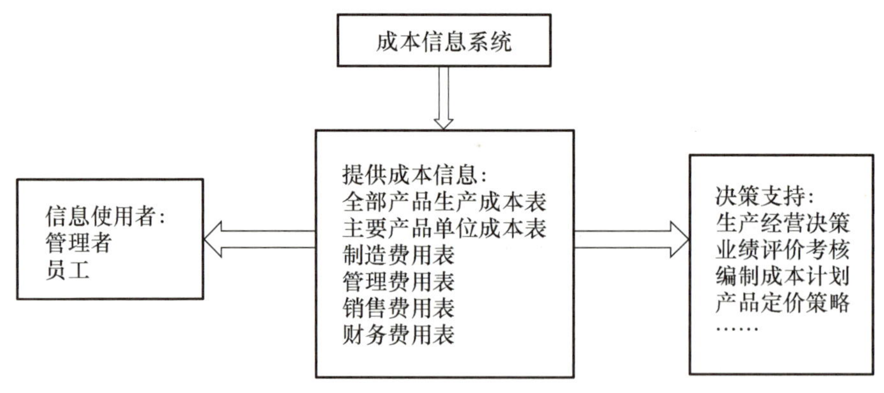

图 9.1 成本会计信息系统

9.1.2 成本报表的分类

成本报表是服务于企业内部经营管理的企业内部报表，从报表的格式、编报项目到报送时间和报送对象，都是由企业根据自身生产经营过程的特点、企业经营管理的要求，特别是成本管理的具体要求确定的。同时，在瞬息万变的市场中，企业还要适应连续不断变化并不断地调整成本策略。所以，不仅各企业之间成本报表的内容不尽相同，就是同一企业，不同时期也可能会要求编制不同的成本报表。

1. 成本报表按其反映经济内容的不同分类

成本报表按其反映经济内容的不同分为反映成本情况的报表和反映费用情况的报表。反映成本情况的报表是反映企业产品生产成本情况的报表，包括全部产品生产成本表、主要产品单位成本表、责任成本表、质量成本表等。这类报表侧重于揭示企业为生产一定种类和数量的产品所花费的成本是否达到了预定的目标，通过分析比较，找出差距，明确薄弱环节，进一步采取有效措施，为挖掘降低成本的内部潜力提供有效的资料。反映费用情况的报表是反映企业各种费用预算执行情况的报表，包括制造费用明细表、销售费用明细表、管理费用明细表、财务费用明细表等。这类报表侧重于揭示一定时期的费用支出总额及其构成，以了解费用支出的合理性及支出变动的趋势，有利于管理部门正确制订费用预算，控制费用支出，考核费用支出指标的合理性，明确有关部门和人员的经济责任，防止随意扩大费用支出范围。

2. 成本报表按其编制时间的不同分类

成本报表按编制的时间分为定期成本报表和不定期成本报表。成本报表在编制的时间上具有很大的灵活性，可以定期编制报送，也可以不定期编制报送。定期成本报表一般按月、季、年编制，根据企业内部管理的要求，也可以按旬、周、日乃至工作班次来编制。全部产品生产成本表、主要产品生产成本表、制造费用明细表、销售费用明细表、管理费用明细表、财务费用明细表等属于定期成本报表。不定期成本报表是为了将成本管理中急需解决的问题及时反馈给有关部门，随时编制的与该问题相关的成本报表。例如在发生较为异常的成本差异时，需及时将信息反馈给有关部门而编制的有关成本费用表；在生产加工过程中因出现内部故障而造成较大损失时需及时将信息反馈给有关部门而编制的质量成本表等。

3. 成本报表按编制范围的不同分类

成本报表按编制的范围不同分为企业成本报表、车间成本报表、班组成本报表或个人成本报表等。在一般情况下，全部产品生产成本表、主要产品生产成本表、制造费用明细表、销售费用明细表、管理费用明细表、财务费用明细表等属于企业成本报表。而责任成本表、质量成本表等既可以是企业成本报表，也可以是车间成本报表、班组成本报表或个人成本报表。此外，各企业还可以根据其生产特点和管理要求，对上述成本报表进行必要的补充，也可以结合本企业经营决策的实际需要，编制其他必要的成本报表。

9.1.3　成本报表的编制方法

成本报表中的指标有的反映本期实际数，有的反映累计实际数，有的反映有关的计划或预算数，还有的反映其他相关资料及补充资料等，多种多样。具体的填列方法大致有以下几种。

（1）表中成本、费用等指标的实际数，一般根据有关的产品成本或费用明细账的实际发生额填列。

（2）表中的实际成本、费用等指标的累计数，一般根据本期报表的本期成本、费用实际数加上上期报表的实际成本、费用累计数计算填列，如果有关的明细账中记有期末实际成本、费用累计数，可以直接根据该数据填列。

（3）表中的成本、费用等指标计划或预算数，一般根据有关的计划或预算数填列。

（4）表中的其他资料和补充资料，应根据报表相应的编制规定填列。

9.1.4 企业常见成本报表的编制

1. 全部产品生产成本表

全部产品生产成本表是反映企业在年度内生产和销售的全部产品生产成本的报表。利用该表可以了解产品成本的构成，比较前后两期的成本变动情况，分析产品成本变动的原因，为挖掘降低产品成本的潜力提供参考资料。企业根据管理的需要可以编制按可比产品和不可比产品分类反映的全部产品成本表；也可以编制按成本项目反映的产品生产成本表，还可以编制按成本性态反映的产品生产成本表及按主要产品和非主要产品反映的全部产品的生产成本报表等。下面举例说明从不同的角度编制产品生产成本报表的方法。

1）按产品品种反映的全部产品生产成本报表

按产品品种反映的全部产品生产成本报表是按产品种类汇总反映工业企业在报告期内生产的全部产品的单位成本和总成本的报表。该表可以分为实际产量、单位成本、本月总成本和本年累计总成本4部分。表中按照产品种类分别反映本月产量、本年累计产量，以及上年实际成本、本年计划成本、本月实际成本和本年累计实际成本。全部产品生产成本表（按产品品种反映）见表9－1（表中资料为假设）。

表9－1 全部产品生产成本表（按产品品种反映）

20××年12月　　　　单位：元

产品名称	计量单位	实际产量		单位成本				本月总成本			本年累计总成本		
		本月	本年累计	上年实际平均	本年计划	本月实际	本年实际平均	按上年实际平均单位成本计算	按本年计划单位成本计算	本月实际	按上年实际平均单位成本计算	按本年计划单位成本计算	本年实际
可比产品								76 000	70 000	72 000	776 000	715 000	719 500
A	件	1 000	10 000	60	55	58	56	60 000	55 000	58 000	600 000	550 000	560 000
B	件	500	5 500	32	30	28	29	16 000	15 000	14 000	176 000	165 000	159 500
不可比产品	件												
C		20	230	—	120	110	115	—	2 400	2 200	—	27 600	26 450
合计									72 400	74 200		742 600	745 950

补充资料如下。

① 可比产品成本降低额为 56 500 元。

② 可比产品成本降低率为 7.281%。

③ 按现行价格计算的商品产值为 1 268 000 元。

④ 产值成本率为 58.83%（计划值为 58.56%）。

表 9-1 的编制方法：对于主要产品应按产品品种反映实际产量和单位成本，以及本月总成本和本年累计总成本；对于非主要产品，则可按照产品类别，汇总反映本月总成本和本年累计总成本；对于上年没有正式生产过、没有上年成本资料的产品，即不可比产品，不反映上年成本资料；对于上年正式生产过、具有上年成本资料的产品，称为可比产品，还应反映上年成本资料。

在该表中，各种产品的本月实际产量应根据相应的产品成本明细账填列：本年累计实际产量应用本月实际产量加上上月本表的本年累计实际产量计算填列；上年实际平均单位成本应根据上年度本表所列全年累计实际平均单位成本填列；本年计划单位成本应根据本年度成本计划填列；本月实际单位成本应用表中本月实际总成本除以本月实际产量计算填列。如果在产品成本明细账或产成品成本汇总表中具有现成的本月产品实际的产量、总成本和单位成本，表中这些项目都可以根据产品成本明细账或产成品成本汇总表填列。表中本年累计实际平均单位成本应根据表中本年累计实际总成本除以本年累计实际产量计算填列；按上年实际平均单位成本计算的本月总成本和本年累计总成本，应根据本月实际产量和本年累计实际产量，乘以上年实际平均单位成本计算填列。按本年计划单位成本计算的本月总成本和本年累计总成本，应根据本月实际产量和本年累计实际产量，乘以本年计划单位成本计算填列。本月实际总成本应根据产品成本明细账或产成品成本汇总表填列。本年累计实际总成本应根据产品成本明细账或产成品成本汇总表本年各月产成品成本计算填列。如果有不合格品，应单列一行，并注明“不合格品”字样，不应与合格产品合并填列。

对于可比产品，如果企业或上级机构规定有本年成本比上年成本的降低额或降低率的计划指标，还应根据该表资料计算成本的实际降低额或降低率，作为表的补充资料填列在表的下端。**计划成本降低额是以计划产量按照上年平均单位成本和计划单位成本计算的，实际成本降低额是以计划产量按照上年平均单位成本和本年实际单位成本计算的。成本降低额和成本降低率计算公式如下。**

$$\text{计划成本降低额}=\sum(\text{计划产量}\times\text{上年实际平均单位成本})-\sum(\text{计划产量}\times\text{本年计划单位成本})$$

$$=\begin{matrix}\text{按上年平均单位}\\\text{成本计算的总成本}\end{matrix}-\begin{matrix}\text{按计划单位成本}\\\text{计算的总成本}\end{matrix}$$

$$\text{计划成本降低率}=\frac{\text{计划成本降低额}}{\text{按上年平均单位成本计算的总成本}}\times100\%$$

随堂练习

计划成本降低指标的练习，计算并填列表 9-2。

表 9－2　全部可比产品生产成本表（按产品品种反映）

单位：元

项　目	计划产量/件	计划产量成本		按上年实际计算		计划完成指标	
		单位成本	总成本	单位成本	总成本	降低额	降低率/%
A 产品	100	10		11			
B 产品	100	5		6			
合　计							

计划成本降低指标答案

$$\text{实际成本降低额}=\sum(\text{实际产量}\times\text{上年实际平均单位成本})-\sum(\text{实际产量}\times\text{本年实际单位成本})$$

$$=\begin{array}{c}\text{按上年平均单位}\\\text{成本计算的总成本}\end{array}-\begin{array}{c}\text{按本年实际平均单位}\\\text{成本计算的总成本}\end{array}$$

$$\text{实际成本降低率}=\frac{\text{实际成本降低额}}{\text{按上年平均单位成本计算的总成本}}\times 100\%$$

随堂练习

实际成本降低指标的练习，计算并填列表 9－3。

表 9－3　全部可比产品生产成本表（按产品品种反映）

单位：元

项　目	实际产量	计划成本		按上年实际计算		本年实际计算		实际完成指标	
		单位成本	总成本	单位成本	总成本	单位成本	总成本	降低额	降低率/%
A	100 件	10		11		9			
B	200 件	5		6		8			
合　计									

实际成本降低指标答案

如果本年可比产品成本比上年不是降低，而是升高，上列成本的降低额和降低率应用负数填列。如果企业可比产品品种不多，其成本降低额和降低率也可以按产品品种分别计划和计算。按产品种类反映的产品生产成本表中的本月实际总成本的合计数和本年累计实际总成本的合计数，应与按成本项目反映的产品生产成本表本月实际的产品生产成本合计数和本年累计实际的产品生产成本合计数分别核对相符。

2）按成本项目反映的全部产品成本表

该表可以分为生产费用和产品生产成本两部分。其中生产费用部分按照成本项目反映报告期内发生的各项生产费用及其合计数，产品生产成本部分是在生产费用合计基础上，加上在产品和自制半成品的期初余额，减去在产品和自制半成品的期末余额，算出的产品生产成本合计数。各项费用和成本还可以按上年实际数、本年计划数、本月实际数和本年累计实际数分栏反映。按成本项目反映的全部产品成本表的具体格式见表 9-4。

表 9-4　全部产品生产成本表（按成本项目反映）

20××年 12 月　　　　单位：元

成本项目	上年实际	本年计划	本月实际	本年累计实际
直接材料				
直接人工				
制造费用				
生产费用合计				
加：在产品、自制半成品期初余额				
减：在产品、自制半成品期末余额				
产品成本合计				

表内各项目的填写方法：上年实际数应根据上年度有关的成本明细账填列；本年计划数应根据成本计划的有关资料填列；本月实际数，应根据各种产品成本明细账所记本月生产费用合计数，按成本项目分别汇总填列；本年累计实际数应根据本月实际数，加上上月本表的本年累计实际数计算填列。期初、期末在产品和自制半成品余额，应根据各种产品成本分别汇总填列。以生产费用合计数加（减）在产品、自制半成品期初、期末余额，即可计算出产品成本合计数。

2. 主要产品单位成本表

主要产品是指企业经常生产，在企业全部产品中所占比重较大，能概括反映企业生产经营面貌的那些产品。主要产品单位成本表是反映企业在报告期内生产的各种主要产品单位成本水平和构成情况的报表。该表应按主要产品分别编制，是对全部产品生产成本表所列主要产品成本的补充说明。利用此表，可以按照成本项目分析和考核主要产品单位成本计划的完成情况；可以按照成本项目将本月实际和本年累计实际平均单位成本与上年实际平均单位成本进行对比，了解单位成本与上年相比的升降情况；与历史先进水平进行比较，了解与历史先进水平是否还有差距，借以分析单位成本变化、发展的趋势；可以分析和考核各种主要产品的主要技术经济指标的执行情况，进而查明主要产品单位成本升降的具体原因。

主要产品单位成本报表包括按成本项目反映的单位成本和单位成本的主要技术经济指标两部分。该表的单位成本部分分别反映历史先进、上年实际平均、本年计划、本月实际和本年累计实际平均单位成本；该表的技术经济指标部分主要反映原材料、生产工时等消耗情况。其具体格式见表 9-5（表中资料为假设）。

表 9－5 主要产品单位成本表

20××年 12 月　　　　单位：元

产品名称	A 产品		本月实际产量		1 000
规格	略		本年累计实际产量		10 000
计量单位	件		销售单价		94
成本项目	历史先进水平	上年实际平均	本年计划	本月实际	本年实际平均
直接材料	30	32	31	32	33
直接人工	11	13	11	13	12
制造费用	14	15	13	11	13
产品生产成本	55	60	55	56	58
主要产品技术经济指标	消耗量	消耗量	消耗量	消耗量	消耗量
原材料/kg	10	12	10	12	11
主要材料					
生产工时					
动力					

表 9－5 的填列方法如下。

（1）销售单价。应根据产品定价单记录填列。

（2）产量。本月及本年累计计划产量应根据生产计划填列；本月实际产量应根据产品成本明细账或完工产品成本汇总表填列；本年累计实际产量应根据上月本表的本年累计实际产量，加上本月实际产量计算填列。

（3）单位成本。历史先进水平应根据历史上该种产品成本最低年度本表的实际平均单位成本填列；上年实际平均单位成本应根据上年度主要产品单位成本表累计实际平均单位成本填列；本年计划单位成本应根据本年度成本计划填列；本月实际单位成本应根据产品成本明细账或产成品成本汇总表填列；本年累计实际平均单位成本应根据该种产品成本明细账所记录的自年初至报告期末完工入库产品实际总成本除以累计实际产量计算填列。

（4）主要技术经济指标。指该种产品主要原材料的消耗量和耗费的生产工时等，应根据业务技术核算资料填列。

3. 制造费用明细表

制造费用明细表是反映企业及其生产单位在一定会计期间内发生的制造费用总额及其构成情况的报表。它可以考核制造费用计划的执行结果；可以分析各项费用的构成情况和增减变动原因；可以为编制下期制造费用预算提供可靠的参考资料。为了加强费用管理，及时了解制造费用的发生情况，制造费用明细表一般按月编制。在某些季节性生产企业，制造费用明细表也可以按年编制。

制造费用明细表是按制造费用项目设置的，并分栏反映各项费用的本年计划数、上年同期实际数、本月实际数、本年累计实际数。制造费用明细表的内容与格式见表 9－6（表中数字按照表 4－11 的资料填列）。

表 9－6　制造费用明细表

20××年 12 月　　　　单位：元

项　目	本年计划数	上年同期实际数	本月实际数	本年累计实际数
职工薪酬			1 885.2	
低值易耗品摊销			740	
劳动保护费				
水费			416	
电费			2 560	
运输费				
折旧费			10 000	
办公费				
机物料消耗			200	
其他			3 674.8	
合　计			19 476	

制造费用明细表按制造费用项目分别反映该费用的上年计划数、本年同期实际数和本年累计实际数。其中："本年计划数"应根据本年度报审后的"制造费用计划（预算）"填列；"上年同期实际数"应根据上年该表的数字填列；"本年累计实际数"反映本年制造费用的累计发生数额，应根据"制造费用明细账"的记录资料计算填列。

通过编制"制造费用明细表"可以分析制造费用计划的执行情况，以及各个费用项目的增减变动情况，便于企业对增减变动幅度较大的项目进行深入分析，并采取相应措施，力求节约支出，降低产品成本。

4. 期间费用明细表

期间费用明细表是反映企业一定会计期间内各项期间费用的发生额及其构成情况的报表，包括销售费用明细表、管理费用明细表和财务费用明细表。

1）销售费用明细表

销售费用明细表一般按其费用项目，分别反映该费用项目的上年实际数、本年计划数、本月实际数和本年累计实际数。利用该表，可以分析各费用项目的构成及其增减变动情况，考核销售费用计划的执行情况。"销售费用明细表"的构成情况见表 9－7。（表中数字按照表 4－16 的资料填列）

表 9－7　销售费用明细表

20××年 12 月　　　　单位：元

项　目	本年计划数	上年同期实际数	本月实际数	本年累计实际数
职工薪酬			1 021.15	
低值易耗品摊销				
业务费				

续表

项　目	本年计划数	上年同期实际数	本月实际数	本年累计实际数
广告费				
展览费			940	
运输费				
包装费			300	
水电费			768	
折旧费			6 000	
其他			400	
合　计			9 429.15	

销售费用明细表中，“上年同期实际数”根据上年 12 月份编制的销售费用明细表中“本年累计实际数”栏的数字填列；“本年计划数”根据本年销售费用预算资料填列；“本月实际数”根据销售费用明细账中各费用项目本月发生额填列；“本年累计实际数”根据销售费用明细账中各费用项目本年累计发生额填列，也可以将“本月实际数”加上上月本表中的“本年累计实际数”后填列。

2）管理费用明细表

管理费用明细表一般按其费用项目，分别反映该费用项目的上年实际数、本年计划数、本月实际数和本年累计实际数。利用该表，可以分析各费用项目的构成及其增减变动情况，考核管理费用计划的执行情况。“管理费用明细表”的构成情况见表 9－8。(表中数字按照表 4－17 的资料填列)

表 9－8　管理费用明细表

20××年 12 月　　　　单位：元

项　目	本年计划数	上年同期实际数	本月实际数	本年累计实际数
职工薪酬			2 827.8	
物料消耗			100	
水电费			2 194	
差旅费				
会议费				
固定资产改良支出			2 000	
业务招待费				
折旧费			900	
修理费			1 800	
其他			300	
合　计			10 121.8	

在管理费用明细表中，“上年同期实际数”根据上年12月份编制的管理费用明细表“本年累计实际数”栏的数字填列；“本年计划数”根据本年管理费用预算资料填列；“本月实际数”根据管理费用明细账中各费用项目本月发生额填列；“本年累计实际数”根据管理费用明细账中各费用项目本年累计发生额填列，也可以将“本月实际数”加上上月本表中的“本年累计实际数”后填列。

3）财务费用明细表

财务费用明细表一般按其费用项目，分别反映该费用项目的上年实际数、本年计划数、本月实际数和本年累计实际数。利用该表，可以分析各费用项目的构成及其增减变动情况，考核财务费用计划的执行情况。“财务费用明细表”的构成情况见表9-9。

表9-9　财务费用明细表

20××年12月　　单位：元

项　目	本年计划数	上年同期实际数	本月实际数	本年累计实际数
利息支出（减利息收入）			500	
汇兑损失（减汇兑收益）				
金融机构手续费				
其他筹资费用				
合　计			500	

在财务费用明细表中，“上年同期实际数”根据上年12月份编制的财务费用明细表“本年累计实际数”栏的数字填列；“本年计划数”根据本年财务费用预算资料填列；“本月实际数”根据财务费用明细账中各费用项目本月发生额填列；“本年累计实际数”根据财务费用明细账中各费用项目本年累计发生额填列，也可以将“本月实际数”加上上月本表中的“本年累计实际数”后填列。

9.2　成本报表分析

成本分析是按照一定的原则，采取一定的方法，对一定时期内企业成本的计划、定额和有关资料与成本的实际发生情况进行综合分析评价，揭示成本各组成部分之间的关系及成本各组成部分的变动和其他有关因素的变动对成本的影响，以寻找降低成本途径、促进企业成本不断降低的一种成本管理工作。成本分析是成本管理的重要组成部分。由于成本是反映企业生产经营管理活动水平的综合性指标，因此，对成本的组成进行剖析，分析成本的本质特性及其变化规律，对正确认识和评价企业生产经营管理水平，采取有效措施降低成本，具有十分重要的作用。

9.2.1　成本分析概述

1. 成本分析的目的

成本分析的目的是通过成本报表的分析，找出实际和计划之间存在差异的原因，挖掘

降低成本的潜力，具体主要有如下几项。

（1）为选择最优方案和正确编制成本计划提供依据。成本决策和成本计划离不开成本分析，成本决策分析包括决策和分析两部分内容，分析是决策的一个重要环节。通过成本分析，对各方案有关成本的各种因素及其变化趋势做出科学的估计，把技术的先进性、市场的可靠性和经济的合理性统一起来进行研究，为企业领导、决策人员做出决策提供客观依据，从中选择一个最佳方案。成本分析为编制成本计划提供依据。成本计划的编制既要分析上年成本计划执行的情况，查明成本变动原因，又要预测计划年度可能出现的影响成本变动的各种因素，对已经发生和将要发生的问题采取措施，充分挖掘降低成本的潜力。所以，只有在成本分析的基础上制订出的成本计划才是高质量的计划，才能保证企业经济活动按既定的成本目标进行。

（2）揭示成本差异原因，实施成本控制。成本计划在执行过程中受到多方面因素的影响，有技术因素和经济因素、宏观因素和微观因素、人的因素和物的因素。这些因素对成本的不利影响如果得不到及时的弱化或消除，企业的成本计划就不能顺利完成，就会影响企业经营目标的实现。因此，企业必须对成本计划的实施进行有效的过程控制分析，随时确定计划的执行情况，及时掌握实际脱离计划的偏差，从而逐步认识和掌握成本变动的规律。同时，对差异形成的原因和责任要进行全面的分析和评价，指出不合理的环节和相关责任人员，通知有关部门制订相应措施，促进成本计划目标的实现。

（3）合理评价成本计划本身及其完成情况，正确考核成本责任单位的工作业绩。成本分析应通过系统地、全面地分析成本计划完成或没有完成的原因，对成本计划本身及其执行情况进行合理评价，总结本期实施成本计划的经验教训，以便今后更好地完成计划任务，并为下期成本计划的编制提供重要依据。同时，通过分析，还要评价成本责任单位的成绩或不足，查明哪里先进，何处落后。分析先进和落后的原因，可以正确考核成本责任单位的工作业绩，为落实奖惩制度提供可靠依据，调动各责任单位提高成本效益的积极性和主动性。

（4）挖掘降低成本的潜力，不断提高企业经济效益。成本分析的根本任务是挖掘降低成本的潜力，促使企业以较少的劳动消耗生产出更多、更好的产品，实现更快的增长。因而，成本分析的核心就是围绕提高经济效益的目标不断挖掘降低成本的潜力，充分认识未被利用的劳动和物质资源，寻找利用不完善的部分和原因，发现进一步提高利用效率的可能性，以便从各方面揭露矛盾、找出差距、制订措施，使企业经济效益得到不断提高。

特别提示

马克思说过：“分析经济形势，既不能用显微镜，也不能用化学试剂。两者都必须用抽象力来代替。”因为，只有用抽象的方法对材料进行加工研究，对产品成本和各因素之间的客观关系采取去粗取精、去伪存真、由此及彼、由表及里等方法，揭示事物的本来面目，才能形成一个完整的结构。

2. 成本分析的程序

进行成本分析，一般应遵循下列程序。

（1）明确分析目标。成本分析一定要有目标。它是分析的标准和评价的依据。首先必须全面了解情况，分析所依据的资料，如计划和核算资料、实际情况的调查研究资料、企业历史资料及同类企业的先进水平资料等。同时，应明确分析的要求、范围，结合所掌握的情况，拟定分析内容和步骤，逐步实施。

（2）研究比较，揭示差距。根据分析的目的，将有关指标的实际数与计划数或同类型企业的数据相比较。其中，实际数与计划数的比较是最重要的，可据以初步评价企业工作，指出进一步分析的重点和方向。

（3）分析原因，挖掘潜力，提出措施，改进工作。查明影响计划完成的原因，才能提出改进措施。影响计划完成的原因是多方面的，也是相互联系的，要采用一定的方法，了解有关因素的影响，并找出主要因素。在分析了影响计划完成的因素之后，应初步明确哪些环节还有潜力可挖，然后根据实际情况，提出挖掘潜力的措施并落实到有关岗位，使企业的生产经营工作不断得到改进。

3. 成本分析的内容

成本分析是对成本会计所提供的信息进行分析。由于成本报表是成本信息的主要载体，因此，从总体来讲，成本分析的内容主要是对成本报表中提供的成本信息进行的分析。具体来说成本分析的内容又可以分为以下几种。

（1）成本计划执行情况的定期分析。成本计划执行情况的定期分析即对全部产品成本、可比产品成本、主要产品单位成本等指标的计划执行情况进行分析和评价。

（2）成本效益分析。成本效益分析即对每百元商品产值成本指标、百元销售收入成本费用、成本费用利润率等指标的分析。

（3）成本技术经济分析。成本技术经济分析即主要技术经济指标对产品单位成本影响的分析。

（4）产品单位成本的分析。产品单位成本的分析是为了确定产品设计结构、生产工艺过程、消耗定额等因素变动对成本的影响，计算分析各指标对单位成本的影响，以便全面、客观地评价企业成本的完成情况。主要产品单位成本分析是先从总的方面分析主要产品的单位变动情况，然后进一步按成本项目分析其成本升降变化状况的分析。

（5）其他成本分析。其他成本分析包括期间费用分析、责任成本分析、质量成本分析等。

4. 成本分析的原则

企业在进行成本分析时，必须遵守一定的原则。成本分析的原则是组织成本分析工作的规范，是发挥成本分析职能作用、完成成本分析任务和使用分析方法的准绳。成本分析应遵循的原则主要有以下几点。

（1）事前预测分析、事中控制分析和事后核查分析相结合的原则。在成本发生之前，开展预测分析；在成本发生过程中，实行控制分析；在成本形成之后，做好考核分析；只有把事前分析、事中分析和事后分析结合起来，建立起完整的分析体系，才能将成本分析贯穿于企业再生产的全过程，从而做到事前发现问题，事中及时揭示差异，事后正确评价业绩。这对于提前采取相应措施，把影响成本差异的因素消灭在发生之前或萌芽状态之中，以及总结经验教训、指导下期成本工作，都有明显的积极意义。

（2）定量分析和定性分析相结合的原则。在进行成本分析时，没有定性分析就弄不清事物的本质、趋势和与其他事物之间的联系；没有定量分析就弄不清影响因素的数量界限及事物发展的阶段性和特殊性。定性分析是基础，定量分析是深化，两者相辅相成，互为补充。所以，在成本分析中，要贯彻定性分析与定量分析相结合的原则，切忌以纯粹的数学计算代替经济分析，也不能毫无根据地凭主观想象下结论，只有在定量分析的基础上进行科学的定性分析，才能得出正确的结论。

（3）经济分析与技术分析相结合的原则。成本的高低既受经济因素影响，又受技术因素影响，在一定程度上技术因素起决定性作用。所以，成本分析如果只停留在经济指标的分析上，而不深入技术领域，不结合技术指标进行分析，就不能达到目的。因此，必须要求分析人员通晓一些技术知识并注意发动技术人员参加成本分析，把经济分析与技术分析结合起来。所谓经济分析与技术分析相结合就是通过经济分析为技术分析提课题，增强技术分析的目的性。而技术分析又可反过来提高经济分析的深度，并从经济效果角度对所采取的技术措施加以评价，从而通过改进技术来提高经济效果，这两方面分析的结合能防止片面性，并能结合技术等因素查明成本指标变动的原因，以全面改进工作，提高效率。

（4）全面分析与重点分析相结合的原则。分析成本报表，既要有总的评价，又要有深入细致的具体分析。进行成本报表分析，应从全部产品生产成本计划和各项费用计划完成情况的总评价开始，然后按照影响成本计划完成情况的因素逐步进行深入、具体的分析。从总评价开始，可以防止“只见树木不见森林”的片面分析，并可从复杂的多种影响因素中找出需要进一步分析的具体问题。但是，分析不能停留在对成本总体指标计划完成情况的总评价上。为了弄清成本升降的具体原因，挖掘降低成本的潜力，找出降低成本的途径，还必须在总评价的基础上，根据总括分析中发现的问题，对重点产品的单位成本及其成本项目或重点费用项目进行深入具体的分析。

5. 成本分析的方法

成本分析方法是计算各项成本数据的重要手段，也称技术方法。企业在进行成本分析时，应根据企业本身的成本费用特点、成本分析的要求和掌握的资料情况确定采用的成本分析方法。企业在采用某些方法进行成本分析时，既要注意定量分析，又要注意定性分析，通过事物现象的分析来揭示问题的本质。企业进行成本分析时采用的定量分析方法概括见表 9-10。

表 9-10　分析方法对比表

分析方法	方式	分　类		内　　容
比较分析法	相减	—		同一个经济指标不同时期、不同企业之间的对比
比率分析法	相除	相关比率分析法		两个性质不同而又相互联系的财务指标相除计算比率
		构成比率分析法		指标各个组成部分数值占总体比重
		趋势分析法	环比	分析期指标与上期指标之比
			定比	分析期指标与固定基期指标之比

续表

分析方法	方式	分　类	内　　容
因素分析法	相乘	连环替代法	有关因素相乘，以测定每一因素对财务指标的影响程度
		差额分析法	直接以实际数与预算数或固定基期数之间的差额来计算各因素对指标变动的影响程度

9.2.2　全部产品成本报表分析

全部产品成本报表分析，主要是全部产品成本计划的完成情况分析和可比产品成本降低目标的完成情况分析，分析一般在月度、季度或年度的终了，根据“全部产品成本表”，结合其他有关的成本资料，采用指标对比法进行。首先将全部产品的实际总成本与按实际产量调整计算的计划总成本相比较，确定本期产品实际总成本比计划总成本的节约或超支额；然后分别计算可比产品成本和不可比产品成本的节约或超支额；最后，根据以上计算结果，进行节约或超支额情况的因素分析等。

1. 全部产品总成本计划完成情况分析

全部产品总成本完成情况分析就是对本期产品实际总成本比计划总成本的节约或超支额的分析，是一种总括性的分析。在实际工作中，根据需要可按产品种类、成本项目、成本性态等进行分析。下面主要以产品类别为例进行有关分析。

按产品种类编制的全部产品成本表上列明了本年累计实际数、本年计划数和上年实际数，都是整个年度的生产费用和产品成本。可以就产品生产成本合计数、生产费用合计数及其各项生产费用进行对比，分析全部产品成本计划完成的总括情况，揭示差异，以便进行进一步分析。

【例 9－1】 假定奔成企业 20××年 12 月份的全部产品生产成本表（按产品品种反映）见表 9－1。

在表 9－1 中，因为可比产品是企业过去正式生产过的，有完整的成本资料可以进行比较的产品；而不可比产品是企业本年度初次生产的新产品，或虽非初次生产，但以前仅属试制而未正式投产的产品，因此缺乏可比的成本资料。根据上述产品成本表资料编制全部产品成本计划完成情况分析表，见表 9－11。

表 9－11　全部产品成本计划完成情况分析表

20××年 12 月　　　　单位：元

产品名称	计划总成本	实际总成本	实际比计划降低额	实际比计划降低率
1. 可比产品	715 000	719 500	＋4 500	＋0.629％
其中：A 产品	550 000	560 000	＋10 000	＋1.818％
B 产品	165 000	159 500	－5 500	－3.333％
2. 不可比产品：C	27 600	26 450	－1 150	－4.167％
合　计	742 600	745 950	＋3 350	＋0.451％

表中数字的计算如下。

本年实际比计划升降额＝实际总成本－计划总成本

＝745 950－742 600＝3 350（元）

本年累计全部产品成本计划完成率

$$=\frac{\sum(\text{各种产品实际单位成本}\times\text{实际产量})}{\sum(\text{各种产品计划单位成本}\times\text{实际产量})}\times 100\%$$

$$=\frac{745\ 950}{742\ 600}\times 100\%=100.451\%$$

成本升降率＝100.451%－100%＝0.451%

计算表明，本月全部产品实际总成本高于计划成本 3 350 元，升高了 0.451%。其中，可比产品累计实际总成本超过计划 4 500 元，主要是 A 产品成本超支，超支额为 10 000 元，而 B 产品成本是降低的，降低额为 5 500 元。不可比产品 C 实际成本比计划降低1 150 元。显然，导致本年度全部产品实际成本没有完成计划任务的主要原因是 A 产品成本超支，应进一步查明 A 产品成本超支的具体原因。

为了把企业产品的生产耗费和生产成果联系起来，综合评价企业生产经营的经济效益，在全部产品成本计划完成情况的总评价中，还应包括产值成本率指标的分析。从上述产品成本表补充资料中得知，本年累计实际产值成本率为 58.83 元/百元，比计划超出 0.27 元，说明该企业生产耗费的经济效益有所下降。

为了进一步分析全部商品产品成本计划完成情况，还可以按产品项目进行分析。将全部产品总成本按成本项目汇总，将实际总成本与计划总成本进行对比，确定每个成本项目的降低额、降低率。总之，进行全部商品产品总成本完成情况分析，要根据企业产品生产的特点、成本管理的现状和要求、成本分析的目的进行。

2. 可比产品成本降低计划的完成情况分析

可比产品成本降低情况分析就是将可比产品实际总成本与按实际产量和上年实际单位成本计算的上年实际总成本相比较，确定可比产品的实际降低额和降低率，并同计划降低指标相比，评价企业可比产品成本降低任务完成情况，确定各因素的影响程度。

要分析可比产品成本降低计划完成情况，就必须知道可比产品的有关计划指标及计划完成情况的资料。前者可以从相关管理部门所制订的计划任务中获悉，后者可以从全部产品生产成本表（按产品品种反映）中获得。假设，企业的成本计划中规定的可比产品产量 A 产品计划产量为 12 000 件，B 产品为 5 000 件，结合表 9－1 的资料，可以编制可比产品成本降低计划表，见表 9－12。

表 9－12　可比产品成本降低计划表

20××年 12 月　　单位：元

可比产品	全年计划产量/件	单位成本		总成本		计划降低指标	
		上年实际平均	本年计划	按上年实际平均单位成本计算	按本年计划单位成本计算	降低额	降低率/%
A 产品	12 000	60	55	720 000	660 000	60 000	8.33
B 产品	5 000	32	30	160 000	150 000	10 000	6.25
合　计				880 000	810 000	70 000	7.95

其中：

可比产品成本计划降低额＝880 000－81 000＝70 000（元）

可比产品成本计划降低率＝$\frac{70\ 000}{880\ 000}\times 100\%=7.95\%$

根据表9－1可以编制可比产品成本降低计划完成情况分析表，见表9－13。

表9－13 可比产品成本降低计划完成情况分析表

单位：元

可比产品	总成本		计划完成情况	
	按上年实际平均单位成本计算	本期实际	降低额	降低率/%
A产品	600 000	560 000	40 000	6.67
B产品	176 000	159 500	16 500	9.38
合　计	776 000	719 500	56 500	7.28

分析实际脱离计划的差异，对比表9－12和表9－13：计划降低额为70 000元，计划降低率为7.95%；实际降低额为56 500元，实际降低率为7.28%。

实际脱离计划差异如下。

成本降低额＝56 500－70 000＝－13 500（元）

成本降低率＝7.28%－7.95%＝－0.67%

从以上对比中可以看出，可比产品成本降低计划没有完成，实际比计划少降低13 500元，实际降低率比计划降低率少0.67%。

值得注意的是，成本降低额和成本降低率被同时用来作为可比产品的成本降低任务是必要的。因为一般来说，成本降低率越大，成本降低额也越大，但成本降低率只表示产品成本水平的升降变化情况，不受产量多少影响，而成本降低额则还受产量多少的影响。在实际工作中，当规定了这两个指标的任务后，往往会出现以下情况：①各种产品及全部产品的两个指标任务都得以完成；②没有完成某种产品的成本降低率计划，但完成了该产品成本降低额计划；③完成了某产品的成本降低率计划，但没有完成该产品的成本降低额计划；④各种产品的成本降低率计划都得以完成，但总的成本降低率计划都没有完成；⑤企业没有一种产品的成本计划降低额完成，但却完成了总的成本降低率计划等。因此，分析可比产品成本降低情况必须从降低额和降低率两个方面进行，并进一步分析各因素的影响程度。**影响可比产品成本降低计划完成情况的因素概括起来有以下3个。**

（1）**产品产量。**成本降低计划是根据计划产量制订的，实际降低额和降低率都是根据实际产量计算的。因此，产量的增减必然会影响可比产品成本降低计划的完成情况。但是，产量变动影响有其特点：假定其他条件不变，即产品品种构成和产品单位成本不变，单纯产量变动，只会影响成本降低额，而不会影响成本降低率。

特别提示

根据成本降低率的公式分析：

$$计划成本降低率=\frac{上年实际单位成本\times计划产量-计划单价\times计划产量}{上年实际单位成本\times计划产量}$$

$$=\frac{上年实际单位成本-计划单价}{上年实际单位成本}$$

$$实际成本降低率=\frac{上年实际单位成本\times实际产量-实际单价\times实际产量}{上年实际单位成本\times实际产量}$$

$$=\frac{上年实际单位成本-实际单价}{上年实际单位成本}$$

从上述公式可知产量可以约去，成本降低率与产量是无关的。

【例 9-2】 假定在表 9-10 中可比产品的实际产量都比计划提高 10%，则 A 产品产量为 12 000×110%=13 200 件，B 产品产量为 5 000×110%=5 500 件，而产品的品种构成和单位成本都不变，其成本降低额和成本降低率的情况见表 9-14。

表 9-14 可比产品计划完成情况表

单位：元

可比产品	全年实际产量/件	单位成本		总成本		计划完成情况	
		上年实际平均	本年计划	按上年实际平均单位成本计算	按本年计划单位成本计算	降低额	降低率/%
A 产品	13 200	60	55	792 000	726 000	66 000	8.33
B 产品	5 500	32	30	176 000	165 000	11 000	6.25
合　计	—			968 000	891 000	77 000	7.95

由表 9-14 的计算可以看出，当把 A 产品的产量从计划的 12 000 件增加到 13 200 件，而单位成本和产品的品种构成都不变时，成本降低额也由原来的 60 000 元上升到 66 000 元，即成本降低额也增加了 10%，同产量的变化比率相同，但是计划降低率仍然是 8.33%不变。同样，分析 B 产品及可比产品总成本也可以得出相同的结论，即单纯的产量变动只影响成本降低额而不影响成本降低率。

（2）**产品品种构成。**产品的品种构成是指各种产品产量在全部产品产量中的比重，由于实物量不能进行简单的相加，一般以上年实际平均单位成本或本年计划成本为基础计算求得。产品品种构成发生变动时，会影响可比产品的成本降低额和降低率的升高或降低。在分析中之所以要单独计量产品品种构成变动的影响，目的在于揭示企业降低产品真实成果的具体途径，从而对企业工作做出正确的评价。某产品的品种构成计算公式如下。

$$某产品的品种构成=\frac{某产品实际产量\times该产品上年实际单位成本或本年计划单位成本}{\sum(可比产品本年实际产量\times可比产品上年实际单位成本或本年计划单位成本)}\times100\%$$

（3）**产品单位成本。**可比产品成本计划降低额是本年度计划成本比上年度（或以前年度）实际成本的降低数，而实际降低额则是本年度实际成本比上年度（或以前年度）实际成本的降低数。因此，当本年度可比产品实际单位成本比计划单位成本降低或升高时，必然会引起成本降低额和降低率的变动。产品单位成本的降低意味着生产中活劳动和物化劳动消耗的节约。因此，分析时应特别注意这一因素的变动影响。

分析以上各个因素对成本计划完成情况的影响可以采用因素分析法中的连环替代法，也可以用差额分析法。用连环替代法时，一般以计划产量、计划品种构成、计划单位成本下的成本降低额为基数，然后将其依次替代为实际数。分析如下。

成本完成情况分析的差异：

$$计划成本降低额=\sum[(计划产量\times上年实际平均单位成本)-(计划产量\times计划单位成本)]$$

$$实际成本降低额=\sum[(实际产量\times上年实际平均单位成本)-(实际产量\times实际单位成本)]$$

成本降低额完成情况差异＝实际成本降低额－计划成本降低额

成本降低率完成情况差异＝实际成本降低率－计划成本降低率

计算公式分析如下。

(1) 产量变动的分析。

① 产品产量变动对成本降低额的影响计算如下。

$$产品产量变动成本降低额=\sum\left(\begin{matrix}本期实\\际产量\end{matrix}\times\begin{matrix}上年实际平\\均单位成本\end{matrix}\right)\times计划成本降低率$$

则

$$\begin{aligned}&产品产量变动对成本降低额的影响\\&=产品产量变动成本降低额-计划成本降低额\\&=\left[\sum\left(\begin{matrix}本期实\\际产量\end{matrix}\times\begin{matrix}上年实际平\\均单位成本\end{matrix}\right)\times计划成本降低率\right]-计划成本降低额\\&=\sum\left[\left(\begin{matrix}本期实\\际产量\end{matrix}-\begin{matrix}本期计\\划产量\end{matrix}\right)\times上年实际平均单位成本\right]\times计划成本降低率\end{aligned}$$

② 产品产量变动对成本降低率的影响为0，即在其他因素不变时，单纯产量变动不影响成本降低率。

(2) 产品品种结构的分析。

① 产品品种结构变动对成本降低额的影响计算如下。

$$\begin{aligned}&产品品种结构变动的成本降低额\\&=\sum\left(\begin{matrix}本期实\\际产量\end{matrix}\times\begin{matrix}上年实际平\\均单位成本\end{matrix}\right)-\sum\left(\begin{matrix}本期实\\际产量\end{matrix}\times\begin{matrix}本期计划\\单位成本\end{matrix}\right)\end{aligned}$$

则

$$\begin{aligned}&产品品种结构变动对成本降低额的影响\\&=产品品种结构变动的成本降低额-产品产量变动成本降低额\\&=\sum\left(\begin{matrix}本期实\\际产量\end{matrix}\times\begin{matrix}上年实际平\\均单位成本\end{matrix}\right)-\sum\left(\begin{matrix}本期实\\际产量\end{matrix}\times\begin{matrix}本年计划\\单位成本\end{matrix}\right)\\&\quad-\sum\left(\begin{matrix}本期实\\实产量\end{matrix}\times\begin{matrix}上年实际平\\均单位成本\end{matrix}\right)\times计划成本降低率\end{aligned}$$

② 产品品种结构变动对成本降低率的影响计算如下。

$$\begin{aligned}&产品品种结构变动对成本降低率的影响\\&=\frac{产品品种结构变动对成本降低额的影响}{\sum(本期实际产量\times上年实际平均单位成本)}\times100\%\end{aligned}$$

（3）产品单位成本的分析。

① 产品单位成本变动对成本降低额的影响计算如下。

$$\begin{aligned}&\text{产品单位成本变动对成本降低额的影响}\\&=\text{实际成本降低额}-\text{产品品种结构变动的成本降低额}\\&=\sum\left(\begin{matrix}\text{本期实}\\\text{际产量}\end{matrix}\times\begin{matrix}\text{本年计划}\\\text{单位成本}\end{matrix}\right)-\sum\left(\begin{matrix}\text{本期实}\\\text{际产量}\end{matrix}\times\begin{matrix}\text{本期实际平}\\\text{均单位成本}\end{matrix}\right)\\&=\sum\left[\text{本期实际产量}\times\left(\begin{matrix}\text{本年计划}\\\text{单位成本}\end{matrix}-\begin{matrix}\text{本期实际平}\\\text{均单位成本}\end{matrix}\right)\right]\end{aligned}$$

② 产品单位成本变动对成本降低率的影响计算如下。

$$\begin{aligned}&\text{产品单位成本变动对成本降低率的影响}\\&=\frac{\text{产品单位成本变动对成本降低额的影响}}{\sum(\text{本期实际产量}\times\text{上年实际平均单位成本})}\times100\%\end{aligned}$$

上述公式的推导过程见图 9.2 所示。

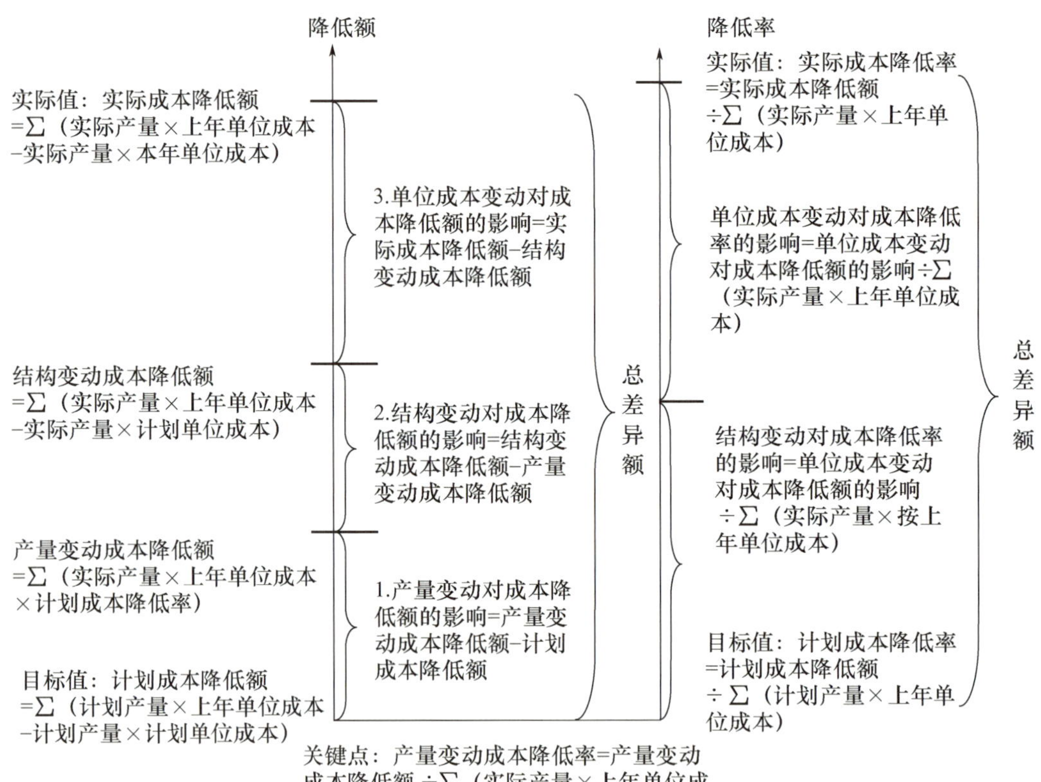

图 9.2　可比产品成本降低计划完成分析公式图

【例 9-3】 根据例 9-1 的资料，分别分析产品产量、产品品种结构及单位成本对产品成本计划降低额及计划降低率的影响。

（1）产品产量变动对成本降低额的影响如下。

776 000×7.95%－70 000＝－8 308（元）

即单纯产量变动使得成本计划降低额尚有 8 308 元的任务没有完成。产品产量变动对成本降低率的影响为0。

在分析产品产量变动对成本计划完成情况的影响时，也可以采用简化的方法。由之前的分析可知，在其他因素不变的情况下，单纯的产量变动只影响产品成本计划降低额而不影响计划降低率。因此，产量变动对产品成本降低率的影响为0，即如果只是单纯的产量变动，实际成本降低率等于计划成本降低率。

根据公式：$实际降低率=\dfrac{实际降低额}{按上年实际平均单位成本计算的总成本}\times 100\%$

得：　　$实际降低额=按上年实际平均单位成本计算的总成本\times 计划降低率$

$=776\ 000\times 7.95\%=61\ 692$（元）

则产量变动对计划降低额的影响为－8 308元（61 692－70 000）。

（2）产品品种结构变动对成本降低额的影响为：

$(776\ 000-715\ 000)-776\ 000\times 7.95\%=-692$（元）

产品品种结构变动对成本降低率的影响为：

$\dfrac{-692}{776\ 000}\times 100\%=-0.089\%$

（3）产品单位成本变动对成本降低额的影响为：

$715\ 000-719\ 500=-4500$（元）

产品单位成本变动对成本降低率的影响为：

$\dfrac{-4\ 500}{776\ 000}\times 100\%=-0.58\%$

（4）各因素对成本降低额的综合影响为：

$-8\ 308+(-692)+(-4\ 500)=-13\ 500$（元）

各因素对成本降低率的综合影响为：

$0+(-0.09\%)+(-0.58\%)=-0.67\%$

各因素对成本计划完成情况的综合影响与之前的分析完全吻合。实际工作中，为了方便可以编制成本因素影响分析表进行分析，见表9－15。

表9－15　成本因素影响分析表

连环代替			差额分析							
项目	因素	金额/元	序号	项目	因素	金额/元	序号	指标	降低额/元	降低率/%
计划值	∑（计划产量×计划品种*×计划单位成本）	810 000	1	计划对比标准	∑（计划产量×计划品种×上年实际单位成本）	880 000	Ⅰ＝1－2	计划降低	70 000	7.95
			2	计划值	∑（计划产量×计划品种×计划单位成本）	810 000				

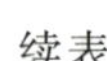

续表

连环代替			差额分析							降低率/%
项目	因素	金额/元	序号	项目	因素	金额/元	序号	指标	降低额/元	
第一次代替	∑（实际产量×计划品种×计划单位成本）	714 308	0	实际对比标准	∑（实际产量×实际品种×上年实际单位成本）	776 000	Ⅱ=0－3	产量变动降低额	61 692	7.95
			3	第一次代替	∑（实际产量×计划品种×计划单位成本）	714 308	Ⅱ－Ⅰ	产量变动影响	－8 308	0
第二次代替	∑（实际产量×实际品种×计划单位成本）	715 000	0	实际对比标准	∑（实际产量×实际品种×上年实际单位成本）	776 000	Ⅲ=0－4	品种结构变动额	61 000	7.861
			4	第二次代替	∑（实际产量×实际品种×计划单位成本）	715 000	Ⅲ－Ⅱ	品种结构变动影响	－692	－0.089
第三次代替	∑（实际产量×实际品种×实际单位成本）	719 500	0	实际对比标准	实际产量×∑（实际品种×上年实际单位成本）	776 000	Ⅳ=0－5	单位成本变动降低额	56 500	7.281
			5	第三次代替	∑（实际产量×实际品种×实际单位成本）	719 500	Ⅳ－Ⅲ	单位成本变动影响	－4 500	－0.58
				合　计					－13 500	－0.67

*：计划品种和实际品种，是由于产品实际产量同计划产量不是同比例变动造成的，没有单一的有形数值，而是体现在产品构成比例变动中，所列没有实际意义。

表 9-15 中，714 308=776 000×(1－7.95%)，即在产量变动不影响成本降低率，因此，产量变动对成本降低额的影响=∑[(实际产量×上年单位成本)]×计划成本降低率，则有，产量变动后成本值=∑[(实际产量×上年单位成本)]－∑[(实际产量×上年

单位成本)]×计划成本降低率＝ $\sum$ [(实际产量×上年单位成本)]（1－计划成本降低率）。

知识链接

为了更好地理解上述公式的运用，假设企业只生产一种可比产品，则有：

产量变动成本降低额＝（实际产量×上年单位成本）×计划成本降低率

$$=（实际产量×上年单位成本）×\frac{计划产量×上年单位成本－计划产量×计划单位成本}{计划产量×上年单位成本}$$

＝实际产量×上年单位成本－实际产量×计划单位成本

在单一产品成本分析时，上述公式是成立的，也即在单一产品成本降低额（率）分析时，无结构变动。而在多品种产品成本降低额（率）分析时，则有：

产量变动成本降低额＝ $\sum$（实际产量×上年单位成本）×总的计划成本降低率

≠ $\sum$（实际产量×上年单位成本×各产品的计划成本降低率）

$$=\sum（实际产量×上年单位成本×\frac{计划产量×上年单位成本－计划产量×计划单位成本}{计划产量×上年单位成本}）$$

＝ $\sum$（实际产量×上年单位成本－实际产量×计划单位成本）

而 $\sum$（实际产量×上年单位成本－实际产量×计划单位成本）就是品种结构变动成本降低额。由此可知，结构变动对成本降低额的影响本质上是这两者之差，为 $\sum$（实际产量×上年单位成本×各产品的计划成本降低率）－ $\sum$ [(实际产量×上年单位成本)]×总的计划成本降低率。例如例 9－3 中，产量变动成本降低额＝ $\sum$ [(实际产量×上年单位成本)]×总计划成本降低率＝776 000×7.95%＝61 692（元），不等于 $\sum$ [(实际产量×上年单位成本)×各产品计划成本降低率]＝ $\sum$ [600 000×8.33%＋160 000×6.25%]＝61 000（元）（由于计划降低率取值的原因，有些许误差），两者的差即品种结构变动对成本降低的影响额，为－692 元。

随堂练习

成本降低的分析。根据本章中计划成本降低指标和实际成本降低指标随堂练习的资料，见表 9－2、表 9－3，分析并填制表 9－16。

表 9－16 成本完成情况因素分析表

连环代替			差额分析							降低率/%
项目	因素	金额/元	序号	项目	因素	金额/元	序号	指标	降低额/元	
计划值	$\sum$（计划产量×计划品种×计划单位成本）		1	计划对比标准	$\sum$（计划产量×计划品种×上年实际单位成本）		Ⅰ＝1－2	计划降低		

续表

连环代替			差额分析							降低率/%
项目	因素	金额/元	序号	项目	因素	金额/元	序号	指标	降低额/元	
计划值	$\sum$（计划产量×计划品种×计划单位成本）		2	计划值	$\sum$（计划产量×计划品种×计划单位成本）		Ⅰ＝1－2	计划降低		
第一次代替	$\sum$（实际产量×计划品种×计划单位成本）		0	实际对比标准	$\sum$（实际产量×实际品种×上年实际单位成本）		Ⅱ＝0－3	产量变动降低额		—
			3	第一次代替	$\sum$（实际产量×计划品种×计划单位成本）		Ⅱ－Ⅰ	产量变动影响		
第二次代替	$\sum$（实际产量×实际品种×计划单位成本）		0	实际对比标准	$\sum$（实际产量×实际品种×上年实际单位成本）		Ⅲ＝0－4	品种结构变动额		—
			4	第二次代替	$\sum$（实际产量×实际品种×计划单位成本）		Ⅲ－Ⅱ	品种结构变动影响		
第三次代替	$\sum$（实际产量×实际品种×实际单位成本）		0	实际对比标准	实际产量×$\sum$（实际品种×上年实际单位成本）		Ⅳ＝7－8	单位成本变动降低额		—
			5	第三次代替	$\sum$（实际产量×实际品种×实际单位成本）		Ⅳ－Ⅲ	单位成本变动影响		
变动因素影响合计及正确性检验										

9.2.3　主要产品单位成本表的分析

成本完成情况分析答案

主要产品单位成本分析就是对成本变动较大的主要产品单位成本进行的分析，包括主要产品单位成本比计划、比上期的升降情况；按成本项目分析成本变动情况，查明造成单位成本升降的原因；各项消耗定额的执行情况；产品结构、工艺、操作方法的改变及有关技术经济指标变动对产品单位成本的影响等。

进行单位产品成本分析，有利于针对成本升降的具体原因采取措施，从而降低产品成本。单位产品成本分析主要依据主要产品单位成本表、成本计划和各项消耗定额资料，以及反映各项技术经济指标的业务技术资料。分析时一般是先检查主要产品单位成本实际比计划、比上年实际、比历史最高水平的升降情况，然后按成本项目分析单位产品成本变动的具体原因。因此，单位产品成本分析主要包括两个方面，分别是主要产品单位成本变动情况的分析和主要成本项目的分析。主要产品单位成本变动情况的分析是对主要产品单位成本所做的一般分析。分析时依据主要产品单位成本表及有关技术经济指标，查明单位实际成本与基准的差异，确定单位成本是升高了还是降低了，以及升降的幅度，然后按成本项目进行对比分析，分别确定各成本项目的消耗定额差异和价格差异。必要时还要进一步分析产品产量变动、产品质量水平变动等对单位产品成本的影响。

【例 9－4】 以例 9－1 中所涉及的企业主要产品 A 的单位成本的相关资料为例，见表 9－5，对该企业 12 月份 A 产品的单位成本进行分析。

根据表 9－5 提供的资料，可以编制 A 产品 12 月份的成本分析表，见表 9－17。

表 9－17　A 产品成本分析表

20××年 12 月　　　　单位：元

成本项目	历史最高水平	上年实际平均	本年计划	本年累计实际平均	本月实际	本月差异			
						比历史最高水平	比上年实际平均	比计划	比本年实际平均
直接材料	30	32	31	33	32	＋2	0	1	－1
直接人工	11	13	11	12	13	＋2	0	＋2	＋1
制造费用	14	15	13	13	11	－3	－4	－2	－2
合　计	55	60	55	58	56	＋1	－4	＋1	－2

1. 主要产品单位成本变动情况分析

根据表 9－17 中计算的 A 产品单位成本各项差异可知，A 产品本月实际单位成本比上年实际单位成本下降了 4 元，但是与历史最高水平还相差 1 元的距离，而且与本年计划水平相比，也有 1 元没有完成计划任务。但是当月的单位成本较全年平均水平还是下降了，说明当月对 A 产品单位成本的控制还是有效的。分析单位成本的具体构成项目可以看出，A 产品中制造费用控制得最好，应当总结推广有益的经验，并奖励使成本降低的相关工作人员。而造成单位成本计划目标没有完成的主要原因是直接材料和直接人工的超支。为了

查明具体的原因，还要进一步结合企业的生产技术、生产组织的状况、经营管理水平和采取的技术组织措施效果等因素，对各个成本项目（特别是直接材料项目和直接人工项目）做进一步的具体分析。

2. 主要成本项目分析

一定时期内单位产品成本的高低是与企业该时期的生产技术、生产组织的状况和经营管理水平、采取的技术组织措施效果相联系的。紧密地结合技术经济方面的资料，查明成本升降的具体原因，是进行产品单位成本各个项目分析的特点。在一定的生产技术条件下，某种类型的产品单位成本项目的构成，应保持在一定的相对水平上。通过进行成本项目的结构分析，可以大体了解单位成本水平变动的原因。例如在上述的 A 产品中，12 月的直接材料成本项目超支，可能是直接材料单耗或单价上升的结果；直接人工项目超支，可能是工资水平上升或劳动生产率下降的结果等。因此，在进行具体成本项目分析前，首先要进行成本项目结构的一般分析，以确定成本项目分析的重点，再进行详细分析。

1）材料直接的分析

直接材料的变动主要受单位产品直接材料消耗数量和直接材料价格两个因素变动的影响。其变动的影响可用差额计算法进行计算。

直接材料消耗数量变动的影响＝(实际单位消耗量－计划单位消耗量)×直接材料计划单价

直接材料价格变动的影响＝(直接材料实际单价－计划单价)×直接材料单位实际消耗量

【例 9－5】 接例 9－4，根据该公司的其他资料，A 产品所用的直接材料的计划单价为 3.1 元/件，实际单价为 2.91 元/件。结合表 9－3 中材料消耗量的资料，分析 A 产品 12 月份的直接材料项目。

材料消耗量变动的影响：(11－10)×3.1＝3.1（元）

材料单价变动的影响：(2.91－3.1)×11＝－2.1（元）

两个因素的变动促使 A 产品 12 月份原材料费用实际比计划增加了 1 元，即（3.1－2.1）元。经过分析可知：直接材料超支主要是由于材料单位消耗量增加引起的，这是企业自身的因素，应从产品零部件结构、原材料加工方法、原材料利用率、材料质量、配料比例等技术指标入手分析单耗增加的原因，这是下一步分析的重点。

在上述两个因素的变动中，影响材料单价变动的因素有材料买价的变动、材料运费的变动、运输途中的合理损耗的变化、材料整理加工及检验的变化等。这些因素多属外界因素，需结合市场供求和材料价格变动情况进行具体分析。

影响单位产品原材料消耗数量变动的原因有很多，归纳起来主要有以下几个方面。

（1）产品或产品零部件结构的变化。在保证产品质量的前提下，改进产品设计，使产品结构合理，体积缩小，质量减轻，就能减少直接材料消耗，降低直接材料费用。

（2）直接材料加工方法的改变。改进工艺和加工方法或采取合理的套裁下料措施，减少毛坯的切削余量和工艺损耗，就能提高直接材料利用率，节约直接材料消耗，降低产品成本。

（3）材料质量的变化。实际耗用的直接材料质量如高于计划规定，可能会提高产品质量，或者节约材料消耗，但材料费用会升高；反之，如果质量低于计划要求，价格虽低，但会增大材料的消耗量，增加生产操作时间，或者降低产品质量。

（4）直接材料代用或配料比例的变化。在保证产品质量的前提下，采用廉价的代用材料，选用经济合理的技术配方，就会节约直接材料消耗或降低直接材料费用。

(5) 直接材料综合利用。有些工业企业在利用直接材料生产主产品的同时，还生产副产品，开展直接材料的综合利用，这样就可以将同样多的直接材料费用分配到更多品种和数量的产品之中，从而降低主产品的直接材料费用。

(6) 生产中产生废料的数量和废料回收利用情况的变化。

此外，生产工人的劳动态度、技术操作水平、机器设备性能及材料节约奖惩制度的实施等，都会影响直接材料消耗数量的增减。

知识链接

硬成本和软成本。

我们每时每刻都生活在一个成本的世界里，有许多成本是从事经济活动必须支出的，即硬成本；有些是从事经济活动可以支出，也可以不支出，可以多支出，也可以少支出的，即软成本。这里的硬成本包含固定成本、一般成本、平均成本等，而软成本则包含变动成本、边际成本等。对企业来讲，硬成本大家是一样的，无所谓竞争，从成本的角度来看，企业与企业之间竞争的关键在于软成本，也就是那些有弹性的部分。

2) 直接人工的分析

单位成本中的直接人工应按不同的工资制度和不同的工资费用计入成本的方法来进行分析。企业实行的工资制度如果是计件工资制度，这些工资费用的变动主要是由于计件单价的变动引起的，应该查明该种产品计件单价变动的原因。如果是计时工资制度，单位成本中的直接人工是根据单位产品所耗工时数和每小时的工资费用分别计入的，可以比照直接材料，采用差额计算分析法进行分析（单位产品所耗工时数相当于单位产品的材料消耗数量，每小时的工资费用相当于材料单价)，计算产品所耗工时数变动（量差）和小时工资率变动（价差）对直接人工变动的影响。

单位产品所耗工时变动的影响＝(实际工时单耗－计划工时单耗)×计划小时工资率

小时工资率变动的影响＝(实际小时工资率－计划小时工资率)×实际工时单耗

【例 9 - 6】 假定 A 产品单位工时消耗和小时工资率的计划数和实际数见表 9 - 18。

表 9 - 18 A 产品直接人工费用分析表

项 目	工时单耗/小时	小时工资率/（元/小时）	单位直接人工费用/元
本年计划	2	5.5	11
本月实际	2.6	5	13
直接人工费用差异	＋0.6	－0.5	＋2

根据计算公式及表 9 - 18 中的有关单位产品直接人工的资料，分析工时单耗及小时工资率的影响程度如下。

单位产品所耗工时变动的影响：(2.6－2)×5.5＝3.3（元）

小时工资率变动的影响：(5－5.5)×2.6＝－1.3（元）

两个因素的综合影响：3.3－1.3＝2（元）

以上分析计算表明：该种产品直接人工实际比计划超支 2 元，完全是实际单位工时消

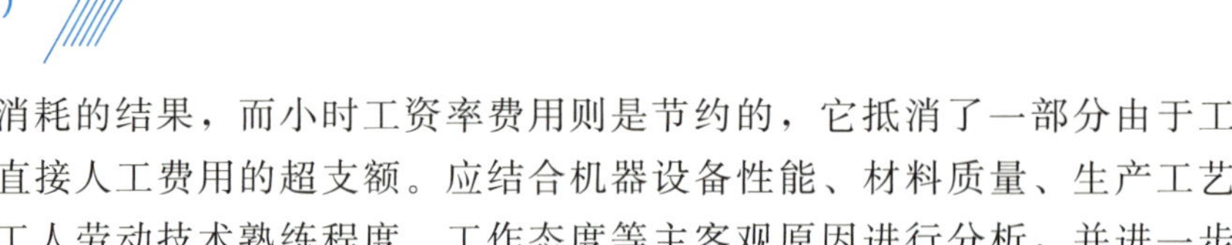

耗大于计划工时单位消耗的结果，而小时工资率费用则是节约的，它抵消了一部分由于工时消耗超支所产生的直接人工费用的超支额。应结合机器设备性能、材料质量、生产工艺及产品设计的改变、工人劳动技术熟练程度、工作态度等主客观原因进行分析，并进一步查明单位产品工时消耗超支和每小时工资费用节约的原因。采取一定措施控制不利影响，进一步提高劳动生产率。

单位产品所耗工时一般和生产工人劳动生产率相关。工人操作的熟练程度越高，劳动生产率就越高，单位产品所耗工时就越低。企业不能一味地追求产品工时单耗的降低，应该查明节约工时以后是否影响了产品的质量。通过降低产品质量来节约工时，是不被允许的。每小时工资费用是以生产工资总额除以生产工时总额计算求出的。工资总额控制得好，生产工资总额减少，会使每小时工资费用节约；否则会使每小时工资费用超支。在工时总额固定的情况下，非生产工时控制得好，以减少非生产工时，增加生产，会使每小时工资费用节约；否则会使每小时工资费用超支。因此，要查明每小时工资费用变动的具体原因，还应对生产工时的利用情况进行调查研究。

理论应用

要谋求成本的有效降低，必须分析在影响成本的各种因素中最本质的东西，也就是说要做到单元成本的分析。只有彻底地将有关问题一一列举出来进行改善，才能建立一个正确的标准成本。以人工费用为例，应该再细分为原料采购过程的人工费用、制造过程的人工费用、产品生产的人工费用及销售过程的人工费用等。如果只以简单的直接人工费用为单位成本，那么分析工作势必无法深入，得出来的结论往往与实际有一定距离，也就无法取得正确的成本分析结果。这是“鱼骨理论”的具体运用。

3）制造费用的分析

制造费用一般是间接计入费用，产品成本中的制造费用一般是根据生产工时等分配标准分别计入的。因此，产品单位成本中制造费用的分析，通常与计时工资制度下直接人工费用的分析相类似，先要分析单位产品所耗工时变动和每小时制造费用变动两个因素对制造费用变动的影响，然后查明这两个因素变动的具体原因。

【例9-7】 假定A产品单位工时消耗和小时制造费用率的计划数和实际数见表9-19。

表9-19　A产品制造费用分析表

项　目	工时单耗/小时	小时制造费用率/（元/小时）	单位制造费用/元
本年计划	2	6.5	13
本月实际	2.6	4.23	11
制造费用差异	+0.6	−2.27	−2

根据计算公式及表9-19中有关单位产品制造费用的资料，分析工时单耗及小时制造费用率的影响程度如下。

单位产品所耗工时变动的影响：(2.6−2)×6.5=3.9（元）

小时制造费用率变动的影响：(4.23－6.5)×2.6＝－5.9（元）

两个因素的综合影响：3.9＋(－5.9)＝－2（元）

以上计算结果表明，由于实际单位生产工时比计划单位生产工时延长，使A产品的制造费用增加3.9元；由于本月实际小时制造费用率比计划小时工资率降低，使单位产品的制造费用减少5.9元；两者共同作用的结果使A产品实际单位制造费用比计划降低2元。为进一步了解制造费用变动的具体原因，提出改进措施，降低单位产品成本，应按制造费用的详细项目逐项分析。

9.2.4 各种费用报表的分析

本节中提到的各种费用是指企业在生产经营过程中，各个车间、部门为进行产品生产、组织和管理生产经营活动所发生的制造费用、销售费用、管理费用和财务费用。制造费用属于产品成本的组成部分，后3种费用属于期间费用。制造费用、销售费用、管理费用和财务费用都是由许多具有不同经济性质和不同经济用途的费用组成的。这些费用支出的节约或浪费，往往与公司（总部）行政管理部门和生产车间工作的质量和有关责任制度、节约制度的贯彻执行情况密切相关。因此，向各有关部门、车间编报上述报表，分析这些费用的支出情况，不仅是促进节约各项费用支出，杜绝一切铺张浪费，不断降低成本和增加盈利的重要途径；同时也是推动企业改进生产经营管理工作，提高工作效率的重要措施。

对上述各种费用进行分析，首先应根据表中资料以本月费用实际支出与计划相比较，确定差异，然后分析差异产生的原因，对于脱离计划的差异，应按各组成项目分别进行，而不能只检查各种费用总额计划的完成情况，不能用其中一些费用项目的节约来抵补其他费用项目的超支。同时，要注意不同费用项目支出的特点，不能简单地把任何超过计划的费用支出都看作是不合理的；同样，对某些费用项目支出的减少也要做具体分析，有的费用可能是企业工作成绩，有的费用则可能是企业工作中的问题。不能孤立地看费用是超支了还是节约了，而应结合其他有关情况，结合各项技术组织措施效果进行分析，结合各项费用支出的经济效益进行评价。

在按费用组成项目进行分析时，由于费用项目多，因此每次分析只能分析重点，对其中费用支出占总支出比重较大的，或与计划相比发生较大偏差的项目进行分析。特别应注意那些非生产性损失的项目，如材料、在产品和产成品等存货的盘亏和毁损，因为这些费用的发生与企业管理不善直接相关。分析时，除将本年实际与本年计划相比，检查计划完成情况外，为了从动态上观察、比较各项费用的变动情况和变动趋势，还应将本月实际与上年同期实际进行对比，以了解企业工作的改进情况，并将这一分析与推行经济责任制结合起来，与检查各项管理制度的执行情况结合起来，以推动企业改进经营管理，提高工作效率，降低各项费用支出。

为了深入地研究制造费用、销售费用、管理费用和财务费用变动的原因，评价费用支出的合理性，寻求降低各种费用支出的途径和方法，也可按费用的用途及影响费用变动的因素，将上述费用包括的各种费用项目按以下类别分类进行研究。

(1) 生产性费用。例如制造费用中的折旧费、修理费、机物料消耗等。这些费用的变动与企业生产规模、生产组织、设备利用程度等有直接联系。这些费用的特点既不同于与

产量增减成正比例变动的变动费用，又不同于固定费用。即在业务量一定的范围下，生产性费用相对固定，超过这个范围就可能上升。分析时应根据这些费用的特点，联系有关因素的变动，评价其变动的合理性。不能简单地将一切超支都看成是不合理的、不利的，也不能简单地将一切节约都看成是合理的、有利的。例如，修理费和劳动保护费的节约，可能使机器设备带病运转，影响机器设备的寿命，可能缺少必要的劳动保护措施，影响安全生产，只有在保证机器设备的维修质量和正常运转，保证安全生产的条件下节约修理费和劳动保护费才是合理的、有利的。又如，机物料消耗的超支也可能是由于增加了生产计划和开工班次，相应增加了机物料消耗的结果。这样的超支也是合理的，不是成本管理的责任。

(2) 管理性费用。例如行政管理部门人员的工资、办公费、业务招待费等。管理性费用的多少主要取决于企业行政管理系统的设置和运行情况及各项开支标准的执行情况。分析时，除按明细项目与限额指标相比分析其变动的原因外，还应从紧缩开支、提高工作效率的要求出发；检查企业对有关精简机构、减少层次、合并职能、压缩人员等措施的执行情况。

(3) 发展性费用。例如职工教育经费、设计制图费、试验检验费、研究开发费等。这些费用与企业的发展相关，实际上是对企业未来的投资。但是这些费用应当建立在规划合理、经济、可行的基础上，而不是盲目地进行研究开发或职工培训，应将费用的支出与取得的效果联系起来进行分析评价。

(4) 防护性费用。例如劳动保护费、保险费等。这类费用的变动直接与劳动条件的改善、安全生产等相关。同样，对这类费用的分析就不能认为支出越少越好，而应结合劳动保护工作的开展情况，分析费用支出的效果。

(5) 非生产性费用。非生产性费用主要指材料、在产品、产成品的盘亏和毁损。分析这类费用发生的原因，必须从检查企业生产工作质量、各项管理制度是否健全及库存材料、在产品和产成品的保管情况入手，并把分析与推广和加强经济责任制结合起来。

总之，通过上述分析，应促使企业不断总结经验，改进企业的生产经营管理，有效控制各种费用支出，最终提高企业的经济效益。

名人名言

经营管理，成本分析，要追根究底，分析到最后一点。

——王永庆

管理是一种实践，其本质不在于“知”而在于“行”；其验证不在于逻辑，而在于成果。

——德鲁克

成本赋予了报表的初始实际值。

——佩顿

在成本分析中，作为一个方向，要特别强调对产品成本进行技术经济分析，从产品的设计、工艺等环节挖掘节约劳动耗费、降低成本的潜力。技术进步是无止境的，从技术进步上挖掘降低成本的潜力也是无止境的。

——杨纪琬

练 习 题

一、填空题

1. 对比分析法是通过将（　　）与（　　）进行对比来揭示实际数与基数之间的差异，借以了解经济活动的成绩和问题的一种方法。

2. 上一年度没有正式生产过，没有上年成本资料的产品，称为（　　）；上一年度正式生产过，具有上年成本资料的产品，称为（　　）。

3. 产品单位成本降低，使成本降低额和降低率（　　）；反之，则（　　）。

4. 影响可比产品成本降低额变动的因素有3个，即产品产量变动、产品（　　）变动和产品（　　）变动。

5. 产品生产成本表一般分为两种，一种按（　　）反映；另一种按（　　）反映。

二、单项选择题

1. 在可比产品成本降低计划执行情况分析中，（　　）因素的变化会引起成本降低率的变化。

A. 产品单位成本　B. 产品的质量　C. 产品的产量　D. 产品的价格

2. 在成本报表的比率分析法中，属于越大越好的正指标是（　　）。

A. 产值成本率　B. 销售收入成本率
C. 成本利润率　D. 直接材料费用比率

3. 工业企业的成本报表，总的来说，反映的是工业企业的（　　）。

A. 生产费用
B. 经营管理费用
C. 生产经营管理费用
D. 生产经营管理费用和非生产经营管理费用

4. 成本报表是（　　）。

A. 对外报送的会计报表　B. 企业内部使用的会计报表
C. 企业统一规定格式的会计报表　D. 既是对外报表，又是内部报表

5. 在产品品种比重和产品单位成本不变的情况下，单纯的产量增加会使（　　）。

A. 成本降低额增加　B. 成本降低额减少
C. 成本降低率增大　D. 成本降低率减少

三、多项选择题

1. 工业企业成本报表分析的方法有（　　）。

A. 对比分析法　B. 比率分析法　C. 差额计算分析法
D. 连环替代分析法　E. 趋势分析法

2. 在连环替代分析法的运用中，各项因素排列顺序的基本原则有（　　）。

A. 先实物量因素后价值量因素　B. 先质量因素后数量因素
C. 先主要因素后次要因素　D. 先价值量因素后实物量因素
E. 先数量因素后质量因素

3. 成本报表一般包括（　　）。

A. 全部产品生产成本表　B. 主要产品单位成本表

C. 制造费用明细表　　　　D. 产品销售费用明细表

E. 管理费用明细表

4. 在成本报表的对比分析法中，对比的基本数一般有（　　）。

A. 计划数或定额数　　　　B. 前期实际数或以往年度同期实际数

C. 企业的历史先进水平　　　　D. 国内外同行业的先进水平

E. 企业规定的成本指标

5. 在成本报表的比率分析法中，属于构成指标比率的是（　　）。

A. 销售收入成本率　　　　B. 产值成本率

C. 直接材料费用比率　　　　D. 成本利润率

E. 制造费用比率

四、计算分析题

1. 奔成公司 20××年生产甲、乙和丙 3 种产品。20××年甲、乙和丙产品计划产量分别为 900 件、1 000 件和 1 200 件，计划单位成本分别为 100 元、90 元和 80 元，实际产量分别为 1 000 件、1 200 件和 1 500 件，累计实际总成本分别为 95 000 元、105 600 元和 123 000 元。假定将各产品的实际成本与计划成本进行比较。

要求：

(1) 计算 20××年甲产品计划成本降低额和降低率。

(2) 计算 20××年乙产品计划成本降低额和降低率。

(3) 计算 20××年丙产品计划成本降低额和降低率。

(4) 计算 20××年全部产品计划成本降低额和降低率。

2. 奔成公司生产的 A 产品 20××年计划成本和 12 月份实际发生的材料消耗量及材料单位见表 9－20。

表 9－20　资料表

项　目	材料消耗数量/千克	材料价格/（元/千克）
本年计划	100	15
本年实际	105	14

要求：计算直接材料成本差异，并分别计算材料消耗数量变动对成本的影响和材料价格变动的影响。

3. 奔成公司 20××年度甲产品材料消耗资料如下表 9－21。

表 9－21　甲产品材料消耗资料表

项　目	计量单位	计划指标	实际指标
产品产量	件	4 000	4 500
材料单耗	千克	4	3.8
材料单价	元	3	3.5

要求：

(1) 用连环替代分析法分析各因素对材料成本的影响。

（2）用差额计算分析法分析各因素对材料成本的影响。

（3）试分析两种分析方法的不同之处。

4. 奔成公司 20××年 12 月及全年度有关产品成本资料如下表 9－22。

表 9－22　产品产量及单位成本资料

产品名称		可比产品		不可比产品
		产品	产品	产品
产量/件	上年实际	3 500	4 800	
	本年计划	4 000	5 000	2 000
	本月实际	350	430	180
	本年实际	4 500	4 700	2 300
单位成本/元	上年实际	35	21	
	本年计划	32	19	50
	本月实际	33	21.8	47
	本年实际	34	23	46

要求：

（1）按产品品种编制产品生产成本表。

（2）计算计划成本降低额和降低率。

（3）计算实际成本降低额和降低率。

（3）分析可比产品成本计划的完成情况。编制成本因素影响分析表（如表 9－15），进行分析。

五、案例分析题

趋势分析——你的朋友

一般的人在分析时常说这样一句话："如果这一趋势继续下去的话，就会是……"这样的分析方法称为趋势分析法，就是根据历史资料分析未来结果的一种最简单、最常用的分析方法。因此，在华尔街，人们都说"趋势分析是你的朋友"。

趋势分析法严格的定义是将两个或两个以上连续期的财务指标或比重进行对比，以便计算出它们增减变动的方向、数额及变动幅度的一种方法。它可以从企业的财务状况和经营成果的发展变化中寻求变动的原因、性质，从而预测企业未来的发展趋势。

趋势分析法有两种。一是绝对数趋势分析法，指通过编制连续数期的会计报表，将有关数字并行排列，比较相同指标的金额变动幅度，以此说明企业财务状况和经营成果的发展变化，如编制的比较利润表、比较资产负债表等。二是相对数趋势分析法，指分析相对数的指标，如偿债能力、投资回报率、资产负债率等。可采用以下两种趋势分析方法。

（1）环比动态比率。可分为环比发展速度和环比增长速度两类指标，环比发展速度即分析期指标÷上期指标，可以揭示指标的变动速度；环比增长速度即（分析期指标－上期指标）÷上期指标×100%，也可表示为：环比发展速度－1，可以揭示指标的增长率。

（2）定基动态比率。可分为定基发展速度和定基增长速度两类指标，定基发展速度

即：分析期指标÷固定基期指标；定基增长速度即：(分析期指标－固定基期指标)÷固定基期指标×100%，也可表示为：定基发展速度－1。定基动态比率可以将分析期与基期进行直接对比，以寻找挖掘潜力的途径和方法，从而不断提高有关指标的先进性。

运用趋势分析法要注意的是，用于对比的不同时期指标的计算口径上下力求一致；不同时期的一些重大经济活动对有关指标所造成的影响因素在分析后应予以剔除，以利于做出正确判断。另外，在报告好的情况或为了使人高兴时，用定比指标最好，见表 9－23 所示；而报告坏的情况时，用环比指标最好，可以减少别人的痛苦，见表 9－24。

表 9－23　工资增长表

年	2××3 年	2××4 年	2××5 年	2××6 年	2××7 年
工资/元	1 000	1 200	1 300	1 500	2 000
定比发展速度/%	100	120	130	150	200
定比增长速度/%	0	20	30	50	100

表 9－24　考勤表

星期	一	二	三	四	五
迟到/人	10	12	13	15	20
环比发展速度/%	—	120	108	115	133
环比增长速度/%	0	20	8	15	33

如果相反，在报告好的情况时，用环比指标，就会使人高兴不起来；而报告坏的情况时，用定比指标，就会使人更难受。如果不相信，可把表 9－23 和表 9－24 用相反的方法再做一次，看看有什么效果。

当然，趋势不总是对的，事物的发展总有其拐点。萨缪尔森说："前景总是不确定的，经济学还远不是一门精确的科学。然而，有这样一些学者，这些学者对经济历史的趋势有着深入的研究，并能够发挥其高超的经济学艺术，他们可以根据这些以往的趋势，对经济的未来或多或少地做出预测。"而布尔丁（K. E. Boulding）说得更直接："除了信息以外，没有任何东西能连续保持 10%的年增长率。"

（资料来源：杨尚军．会计物语［M］. 成都：西南交通大学出版社，2008）

阅读上述材料，回答下列问题：

（1）算一算，这月的生活费比上月、比去年同期的增长率。

（2）请举出几个经济生活中常用的趋势分析指标。

参考文献

白蒂，1983. 高级成本会计学［M］. 陈炳权，译 . 北京：轻工业出版社 .

胡玉明，2002. 高级成本管理会计［M］. 厦门：厦门大学出版社 .

加纳著，2014. 1925 年前成本会计的演进［M］. 宋小明，张敦力，杨兴全，译 . 上海：立信会计出版社 .

林万祥，2008. 成本会计研究 . 机械工业出版社 .

马赫，1999. 成本会计：5 版［M］. 姚海鑫，等译 . 北京：机械工业出版社 .

全国会计专业技术资格考试领导小组办公室，1995. 成本会计［M］. 北京：中国物价出版社 .

宋小明，2014. 成本会计史研究［M］. 上海：立信会计出版社 .

文硕，1987. 西方会计史上［M］. 北京：中国商业出版社 .

徐政旦，石人瑾，林宝瓌，等，1994. 成本会计［M］. 上海：上海三联书店 .

杨尚军，2007. 基础会计学［M］. 北京：机械工业出版社 .

杨尚军，2008. 会计物语［M］. 成都：西南交通大学出版社 .

杨尚军，2014. 会计混搭［M］. 成都：西南交通大学出版社 .

杨尚军，2016. 初级会计学［M］. 北京：北京大学出版社 .

杨尚军，2018. 初级财务管理［M］. 北京：中国财政经济出版社 .

杨尚军，2019. 会计乐旅［M］. 成都：西南交通大学出版社 .

杨尚军，2020. 初级管理会计［M］. 北京：中国财政经济出版社 .

张敏，黎来芳，于富生，2021. 成本会计学［M］. 9 版 . 北京：中国人民大学出版社 .

中国注册会计师协会，2022. 财务成本管理 . 北京：中国财政经济出版社 .